高等院校精品课程系列教材

教育部人文社科规划基金项目成果

社会保障理论与实践

SOCIAL SECURITY THEORY AND PRACTICE

李妍 管彦庆 编著

机械工业出版社
China Machine Press

图书在版编目（CIP）数据

社会保障理论与实践 / 李妍，管彦庆编著. —北京：机械工业出版社，2019.7
（高等院校精品课程系列教材）

ISBN 978-7-111-63053-1

I. 社… II. ①李… ②管… III. 社会保障 – 高等学校 – 教材 IV. C913.7

中国版本图书馆 CIP 数据核字（2019）第 130968 号

本书以社会保障理论发展与改革实践为主线，架构起理论与实践两部分内容，共十四章。其中，前五章内容为社会保障基本理论，全面阐述社会保障的起源与发展、内涵与特征、经济效应与政府职能、社保立法以及保障基金与管理；后九章内容为社会保障实务，分项目和险种介绍国内外社会保障制度安排、改革发展与不断完善的进程。书中内容以探寻解决问题为导向，以最新教研成果为引领，每章内容均配有导入案例和"动手练"实践作业，以缩小专业理论实务差距，补齐专业实践应用短板，以助读者学以致用。

本书可作为高等院校人力资源管理、社会保障、财政学及相关专业本科与研究生的社会保障课程教材，也可作为政府机关、企事业单位人力资源与社会保障实务工作者的工具书，还可作为普及社会保障理论知识的大众读物。

出版发行：机械工业出版社（北京市西城区百万庄大街 22 号　邮政编码：100037）
责任编辑：胡晓阳　　　　　　　　　　　　责任校对：李秋荣
印　　刷：北京文昌阁彩色印刷有限责任公司　版　次：2019 年 8 月第 1 版第 1 次印刷
开　　本：185mm×260mm 1/16　　　　　　印　张：22
书　　号：ISBN 978-7-111-63053-1　　　　定　价：49.00 元

客服电话：（010）88361066　88379833　68326294　　投稿热线：（010）88379007
华章网站：www.hzbook.com　　　　　　　　　　　　读者信箱：hzjg@hzbook.com

版权所有·侵权必究
封底无防伪标均为盗版
本书法律顾问：北京大成律师事务所　韩光 / 邹晓东

前　言
PREFACE

当今世界，各国改革、完善社会保障体系的目的在于赋予现代社会及其成员以"国家或社会责任的名义"，以便从容应对瞬息万变的自然界、利益交织与重构的社会变革以及个体生命周期更迭，因此，社会保障的内涵不是一成不变的，而是随各国不同发展阶段的国情所需发展变化。这种发展变化赐予教研人员以广袤的探讨空间，也给社会保障理论与实践的教学带来了巨大的挑战：在教与学的过程中，需要增强透过纷繁复杂的社会现象看清本质的规范与实证分析能力及加快相关研究成果转化为专业课堂教学内容的进程。

本书的编著团队凭借多年丰富的专业教研阅历，审慎筛选社会保障制度演进历程中的标志性事件，适度引进国际倡导的健全社会保障体系标准，结合国内社会保障现状与社会事业深化改革中的热点问题，导入新近发生在身边的社会保障案例并贯穿教学始终，能在一定程度上克服专业理论研习中的空洞与枯燥，激发研习者的专业兴趣与学习热情，引导他们进行相应的专业分析与思索，实现社会保障专业课程建设中科学研究、配套教材编著、知识传授与学习应用的一体化，以及以详尽的理论与改革实践促进教学相长的教材编著理念。

本书编著团队基于对财政、社会保障等专业的多年研、教、学、用一体化实践与悟道，秉承经济学、管理学、社会学及国家治理现代化理论和视角，历经一学年编著、一学年试用与完善，践行教材编著目标定位——传承社保理论与实践的研究、教学之道，凸显以下三项特色：

（1）社保理论框架的"全"并紧扣相关改革实践内容的"新"，做到理论紧密联系实际：架构较全面的社保理论框架，聚焦国内外社保改革实践与研究现状，并将教研团队的最新研究成果有机融入教材理论与实践教学内容中。

（2）导入全新案例与量化分析的"高"匹配度：全新编撰匹配度高的导入案例，并对国内外社保发展现状适度量化，融入图形可视化分析，增进读者研习专业数据、信息的获取能力及敏感度，奠定优化专业分析的可能视角。

（3）突出对专业研习动手能力的培养与引导：透过教学内容与环节的系统设置实现教与学的有的放矢，通过"动手练"环节对读者研习成效和动手能力进行针对性引导，以此贯通理论到实践的互动并夯实学以致用的研习能力。

本书由理论与实践两部分共十四章构成。编著团队分工为：李妍负责社保理论政策丛书总体规划，拟定本书内容大纲，编撰第三章并审定整部书稿；管彦庆负责本书的编撰、校对、完善、统稿工作，编撰前言、第一、四、五、十一、十二章和大部分章节案例以及所有章节PPT教辅的制作；马韵完成第九、十、十三、十四章初稿的编撰；阮翔完成第二、六、七、八章初稿的编撰。硕士生刘玉萍、张双桐、刘颖、李静、曹淯粳参与本书初稿的资料收集、整理与校对工作。

本书是教育部人文社科规划基金项目（15XJA790001）的阶段性研究成果并获得该项目信息可视化技术支撑，同时援引了大量同行优秀研究成果与部分成熟理论，在此致以崇高的敬意。受学术水平与时间所限，书中不足之处恳请学界同人和读者批评指正。

本书结构
STRUCTURE

社会保障学是一门综合性学科,涉及经济学、社会学、人口学、政治学、法学、中外史学、行政管理学等多门学科的理论知识。因此,在学习、理解和掌握社会保障学基本理论与基础知识框架的过程中,需要将多学科的知识融会贯通,从历史辩证与发展等多维度去理解和把握社会保障的理论知识。

社会保障基本理论是社会保障学的核心内容,如本书结构图a所示,由前五章架构而成的理论部分是一个有机整体,主要围绕社会保障的内涵与基本概念、特征、原则、功能与经济效应、社会保障的起源与发展、社会保障立法、社会保障基金及其管理等问题展开,即针对什么是社会保障、国家和社会为什么需要建立社会保障制度、社会保障法律关系由哪些要素构成、政府在社会保障中应履行哪些职能等基本问题与如何管理及运营社会保障基金等核心问题进行规范分析。因而全面、系统地介绍社会保障基本理论知识,阐述社会保障的理论基础、产生及发展进程、构成体系、主要模式及目前面临的基本理论问题等,以便应用于民生关切的社会保障现实问题及其改革实践中。

在前五章对社会保障核心理论问题进行规范分析的基础上,实践部分通过后九章,以介绍社会保障实务为中心,分项目和险种介绍发达国家和我国社会保障的制度安排、改革进程及重点、难点问题,如本书结构图b所示。此部分侧重于介绍我国社会保险、社会救助和社会福利制度及其发展现状、改革中亟待解决的问题与发达国家社会保障制度发展改革中可供借鉴的经验和需要汲取的教训。需要说明的是,为节约篇幅,国内外社会保障立法实践已于理论部分第三章详述。

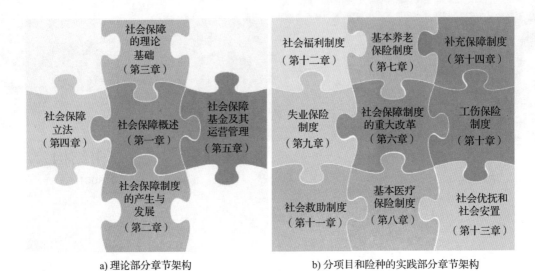

a) 理论部分章节架构　　　　b) 分项目和险种的实践部分章节架构

本书结构图

目 录
CONTENTS

前言

本书结构

第一章 社会保障概述……………… 1
  知识结构与学习目标……………… 1
  导入案例 为更光明的未来而努力…… 1
  第一节 社会保障的概念与构成要素… 2
  第二节 社会保障的特征与原则……… 8
  第三节 社会保障的功能和经济效应… 12
  本章小结…………………………… 18
  课后练习与思考…………………… 20

第二章 社会保障制度的产生与发展……………………………… 21
  知识结构与学习目标……………… 21
  导入案例 世界各国迈向综合社会保障制度的百年历程…………… 21
  第一节 社会保障制度的理论依据… 23
  第二节 社会保障制度的产生和发展… 31
  第三节 现代社会保障制度的基本模式………………………… 43
  本章小结…………………………… 49

  课后练习与思考…………………… 50

第三章 社会保障的理论基础……… 51
  知识结构与学习目标……………… 51
  导入案例 贵阳市社会救助水平稳步提高……………………… 51
  第一节 保险市场失灵……………… 52
  第二节 政府的社会保障职能……… 55
  第三节 社会保障预算制度………… 62
  第四节 社会保障适度水平与制约因素……………………… 68
  本章小结…………………………… 71
  课后练习与思考…………………… 73

第四章 社会保障立法……………… 74
  知识结构与学习目标……………… 74
  导入案例 2016年度中国社会保障十大事件……………………… 74
  第一节 社会保障立法概述………… 75
  第二节 社会保障法律关系………… 80
  第三节 社会保障立法实践………… 84
  本章小结…………………………… 99
  课后练习与思考…………………… 100

第五章 社会保障基金及其运营管理 ……… 102

知识结构与学习目标 ……………… 102
导入案例 人社部例行新闻发布会：我国社会保障工作进展情况 …… 102
第一节 社会保障基金概述 ………… 103
第二节 社会保障基金的筹集 …… 116
第三节 社会保障基金的使用和运营 … 121
第四节 社会保障基金的管理 ……… 130
本章小结 …………………………… 134
课后练习与思考 …………………… 135

第六章 社会保障制度的重大改革 …… 136

知识结构与学习目标 ……………… 136
导入案例 重庆社会保障标准与物价挂钩 ………………………… 136
第一节 发达国家社会保障制度的改革 ……………………………… 137
第二节 发展中国家社会保障制度的改革 ………………………… 142
第三节 经济体制转型国家社会保障制度的改革 ………………… 144
本章小结 …………………………… 147
课后练习与思考 …………………… 147

第七章 基本养老保险制度 ………… 148

知识结构与学习目标 ……………… 148
导入案例 智慧养老项目落户武汉 … 148
第一节 社会养老保险概述 ………… 149
第二节 养老保险的模式与内容 …… 154
第三节 我国的社会基本养老保险制度 ……………………………… 159
本章小结 …………………………… 175
课后练习与思考 …………………… 176

第八章 基本医疗保险制度 ………… 177

知识结构与学习目标 ……………… 177
导入案例 国家医保局及其职能 …… 178
第一节 社会医疗保险制度概述 …… 179
第二节 社会医疗保险模式 ………… 183
第三节 社会医疗保险的内容 ……… 188
第四节 我国的社会医疗保险制度 … 194
第五节 生育保险制度 ……………… 204
本章小结 …………………………… 210
课后练习与思考 …………………… 210

第九章 失业保险制度 ……………… 212

知识结构与学习目标 ……………… 212
导入案例 失业保险如何更保险 …… 212
第一节 失业保险制度概述 ………… 213
第二节 主要发达国家的失业保险制度简介 ……………………… 218
第三节 我国的失业保险制度 ……… 222
本章小结 …………………………… 226
课后练习与思考 …………………… 227

第十章 工伤保险制度 ……………… 228

知识结构与学习目标 ……………… 228
导入案例 上海市工伤保险待遇标准的联动调整与衔接机制 ……… 228
第一节 工伤保险制度概述 ………… 229
第二节 发达国家的工伤社会保险制度 ……………………………… 235
第三节 中国的工伤保险制度 ……… 238
本章小结 …………………………… 243
课后练习与思考 …………………… 243

第十一章 社会救助制度 …………… 244

知识结构与学习目标 ……………… 244

导入案例　江苏宿迁宿城区推行保险扶贫……………………… 244
第一节　社会救助制度概述………… 245
第二节　发达国家的社会救助制度…… 248
第三节　我国的基本社会救助制度…… 253
第四节　中国特色扶贫道路与小康社会建设………………… 260
本章小结……………………………… 267
课后练习与思考……………………… 268

第十二章　社会福利制度………… 269

知识结构与学习目标………………… 269
导入案例　昆明公交爱心卡日均刷卡量约占 IC 卡总刷卡量的一半… 269
第一节　社会福利制度概述………… 270
第二节　发达国家社会福利的实践与经验……………………… 273
第三节　我国社会福利制度的改革实践……………………… 278
本章小结……………………………… 284
课后练习与思考……………………… 285

第十三章　社会优抚和社会安置……… 286

知识结构与学习目标………………… 286

导入案例　云南各地扎实做好拥军优属、拥政爱民工作……………… 286
第一节　社会优抚和社会安置制度概述………………………… 287
第二节　社会优抚和社会安置的内容及实施…………………… 290
第三节　我国社会优抚和社会安置的改革……………………… 298
本章小结……………………………… 300
课后练习与思考……………………… 301

第十四章　补充保障制度…………… 302

知识结构与学习目标………………… 302
导入案例　企业年金让职工养老更安心… 302
第一节　补充保障制度概述………… 303
第二节　发达国家的补充保障制度…… 306
第三节　我国的补充保障制度……… 312
本章小结……………………………… 323
课后练习与思考……………………… 324

附录 A……………………………… 325

参考文献…………………………… 335

主要涉及和推荐的社会保障数据源…… 338

第一章

社会保障概述

现代社会保障制度是工业化的产物,是人类社会从农业社会发展到工业社会,由家族或核心家庭为其成员化解生存风险和维持基本生活所能提供的保障日趋弱化,进而演变成国家或政府为社会成员防范和化解生存风险、维持基本生活而提供的制度安排,即社会保障制度。[一]

§ 知识结构与学习目标

	章节知识结构	学习目标
社会保障的概念与构成要素	社会保障的词源 社会保障的内涵及其概念界定 社会保障的构成要素	• 了解社会保障词源 • 掌握社会保障内涵与概念及其构成要素
社会保障的特征与原则	社会保障的特征 社会保障的原则	• 理解社会保障特征与原则 • 掌握社会保障的社会性与经济性功能
社会保障的功能和经济效应	社会保障的功能 社会保障的经济效应	• 理解社会保障的经济效应

§ 导入案例

为更光明的未来而努力

国际劳工组织(International Labour Organization,ILO)的劳动世界未来全球委员会(Global Commission on the Future of Work)于2019年1月22日在ILO日内瓦总部召开媒体简报会并发布了题为《为更光明的未来而努力》(*Work for a Brighter Future*)的委员会报告(下文简称报告),这标志着国际劳工组织百年纪念活动正式启动。

劳动世界未来全球委员会由27名独立成员组成,南非总统西里尔·拉马福萨(Cyril Ramaphosa)和瑞典首相斯特凡·勒文(Stefan Löfven)共同担任委员会联合主

[一] 吴敬琏. 当代中国经济改革教程[M]. 上海:上海远东出版社,2016:349.

席。在该委员会自 2017 年 8 月开始起草该报告的 18 个月中，国际劳工组织的三方成员（政府、雇主和工人组织）在 110 多个国家召开了国家层面的对话，并将对话成果都纳入了报告。

该委员会联合主席西里尔·拉马福萨现场宣读了报告。报告首先概述了劳动世界正在面临前所未有的变革和挑战的特殊时刻，其次提出了为所有人创造一个更好的劳动世界的未来而应采取的步骤。报告对劳动世界的未来进行了深入、解析性的审视和研究，这为如何在 21 世纪实现社会正义提供了基础与指南。

案例思考

ILO 在其百年纪念活动开篇即阐明了技术进步挑战，三方如何正确认识与切身应对？

资料来源：Work for a brighter future [DB/OL]. ILO, 2019-1-22. https://www.ilo.org/wcmsp5/groups/public/—dgreports/—cabinet/documents/publication/wcms_662410.pdf.

第一节　社会保障的概念与构成要素

一、社会保障的词源

"社会保障"源于英文 Social Security，最早出现在美国 1935 年制定的《社会保障法》（The Social Security Act of 1935）中，时任美国总统罗斯福（Franklin Delano Roosevelt）签署了该法案。摆脱英国殖民统治获得独立的新西兰于 1938 年通过的《社会保障法案》也使用了社会保障一词。美国总统罗斯福和英国首相丘吉尔 1941 年在联合发表的战时宣言《大西洋宪章》（The Atlantic Charter）中，又再次使用了这一概念。国际劳工组织（International Labour Organization，ILO）㊀1942 年发表题为"走向社会保障的途径"的报告中对"社会保障"的定义是："通过一定的组织，对这个组织的成员所面临的某种风险提供保障，为公民提供保障金预防或治疗疾病，失业时资助并帮助其重新找到工作。"1944 年第 26 届国际劳工大会发表的《关于国际劳工组织的目标和宗旨的宣言》（《费城宣言》）中，正式采纳社会保障一词，国际劳工组织在世界各国推进各种计划的庄严义务之一就是要达到扩大社会保障措施，以便使所有需要此种保护的人得到基本收入，并提供完备的医疗服务。由于国际劳工组织在此后的有关公约和建议书中多次使用社会保障这一概念，因而社会保障一词就被世界各国所普遍采用。

新中国成立后，我国便对社会保障体系进行探索，并逐步就绪，但在中途遭到破坏。为适应改革开放的需要，20 世纪 80 年代中期，我国重新开启社会保障改革，不断创新和完善适合国情的社会保障制度。在 1985 年 9 月中国共产党全国代表会议通过的《中共中央关于制定国民经济和社会发展第七个五年计划的建议（草案）》中，首次明确提出"建立社会保障制度会涉及许多复杂问题，同时需要与经济体制改革的进程相配合。因此，在'七五'期间，只能首先建立起社会保障制度的雏形，然后再随着经济的发展逐

㊀ 国际劳工组织（ILO）是 1919 年成立的，作为结束第一次世界大战的《凡尔赛条约》（The Treaty of Versailles）的一部分，是"没有社会正义就不能实现普遍和持久和平"信念的反映。1946 年成为联合国第一个负责世界工作的历史最悠久的专门机构，总部设在瑞士日内瓦，管理机构是执行理事会（Governing Body of the ILO），每年在日内瓦举行三次会议。国际劳工大会（The International Labour Conference，ILC）每年举行一次，通过新的国际劳工标准，并批准劳工组织的工作计划和预算。

步完善。"① 此后,"社会保障"一词在我国开始得到广泛使用,专家学者对社会保障的研究日益深入。

二、社会保障的内涵及其概念界定

虽然社会保障制度已是众多国家普遍推行的一项社会政策,但源于各国政治、经济、社会乃至文化等宏观环境的不同,各国学者与国际组织对社会保障有着不同的理解和认识,因而对社会保障概念的界定各不相同。通过阐述表 1-1 中传统福利国家典型代表分类与相关国际组织对社会保障内涵的理解及由其推演出的具有代表性的社会保障概念,结合我国国情与社会保障实践及改革趋向,概括本书对社会保障概念的界定。

表 1-1 福利国家的类型与福利筹资模式比较

比较项目 \ 福利国家类型	自由主义体制 (Liberal Regimes)	法团主义体制 (Corporatist Regimes)	社会民主体制 (Social Democratic Regimes)
个人所得税税率	低	中等	高
社会保险税税率	低	高	中等和低
社会保险资金主要来源	一般税收	社会保险税	一般税收
基本理念	补余原则	特殊性及以工作和个人贡献为主导的原则	普遍原则
代表国家	英国、爱尔兰	德国、比利时 意大利、法国	瑞典、挪威、丹麦 芬兰、荷兰

资料来源:Esping-Andersen, Gosta, Social Foundations of Post Industrial Economics. Oxford University Press, New York, 1999.

(一) 社会保障的内涵

英国是较早提供社会福利的资本主义国家,英国经济学家贝弗里奇爵士 1942 年主持起草了《贝弗里奇报告:社会保险和相关服务》(Social Insurance and Allied Services,简称《贝弗里奇报告》)②,该研究报告成为英国建立福利国家最基础的理论依据和政策参考。后经系列改革与发展,英国逐步形成了补缺型自由主义福利体制,既强调自由市场经济中的个人选择权,又强调所得再分配中的公平性,所以其社会政策与福利法制的施行是以保障最低生活水平为底线的,即在不违背市场机制的前提下,根据社会普遍生活水平决定社会福利的范围,国家提供的福利仅为"最后一道补偿性防线"③。该类型的福利国家具有直接税负与保障税负"双低"并将社会保障视为市场失灵"补缺"的特点。《牛津法律大辞典》中对"Social Security"的释义就具有一定的代表性:社会保障是对立法之宗旨在于保护个人避免因年老、疾病、死亡或失业而致困境的一系列法律的总称。④

---

① 中共中央文献研究室. 十二大以来重要文献选编 (中) [M]. 北京:中央文献出版社,2011:278.
② 《贝弗里奇报告》的内容等详见第二章第一节。
③ 郑春荣. 英国社会保障制度 [M]. 上海:上海人民出版社,2012:1.
④ 戴维 M 沃克 (David M. Walker) 著;李双元等译. 牛津法律大辞典 [M]. 北京:法律出版社,2003:1044.

德国是最早由国家举办社会保险、为公民提供较为全面保障的国家，逐步形成了具有中等直接税负和较高社会保险税负特点的俾斯麦法团主义福利体制。德国社会保障遵循特殊性原则，强调个人责任，Soziale Sicherung（社会保障）和 Soziale Sicherheit（社会安全）两个术语经常出现在德文文献中，均可译为 Social Security（社会保障），是指国家依法建立的，具有经济福利性质的国民生活保障系统。社会保障被普遍视为社会公正和社会安全，是为因生病、残疾、老年等原因而丧失劳动能力或遭受意外而不能参与市场竞争者及其家人提供的基本生活保障，其目的是通过保障使之重新获得参与竞争的机会[①]。

瑞典从第二次世界大战后到20世纪60年代，由于长期稳定的政党体制与经济的持续快速发展，逐步形成了以普享型为特征的"从摇篮到坟墓"的高福利社会保障制度，其高福利、高税收、高增长及社会保障与经济发展的相互促进被称为"瑞典模式"，成为福利国家的典型代表。20世纪70年代，世界性经济危机造成的经济"滞胀"使其社会保障制度面临诸多问题而被诟病为"瑞典病"，历经20世纪80至90年代在社会保障领域推行了紧缩支出、改革筹资模式、推行地方化管理并引入竞争机制等系列调整和改革，瑞典的社会保障制度进入稳步发展阶段，并由养老、医疗、失业、基本生活、住房和教育保障及社会服务等一系列福利制度构筑成当前的社会保障框架[②]。

社会保障作为一项基本人权被写入诸如《费城宣言》（The Declaration of Philadelphia）、《世界人权宣言》（The Universal Declaration of Human Rights）、《经济、社会和文化权利国际公约》（The International Covenant on Economic, Social and Cultural Rights）、《关于社会保障的结论》（Conclusions Concerning Social Security）等系列重要国际文献中。国际劳工组织及其会员国以公约、协定及建议书（即 Convention、Protocols、Recommendation，文献编号以相应的字母 C、P、R 开头）等形式，践行"社会保障乃人权"的理念，逐步构建并适时健全为七个方面的国际劳工社会保障标准（见表1-2）。

表1-2 国际劳工社会保障七个方面现行16个标准及其文献一览表

标准类别	标准文献及其编号（含公约、协定及建议书）	通过年度
综合标准	R067-Income Security Recommendation	1944
	C102-The Social Security（Minimum Standards）Convention ★	1952
	R202-Social Protection Floors Recommendation	2012
流动工人社会保障	C118-The Equality of Treatment（Social Security）Convention	1962
	C157-The Maintenance of Social Security Rights Convention	1982
	R167-the Maintenance of Social Security Rights Recommendation	1983
工伤补助	C121-The Employment Injury Benefits Convention	1964
	R121-the Employment Injury Benefits Recommendation	
残疾、老年遗属补助	C128-The Invalidity, Old-Age and Survivors' Benefits Convention	1967
	R131-the Invalidity, Old-Age and Survivors' Benefits Recommendation	
疾病与医疗补助	C130-The Medical Care and Sickness Benefits Convention	1969
	R134-the Medical Care and Sickness Benefits Recommendation	

---

① 姚玲珍. 德国社会保障制度 [M]. 上海：上海人民出版社，2010：1-2.
② 粟芳，魏陆. 瑞典社会保障制度 [M]. 上海：上海人民出版社，2010：1-42.

(续)

标准类别	标准文献及其编号（含公约、协定及建议书）	通过年度
失业补助	C168-The Employment Promotion and Protection against Unemployment Convention	1988
	R176-the Employment Promotion and Protection against Unemployment Recommendation	
生育津贴	C183-The Maternity Protection Convention	2000
	R191-Maternity Protection Recommendation	

资料来源：根据国际劳工组织系列文书清单与社会保障标准整理，标注有"★"的标准文献（C102）是最低社会保障水平，其余标准文献在保障水平与覆盖率方面均有所提高。

表1-2综合标准中的Social Protection Floors Recommendation（《社会保护底线建议书》，R202）是2012年第101届国际劳工大会通过的涉及社会保障的最新建议书。该建议书赋予社会保障以新的时代内涵："社会保障是一项对人民的投资，这项投资赋予人民适应经济和劳动力市场变化的能力……。社会保障旨在以社会包容相联系的长期可持续增长政策作为优先重点，将有助于克服极端贫困，减少社会不平等及地区内部和地区之间的差距……"国际劳工组织通过专设社会保护局、建立社会保护平台及展开社会保护融资等专题研究与调查并发布世界社会保护年度报告㊀，在与世界银行、国际货币基金组织在社会保障方面的合作中广泛使用与强调社会保护㊁等形式，在国际劳工组织即将成立百年之际的推动下，社会保护已被融入联合国及其机构在2015年提出的2030年可持续发展目标，如图1-1所示。

（二）社会保障的概念界定

国际劳工组织1942年出版的文献将"社会保障"定义为：通过一定的组织对这个组织的成员所面临的某种风险提供保障，为公民提供保险金，预防和治疗疾病，失业时资助并帮助他重新找到工作。国际劳工组织社会保障司在1989年出版的《社会保障导论》中将"社会保障"概括为：社会通过一系列的公共措施，帮助其社会成员抵御因疾病、生育、工伤、失业、残疾、年老和死亡而丧失收入或收入锐减引起的经济和社会灾难，为其提供医疗保险及补贴有子女家庭。

我国学术界是从20世纪80年代中期以后才逐渐对社会保障展开研究的，但对社会保障的定义至今尚未统一。20世纪90年代以前对社会保障的界定比较笼统。随着研究的深入，对社会保障的理解也不断深化。如《中国劳动人事百科全书》中认为，社会保障是"由一整套完整的保险和福利项目构成的并由中央政府管理的体系""旨在向全体公民提供一系列基本生活保障，使其免遭或摆脱人生的一切灾害"。《中国民政词典》对社会保障的定义是"国家和社会依法对社会成员的基本生活给予保障的社会安全制度"。《社会保障辞典》对社会保障的解释是"国家和社会根据立法，对由于社会和自然等原因造成生活来源中断的社会成员给予一定的物质帮助，从而保证其依法赋予的基本生活权利，维系社会稳

㊀ ILO，World Social Protection Report（2014-15）：Building economic recovery，inclusive development and social justice［EB/OL］.［2017-05-04］. http://www.social-protection.org/gimi/gess/ShowTheme.action?id=3985.

㊁ 社会保护（Social Protection，SP）散布在17项可持续发展目标中的位置分别为：SDGs 1.3（social protection floors）、SDGs 3.8（health coverage）、SDGs 5.4（gender equality and anti-discrimination）、SDGs 8.5（social protection systems）和SDGs 10.4（inequality）及相应指标。

图 1-1　将社会保护融入联合国 2030 年可持续发展 17 项目标

资料来源:《体面工作是 2030 可持续发展议程的关键》(Decent work, the key to the 2030 agenda for sustainable development)(http://www.ilo.org/beijing/what-we-do/publications/WCMS_540099/lang--zh/index.htm,2017.5.31)。

定的社会安全制度"。侯文若(1994)认为社会保障是"工业化国家以政府为主体,通过立法程序、动员社会资金,用再分配国民收入的办法,对社会上贫困及弱者实行救助,使他们能够享有最低生活,对劳动者暂时或永远失去工资收入后给予一定程度的收入补偿,使他们能够享有基本生活,以及对城乡全体居民举办福利措施,从而收到安定社会、促进经济成长和增进人民生活福利成效的一种带有社会安全网络性质的社会事业"。郑功成(2007)将社会保障定义为:"各种具有经济福利性的、社会化的国民生活保障系统的总称。"他指出,社会保障有两个必备要素:一是经济福利性,即从直接的经济利益关系来看，受益者的所得一定大于所费；二是属于社会化行为，即由官方机构或社会中间团体来组织实施，而非供者与受益者的直接对应行为。社会保障是以保障和改善国民生活为目标，包括经济保障与服务保障。孙光德和董克用（2012）则没有直接给社会保障下定义，而是对社会保障制度进行解释，认为社会保障制度"是以国家或政府为主体，依据法律规定，通过国民收入再分配，对公民在暂时或永久失去劳动能力以及由于各种原因生活发生困难时给予物质帮助，保障其基本生活的制度"。史柏年（2012）认为："社会保障是为保障民生以及促进社会进步，由国家和社会以立法为依据出面举办，由政府机关和社会团体组织实施，对因各种经济和社会风险事故而陷入困境的人群以及有精神需求的全体公民提供的福利性的物质援助和专业服务的制度和事业的总称。"

综上所述，人们对社会保障内涵的理解从最初局限于"慈善"和"救济"等较窄的范围，逐步扩展到养老保险、失业保险、健康医疗保险、社会救济和社会福利等丰富内涵。这充分说明社会保障的内涵会伴随社会经济的发展和社会形态的更替而得到不断得丰富和发展，应从经济、政治、社会、伦理、法律等多维视角对社会保障进行概念界定。因此，本书将社会保障定义为：国家或政府通过立法形式，运用社会化手段，通过国民收入再分配，对公民在暂时或永久失去劳动能力以及由于各种原因生活发生困难时给予物质帮助，保障一定社会群体基本生活需要等生存与发展权利，同时根据经济和社会发展状况增进公共福利，以维护社会和谐与可持续发展的一系列措施、制度和事业的总称。与此休戚相关的社会保障制度则是指国家或政府为实现保障公民社会安全目标所颁布的法规及建立的管理机构和采取措施等一系列制度安排的总和，即国家通过立法给予因年老、疾病、伤残、失业、死亡及其他灾难的发生而使其生存发生困难的社会成员以基本生活保障而建立的一种社会制度。

三、社会保障的构成要素

社会保障构成要素是社会保障内涵与概念的重要组成部分，即一个国家或政府构建社会保障体系并实现其有效运转应具备的要件。将本书阐述的社会保障内涵与概念分解为五项相辅相成的构成要素，以利读者全面理解社会保障内涵与概念。

（一）社会保障的构建与实施主体

社会保障的构建与实施主体是国家或政府，由于社会保障制度要通过立法强制实施，因此任何非政府机构都无法担当社会保障的重任，所以政府自然而然地成为构建并实施社会保障独一无二的责任主体。政府是一个国家社会保障制度的构建者，也是社会公平的实施者。只有国家才能代表大多数公民的利益，协调不同群体、个人之间的关系；只有国家才有权力、有能力建立社会保障制度，支撑起关乎亿万社会成员生存大计的社会保障大厦。

（二）社会保障的对象

社会保障的对象是全体社会成员，因而具有普遍性。社会保障通过钱、物援助的方式，为社会成员的基本生活提供安全保障，以确保社会成员不因特殊事件的发生而陷入生存困境。虽然不同社会群体和个人有出身、地位、角色、贡献等方面的差异，但是他们作为人，其尊严、权利、地位是没有差别的；作为分享社会发展成果，获得经济、社会、文化、人身、政治权利保护的主体，是没有差别的。

(三) 社会保障的范围

社会保障水平的"度"是公民的基本生活需要，因此具有适度性。提供社会保障的基本目的不仅在于提供基本生活保障，而且在于通过社会保障连接生产与消费，以达到经济和社会的均衡发展。因此，"基本生活需要"有两层意思：一是保证在市场竞争中失败的人不遭到灭顶之灾，使其能够重新回到社会，参与市场竞争；二是通过提供适度的物质帮助，不至于使受助者产生过度依赖的负面效应。

(四) 社会保障的基本目标

社会保障制度是国家的社会经济政策，其实施目的是为了维护社会公平，促进经济发展，因而具有公平性。社会保障资金的来源包括政府的财政拨款、单位和个人的缴费以及社会的捐献，但是以国家财政为后盾，通过国民收入分配与再分配的方式进行，以实现社会公平为基本目标。

(五) 社会保障的手段

社会保障通过立法确保实施，因而具有强制性。社会保障作为一种由国家或政府实施的社会行为，其效力是靠法律这一强有力的社会控制手段来保证的。我国通过的《中华人民共和国老年人权益保障法》和《中华人民共和国残疾人保障法》等，就是对社会保障以立法为手段的最好佐证。社会保障只有以法律为准绳，以强制手段保证其执行，才会取得真正成效。

第二节 社会保障的特征与原则

社会保障是国家对每一位社会成员获得基本生存权利所需的一种托底式保障，是对市场机制中"按劳分配"和"按生产要素分配"的必不可少的补充。世界各国虽然都是根据自身国情与需要制定社会和经济政策，逐步建立、改革与完善社会保障制度的，对社会保障的理解和解释存在差异，但是社会保障作为一种特殊的再分配形式，也应具有一些普遍的共性与应遵循的一般原则。

一、社会保障的特征

虽然不同国家或同一国家的不同时期对社会保障有着不尽相同的理解，但世界各国实施的社会保障制度在性质、宗旨与目标、基本内容等方面却存在大量共性，此乃现代社会保障的共同特征，它至少包括以下七项显著特征。

(一) 保障性

社会保障是国家按照经济发展水平和承受能力等国情对社会成员给予基本生活保障而实施的一项社会经济制度。在现代市场经济条件下，社会成员在其生命周期的各个阶段，会受生老病死等自然规律的制约，会遭遇自然和社会各种意外事故的袭击，因而在生活上可能会发生各种困难和风险，而社会保障制度作为社会的"安全网"，适时有效地为社会成员提供各种物质帮助和服务，满足其基本生活需要，从而保障社会成员正常的基本劳动和生活，为他们提供安全的保障。而且这种保障性通常由国家立法加以确定，政府和社会组织加以保证。

（二）社会互济性

现代社会保障制度是人类社会向工业化、现代化演变的结果，工业化使劳动分工、分配与消费方式、社会及产业结构发生变化，家庭的保障功能因不能适应社会成员遭受风险可能性增加而逐渐弱化，工伤、失业、职业病、疾病、退休、遗属生活等问题超出了家庭保障能力的承受范围，需要由社会提供保障。现代社会保障的社会性表现在社会保障管理的主体是政府或国家授权的社会保障机构，社会保障资金来源于国家、企业和个人以及社会捐助等。这又充分体现出社会保障是一种有效的经济性补偿手段，通过所有社会成员的互助互济实现对少数遭受风险成员的收入损失进行补偿。社会保障的互济性体现在社会保障的国民收入再分配功能上。社会保障的资金来源于多种渠道，而享受某些保障待遇的往往是一部分特定的对象。互济性在社会救助和社会福利方面的表现尤为明显，社会救助和社会福利资金均来自于劳动者的社会劳动剩余，体现了劳动者对非劳动者的无偿援助。而在社会保险方面，除社会保险基金个人账户缺乏再分配功能外，其他几种模式均具有"取之于己而部分用之于人；部分取之于人而用之于己"的再分配功能，如失业保险基金来源于所有企业及其雇员缴纳的失业保险费，但只有失业的雇员才能享受失业保险待遇。

（三）强制性

社会保障是政府通过立法干预社会经济生活的产物，具有较为明显的法定权利义务约定及政府行为特有的强制性。具体表现在三个方面：一是法律规定了国家、单位和个人的社会保障权利与义务，社会成员只要符合社会保障有关法律的规定就必须参加而非个人意愿所能决定；二是社会成员对参加社会保障项目、待遇没有自由选择权，社会保障机构也无权拒绝社会成员享受其权利的要求；三是社会保障涉及收入再分配，社会保障资金的筹集以立法形式保证，凡符合缴纳条件的个人和团体都必须按要求缴纳社会保障税费，否则就不能保障所有因故不能获得劳动报酬的劳动者的基本生活，也就达不到社会保障的目的。

（四）适度条件下的普惠性

社会保障应该按照一定时期的生产力水平，对生存发生困难的社会成员给予基本的生活保障。首先，社会保障水平是相对于社会生产力发展水平而言的，并随着生产力发展水平的提高而提高。社会保障水平过高或过低都会对社会保障制度自身运行和社会经济发展产生不利影响。社会保障水平超前，则社会各方负担加重，国家财政紧张，企业成本上升、生产活力受挫、产品竞争力下降，同时社会惰性滋长、懒汉思想泛滥，从而削弱社会前进的动力，影响国家的经济发展，最终影响社会保障制度自身的运转。社会保障水平滞后，就不能很好地发挥社会保障应有的功能，挫伤劳动者积极性，也会制约经济发展，甚至影响社会稳定。因此，适度的社会保障水平既能保障公民的基本生活与社会的安定，又能提高劳动者的积极性并促进劳动生产率的提高，实现社会保障制度良性运转，避免出现财务危机。

其次，社会保障范围具有普遍适应及社会成员共同受惠的特征。一方面，保障范围具有普遍性，不分城市和乡村、部门和行业及所有制性质；另一方面，社会保障制度以全体国民为保障对象，把社会成员中所有符合资格条件的人都纳入社会保障体系，只要遇到意外情况陷入困境导致生存发生困难，都应普遍地、无例外地给予基本生活的物质保障，即适用对象具有普遍性。社会保障的普惠性是 1942 年《贝弗里奇报告》中提出的一项基本原则。该原则要求国家在确立社会保障制度时，其对象、范围不能局限于贫困阶层，而应当使全体国民均能享受到相应的社会保障。这体现了国家依据宪法确保全体公民社会保障权利的承诺，也是改进和实现国际公认的基本人权的客观要求。

（五）储存性

社会保障资金无论来源于国民收入的初次分配，还是再分配，都需要先行扣除、缴纳和储存，即社会将劳动者在就业时期创造的一部分财富逐年逐月进行强制性扣除和上缴，形成积累，然后根据实际需要进行分配和使用，这就是社会保障的储存性，同时也体现了社会保障资金具有"取之于民，用之于民"的本质。

（六）公平性

现代市场经济不仅强调竞争原则，还需要强调保障机制。社会保障制度不仅承担着"救贫""防贫"和保障社会成员基本生活的责任，还为全体社会成员提供与经济发展水平相适应的保障项目和公共服务，从而使国民能够共享经济社会发展的成果。社会保障作为国民收入再分配的一种手段，实现公平分配是其追求的主要目标。可从三个方面准确理解社会保障的公平性特征：

首先，社会成员在生活上发生困难、遇到风险时，国家和社会应依法给予基本生活保障而非施舍，人人平等地享有社会保障权利，反对各种歧视，接受者的人格尊严要得到尊重。

其次，公平性并非保障资金分配的绝对平均，而是指任何社会成员在其基本生存发生困难时，都可以平等地获得社会保障的机会和权利，而且每个社会成员从社会保障制度中获得的物质帮助和社会服务是大致均等的。

再次，社会保障通过法律手段，强制向社会征集保障资金，再分配给低收入或丧失收入来源的社会成员。这在一定程度上弥补了国民收入初次分配时对个人收入分配的不平等，从而促进整个社会分配趋于公平。

（七）长期性

社会保障的长期性可从现任国际劳工组织总干事 Guy Ryder 于 2013 年向第 102 届国际劳工大会提交的首份局长报告中窥见一斑：《迎接国际劳工组织一百周年纪念：现实、复兴与三方承诺》第 43 条，该组织为减少"工作贫困人口"奋斗近百年后仍深处忧虑之中，即"获取体面劳动"仍旧是消除贫困的关键。国际劳工组织的这一立场赢得了广泛支持，并有必要成为 2015 年后联合国发展议程的基础。但凡因工作不能创造高于贫困水平的收入而不能定义为体面的，"劳动脱贫"之路就会被阻断。因此，完全有理由关注不断增加的工作贫困人口，无论他们在哪些地方出现，这种关注是长期的。国际劳工组织章程序言阐述到"提供足够维持生活的工资"是当务之急。几乎一个世纪之后，这种紧迫感的严重程度仍未得到任何缓解。

二、社会保障的原则

除对世界各国社会保障制度已显现出的共性特征进行分析外，还应剖析建立、实施、改革与完善社会保障制度应遵循的一些基本指导思想或准则,即社会保障原则。这些原则主要包括:福利原则、权利与义务相对应的原则、公平与效率相结合的原则和多层次保障有机结合的原则等。

(一) 福利原则

广义的社会福利是社会保障的最高层次[1]。社会保障的福利原则是指社会和国家要保障社会成员个人及其家庭的基本生活需要,使每个人都体面地"过真正的人的生活"。福利原则要求保障人的基本生活,包括营养、衣着、住所和获得个人自由与进步的机会。社会主义国家社会保障制度的福利性正是顺应了"社会主义生产的目的是最大限度地满足人民日益增长的物质文化生活需要"这一要求。

(二) 权利与义务相对应的原则

根据社会保障追求的社会公平目标,应坚持社会保障权利与义务的对应而非对等,即社会保障权利与义务的有机统一:公民要享受社会保障权利,必须承担一定的义务。但社会保障中的权利和义务在不同社会保障项目中有不同的体现,在社会保险项目中体现了权利与义务对等的原则[2],作为社会保障对象的权利主体需要履行应尽的义务——缴纳个人应承担的社会保险费,才能取得权利主体的资格,即个人只有履行按时足额缴纳社会保险费的义务后,才有权利在符合条件时申请享受社会保险待遇。而社会救助和部分社会福利项目的受益者往往是社会上某一特定群体,支付的费用则由全体社会成员来承担,正是这种受益方和支付方权利义务关系在一定程度上的不对等,才使得大部分弱势群体的生存状况有所改善和众多国民能共享社会经济发展的成果。

国家作为社会保障的构建与实施主体,负有不可推卸的社会保障义务和责任。国家通过立法规定社会保障制度的结构和运行规则,并根据经济发展形势适时调整社会保障政策,同时对社会保障提供"兜底"而非完全的责任。企业在社会保障中的义务是必须依法为本单位员工办理社会保障参保手续并按时足额缴纳用人单位自身应缴纳的保险费、代扣劳动者个人应缴纳的保险费。同时,企业也有以下权利:要求社会保障机构提供社会保障政策咨询;就与本单位有关的社会保障争议提出诉讼或仲裁;监督社会保障机构及其工作人员的工作等。个人则应履行按时足额缴纳社会保险费的义务,以及在符合社会保障项目申领资格条件时,按要求提交合法的相关申领材料的义务。

(三) 公平与效率相结合的原则

现代社会保障制度产生的初衷,是以政府对社会公平的重视这只"看得见的手"来弥补市场机制过度强调效率优先这只"看不见的手",所导致的社会分配不公现象及其不能自动出清的弊端,但在社会保障制度中,亦不能过度强调公平优先而应是公平与效率相结合,原因在于公平与效率具有对立统一的关系,两者在社会保障中是通过经济发展产生间接联系的。效率是公平的基本前提,而公平是效率的保证。

首先,效率是提高社会生产力、创造物质财富与改善人民生活的不竭动力。欠缺丰厚经济与物质基础上的"公平"显然只是对公平的空谈,阻碍经济发展与劳动者积极性下的

---

[1] 张一名. 社会保障知识读本 [M]. 北京:红旗出版社,2010:4.
[2] 此处所述的对等原则并非商业保险强调的"多投多保、少投少保、不投不保"的对等原则。

"公平"为更不可取的公平,而高效率下的公平才能使社会保障更有物质保障。因此,公平应以效率为基本前提。

其次,社会因财富分配不公且缺乏基本生活保障而处于动荡混乱状态时,效率再高也形成不了"拧成一股绳"的生产力,效率也就成为空谈。若社会保障体系的发展走向另一个极端,超越了经济发展所允许的范围,其增长超过了劳动生产率和工资的增长,项目发展得过多、水平过高,就会减弱工资对劳动者的刺激作用,致使效率提升缺乏内在动力。只有提供适度的社会保障,通过保障劳动者"体面的工作"、身心健康和劳动力再生产的顺利进行,通过国民收入再分配,缩小市场初次分配造成的收入差距并在一定程度上缓减社会成员之间分配不公现象,从而减轻劳动者的负担和解除职工的后顾之忧,营造社会安定团结局面,才能调动劳动者的积极性,从而促进经济的发展和效率的提高及经济效率的可持续性。因此,公平是效率的保证。

(四) 多层次保障有机结合的原则

基于三方面的考虑,社会保障多层次化是顺应社会保障发展过程中主体多元化、资金来源多渠道、保障结构多层次、受益形式多样化趋势的必然选择。一是因为社会保障涉及面广,承担的责任繁重,任何一家机构,即使是政府也无法独自承担。政府、社会(公共和民间团体)、企业和个人都可以成为社会保障某些项目的主体,即在强调国家责任的同时,提倡多元主体的参与。二是除财政划拨、企业和个人的缴费外,还可以利用民间资源,如通过社会捐助、个人捐款、发行彩票等渠道筹集社会保障资金。三是将国家法定的基础保障与社会补充保障、个人自助保障、商业性保障项目等多层次保障结构有机结合,共同构筑对象各异、水平不一、形式多样的社会保障框架,从而有利于社会保障的整体发展和国民保障水平的实质提高。○

第三节 社会保障的功能和经济效应

社会保障的功能是社会保障在人类社会运行过程中所具有的满足人类社会需求的内在效能与相对稳定的独特机制○。作为现代文明社会中重要的制度安排,社会保障既有保障社会成员基本生活以维护社会稳定的社会性功能,又有调节收入分配与平衡需求的经济性功能。而社会保障内部各个系统与外部环境的相互作用,产生了对收入分配、劳动力市场、消费、储蓄与投资的一系列影响,进而显现出社会保障内在效能作用于外部经济环境后的互动效应。

一、社会保障的功能

社会保障作为现代国家的一种安全制度,宏观上是以政府干预来消除市场失灵所产生的社会不安定因素而引发的社会风险,以保证社会协调、稳定的运行和发展;微观上是为社会成员的基本生活权利提供安全保护,以确保社会成员不因遇到暂时或永久的困难而陷入孤立无援的境地。因此,社会保障俨然是一项社会制度,自其产生的那一天,就在促使

○ 谢冰,黄瑞芹. 社会保障概论 [M]. 2版. 武汉:武汉大学出版社,2015:11.
○ 郑成功. "民生四度"是硬约束指标 [N]. 北京日报,2008-04-21(07).

社会顺利运行方面彰显了强大的社会性补偿、稳定与公平功能，所以接下来阐述的前三项功能名称之前均被冠以"社会"二字；而后四项功能则更侧重于将社会保障作为经济资源配置手段的经济性功能。

（一）社会补偿功能

1. 功能含义

社会保障的补偿功能是指社会保障制度安排能为失去或没有生活来源者、贫困者、遭遇不幸者和一切工薪劳动者，在暂时或永久丧失劳动能力以及失去工作岗位后，提供仍能维持其最低生活水平、满足基本生活需要的保障机制。

2. 功能目标

社会补偿功能的目的在于通过国家和社会所提供的物质帮助，保障社会成员作为人的基本生存权利。保障的程度是维持社会成员生存需要，而不在于提高其生活水平，实现社会保障的"托底基本生存保障"目标。

3. 功能实现机理

社会补偿功能是社会保障发展的源头，它使那些被救助的个人和家庭，在国家和社会群体的帮助下，享有最低生活水平保障。社会救助和社会保险集中体现了社会保障的补偿功能：其一，社会救助的目的在于保障最低生活水平，具有鲜明的保障性特征，属于最低限度的社会保障。其二，社会保险的补偿功能就是对工薪劳动者在其全部生命周期中遇到的各种失去收入的风险进行一定的补偿，以保证其基本生活需要，如个人缴纳的社会养老保险金就是用劳动者工作时的积累去补偿退休时收入降低的损失，实现典型的个体生命周期中"以丰补歉"的纵向补偿机制。

（二）社会稳定功能

1. 功能含义

社会保障的社会稳定功能是指为劳动者和其他国民在特殊情况下的生活水平提供保证，进而促使整个社会、政治、经济秩序的稳定与可持续发展的功能。

2. 功能目标

国际劳工组织在总结各国实施社会保障制度的成效时指出："没有社会的安定，就没有社会的发展；没有社会保障，就没有社会的安定。"社会保障作为现代社会安全体系的重要组成部分，应把多层次社会保障体系真正构筑为"社会安全网"与"社会减震器"，实现社会保障"维稳社会秩序"的目标。

3. 功能实现机理

不言而喻，市场竞争或其他风险致使部分社会成员缺乏生存保障、收入分配差距过大等各种社会矛盾的激化会造成社会不稳定。世界各国的社会保障实践表明，在一个健全的社会保障体系下，社会保障一方面能够通过物质帮助和服务支持被保障者的生存权利；另一方面能够通过国民收入的分配和再分配，缩小贫富差距，防止矛盾激化。社会成员的生活保障度、心理平衡度、社会公正度、人际和谐度等得到增强，社会矛盾得到化解，从而有利于社会与政治的稳定和经济的协调发展。

（三）社会公平功能

1. 功能含义

社会保障的公平功能是指通过社会保障资金的筹集和待遇的给付，把一部分高收入的社会成员的收入转移到另一部分生活陷入困境的社会成员手中，缩小由市场效率决定的收入初次分配差距的机制。

2. 功能目标

国家以社会保障的形式对弱者、失业者乃至贫困者给予生存保护，缩小收入分配差距，从而实现缩小贫富差距的社会公平目标。

3. 功能实现机理

市场经济条件下，虽然市场机制会给每个社会成员平等参与竞争的条件和机会，但自由竞争规律促使效率支配地位与优胜劣汰竞争结果的形成，竞争中的弱者因被淘汰而退出市场，在失去或暂时失去收入而处于贫困状态时，需要社会保障提供的社会公平机制向之倾斜，通过收入再分配缩小收入及贫富差距，从而实现社会公平目标。

（四）国民收入再分配功能

1. 功能含义

社会保障的国民收入再分配功能是指通过社会保障制度安排，在国民收入初次分配的基础上，在不同利益阶层之间进行再分配的机制。

2. 功能目标

社会保障采取垂直性再分配与水平性再分配两种手段，对国民收入初次分配进行调节，前者是从高收入阶层向低收入阶层的收入转移，后者是在劳动时段与非劳动时段、健康时段与伤残时段之间的所得转移。力图实现"缩小贫富差距、缓和社会矛盾、均衡及匹配生命周期内保障收支"的国民收入再分配目标。

3. 功能实现机理

社会保障对低收入阶层给予生活所需要的给付，即社会保障对收入初次分配的"垂直性再分配"；或者在老年、失业、伤病、残疾等情况发生时，实施必要的收入给付，即社会保障对收入初次分配的"水平性再分配"。运用垂直与水平再分配方式缓和市场经济活动造成的收入分配不公及贫富差距问题，均衡个体生命周期内的保障收支矛盾。

（五）保护和配置劳动力的功能

1. 功能含义

社会保障的保护和配置劳动力功能是通过社会保障制度安排，实现保护劳动力再生产和促进劳动力合理流动及有效配置的机制。

2. 功能目标

通过全国统一的社会保障网络，突破家庭保障和企业保障局限并弥补市场机制缺陷，促成劳动者的合理流动，并为社会成员（特别是在市场竞争中失利的劳动者）提供劳动力再生产所需要的基本物质保障并促进其参与下一轮公平竞争的就业及技能环境。

3. 功能实现机理

受市场竞争中优胜劣汰规律的支配，竞争失利的劳动者及其家属在退出当前劳动力市场后会失去稳定收入而陷入生存危机，社会保障通过给这部分劳动者提供维持基本生活需要的各种帮助与保障，从而保障劳动力的生产和再生产得以顺利开展。与此同时，通过建立全社会统一的社会保障网络，打破靠血缘维持的家庭保障格局，超越企业保障的局限，劳动者在变换工作或迁徙时无后顾之忧，从而促进劳动力的合理流动，实现劳动力要素的有效配置。

（六）平衡需求功能

1. 功能含义

社会保障的平衡需求功能是指利用社会保障制度对社会供求进行调节，促使社会需求逆经济运行方向，反向作用于社会供给，使社会供求趋向平衡的减震机制。

2. 功能目标

社会保障支出随着国民经济运行变化情况呈现出反方向增减变动，调节社会总供求关系，自动平抑经济过热或过冷现象，实现社会保障的"内在稳定器"目标。

3. 功能实现机理

凯恩斯主义认为经济危机的爆发是有效需求不足引起的，政府应对经济危机就应该增加社会的有效需求。而社会保障是增加有效需求的一个重要途径，通过社会保障可以调节社会总需求，从而达到调控经济的目的。当经济衰退、失业增加时，由于失业给付和社会扶助抑制了个人收入减少的趋势，给予失去职业和生活困难的劳动者以购买力，从而具有刺激有效需求的作用，一定程度上缓减了经济衰退给社会底层带来的冲击。反之，当经济增长、失业率下降时，社会保障支出相应缩减，社会保障基金规模因此增大，减少了社会需求的急剧膨胀，最终又促使社会的总需求与总供给趋于平衡。

（七）调节投融资功能

1. 功能含义

社会保障的调节投融资功能是通过社会保障基金运营，调节社会资金余缺以满足社会投资需求的机制。

2. 功能目标

保证社会保障基金的安全是社保基金投资考虑的首要原则，因而要求社保基金投资资产应具有较强的流动性，一方面，资产收益与流动性成反比的特性决定了社保基金具有因流动性强而收益低的特质。另一方面，社保基金的保值要求还为其投资方向设置了许多限制性条件，两者叠加就决定了社会保障基金只能实现间接调节投融资市场及社会投资需求的目标。

3. 功能实现机理

社会保障基金直接来自于社会保险费、财政补贴以及资金投资增值的收入，具有较高的稳定性，社保基金经过长期积累，会形成规模较大的社会保障储备基金。社会保障基金参与投融资显然是其保值增值的途径，社保基金投融资活动既调节了社会资金的余缺，又促进了国家经济建设和民众生活改善。如发达国家将规模庞大的养老基金用于这些国家基础产业的调整，成为国家经济结构调整的有效手段；又如发展中国家将社会保障基金投向国家基础设施和重点项目，不仅支持了国家建设，还实现了社保基金的保值增值。

二、社会保障的经济效应

社会保障的经济效应是指政府通过构建社会保障体系并运用社会保障支出提供多层次社会保障的过程中，社会保障内在效能与收入分配、劳动力市场、消费、储蓄与投资等外部经济环境相互作用后产生的互动效应。因此，除探究社会保障特有的内在效能外，有必要对社会保障制度运行后的经济效应进行深入研究。

（一）社会保障对收入再分配的影响

在市场经济中，社会公平的目标很大程度上是通过社会保障的一系列项目来实现的。国家通过社会保障介入国民收入再分配，改变社会不同阶层、不同成员的收入分配状况，以及同一阶层、同一成员不同时期的收入状况，达到维护公平、促进经济发展的目的。社会保障的收入再分配功能通过以下三个方面实现。

1. 影响劳动者个人收入的再分配

影响劳动者个人收入的再分配是指将劳动者在职期间的一部分收入在其退休后或面临有关社会风险时予以返还，从而呈现出对劳动者个人收入进行再分配的效应。例如，对养老保险体系实行社会统筹和个人账户相结合，个人账户上的基金主要来源于劳动者在职期间所缴纳的费用，用于支付劳动者本人退休后所需的养老保险金。

2. 影响同代社会成员之间的收入再分配

影响同代社会成员之间的收入再分配是指为实现特定的社会发展目标而对社会中不同收入水平的劳动者进行的收入再分配。例如，通过社会保险计划，可以使社会中收入偏低者获得往往高于缴费水平的保险金，或收入偏高者获得低于其缴费水平的保险金。因此，社会保险有着明显的收入再分配效应。

3. 影响劳动者代际间的收入再分配

影响劳动者代际间的收入再分配是指在实行现收现付制的社会保障制度中，由在职的劳动者担负现已退休劳动者的退休费用，而在职劳动者将来所需的退休费用由下一代劳动者负担，从而体现出劳动者代际间的收入再分配效应。

（二）社会保障对劳动力市场的影响

1. 对退休决策的影响

退休决策是接近退休年龄的人按照一生预期收入或效用最大化的原则，对未来工资和养老金收益进行评估后做出是否退休的决策。根据不同的养老金计划，对退休决策的影响至少存在三种可能性：一是在统一费率的养老金计划中，养老金与工作年限或缴费年限联系不紧密；二是强制性养老保险计划将个人年轻时的收入转移到老年时期，这种收入转移产生的收入效应促使老年人选择提前退休以享受更多闲暇；三是在与收入关联的养老金计划中，养老金待遇水平与工作年限或缴费年限正相关，提前退休以享受闲暇的机会成本加大，从而促使人们延迟退休。

美国人口普查局的调查资料显示，1930年、1950年和2001年65岁以上男性的劳动参与率分别为54%、45.8%和18%，说明对65岁以上的美国人来说，社会保障对半退休和完全退休具有鼓励作用。Gruber和Wise（1998）对11个工业化国家的社会保障制度进行研究后发现，首次领取养老金的年龄对退休决策有很大影响。制约此类实证分析的首要因素是影响老年人劳动供给决策的健康状况、当地劳动力市场条件、私人养老财富积累额等变量难以衡量甚至不存在，这给估计社会保障制度对退休决策的影响带来较大的不确定性。

2. 对劳动力供给的影响

市场经济的激烈竞争常常使部分劳动者失去其竞争实力，面临基本生活的困难。社会保障制度为劳动者提供养老、医疗、失业、生育、工伤等全方位的保险与福利，解除了劳动者的后顾之忧，而且有助于劳动力的培育和素质的提高，保证了劳动力的供给。但同时社会保障的实施对劳动力供给也有抑制作用，社会保障水平过高会损害劳动者的上进心，而保险金的代际转移支付使在职劳动者所缴纳的保险费用于支付上代人的养老金，容易造成代际间的冲突。

3. 对劳动力需求的影响

企业为雇员所缴纳的社会保险费是人工成本的构成部分，将会直接影响到产品的成本。如果社会保险费缴纳得多，人工成本增加，产品成本上升，竞争力下降，影响劳动力的需求；越来越多的企业为降低成本选择以机器代替劳动力，也会影响劳动力的需求。

4. 对劳动力流动的影响

西方国家普遍实行的社会保障制度可以保障劳动者的基本生活，保障劳动力的生产和再生产，提高劳动者的素质，促进劳动力的自由流动和合理配置。社会保障的发展趋势就在于打破地区和行业间的不平衡，使保障待遇与就业岗位相分离，促进劳动力在地区行业间的流动。

（三）社会保障对储蓄、消费与投资的影响

1. 社会保障对储蓄的影响

储蓄的生命周期理论是大部分学者研究社会保障对储蓄影响的起点㊀。该理论认为，个人的消费和储蓄决策是以一生的收入为基础的，人们把工作期间的一部分收入储蓄起来用于退休时的消费㊁，当然，在退休消费前可用于投资，因而能增加社会资本存量。实行社会保障后产生的财富替代效应、退休效应与遗赠效应，使人一生的储蓄发生了不同方向的较大变化。

（1）财富替代效应。当劳动者意识到他们在工作期间的社会保障缴款能使得其获得一笔有保证的退休收入，即社会保障缴款是取得未来退休金的"储蓄"手段，劳动者就会减少工作期间的储蓄，这种现象被称为财富替代效应。当社会保障基金采用现收现付制模式进行筹集时，"代际赡养"㊂的本质使得公共储蓄小于私人储蓄的减少，这就意味着资本积

㊀ 哈维 S 罗森，特德·盖亚. 财政学（第8版）[M]. 郭庆旺，赵志耘译. 北京：中国人民大学出版社，2009：171.

㊁ 储蓄的目的也可能是以备不时之需或购买耐用消费品等。

㊂ 劳动者工作期间的社会保障缴款支付给了当前退休人员，详见第五章社会保障基金及其运营管理第一节。

累总额减少了，所以有学者称其为现收现付制对个人储蓄的"挤出效应"。

（2）退休效应。社会保障制度会促使劳动者提早退休以获得退休后的养老金，因而在提早退休前的工作期间就必须增加储蓄。

（3）遗赠效应。社会保障制度具有把收入从子女（工人或纳税人）那里转移到父母（退休者或养老金领取者）那里的代际分配效应。如果人们储蓄的动机是想为子女留下更多的遗产，那么人们就会增加储蓄来消除社会保障对其子女收入的影响。

综上所述，社会保障对个人储蓄的财富替代效应与后两种效应的作用方向相反，当后两种效应大于财富替代效应时，养老金计划使储蓄率提高；反之，养老金计划使储蓄率降低。但仅凭理论无法准确判断社会保障如何影响个人储蓄，有学者对此进行了经济计量分析，如 Feldstein（1974，1996）假设某一年的消费主要受年初私人财富、该年可支配收入、社会保障财富等变量的影响，以美国 1930—1992 年的年度数据为基础进行回归估算，获得的社会保障财富系数为 0.028，意味着社会保障财富增加 0.028 美元就能使消费增加 1 元，从而使储蓄减少，结论是财富替代效应大于后两种效应。而 Leimer 和 Lesnoy（1982）的实证分析却证明社会保障增加了个人储蓄。Hurd（1990）认为社会保障对储蓄有不利的影响，但影响程度仍具有不确定性。

2. 社会保障制度对消费与投资的影响

一般情况下，经济繁荣时，劳动者收入与就业增加，社会保障基金收入大于支出，超出部分将转化为积累与投资，即抑制了当前的消费需求，从而抑制经济过热以保持经济可持续发展。反之，当经济萧条时，企业利润降低导致劳动者收入减少和失业增加，通过社会保障项目为劳动者提供基本生活保障能扩大消费需求，社会保障的支出将大于收入，导致国民收入中消费部分增加而积累投资部分减少，即以扩大内需来刺激经济的发展。

就社会保障支出与储蓄、投资、消费、经济发展的动态关系，许多国内外学者进行了跨国及国别研究，如 Martin（1996）对美国、日本和欧洲五国的社会保障支出在 GDP 中占比进行分析后得出两者存在显著正相关关系；Gupta 等（2005）分析了 20 世纪 90 年代 39 个低收入国家财政支出结构对经济增长的影响，认为政府转移支出能够促进经济增长；张勇（2015）根据我国社会保障制度改革的时代背景，对 1999—2013 年社会保障与经济发展数据进行 Granger 因果检验和协整分析，结果表明社会保障制度的改革与支出的增长，显著地促进了经济增长。

◆ 本章小结

1. 社会保障的内涵及其概念界定

社会保障（Social Security）最早出现在美国 1935 年制定的《社会保障法》（The Social Security Act of 1935）中。各国的社会保障实践与其政治、经济、社会乃至文化等不同发展阶段的国情相适应，因而对社会保障有着不同的理解和认识。《牛津法律大辞典》释义社会保障是对立法之宗旨在于保护个人避免因年老、疾病、死亡或失业而致困境的一系列法律的总称。德文文献中社会保障是指国家依法建立的，具有经济福利性质的国民生活保障系统。是为因生病、残疾、老年等原因而丧失劳动能力或遭受意外而不能参与市场竞争者及其家人提供的基本生活保障。瑞典社会保障框架是由养老、医疗、失业、基本生活、住房和教育保障及社会服务等一系列福利制度构筑而成。国际劳工组织将社会保障视为一项基本人权,是一项对人民的投资,这项投资赋予人民适应经济和劳动力市场变化的能力……社会保障旨在以与社会包容相联系的长期可持续增长政策作为优先重点,将有助于克服极端贫困,减少社会不平等及地区内部和地区之间的差距……

本书将社会保障定义为:国家或政府通过立法形式,运用社会化手段,通过国民收入再分配,对公民在暂时或永久失去劳动能力以及由于各种原因生活发生困难时给予物质帮助,保障一定社会群体基本生活需要等生存与发展权利,同时根据经济和社会发展状况增进公共福利,以维护社会和谐与可持续发展的一系列措施、制度和事业的总称。

社会保障制度则是指国家或政府为实现保障公民社会安全目标所颁布的法规及建立的管理机构和采取措施等一系列制度安排的总和,即国家通过立法给予因年老、疾病、伤残、失业、死亡及其他灾难的发生而使其生存发生困难的社会成员以基本生活保障而建立的一种社会制度。

2. 社会保障的构成要素

社会保障构成要素是一个国家或政府构建社会保障体系并实现其有效运转应具备的要件。社会保障的构建与实施主体是国家或政府;社会保障的对象是全体社会成员,因而具有普遍性。社会保障的范围是公民的基本生活需要,因此具有适度性。社会保障的基本目标是为了维护社会公平,促进经济发展,因而具有公平性。社会保障的手段是通过立法确保实施,因而具有强制性。

3. 社会保障的特征

社会保障作为一种特殊的再分配形式,具有一些普遍的共性:保障性,社会互济性,强制性,适度条件下的普惠性,储存性,公平性,长期性。

4. 社会保障的原则

社会保障的原则是建立、实施、改革与完善社会保障制度应遵循的一些基本指导思想或准则。福利原则是指社会和国家要保障社会成员个人及其家庭的基本生活需要,使每个人都体面地"过真正的人的生活"。权利义务对应原则是指根据社会保障追求的社会公平目标,应坚持社会保障权利与义务的对应而非对等,实现社会保障权利与义务的有机统一。公平与效率相结合的原则是指在社会保障制度中,不能过度强调公平优先而应是公平与效率相结合,原因在于公平与效率具有对立统一的关系,两者在社会保障中是通过经济发展产生间接联系的,效率是公平的基本前提,而公平是效率的保证。多层次保障有机结合的原则:社会保障多层次化是顺应社会保障发展过程中主体多元化、资金来源多渠道、保障结构多层次、受益形式多样化趋势的必然选择。

5. 社会保障的功能

社会保障的功能是社会保障在人类社会运行过程中所具有的满足人类社会需求的内在效能与相对稳定的独特机制。社会补偿功能是指社会保障能在人们暂时或永久丧失劳动能力以及失去工作岗位后,提供仍能维持其最低生活水平,满足基本生活需要的保障机制。社会稳定功能是指为劳动者和其他国民在特殊情况下的基本生活提供保证,进而促使整个社会、政治、经济秩序的稳定与可持续发展的功能。社会公平功能是指通过社会保障资金的筹集和待遇的给付,把一部分高收入的社会成员的收入转移到生活陷入困境的社会成员手中,缩小由市场效率决定的收入初次分配差距的机制。国民收入再分配功能是指通过社会保障制度安排,在国民收入初次分配的基础上,在不同利益阶层之间进行再分配的机制。保护和配置劳动力的功能是指通过社会保障制度安排,实现保护劳动力再生产和促进劳动力合理流动及有效配置的机制。平衡需求功能是指利用社会保障制度对社会供求进行调节,促使社会需求逆经济运行方向，反向作用于社会供给，使社会供求趋向平衡的减震机制。调节投融资功能是指通过社会保障基金运营，调节社会资金余缺以满足社会投资需求的机制。

6. 社会保障的经济效应

社会保障的经济效应是指政府通过构建社会保障体系并运用社会保障支出提供多层次社会保障的过程中，社会保障内在效能与收入分配、劳动力市场、消费、储蓄与投资等外部经济环境相互作用后产生的互动效应。社会保障对收入再分配的影响，即国家通过社会保障介入国民收入再分配，改变社会不同阶层、不同成员的收入分配状况，以及同一阶层、同一成员不同时期的收入状况，达到维护公平、促进经济发展的目的。其中包括：影响劳动者个人收入的再分配，影响同代社会成员之间的收入再分配，影响劳动者代际间的收入再分配。社会保障对劳动力市场的影响包括：对劳动者退休决策的影响，对劳动力供、求的影响，对劳动力流动的影响。社会保障对储蓄、消费与投资的影响：实行社会保障后产生的财富替代效应、退休效应与遗赠效应使得人一生的储蓄发生了方向不同的较大变化。一般情况下，经济繁荣时，劳动者收入与就业增加，社会保障基金收入大于支出，超出部分将转化为积累与投资，即抑制了当前的消费需求，从而抑制经济过热以保持经济可持续发展。反之，当经济萧条时，企业利润降低导致劳动者收入减少和失业增加，通过社会保障项目为劳动者提供基本生活保障能扩大消费需求，社会保障的支出将大于收入，导致国民收入中消费部分增加而积累投资部分减少，即以扩大内需来刺激经济的发展。

◆ 课后练习与思考

1. 如何理解社会保障的内涵并对社会保障概念进行界定？
2. 社会保障具有哪些基本特征？
3. 试述社会保障的社会性功能。
4. 试述社会保障的经济性功能。
5. 社会保障应遵循哪些原则？

│动手练│

运用 Word 文字处理软件的 Microsoft Translator 或其他翻译工具，翻译本章导入案例——《为更光明的未来而努力》(*Work for a Brighter Future*)的第一部分，切身思考如何应对技术进步带来的知识更新与更替加速等挑战。同时，逐步掌握一种较为规范的英汉互译工具的使用，为后续阅读英文社会保障专业文献和翻译专业论文摘要等积淀一定的阅历与翻译经验。

第二章 CHAPTER2

社会保障制度的产生与发展

§ 知识结构与学习目标

	章节知识结构	学习目标
社会保障制度的理论依据	工业革命前的社会保障思想渊源 德国新历史学派的政府干预理论 福利经济学理论 凯恩斯的有效需求理论 《贝弗里奇报告》	○ 了解社会保障的发展及其思想渊源 ○ 理解社会保障制度的各种理论基础 ○ 了解《贝弗里奇报告》 ○ 了解社会保障制度的萌芽、建立 ○ 理解社会保障制度的发展、繁荣 ○ 掌握社会保障制度的发展历程及时间范围 ○ 掌握社会保障制度的构成及其具体内容 ○ 掌握现代社会保障制度的基本模式、代表国家 ○ 能够运用社会保障制度的基本理论,分析中国社会保障制度的发展、模式选择
社会保障制度的产生和发展	社会保障制度的萌芽 社会保障制度的建立 社会保障制度的发展 社会保障制度的繁荣 现代社会保障制度的构成	
现代社会保障制度的基本模式	自保公助型社会保障模式 福利国家型社会保障模式 国家保险型社会保障模式 强制储蓄型社会保障模式	

§ 导入案例

世界各国迈向综合社会保障制度的百年历程

自20世纪初一些先驱国家实施早期社会保障制度以来,社会保障体系以世人瞩目的惊人速度发展并取得了重大进展。在过去二三十年里,对中低收入国家建立社会保障制度的重要性得到越来越多的关注,此可谓社会保障制度发展百年历史中新的篇章。截至2017年年底,大多数国家的所有或大多数社会保障方案所涉及的政策领域都植根于各国立法,尽管这些方案可能在某些情况下只涵盖少数的人群。据国际劳工组织公布的社会保障报告

（2017-19）的统计数据及年度分布图示显示，自该组织建立至今近百年竭力推动其成员国建立各层次社会保障体系的进程中：①社会保障近116年发展历程及其逐步扩展情况表明，社会保障立法覆盖程度在全球各大洲均得以显著扩展，即ILO成员国的社会保障立法覆盖程度取得了可喜的扩展。但在亚洲和非洲的部分地区，社保覆盖面仍旧存在巨大的差异。②从图2-1中代表社会保险中养老等重要险种分项立法国家占比的8条曲线的高低错落位置显示，各险种立法国家占比均有逐步提升的发展趋势但历程各异。截至2010年年底，拥有工伤、养老、医疗、遗属等保障立法的国家占比高达98%以上。疾病与健康、生育保险立法国家占比约八成，儿童及家庭保障立法占比六成以上，失业保险立法占比最低（五成以上）。③以图2-1中立法国家占比最高的养老保险为例，其在四个不同时点的立法国家占比分别是2.2%（1900年）、35.4%（1950年）、96.1%（2000年）、99%以上（2010年）。

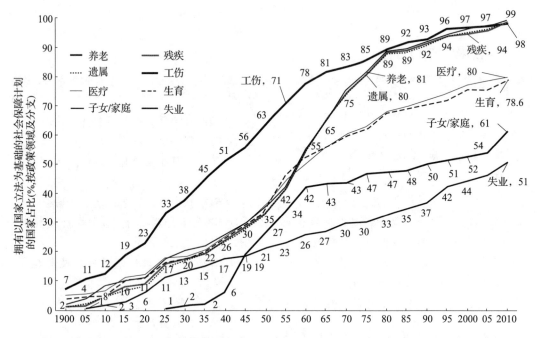

图2-1 社会保险立法国家数量发展全球占比的百年历程（重要分项保险，1900—2010年）

资料来源：根据World Social Protection Report（2017-19）（ILO，2017）数据重新编辑，因养老、遗属和残疾三种保险立法占比线高度重合，由上向下显示了工伤、养老、子女/家庭、失业保险立法占比数据，其余四项在顶端有名称数值标注。

案例思考

请读者额外关注图2-1中我国社会保障程度的变化情况，结合本书即将展开的社保理论与实践章节的学习再加以回顾，将对社会保障制度的产生与发展有更深入与具体的了解。

资料来源：ILO，World Social Protection Report（2017-19）：Universal social protection to achieve the Sustainable Development Goals，the Document and Publications Production，Printing and Distribution Branch（PRODOC）of the ILO，Geneva，2017，page 4-6.

第一节 社会保障制度的理论依据

理论的源流在于实践,而实践的依据又在于理论。社会保障制度的产生与发展表面上看是制度安排与政策实践,实际上却深受一定理论基础与价值偏好的影响,从而成为社会保障理论或思想在社会实践中的具体反映。

一、工业革命前的社会保障思想渊源

尽管现代社会保障制度诞生于工业社会,但社会保障活动与实践历史悠久。无论是西方还是中国,都有许多先贤对理想社会进行过描绘,这些描绘中不乏社会福利思想,它们对后世的影响深远,成为现代社会保障理论形成的历史渊源。

(一)西方社会保障思想渊源

1. 人文主义

人文主义又被称为人道主义,是指关心人及其生命、注重人的幸福、尊重人的自由和发展、提倡人格和依附于人格之上的权利。人文主义是 14 世纪至 16 世纪欧洲文艺复兴的主导思想,是欧洲文艺复兴时期产生的与哲学、神学对立的一种世俗文化运动。人文主义者用人道反对神道,肯定人的尊严和伟大,提倡个性解放与个人幸福;反对禁欲主义;注重知识,反对蒙昧主义。主张恢复古希腊罗马世俗的文化。欧洲的新文化人士以"人文学者"自居,树起个性解放、自由思想的旗帜,掀起了一股研究古典学术、重视现实人生的新思潮。这为欧洲宗教改革和自然科学的兴起提供了思想武器,也激活了自我解放的意识,为社会应对其成员的生存权利负有责任的观点提供了文化基础。

人文主义从产生到发展,其外延得到了很大的延伸,但就本质而言,其以人为中心、重视人的价值的核心内容并没有改变,从而成了社会保障制度的根本起源。

2. 空想社会主义

空想社会主义也称乌托邦社会主义,它是由 16 世纪英国托马斯·莫尔为揭示圈地运动对劳动者的剥削在《乌托邦》中提出的,并于 19 世纪初开始盛行。以法国圣西门、傅立叶和英国欧文等为代表的空想社会主义论者出版了许多不朽的著作,这些著作尖锐地抨击资本主义制度的罪恶,提出建立一个没有剥削、没有私有制、人人平等、团结互助、生活幸福的理想社会,具体的设想包括消灭雇佣劳动、消灭城乡对立、消灭脑力劳动和体力劳动对立、实行计划生产、妇女解放等。这些主张、设想充满了社会福利的内涵,为人民大众的基本生活谋求了更多的福利,提供了更多保障。

空想社会论对社会保障理论发展的贡献,主要在于其思想主张融合了人们对自身社会福利、生活保障的要求。空想社会论揭示了社会矛盾的根源是社会的不平等,主张实现社会公平、促进社会成员协调发展,这些思想正是现代社会保障最基本、最深刻的思想基础。现代社会保障制度的安排在某种程度上实践着空想社会论的某些主张,从而使空想社会论成为社会保障的理论渊源之一。

3. 宗教慈善思想

慈善理念起源于宗教。在西方社会,宗教被人们称之为慈善之母,它早期对社会保障的影响主要表现在思想和社会实践活动中。因此,宗教慈善思想贯穿于社会保障制度萌芽、产生和发展的整个过程，构成社会保障理论渊源的另一个来源。例如，早期的基督教反对剥削，倡导布施、助人，宣扬建立人人平等、幸福安康的社会；与此同时，在实践过程中，早期的基督教实行财产公有和平均主义分配原则，为后来的社会主义国家制定福利分配方式提供了借鉴依据及方法。中世纪的罗马天主教会主办和管理着社会慈善事业，他们在本教区内为丧失劳动能力者提供最低限度的生活保障，在灾荒年为贫困农户提供种子和口粮，为生活困难的民众提供基本生活保障。在历史发展进程中，许多宗教团体直接主办各种慈善事业，并一度成为西方国家维护社会稳定和保障社会成员生存权利的基本机制。宗教慈善的上述思想及实践客观上表达了博爱、互助、平等的思想，成为社会保障思想的主要来源之一，为社会保障理论的形成与社会保障实践的发展奠定了坚实基础。

在现代社会保障思想发展过程中，宗教慈善事业也是社会保障制度体系中不可缺少的部分，发挥着补充国家正式社会保障制度安排的作用。

（二）中国社会保障思想渊源

1. 大同社会论

中国古代大同思想产生于公元前500多年，孔子在《礼记·礼运篇》中首次提出并描绘了"大同社会"，即"大道之行也，天下为公，选贤与能，讲信修睦。故人不独亲其亲，不独子其子，使老有所终，壮有所用，幼有所长，鳏、寡、孤、独、废疾者皆有所养，男有分，女有归。货恶其弃于地也，不必藏于己；力恶其不出于身也，不必为己。是故谋闭而不兴，盗窃乱贼而不作，故外户而不闭，是谓大同"〇。这段话从政治、经济、社会层面对大同社会进行了描述。政治上主张"天下为公"，即实现公有制，实行社会民主制，并通过"选贤与能"更好地治理国家；经济上主张社会财富、国家资源为大家共同所有，实行社会统筹，各取所得，人人自觉努力劳动，共同创造生产资料，所有社会成员的生活都能得到保障；社会上主张人们要相互帮助、诚实守信、不作奸犯科，要爱自己的家人也要爱别人的家人，要使鳏、寡、孤、独、废疾者皆有所养，民众不偷不抢，社会和谐稳定。可见，大同社会论为我们刻画了一个完整、清晰的理想社会的轮廓，也包含了许多现代社会保障制度的内容，例如，对生活困难群众的生活保障（使老有所终，幼有所长，鳏、寡、孤、独、废疾者皆有所养）、合理分工（壮有所用、男有分、女有归）等，分别对应着现代社会保障中的社会保险、社会救助等诸多内容，所涉及的对象包括男、女、老、幼、鳏、寡、孤、独、残等，是中国古代社会保障理想的一幅完整构图。

封建社会时期，大同社会思想得到一定程度的发展。东晋时期陶潜在《桃花源记》中描绘了一个兢兢业业、自食其力、安居乐业的世外桃源；宋代康与之著有《昨梦录》，描绘了一个部分财产公有，按需分配、人人平等的和谐社会；清末农民起义领袖洪秀全撰《原道救世歌》以布教，主张建立"天下为公"的盛世，以孔子的大同社会为指导思想，建立起太平天国，等等。

近代以来，大同社会思想更是改革家们的直接理论依据。从康有为到孙中山，大同社会都是社会变革的理想目标。康有为汲取古今中外关于未来社会理想的思想精髓，撰写完成了《大同书》，该书通过现在与未来社会的对照，描绘出一个充满痛苦的世界和一个充满极乐的世界，形成一种去苦求乐、去恶向善的无形引力，同时，康有为还在书中提出关于养老院、教育、医疗等福利的设想，这些设想无疑包含了社会保障的理念。民主革命的

〇 出自《礼记·礼运篇·大同篇》。

先驱孙中山是中国传统的大同社会理想的又一继承者,他把"改善民生,谋求民众的幸福"作为自己毕生奋斗的目标,提出了民生主义,主张平均地权、节制资本、兴办公共教育事业、保障就业、实行全民公费医疗、设立公共养老院等。

大同社会论作为儒家思想的重要组成部分,其产生与发展是中华民族对未来理想社会的美好愿景,为中国社会保障事业的发展提供了理论依据,但大同社会思想带有一定程度的空想性、局限性,较难实现。

2. 社会互助论

就内容而言,社会互助论与大同社会论是有区别的,大同社会论强调的是整个社会的"大同",更多的是对整个社会制度的设计;而社会互助论强调的是对社会成员的互助。前者只是一个无法实现的幻梦,而后者却是一种可以付诸实施的社会保障思想。○

在中国古代以农业立国、以家庭为基本生产单位、以自然村落和族群社区为主的社会结构下,邻里守望相助是很重要的生存条件。北宋大臣吕大防、吕大临兄弟俩在自己的家乡蓝田(今陕西省内)与邻里亲友共同制定"乡约",把社会民众相互帮助的要求用契约规范的形式确定下来,其主要内容是:德业相劝,过失相规,礼俗相交,患难相恤。这种社会民众互助互济的保障措施,体现了众人出力帮助苦主分担灾难的思想。孙中山先生认为互助是人类的本性,主张人类社会的进化以互助为原则,"进化之动力在于互助而不在于竞争"。

社会互助思想是中国传统社会思想的重要组成部分,而互助则是中华民族的传统美德之一,它是社会成员之间的互助共济,是有余力、余财者帮助无劳动能力或贫困或遭灾的社会成员避免生存危机的社会保障思想。它是现代社会保障制度理论的源泉,也是现代社会保障理论的应有之义。◎

3. 仓储后备论

仓储后备论是一种主张建立谷物积蓄以备灾荒并济贫救民的思想。中国自古以来重视农业发展,依靠农业自给自足,丰收时百姓粮饱食足,遇到自然灾害时却又民不聊生。在此背景下,政治家们意识到:丰年时储藏多余谷物以备凶年缺粮时用,是立国安邦所必需。《礼记》有载:"同无九年之蓄,曰不足;无六年之蓄,曰急;无三年之蓄,曰国非其国也。"⑤

在储粮备荒思想影响下,自西周开始就出现了一种救荒、济贫的重要政策——仓储制度。最早的仓储称为"委积",意指除税收以外储蓄之余财,其用途包括济贫、救荒、供养征战阵亡者的老弱眷属、招待宾客等。自西周以来,国家建立了各式各样的仓储,在丰年之时把百姓手中的余粮收集起来就地建立仓库储存,荒年再行开仓赈济,仓储后备的目的在于救灾,避免灾荒之年百姓因无法生存而铤而走险,维护社会稳定。因此,仓储后备论是一种依靠国家力量来保障社会成员基本生存权利的社会保障思想,起到了保障和安民的作用,是现代社会保障制度的渊源之一。

4. 社会救济论

中国古代有关社会救济的思想很丰富,其中赈济说的影响最为深远。赈济说主张用实

○ 中国科学院哲学研究所中国哲学史组. 中国大同思想资料[M]. 北京:中华书局,1959:86.
◎ 郑功成. 社会保障学[M]. 北京:商务印书馆. 2000:60-61.
⑤ 出自《礼记·王制》。

物和货币救济遭受灾害或生活极端困难无法生存的社会成员，以保障其最低限度的生活需要。赈济说来源于儒家思想，孔子提出"济众助人，安老怀少"，孟子提出"民为贵"，要使百姓接受统治，先从救济老幼、鳏寡孤独开始。此后，社会救济思想不断发展，《周礼》中提出备荒赈灾思想，灾前实行粮食储备制，灾后实行具体救济措施。汉初，又出现一批新的社会福利救济思想，即在灾荒发生后，政府动用国家储备的粮食、库银、物品等，帮助灾民维持生计，并贷给灾民种子、粮食、牲畜、农具等生活和生产用品，以帮助灾民恢复生产，此举措对后世产生了很大的影响。明清时期，朱元璋的救荒赈灾措施打破传统观念，对发生灾荒地域的百姓及时进行救济，敦促地方官要据实报灾，以便根据灾情迅速进行赈济；对救荒赈灾过程中的拖延和隐匿等行为严加惩办；如果有地区发生饥荒，可以先发粮赈济，再上报。到近代，洪秀全提出"有无相恤，患难相救"；郑观应提出赈荒救灾论，注重救荒宣传；康有为提出社会救助思想，倡导移民垦荒。

社会救济理论的发展，保障了贫苦困难群众的基本生活，维护了他们的基本生存权利，也为现代社会保障制度中社会救助提供了理论依据，对推动社会保障制度具有重要意义。

二、德国新历史学派的政府干预理论

（一）新历史学派的基本观点

19世纪前半叶，英国完成了产业革命，获得了世界工厂的地位。亚当·斯密的自由主义经济学说代表了英国产业资本的利益，而德国还处在封建割据的农业国阶段，为了发展德国本国的工业，对来自英国的工业品必须采取保护贸易政策，并在意识形态上对抗英国的斯密理论，德国历史学派应运而生。早期的代表人物李斯特将宣扬贸易保护、推动德国经济统一作为终生奋斗目标，并采取行动极力促成德意志关税同盟，废除各邦关税，最终使德国经济获得统一，对后来德国的完全统一产生了积极影响。19世纪70年代以后，德国走向垄断资本主义，其内在矛盾开始显露，工人阶级失业和贫困等社会问题严重，马克思主义广泛传播，工人运动迅速发展。为了对抗马克思主义，缓和阶级矛盾，旧历史学派演变为新历史学派，一方面继承了旧历史学派的遗产，另一方面提出了各式各样的社会改良主张。

新历史学派又被称为"讲坛社会主义"，主要代表人物有古斯塔夫·施穆勒（Gustav Schmoller）、阿道夫·瓦格纳（R.Wagner）、路德维希·布伦坦诺（Lujo Brentano）、桑巴特（W.Sombart）等。他们既反对亚当·斯密的自由放任思想，提倡国家积极干预社会生活，国家的公共职能应不断扩大和增加，凡是个人努力所不能达到或不能顺利达到的目标，都理应由国家实现，同时他们也反对激进的社会主义和共产主义，反对暴力革命，主张劳资合作。德国新历史学派的主要观点和政策主张包括：

第一，主张国家至上，强调国家在社会经济发展中的重要作用。他们认为，国家是集体经济的最高形式，其职能不仅在于维持社会秩序和防御外来干涉，还应该直接干预和控制社会经济生活；并主张国家具有管理社会生活的职能，应该负起文明和福利的责任。

第二，认为劳工问题是当时德国面临的最严重的社会问题。他们提出改革经济和现有生产形态，改变各个阶层的教养和心理状态，并从改良社会主义观点出发，提出要增进社会福利，由国家来制定《劳动保险法》《孤寡救济法》等。

第三，强调伦理道德因素在经济中的地位和作用。他们认为，经济问题与伦理道德问题是密切相关的，主张劳资问题是一个伦理道德问题，解决这个问题的方法不是革命，而主要是对工人进行教育，改变其心理和伦理道德观点。

第四，强调法律对经济的制约作用。他们认为国家的法律和法规至上，它是决定经济发展过程的重要因素，强调国家应该通过法律、法规对社会经济进行自上而下的改革。

（二）新历史学派的社会保障思想

德国新历史学派是西方资本主义国家初级社会保障的思想基础，针对当时德国所面临的劳资问题，强调和证明了建立社会保障制度的客观必然性，开始倡导国家实施社会保险。新历史学派不再反对国家出面干预社会经济活动，主张由国家出面实施社会保险。他们认为实施社会保障政策的直接目的，不是出于针对收入分配不均、主张公平分配的考虑，而是为了缓和日益尖锐的劳资矛盾，社会保障政策仅仅是实现这一目标的手段。但不可否认的是，这些政策主张间接达到了保护劳动者、改善劳动者生存环境和增进劳动者福利的作用。

德国新历史学派的主张被俾斯麦政府所接受，从而成为德国率先实施社会保险的理论依据。俾斯麦政府自1871年起执政20年，实施所谓"大棒加胡萝卜的政策"，一方面于1878年颁布《社会党镇压法》以压制社会民主党的革命运动，另一方面接受社会政策协会的部分主张，实施部分的社会政策与社会立法，于1883年、1884年和1889年分别颁布了三项关于劳工的社会保险法——《疾病社会保险法》《工伤事故保险法》和《老年和残障社会保险法》，用立法的形式，由国家强制提供社会保障，使德国成为世界第一个建立社会保障制度的国家。

三、福利经济学理论

（一）庇古的旧福利经济学

福利经济学作为现代经济学的一个分支，在20世纪初形成于英国，后来在美国、瑞典、法国等国得到传播。1920年英国经济学家庇古的巨著《福利经济学》的出版，标志着福利经济学的诞生，相对于之后出现的福利经济学，庇古的福利经济学也被称为旧福利经济学。庇古的福利经济学主要观点有：

首先，他提出了福利、社会福利和经济福利等概念，认为福利是指个人的某种效用或满足，可由对财物的占有而产生，也可由对知识、情感、欲望的占有而产生，但这些是难以计量的。所有社会成员的这些满足或效用的总和便构成了社会福利，而经济学所要研究的是可以用货币计量的那部分社会福利，即经济福利。

其次，庇古分析了经济福利和国民收入之间的密切关系，认为国民收入是一国国民个人福利的总和。因此，影响经济福利的因素有两个：一个是国民收入的大小，另一个是国民收入在社会成员中的分配状况。他认为，凡是能增加国民收入总量而不减少穷人的绝对份额，或者增加穷人的绝对份额而不影响国民收入的总量，都意味着社会福利的增进。对于增加国民收入总量，庇古认为必须使生产资料在各个生产部门的配置达到最优，即"私人边际纯产品"等于"社会边际纯产品"，由于竞争和利己心的作用，就会使资源实现最适度的配置，使国民收入量（即社会经济福利总量）达到最大值。如果私人边际纯产品超过社会边际纯产品，政府应通过征税或补贴来进行调节。庇古认为，实现"收入均等化"是另一增加社会经济福利的方法。他根据边际效用递减规律提出：一个人的收入越多，货币收入的边际效用将越少。如果政府把富人的一部分货币转移给穷人，会比在富人手里具有更大的效用，将会增加一国的经济福利，因为市场机制对收入均等化无能为力。因此，国家应通过税收等办法把富人的收入转移给穷人，缩小贫富差距，以增大社会福利。当所有人的收入均等从而使货币的边际效用相等时，社会经济福利就会达到最大化。

庇古从自己的福利经济学理论出发，提出了一系列社会保障的政策主张：

第一，转移富人收入可以有自愿转移和强制转移两种方式。自愿转移是资本家自愿拿出一部分剩余价值举办娱乐、教育、保健等福利事业，而强制转移是国家通过征收累进所得税和遗产税，把一部分国民收入集中后再补贴给穷人。他认为福利措施不能损害资本的增值和积累，否则就会减少国民收入和社会福利，因此，自愿转移要比强制转移好。

第二，富人收入转移给穷人时可以有直接和间接两种途径。直接转移就是建立社会保险和兴办一些社会福利设施，使穷人在患病、残疾、失业、年老时能得到适当的物质帮助和社会服务；间接转移就是政府通过补贴一些生产部门或企业，补贴工人住宅的建筑，补贴垄断性公共事业等，使穷人收益。庇古认为无论实行直接转移还是间接转移，都要防止懒惰和浪费，以便做到投资于福利失业的收益大于投资于机器的收益。

第三，庇古反对无条件的补贴，有能力而不去工作者不应当给予补贴，否则会使某些有工作能力的人完全依赖救济，不愿去工作，这样就会导致国民财富生产的减少。因此，他认为最好是实行"能够鼓励工作和储蓄"的补贴，即先确定受补贴者自己挣得生活费用的能力，再给予区别待遇的补贴。

庇古的福利经济理论与主张为福利型社会保障制度的建立奠定了理论基石，并在英国得到了充分实践，对二战后英国最早全面建成"福利国家"起到了推动作用。

（二）新福利经济学

庇古的理论为资产阶级的福利国家提供了部分理论依据，但其基数效用论和不同个人之间效用的可比性等理论基础从实证经济学的观点来看难以比较，故受到西方经济学家的普遍指责。20世纪30年代以后，出现了一种新的福利经济理论，即新福利经济学。新福利经济学采用序数效用论和无差异曲线分析法来摆脱旧福利经济学难以回答的福利命题。其代表人物主要是意大利经济学家帕累托和美国经济学家柏格森、萨缪尔森等。

新福利经济学根据帕累托最优状态和效用序数论提出了自己的福利命题：首先，个人是他本人福利的最好判断者；其次，社会福利取决于组成社会的所有个人的福利；第三，如果至少有一个人的境况好起来，而没有一个人的境况坏下去，那么整个社会的境况就算好了起来。

新福利经济学家认为福利经济学应当研究效率而不是研究水平，只有经济效率问题才是最大福利的内容。经济效率指社会经济达到帕累托最优状态所需具备的条件，包括交换的最优条件和生产的最优条件。交换的最优条件，即对于消费两种商品的两个交易人来说，每一个人、每一对商品的边际代替率完全相等；生产的最优条件，即对于用来生产两组商品的两种生产资源来说，每一组合的边际技术代替率相等。当整个社会交换的最优条件和生产的最优条件都同时得到满足时，也就是当整个社会的交换和生产都最有效率、都达到最优状态时，整个社会就达到最优状态，就达到最大社会福利。

之后，卡尔多、希克斯、伯格森和萨缪尔森等经济学家对帕累托最优准则作了多方面的修正和发展，并提出了补偿原则论和社会福利函数论。补偿原则是指在某一经济变动的受益者和受损者中，受益者给予受损者以补偿，使得受损者也接受这一变化，那么这一经济变化就意味着社会经济状态的增进。社会福利是社会所有个人购买的商品和提供的要素以及其他有关变量的函数，这些变量包括所有家庭或个人消费的所有商品的数量，所有个人从事的每一种劳动的数量，所有资本投入的数量等。社会福利函数是采用社会无差异曲线和效用可能性曲线来确定帕累托最优状态的最大值，其值由社会无差异曲线和效用可能性曲线的切点所确定，代表受到限制的社会福利的最大值。

二次世界大战后，K.J.阿罗继续研究社会福利函数。认为，社会福利函数必须在已知社会所有成员的个人偏好次序的情况下，通过一定程序把各种各样的个人偏好次序归纳成为单一的社会偏好次序，才能从社会偏好次序中确定最优社会位置。然而社会中有多少人就有多少福利函数，要从所有个人偏好次序推导出社会偏好次序，必须满足一系列必要条件，企图在任何情况下从个人偏好次序达到社会偏好次序，这是不可能的。客观上证明了不可能从个人偏好次序达到社会偏好次序，也就是不可能得出包括社会经济所有方面的社会福利函数。

四、凯恩斯的有效需求理论

（一）凯恩斯有效需求理论的基本观点

1929—1933年世界经济大危机使得原来占统治地位、以市场自由经营论为中心内容的新古典经济学说顿时衰落。在此背景下，凯恩斯的经济理论应运而生。凯恩斯主义是反危机理论，并不是研究社会保障问题，只是把社会保障作为克服危机的手段，但却对二战前后社会保障制度的发展起到了重要的推动作用。

凯恩斯主义的理论核心是如何扩大社会有效需求。他认为，有效需求是决定社会总就业量的主要因素，能否达到充分就业取决于有效需求的大小。在市场经济现实中，经常存在的有效需求不足是引起经济危机和严重失业的根本原因。有效需求不足源于消费和投资不足，而消费和投资的不足则是由三个基本心理规律所致：边际消费倾向递减规律、资本边际效率递减规律和流动偏好规律。因此，要保持足以维系充分就业水平的有效需求量，就必须依靠国家对经济生活的直接干预。国家对经济的干预和调节，不是要完全取代市场机制，而是为了弥补市场功能的缺陷。凯恩斯的政策主张，主要有以下两个方面：

1. 扩大有效需求的财政政策

凯恩斯主张为确保经济稳定，政府要审时度势，主动利用财政政策使社会达到充分就业状态。因此，有效需求管理政策的核心在于财政政策在稳定经济的政策手段中应居于主导地位。凯恩斯认为国家应直接进行投资或消费来弥补私人投资和消费的不足，以此提高国民收入和就业水平。凯恩斯理论认为，失业源于有效需求不足，要实现充分就业必须刺激有效需求，刺激消费和投资。为此，凯恩斯理论主张实施扩张性财政政策，认为财政稳健政策会减少社会总需求，损害公共福利。为了刺激有效需求，凯恩斯理论主张政府要有意无意地造成超支，或者举债筹款救济失业，认为举债支出虽然浪费，但结果却可以使社会致富。凯恩斯的追随者以多种形式对其理论进行补充，如凯恩斯主义的继承者、美国经济学家汉森提出补偿性财政政策，主张政府不应把本期的财政收支平衡作为目标，应该根据实现充分就业的需要来决定支出，即根据经济情况变化，有意识地逆经济波动风向而采取扩大或紧缩政府支出使财政起到反危机的作用，并通过这种松紧搭配的补偿性财政政策，保证整个经济周期收支平衡。凯恩斯主义者还主张公共事业投资和社会福利责任等应由政府承担，并对生活在贫困线以下的人实行福利救济，对私人企业进行订货和贷款；实行高额累进税政策，对收入进行再分配，缩小收入差距，提高消费倾向，增加消费需求。

2. 有效需求管理的货币政策

凯恩斯认为有效需求不足必然表现为流通中没有足够的货币，而扩张性货币政策通过刺激投资，促使政府增加货币发行量，从而增加流通中的货币量，以提高有效需求。因为通货膨胀政策，一方面可以扩大社会支付能力、降低利率，从而既能刺激消费又能刺激投资，有利于经济增长和就业增加；另一方面，又可以降低工人实际工资，增加企业的利润，进一步扩大社会生产。因此，凯恩斯极力推行通货膨胀政策，试图用通货膨胀手段来刺激投资，以实现社会的有效需求。

（二）凯恩斯主义的社会保障制度思想

在凯恩斯的国家干预思想中，社会保障占有相当重要的地位。在他看来，国家出面建立社会保障制度主要基于两点：一是提高消费倾向，由于富人的边际消费倾向低于穷人的边际消费倾向，通过社会保障的转移支付将富人的部分收入转移给穷人，可以提高整个社会的平均消费倾向；二是稳定宏观经济，社会保障的"自动稳定器"作用，可以烫平经济波动。因此，凯恩斯主义主张实施的社会保障是一种政府出面进行的、有助于提高消费倾向的、实现宏观经济稳定的有限再分配手段。⊖

虽然凯恩斯理论体系主张通过财政政策大幅度提高社会福利水平，但必须明确的是，其主要的政策目的是为了增加社会总需求、维持再生产的顺利进行，以实现充分就业，而并非出于对民众福利的真正关心。因此，在此理论基础上建立的社会保障制度必然是一种充分强调个人责任，国家承担有限责任的社会保障制度，这在美国社会保障制度的发展和特点中可以得到充分的体现。但凯恩斯的有效需求理论仍然是社会保障理论发展的一个新里程碑，它的有限保障和有限再分配观点直接推动了第二次世界大战后社会保障制度在全世界范围内的建立。

五、贝弗里奇报告

1941 年，虽然第二次世界大战尚未结束，但英国已经在为战后的恢复与重建做先期准备。英国战时联合政府经国会同意，设立社会保险及相关事务委员会，由伦敦经济学院院长威廉·亨利·贝弗里奇爵士出任主席，负责对现行的国家社会保险方案及相关服务（包括工伤赔偿）进行调查，并就战后重建社会保障计划进行构思设计，提出具体方案和建议。1942 年 11 月，作为调查研究的成果，该委员会提交了题为《社会保险与相关服务》的报告，即《贝弗里奇报告》。

报告从英国的现实出发，指出贫困、疾病、无知、肮脏和懒惰是影响英国社会进步、经济发展和人民生活的五大障碍，英国社会政策应以消除这五大障碍为目标，建立一个社会性的国民保障体系，对每个公民提供七个方面的社会保障，即儿童补助、养老金、残疾津贴、失业救济、丧葬补助、丧失生活来源救济和妇女福利。社会保障制度必须包括三个方面，满足基本需要的社会保险，满足特殊需求的社会救济以及满足较高层次需求的自愿

⊖ 李珍. 社会保障理论 [M]. 4 版. 北京：中国劳动社会保障出版社，2018：6.

保险。其中，社会保险是最重要的一项保障措施，它是以受保人本人或代理人预先强制缴纳保险费为条件，与申请时个人财力多少无关，给予支付保险金的一种机制。社会保险是收入保障的一种主要手段，但并不是唯一的方法，社会保险必须由社会救济和自愿保险来补充。所谓社会救济，就是在申请时以证明救济为必要条件，与预先是否缴纳无关，完全根据个人的实际情况，从国家财政中给予支付现金的一种机制。不管社会保险的范围扩大到何种程度，社会救济的补充是必不可少的，它们共同构成了保障生存所必要的基本收入方式。但由于各社会阶层之间收入差距明显，并在消费支出水平上也存在很大差距，所以保证高消费支出水平，应当是个人的自由选择。国家必须让自愿保险发挥作用，并应采取鼓励措施。

报告指出了社会保障应遵循的四个基本原则：一是普遍性原则，即社会保障应该满足全体居民不同的社会保障需求；二是保障基本生活原则，即社会保障只能确保每一个公民最基本的生活需求；三是统一原则，即社会保险的缴费标准、待遇支付和行政管理必须统一；四是权利和义务对等原则，即享受社会保障必须以劳动和缴纳保险费为条件。这些原则的提出和实施使社会保障理论更加丰富和趋于成熟。

《贝弗里奇报告》的内容不仅为战后英国"福利国家"的建设勾勒出基本蓝图，还具体构建出社会保障制度体系的主要内容、基本功能、实施原则等，从理论上为现代社会保障制度奠定了基础，成为西方社会保障理论发展史上的一个里程碑。贝弗里奇本人也因此被称为"福利国家之父"。

第二节　社会保障制度的产生和发展

一、社会保障制度的萌芽

社会保障制度的建立与发展，除了受上述思想和理论的影响外，还因为当时已经具备了构建社会保障制度的各种条件和要素，即社会的历史发展促使社会保障制度萌芽。

（一）从民间慈善事业发展为政府立法济贫

对贫困者给予救济，最早可以追溯到人类社会初期的社会成员之间的互助行为，当有人受到饥寒或疾病的威胁时，其他人会给予衣食等方面的帮助。这种互助行为使得人类得以繁衍和生存。随后，人类用成文或不成文的社会规范将其固定下来，便有了慈善事业。宗教问世后，这类社会规范又被纳入宗教教义中，作为宗教实行精神统治的物质基础之一，从而形成宗教慈善事业。逐渐地，本来属于人类社会中自发形成的互助互济行为变成了一种自上而下的恩赐：君主对臣民的恩赐，富人对穷人的恩赐，救世主对芸芸众生的恩赐。而在恩赐背后，受惠者不得不付出接受人身依附关系的代价。这样，随着社会不断发展，原始的救济行为逐渐成为统治阶级用以安抚饥贫者、维护统治的一种手段。

在社会从自然经济向市场经济过渡的进程中，逐渐摆脱了人身依附关系的农民开始向城镇流动，造成了日益增多的社会问题。而各种宗教或世俗的慈善事业已无法满足人们的社会保障需求。15世纪和16世纪之交的法国，贫困造成了严重的社会问题，于是政府逐渐接管宗教团体掌握的慈善事业，采取集中财源、组织救济、劳动培训、儿童教养等一系列措施，由此，行政人员组成的官方济贫机构应运而生。

英国16世纪开始的圈地运动，在为资本主义提供劳动力与土地资源的同时，也使许多人被迫同自己的生产资料分离，成为不受法律保护的无产者，被抛向劳动力市场。其中，相当一部分人流入城镇后因没有找到工作而沦为贫民或乞丐。与此同时，城镇发生了产业革命，大机器生产代替了手工生产，造成了大量的手工业者也失去了原来的工作。到16世纪末17世纪初，贫困、失业、流浪现象急剧增加，英国社会动荡不安，仅仅依靠宗教的力量已不能解决当时的社会问题。而且，这一时期也开始出现教权衰落、王权兴起的现象，商品经济的发展推动欧洲各国进入民族国家时代，政府亦期望通过逐渐介入济贫事务来加强和巩固王权的力量。

1601年，英国政府颁布了《伊丽莎白济贫法》，史称"旧济贫法"。它的主要内容包括：为有劳动能力的人提供劳动场所；资助老人、盲人等丧失劳动能力的人，为他们建立收容场所；组织贫困者和儿童学习技能；建立特别征税机关，从比较富裕的地区征税补贴贫困地区；提倡父母与子女的社会责任。英国政府认为，将劳动者束缚于其所属的教区比使其背井离乡、四处流浪更有益于其本人和社会。

该法案的实施虽然在一定程度上缓解了当时的社会矛盾，但也存在局限性，即慈善和矫治的原则使该法兼具强迫劳动和福利救济的性质，强调对不劳动者的惩罚，忽略对需求者的帮助。随着农村圈地运动的深入和城镇产业革命的发展，有限的救济已经无法保障贫困人员的生活，并危及政府的统治，影响或阻碍工业化发展。1834年，针对《济贫法》实施后的种种弊端，英国国会通过了《济贫法修正案》（即新《济贫法》），内容包括：废止由各教区掌握的济贫行政管理权，合并邻近若干教区，成立济贫协会；扩大地方济贫的基层管理单位，将地方贫民习艺所列为地方单位的行政管理中心；成立中央济贫法实施委员会，实行中央督导制，将济贫的执行权利集中于中央，从而改进了济贫管理监督机制，避免了地方济贫管理中的腐败现象。它与旧《济贫法》的区别在于，新《济贫法》认为保障公民的生存是国家的一项义务，而公民享受救济则是权利，加强了政府在社会救济中的作用，并由经过专业训练的社会工作人员从事此类事业。《济贫法》的实施对英国当时的工业化进程和社会发展做出了很大贡献，也引起了欧洲其他工业化国家的关注和效仿，瑞典、荷兰、丹麦、法国等国家在土地革命后都颁布并实施了本国的《济贫法》。

济贫立法通过法律形式将早期的社会保障活动固定下来，使社会团体实施的慈善救济转化为以国家为责任主体的政府救济，从而为现代社会保障制度确立了国家政府承担最终责任的原则。因此，济贫制度作为现代社会保障制度产生前的尝试，其进步意义毋庸置疑。

（二）社会互助组织的普遍发展提供了组织经验

社会互助组织产生于17世纪末，是产业工人为了抵御劳动风险而创立的互助互济基金会组织。它聚集会员的力量，组织会员之间扶危济困。资本主义原始积累时期，产业工人收入微薄，并处于失业、工伤、疾病等劳动风险的威胁之下，一旦遭遇劳动风险，即刻陷入无法生存的境地。为了抵御劳动风险，工人自发地组织起互助互济基金会，会员定期缴纳一定的会费，当某些会员遭遇劳动风险、失去收入时，由基金会为其提供物质帮助。在英国、德国等工业化国家，都先后成立了这种自发的互助基金会。在德国，1880年年底，互助基金会有6万名会员；到1885年年底，增加到73.1万名。在英国，因为资本主义发展较早，从17世纪末开始，面对贫困和大机器工业生产伤害的威胁，产业工人开始自发组织小范围的内部互助组织，如友谊会、工会俱乐部等。友谊会在19世纪得到较快的发展，成员总数已达450万人，接近当时英国男子人数的一半。工会俱乐部通过会员缴纳会费，建立工会保险基金，对生病和工伤的职工提供救济，对退休的职工发放养老金和提供死亡丧葬费，对失业工人提供救济，对罢工及劳资纠纷提供资助。据 1902 年 11 月英国贸易部劳工记者调查，英国 100 家较大的工会组织中，用于失业、疾病、养老金和丧葬的费用已占会费开支的 60.8%，劳资纠纷组织开支占 19.4%。至 1904 年，参加工会保险基金的人数达 240 万人。

这种以抵御劳动风险为目的的互助组织，从制度属性、管理形式、项目设置、责任承担等方面，为后来社会保险制度的建立提供了组织经验。

（1）互助组织以会员的共同利益为出发点，创造了不以营利为目的、共同集资、互助互济的全新的保障遭遇风险人群基本生活的组织模式雏形，为政府解决工薪劳动者收入中断后的一系列问题提供了思路。社会保险制度正式吸收了互助组织的这一创造，以贯彻国家的意志、方针为宗旨，不以营利为目的，成功把国家社会经济政策和保险机制结合在一起，达到安定社会、发展社会经济的目的。

（2）互助组织在发展过程中创造了多种管理形式，包括按行业形成的互助会、按职业形成的互助会、按地区形成的互助会和按项目形成的互助会（如年金保险社）等。这些管理形式成为各国选择社会保险管理体制的参照对象，并得到了完善和发展。

（3）互助组织确定的互助项目，如疾病、失业、老年、工伤等，是社会保险制度的主要内容，也是最早被列入的项目。互助组织是在自愿互利的基础上组成的群众性的团体，它能最大限度地听取会员的意见，把会员遭遇最多、最需要保障的劳动风险列入项目。在保险项目选择上，社会保险显然受到了互助组织的启发。实践验证了互助组织所选择的互助项目的准确性，也为社会保险准确选择保险项目提供了范本。

（4）互助组织以会员缴纳的会费为基金，组织互助互济。每个会员享有遭遇劳动风险受助的权利，同时也承担着对其他会员的责任。这种个人缴费、共同抵御劳动风险的互保形式，得到了工人的认可，同时给政府以提示，为政府在工薪劳动者中广泛实行由工人、雇主、政府三方共同承担责任的社会保险提供了依据。

社会保险建立之后，并不能满足一切需求，因此，社会互助组织仍然存在，并在一些领域得到发展，继续发挥作用。

（三）商业保险的发展提供了技术基础

商业保险起源于 15 世纪的海上保险。当时，由于世界市场的形成和扩大，很多商品需要通过海洋运输进行流通，运输商品的商船在航行中常常遇到危险，于是船主以其船舶或货物作为抵押，取得贷款。如果在航程完成前遇到风险，可依其损失免去部分甚至全部债务；如果安全到达目的地，除归还贷款本金及利息外，还要付给出借人保障航程安全的费用。这笔为获得安全保障而支付的费用，便成为后来的保险费。债权人相对于保险人，债务人相对于投保人。但在 17 世纪以前，海上保险业务只是银行和放债人的副业，没有专营的保险公司。到 17 世纪中叶，英国出现了承保火险的保险公司，18 世纪出现了人寿保险公司，后来又出现了人身意外伤害保险和健康保险业务。人寿保险、人身意外伤害保险和健康保险三个项目构成了商业人身保险。商业保险公司通过向投保人收取保险费，广泛筹集资金；当被保险人遭遇风险事故时，向被保险人或受益人支付保险金。商业保险实际上贯穿着投保人之间互助互济、分担风险的原则。

商业保险的发展为后来社会保险提供了技术方面的经验，其中，商业人身保险在发展中建立了一套科学的、适用于人身风险的技术体系，对社会保险的影响特别大。17 世纪，英国著名的天文学家安德华·哈雷根据居民死亡统计资料，较为精确地计算出了各年龄人口的死亡概率，并编制出了一个完整的生命表。生命表和生命年金理论的研究，为寿险精算技术的产生奠定了基础。1756年，英国教授詹姆斯·多德森根据人寿保险费应该按照不同的年龄分别计算的理论及哈雷编制的生命表，提出了自然保险费法，即按照被保险人每年的死亡概率计算其当年应缴纳的保险费。按这种计算方法，投保寿险的保险费随年龄增大而增加，老年人往往因无力负担而退出保险。于是詹姆斯·多德森又提出了均衡保险费法，即均衡地分配应缴保险费总量。投保人每年都缴纳相同的保险费，保险期限的前一阶段均衡保险费多于自然保险费，保险期限后一阶段均衡保险费少于自然保险费，不足部分由前期均衡保险费超过自然保险费的差额及其所生利息弥补，这样就避免了上述问题而促进了寿险的发展。在此后的不断发展中，商业人身保险逐步形成了一套建立在现代科学基础上并运用数学方法和统计方法的保险技术体系。由于社会保险也是为人身风险提供保障，与商业人身保险有相同之处，因此，商业人身保险的技术手段对社会保险具有特别重要的指导作用，社会保险基本上全套借鉴了商业人身保险的技术经验。商业保险为社会保险提供了技术基础。

二、社会保障制度的建立

《济贫法》在欧洲的普遍颁布，只是互助救济向社会救济转化、国家作为社会保障责任主体承担对全体公民的保障责任的开始，是现代社会保障制度的准备。真正现代意义上的社会保障制度，是伴随着工业革命后生产社会化的发展和市场经济的建立而产生和发展起来的社会保险制度。因此我们也将社会保险制度产生的标志性事件——1883年德国的《疾病社会保险法》等系列社会保险法的颁布，作为现代社会保障制度的起点。

（一）历史背景

一般认为，现代社会保障制度是工业化的产物。如果由此推导，现代社会保障制度应该首先产生于英国，但事实并非如此。德国虽然无论在经济规模还是工业化程度方面都不能和英国相提并论，但却具备率先实行国家社会保障的社会政治条件。

第一是德国工人运动的迅速发展。19世纪下半叶，马克思主义开始在德国工人中传播，无产阶级力量相当强大，而新兴的资产阶级则相对软弱无力，工人运动迅速发展，阶级斗争异常尖锐，当时的德国已经成为欧洲的政治中心之一。为了缓和劳资矛盾，俾斯麦政权除了缓和劳资矛盾，镇压工人运动的"大棒"政策外，也开始转而采用"胡萝卜"的软化政策。

第二是德国新历史学派的主张。当时的德国，劳资矛盾已经成为最严重的社会经济问题。在这种历史条件下出现并流行的德国新历史学派既反对亚当·斯密的自由放任主义，也反对马克思主义的革命理论；主张国家积极干预经济和社会生活；主张法律至高无上；主张国家通过立法，实行包括社会保险在内的系列社会政策，以及自上而下的经济与社会改革。俾斯麦政权认同并采用了该学派的基本政策主张。

第三是为了加快德国的工业化发展和对外扩张。1871年，德国实现了全国统一，并得到了普法战争中大量的战争赔款。在这种条件下，德国力图加快国内经济发展和对外扩张，谋求赶超英法，成为欧洲的新霸主。俾斯麦很清楚，要实现这个目标，首先必须比较圆满地解决国内已经很尖锐的劳资矛盾，安抚好国内民众，为发展创造一个稳定的社会环境。这时，社会保险就成为德国政府管理社会的新工具。

（二）社会保险制度的建立

19世纪80年代，德国率先建立了社会保险制度。1883年，德国俾斯麦政府颁布了《疾病社会保险法》，1884年颁布了《工伤事故保险法》，1889年颁布了《老年和残障社会保险法》。这几项法令批准了由国家建立健康保险计划、工伤事故保险计划、退休金保险计划，这些计划由雇主和雇员共同缴款，形成保险基金，当雇员发生相关的风险时，由社会保险基金给予偿付或补偿。以此为标志，社会保险制度建立，社会保障也正式走上了现代法制化的道路。

社会保险法在德国的颁布和实施，对其他欧洲工业化国家产生了重大影响。继德国之后，奥地利、瑞典、丹麦、挪威、荷兰、英国、法国等欧洲国家也纷纷出台单项社会保险立法。至此，社会保障制度在欧洲得以确立。

（三）对现代社会保障制度深远影响的评价

由德国率先推行的以社会保险为主的现代社会保障制度，适应了工业社会的需要，对于解除劳动者的后顾之忧、稳定社会、促进经济发展都起到了良好的作用。但是德国的社会保障制度还远不是一个完善的制度。从覆盖范围看，保障对象与就业关联，仅为有正常工资收入的人提供保障，大批无正常收入的工人、农民、临时工、季节工、工资很低的工人都被排除在制度之外；从保障水平看，它提供的保障很低，并不足以保障参保人的基本生活水平；从限制条件看，它还带有明显的政治色彩，对那些积极参加工人运动、反对政府的工人，均以莫须有的理由排除在这一制度之外；从保障的全面性看，也尚未和社会救助、社会福利形成完整的保障体系。但是社会保险属于制度化的保障机制，它的建立使社会保障实践完成了由早期慈善救助活动和济贫时代的不确定性、临时性到稳定性和经常性的转变，使社会保障进程产生了质的飞跃。

三、社会保障制度的发展

1935年至1947年为社会保障制度的发展时期，以美国1935年颁布的《社会保障法》（The Social Security Act）为标志。此前虽然早已有社会保障的实践活动和政策，但一直缺乏一个相对统一的名称，美国《社会保障法》第一次公开出现"社会保障"一词后，这个名称开始逐渐被国际组织和多数国家所接受，成为政府和社会为责任主体的福利保障制度的统称。

（一）历史背景

20世纪30年代初，资本主义世界发生了严重的经济危机。而这次世界性经济萧条最早发端于美国。1929年10月24日，美国纽约证券市场陷入恐慌和崩溃，从此经济萧条很快席卷了整个资本主义社会。危机给美国经济造成了严重的创伤，大批工厂倒闭，大量工人失业。到1933年，失业工人达1500万人，占全国工人总数的三分之一。六分之一的家庭靠救济金度日。更重要的是，经济危机动摇了美国价值体系对市场的信仰。

由于危机带来的严重失业，美国爆发了多次大规模的工人运动。工人要求提供失业救济和社会保险，劳资矛盾非常尖锐。当时的胡佛政府依然奉行自由放任的传统经济理论，主张通过市场自身调节机制来恢复经济，认为社会救济也不应是联邦政府的事，主要应该靠私人捐助和慈善组织解决，因此进一步激起了民众的强烈不满，示威游行频频出现，严重影响社会稳定。1933年，民主党人罗斯福当选美国总统。他上任后，深刻认识到对于这种社会经济的动荡，政府必须采取有效措施摆脱危机、振兴经济、缓和国内劳资矛盾，于是他采纳了英国经济学家凯恩斯的政府干预经济主张，推出了新的改革措施，史称"罗斯福新政"。针对劳资关系，罗斯福颁布《社会保障法》，将社会保障制度用法律的形式固定下来。

（二）美国《社会保障法》的颁布

罗斯福新政体现了凯恩斯主义的思想，强调国家干预经济生活，其主要手段就是刺激总需求。建立社会保障制度，保证退休人口和贫困人口的收入是增加总需求的重要办法，因而社会保障制度成为新政的重要组成部分。1935年8月，经过近半年的激烈斗争，罗斯福克服重重阻力终于使《社会保障法》获得国会通过，标志着美国现代社会保障制度的诞生。

美国最初的社会保障项目有五个（两个保险项目和三个救助项目）：老年社会保险、失业社会保险、盲人救济金保障、老年人救济金保障、未成年人救济金保障。联邦政府还设立了社会保障署，专门管理社会保障事务。此后，美国《社会保障法》经过了无数次的修改，其目的是为了增加一些社会保障的项目，扩大保障的覆盖面，提高保障水平。但是，到今天，我们也很难说美国是一个福利国家，相反，美国是一个相当强调个人对自己负责任的国家。在社会保障制度中，最重要的两个制度就是老年保险制度和健康保险制度。至目前为止，美国养老社会保险制度的工资替代率仅为44%，是世界上最低的国家之一。在教育方面，美国同欧洲福利国家的区别是，它的义务教育只到高中，而一些福利国家的高等教育也是免费的。[1]

（三）对现代社会保障制度深远影响的评价

美国1935年通过的《社会保障法》，在社会保障历史上具有重要的标志性意义。它对社会保障进行了全面系统地规范，第一次正式使用了"社会保障"的概念，并第一次在同一法律中规定了社会保险、社会救助和社会福利等社会保障内容。同时，这部法律还确立了社会保障的普遍性和社会性原则，并进而成为各国社会保障立法的普遍原则。1929年的经济危机是世界性的，主要工业国家面临相同的问题，即有效需求不足。因此继美国之后，各国也纷纷采用凯恩斯主义的主张，扩大财政支出，加大社会保障支出，增加社会保险项目，提高社会保障的水平和扩大覆盖面。到1940年，世界上已有60多个国家设立了工伤保险、医疗保险、家庭津贴等社会保障项目。社会保障制度在这一时期得到较大的发展。

二战前，社会保障制度虽然已经得到了一定程度的普及与发展，但它还尚未成为一项长期、固定的社会经济政策，其稳定社会、调节经济的功能也未被完全认识。无论是德国建立社会保险制度，还是美国颁布《社会保障法》，它们都更多是把社会保障制度作为一种应急措施来利用。区别在于，德国的社会保险主要是作为缓和政治矛盾的政治管理工具，而美国的社会保障制度则是主要作为克服经济危机的经济管理工具，甚至当时推出老

---

[1] 李珍. 社会保障理论［M］. 4版. 北京：中国劳动社会保障出版社，2018：6.

年社会保险主要考虑的也是鼓励老年人口退休以便为年轻人腾出工作岗位,以解决失业问题。此外,这一时期的社会保障制度在覆盖面和保障水平方面亦还较低,尽管已经陆续发展了许多保障项目,但仍然没有形成完善的社会保障体系。

四、社会保障制度的繁荣

在社会保障制度发展的过程中,第二次世界大战是个分水岭。二战前,各国社会保障制度在保障的项目、覆盖率和保障水平等方面可能不同,但相同的是都只保证居民拥有维持生存所必需的生活资料。第二次世界大战以后到20世纪70年代以前,社会保障进入繁荣发展期,这里的发展有四重含义:一是世界上建立社会保障制度的国家急剧增加;二是社会保障的覆盖面和受益范围进一步扩大;三是社会保障项目构成趋于网络化;四是社会保障水平提高,社会保障开支占国民产值的比重显著增长[①],福利国家纷纷出现,英国和北欧五国是最典型的例子。这一时期以1948年英国宣布第一个建成"福利国家"为标志。

(一) 历史背景

第二次世界大战之后,资本主义各国的经济飞速发展,进入了所谓的"黄金时代"。在这个阶段,资本主义各国政府把政策的重点由原来的一切为了战争转向恢复本国经济,而且战争结束后的和平世界也为各国发展国民经济创造了良好的外部环境。资本主义各国,包括农业生产在内的整个社会生产的社会化程度明显提高,整个国民经济保持着持续、高速增长,国家财政收入状况得到了很大改善,国力大大增强。经济的高速增长,为社会保障制度的发展打下了坚实的物质基础。

除了经济因素外,二战后世界政治格局也发生了变化。社会主义阵营出现,并形成了与资本主义阵营的对抗之势,社会主义思想在整个资本主义世界得到了广泛传播。社会主义各国都以保障全体国民的生活利益为立国的基本目标,这无疑对资本主义社会的生存构成了很大威胁,再加上资本主义各国经济危机周期间隔越来越短,社会内部矛盾越来越为政府和公众所认识。这些都促使资本主义各国政府大力发展社会保障制度以维护社会稳定,抵制社会主义思潮的影响。另外,在欧洲的一些资本主义国家,社会民主党派相继执政,在不同程度上实行了改良主义的社会保障政策。在一些国家激烈的政党竞争中,提高社会保障水平也成为吸引政治选票的竞选承诺。

(二) 福利国家的兴起

1942年,被称为"福利国家之父"的贝弗里奇爵士提交了《社会保险及相关服务》的报告,提出了一整套对英国公民均适用的福利国家指导原则,主张国家给予每个公民"从摇篮到坟墓"的安全保障,即由生到死的一切生活与危险,诸如贫困、疾病、伤残、老年、生育、死亡等,都应给予安全保障,并勾画出全面而广泛的社会福利计划。《贝弗里奇报告》成为战后英国工党政府社会保障立法的依据。

1945年工党当选为英国执政党,它将福利国家的理论变为执政的纲领和现实的政策,

---

① 赵曼. 社会保障制度结构与运行分析[M]. 北京:中国计划出版社,1997:13.

以 1942 年《贝弗里奇报告》为基础，颁布了一系列重要的社会立法，主要包括：（1）《国民保险法》。该法强制 16 岁以上、退休金领取年龄以下的所有公民参加国民保险并缴费，为因失业、疾病、伤残及各种意外事故等风险的发生而失去生活来源的人提供津贴或救济。（2）《国民卫生保健服务法》。该法的核心内容是将全国医院实行国有化，并由国家对全民提供免费医疗。（3）《住房和房租管制法》。该法规定国家为低收入者提供低价住房。（4）《国民救济法》。这是对国民保险法的补充，它为不足最低标准的低收入者提供救济。这样，加上原有的各种社会保障项目，英国建立了一个为其国民提供"从摇篮到坟墓"的全面保障制度。工党领袖艾德礼于 1948 年宣布英国已经建成了"福利国家"。

英国之后，其他一些发达国家也先后宣布实施普遍福利政策，并宣布建成"福利国家"。尤其是 20 世纪五六十年代，世界范围内的经济繁荣，使得社会保障制度得到较大发展。在一些工业化国家，从 1960 年到 1975 年，福利费用几乎增加了近 10 倍。至此，福利国家逐渐兴起，推动了社会保障制度的进一步发展。

（三）对现代社会保障制度深远影响的评价

所谓"福利国家"，按英国工党在 1945 年竞选宣言中所表述的就是：使公民普遍地享受福利，使国家负担起保障公民福利的责任。它的直观特征就是社会保障的普遍性和广泛性。当然，真正完全实现"福利国家"的国家并不普遍，但"福利国家"的出现极大地推动了社会保障制度走向全民化、普及化和完善化方向的发展，这主要体现在社会保障的覆盖面越来越广、项目越来越多、保障水平越来越高，而且已经成为各国经济社会基本制度之一。1952 年，国际劳工组织制定并通过《社会保障（最低标准）公约》（第 102 号），对退休待遇、失业津贴、疾病津贴、医疗护理、工伤补偿、子女补助等所应遵从的最低标准一一作了明文规定。虽然《公约》对任何国家都不具有实质的约束力，但它表明社会保障制度已经是一个全球化的事业。不但是发达国家，发展中国家也纷纷建立起自己的社会保障体系。

从以上内容中可以看出，从 19 世纪末现代社会保障制度产生开始，资本主义国家的社会保障制度发展一直是处于一个快速上升时期，无论是在社会保障项目上还是在支付标准上都在不断地提高和完善。但从 20 世纪 70 年代末以后，由于发达国家经济发展状况、人口社会结构等发生了转变，第二次世界大战后形成的"慷慨"的社会保障制度逐渐捉襟见肘，改革势在必行。与此同时，一些经济转型国家以及新兴国家和地区，也需要借鉴发达国家经验教训，在立足本国国情与实际的基础上，对社会保障制度体系进行重新构建与完善。社会保障制度改革的浪潮席卷全球，并持续至今，而世界范围内的社会保障制度也逐步呈现出适合各国特色的多样化发展特征。关于社会保障制度改革的相关内容将在第六章中介绍。

五、现代社会保障制度的构成

现代社会保障制度从诞生至今 100 多年，已经发展成为一个庞大、复杂的系统。虽然各国的社会保障制度包括的内容有多有少，政策文献和相关论述中对社会保障体系组成的表述也各有差异，但将不同保障项目按照保障对象、保障目标、资金来源、给付方式等方面加以归纳，大体可以归总为三种主要的保障形式，即社会保险、社会救助和社会福利。它们是社会保障体系的三个基本组成部分。此外，社会保障体系中还包括一些特殊人群的保障及一些补充性的保障，如军人保障、员工福利、慈善事业等。

（一）社会保险

社会保险是以国家为责任主体，通过立法和强制手段征集并形成社会保险基金，在劳动者因年老、疾病、工伤、残疾、生育、死亡、失业等风险引起经济损失、收入中断或减少时，给予劳动者及其亲属一定程度的收入损失补偿，保证其基本生活需求的社会保障制度。

社会保险是现代社会保障体系中的主体和核心内容。这是因为它的保障对象是劳动者，即人口中最多、最重要的部分。它所承担的风险也最多，包括劳动者在整个生命周期中发生的使他们失去工资收入的生、老、病、伤、残、失业等所有风险。它所占用的资金也是社会保障基金中的最大部分，对社会经济生活影响的广度和深度超过其他制度。因此，它在整个体系中居于中心地位。

与社会保障的其他项目和商业保险相比，社会保险制度有以下特点：

（1）强制性。这是社会保险区别于商业保险的最显著特征。法律就具体保障项目、保障对象、内容、形式、应尽的义务、享受标准及运作程序等进行明确规定，并要求符合条件者必须参加。只有强制的社会保险制度才能做到应保尽保，当社会成员发生某种风险才能受到保护，以示社会公平；同时强制保险也有利于社会保险税费的有效征集，避免逆向选择问题，对制度的可持续发展意义重大。

（2）预防性。社会保险的预防性主要反映在社会保险基金的建立上。通过多方筹措而建立起来的社会保险基金，可由国家用在每个参保人身上，防止他们由于发生保障范围内的风险而遭受损失，起到有备无患、未雨绸缪的作用。其他社会保障项目（如社会救助），则是侧重善后，预防性较弱。

（3）互济性。社会保险之所以称作保险，是因为它的技术基础与商业保险是相通的。商业保险的机制是在大数法则基础上分散同质风险。参加社会保险者定期缴纳社会保险税费，建立社会保险基金。当其中有人遭遇特定风险而受到损失时，可以按规定领取一定数量的保险金，从而达到风险分担、互助共济的目的。

（4）补偿性。社会保险给予参加者的物质帮助，主要限于收入损失补偿，即劳动者在劳动中断、收入中断时才有权获得给付。社会保险制度相比社会救助和社会福利，在一定程度上更加强调权利与义务的相关关系，它保障的对象有享受社会保障的资格和保障的水平，直接或间接地与工龄的长短、工资水平等因素相关联。但社会保险待遇的给付又不与工资相等，而只是对受保障者收入损失的一定程度的补偿，即保障劳动者的基本生活需要。

造成劳动者失去工资收入的风险有多种，对应构成了多个社会保险项目。如何设置社会保险项目，主要取决于一个国家的政治、经济、文化等因素。虽然各个国家所设社会保险项目不尽相同，但一般来说社会保险主要包括养老社会保险、医疗社会保险、失业社会保险、工伤社会保险、生育社会保险、残障社会保险和死亡社会保险等。不同的国家可能将不同的风险合并提供保险，比如多数国家的养老社会保险不仅为退休人口提供保障，还为配偶、遗属及残障人口提供保险；有些国家将生育社会保险纳入医疗社会保险中。此外，随着人口老龄化的加剧，日本、德国等国家也在传统养老社会保险之外增设了护理保险制度，以满足日益增加的高龄、失能及半失能老人生活照料方面的需求。

在上述各项保险中，就其对社会和经济的影响而言，养老保险最重要，医疗保险次之，失业保险再次之。因为养老保险涉及的人口最多，保险给付的金额也最大，尤其在人口老龄化的情况下更是如此。人口老龄化不仅增加了社会养老保险金的需求，也极大地增加了健康保险支出的需求，因为老年人口的健康支出是全部人口平均数的近3倍。

(二) 社会救助

社会救助是政府和社会依据法律规定，对因自然灾害或其他原因而无法维持最低生活水平的无收入和低收入的个人或家庭给予物质帮助，满足其生存需要的保障制度。

社会救助虽然不是社会保障体系最核心的部分，但它的重要性不容忽视。首先，社会救助是最先形成的、历史最悠久的社会保障形式，各国的社会保障制度均是在原来的各种形式的社会救济措施的基础上不断发展起来的。其次，社会救助是保障社会安全的最后一道防线。社会救助的对象是社会保险这道安全网保护不了的人群。社会保险是需要缴费的，而无收入和低收入者是没有能力缴费的，所以社会救助是社会保障体系的必要组成部分。尽管多数国家的社会保障体系中，社会保险和社会福利已经成为更重要的保障形式，但由于弱势群体长久存在，各种灾害事故不可完全避免，社会救助在社会保障体系中的基础地位将不会改变。

社会救助是社会保障的最低层次，与其他社会保障内容相比，其主要特点为：

（1）社会救助的资金主要来源于国家财政预算拨款或特别捐税辅助。

（2）社会救助是公民的一项基本权利，是政府对国民应尽的责任。公民的生存权是现代国家，尤其是工业化国家法律所赋予的，当公民生活无以为继时有权获得国家和社会的帮助。因此，提供救助方与接收救助方的权利与义务关系具有单向性，不要求权利与义务的对应关系。

（3）社会救助的对象是社会成员中的特殊弱势群体。具体包括：第一，无劳动能力、无人赡养、完全没有生活来源的人，主要是孤儿、孤寡老人等；第二，有劳动能力，也有收入，但因意外灾害降临，遭受重大财产损失、人身损伤、一时生活困难的人；第三，有收入来源，但生活水平低于国家法定最低标准的个人和家庭。按具体人口群体划分，又可分为儿童、老人、残疾人、失业者、病人、患难者、不幸者等。

（4）社会救助提供的只是最低生活保障。由于社会救助是纯公共产品，它不强调权利与义务的对等，为了防止和减少"搭便车"和依赖社会救助制度等问题，其保障水平低于社会保险，只是提供最低生活保障。当然，这里的最低生活标准也是一个相对全体公民平均生活标准的概念。科学制定最低生活标准是社会救助制度得以正常运行的基本前提。

（5）社会救助是一种须经家庭经济调查的社会保障制度。它不是一种普遍的福利制度，只有在公民因各种原因无力维持最低生活水平时才能获得给付，因而必须有一套严格的制度和程序确定申请救助的公民生活状况是否真实。

社会救助的内容主要包括贫困救助、灾害救助以及其他针对社会弱势群体的救助措施。贫困救助是指城乡部分社会成员因个人、自然和社会原因而发生生活困难，在依法提出申请，经调查批准后获得物质帮助的一种社会救助措施，其中最典型的就是最低生活保障制度。灾害救助是指对在因各种灾害（包括洪水、火灾、地震、台风、战争等）造成生存危机的情况下，国家和社会给予社会成员、使其维持最低生活水平，并助其脱离灾难和危险的一项社会救助工作。灾害救助不仅解救生活上的贫困，还包括生命救助以及灾后重建等。

在我国，社会救助还包括主要针对贫困的农村地区和农村贫困户的扶贫计划，它是国家和政府利用财政、金融等政策措施来扶持贫困地区和贫困户解决生活困难的制度，包括扶贫贷款、创办扶贫经济实体、建立扶贫互助储金会等内容。

（三）社会福利

社会福利的含义有广义和狭义两种理解。广义的社会福利实际上是广义社会保障的同义词，是国家和社会对全体社会成员提供的物质和文化生活的保障和福利，除前述社会保险、社会救助外，还包括其他旨在改善与提高国民生活质量的物质福利，以及文化、教育、卫生、体育设施等公共服务。狭义的社会福利，是社会保障的从属概念，是与社会保险、社会救助并列的概念，是社会保障的一个重要组成部分。本书中使用的是狭义的社会福利概念。

在社会保障体系中，社会福利是指政府和社会通过建立文化、教育、卫生等设施，免费或优惠提供服务，以及以实物发放、货币补贴等形式，向全体社会成员或特定人群给予帮助，以保证和改善其物质文化生活的制度。

社会福利是社会保障的最高层次，它具有以下特点：

（1）保障对象全员化。社会福利的覆盖范围不像社会保险，仅限于劳动者；也不像社会救助，只限于特殊的弱势群体；而是全体社会成员。

（2）保障项目广泛。社会福利项目包括全体社会成员享受的公共福利事业，如教育、科学、文化、体育、卫生、环境保护设施和福利服务；特殊人群享受的福利事业，如为孤寡老人、孤儿、残疾人设置的福利院、教养院、疗养院等；局部性、选择性的福利措施，即专为一定地区、一定范围社会成员提供的福利待遇，如寒冷地区的冬季取暖津贴，住公房的房租补贴等。

（3）资金来源多渠道。社会福利项目的资金来源包括各级政府的财政预算拨款，还有各个组织单位的专项基金、社会团体的资助与捐献，以及福利服务的收费等。根据资金来源的不同，它可以分为官办福利事业、民办福利事业、单位办福利事业以及官助民办福利事业等。

（4）给付手段多样化。社会福利可以采用的给付手段有：货币形式，如各种津贴；服务形式，如对老人、儿童、残疾人等的特殊照顾和护理，对失业人员的免费就业咨询，对无力支付费用的起诉人员提供义务法律咨询及诉讼，义务教育和免费培训等；实物形式，如给病人赠送营养品，为残疾人免费提供假肢、助听工具、助行器等。

（5）保障水平弹性化。社会福利的项目、范围和水平取决于各个国家的经济文化水平和受益者的需求程度。经济发达国家社会福利的内容和水平相对较多、较高，经济不发达国家则相对较少、较低。在一个国家的不同发展阶段和不同时期，社会福利的内容和水平也有所不同，总的趋势是随着经济发展水平的提高而不断改善和提高。

（四）其他保障项目

1. 军人社会保障

军人社会保障是指国家通过立法程序做出相应的制度安排，保障军人及其家庭社会成员享受到国家和社会提供的各种优待、抚恤、社会保险及退役安置等待遇的一种社会保障制度。军人作为一个特殊的社会群体，由于其职业的特殊性，在其社会保障安排中虽然也要与国家社会保障相衔接和相适应，但往往自成体系，而且待遇要高于一般国民的社会保障标准，这对消除军人后顾之忧、安定军心、提高军队的吸引力和战斗力有明显的激励作用。

我国传统的军人社会保障又被称为社会优抚，指国家和社会依法对为保卫国家安全而做出贡献和牺牲的现役军人、军属、烈属、残疾军人及退伍军人等所给予的优待和抚恤，主要包括社会优待、伤残抚恤、死亡抚恤和退役安置等内容。1997年3月，第八届全国人民代表大会第五次会议通过的《中华人民共和国国防法》明确规定国家实行军人保险制度；国务院、中央军委于1998年批准的《军人保险制度实施方案》和《中国人民解放军军人伤害保险暂行规定》中明确指出：军人保险制度是国家社会保障制度的重要组成部分。军人保险与军人优待抚恤、退役安置等共同组成具有中国特色的军人社会保障体系。这些重要的指示和法规为我国军人社会保障制度体系的改革和创新提供了重要的政策依据。

2. 员工福利

员工福利是企业给予雇员的福利。依据国家的强制性法令及相关规定，以企业自身的支付能力为依托，企业向员工提供用以改善其本人及其家庭生活质量的各种非货币工资和延期支付形式为主的补充性报酬与服务，即员工福利。员工福利制度是社会保障体系的重要组成部分，也是组织吸引优秀人才，稳定职工队伍，增强组织凝聚力的重要措施。

广义的员工福利包括国家强制实施的法定福利和企业自主决定建立的非法定福利（即狭义的员工福利）。在我国，法定福利主要包括社会保险、各类休假制度以及住房公积金制度等。而非法定福利的种类更多，也更加灵活。从功能上划分包括安全和健康福利、设施性福利、文娱性福利、培训性福利、服务性福利等。其中，近年我国逐步建立并大力鼓励发展的企业年金制度，既是未来我国多支柱养老保障体系的重要组成部分，也是员工福利项目中最具代表性的部分。企业年金的相关内容将在第十四章中具体介绍。

3. 慈善事业

慈善事业是建立在社会捐献基础上的一种民办社会救助事业，它以社会成员的善爱之心为道德基础，以社会各界的自愿捐献为经济基础，以民间公益事业团体为组织基础，以大众参与为发展基础。在实践中，慈善机构根据捐献者的意愿，对需要帮助的社会成员进行物质帮助，是现代社会保障体系中的特殊组成部分。

发达国家和地区的经验表明，发展慈善事业是当代社会有效化解诸多社会问题、促进社会良性发展的一条重要而有效的途径。许多慈善事业不仅能有效地弥补政府基本社会保障制度的不足，而且能给处于困境且无力自行摆脱困境的社会弱势群体提供更多来自社会的援助和关爱，进而充当连接不同社会阶层的有益桥梁，有效调节社会关系，维护社会安定，促进社会和谐发展。不仅如此，慈善事业还直接弘扬优良的社会道德，净化社会风气，从而有助于社会文明的进步。

4. 商业保险

商业保险是保险人与投保人或被保险人通过保险合同建立保险关系的一种商业交易行为，是由投保人或被保险人向保险人支付一定的保险费，将自己特定的风险转移给保险人，当约定风险或事件发生后，由保险人依据保险合同支付赔款或保险金的一种风险管理机制。商业保险包括人寿保险、人身意外伤害保险、健康保险及各种财产保险、责任保险等。

商业保险作为一种等价交换、自愿成交的商业行为，其性质、经办方式、权利与义务关系、保障对象与水平均不同于社会保险。但它同样体现了投保人之间的互助互济精神，以合理计算、风险共担方式，在一定程度上起到了与社会保险相同的客观作用。所以，商业保险尤其是商业保险中的人寿保险、健康保险等业务，可以作为社会保障体系的必要补充。

第三节　现代社会保障制度的基本模式

二战后,世界范围内的社会保障制度无论在广度上还是深度上都得到了全面的发展。欧洲和美国把恢复、重建和发展社会保障作为缓解战后社会危机,促进经济恢复和发展的重要手段;亚洲、非洲和拉丁美洲国家则开始广泛建立自己的社会保障制度。由于社会制度、经济发展水平及文化传统等的差异,各国建立的社会保障制度各具特色,基本形成了自保公助型、福利国家型、国家保险型和强制储蓄型四种基本的社会保障模式。

一、自保公助型社会保障模式

(一) 自保公助型模式及其特点

自保公助型社会保障模式是最早出现的社会保障模式,又被称为投保资助型、社会保险型或传统型模式。它起源于 19 世纪 80 年代的德国,后来被世界许多国家引进,包括美国、日本、法国在内的许多发达资本主义国家和部分发展中国家都采用这种模式。自保公助型模式主要有以下特点:

1. 以劳动者为核心

保险范围根据社会成员收入水平,实行法定和自愿相结合的原则。法律保障的是收入较低、职业不稳定的社会成员,基本以雇佣劳动者为主,受雇者自愿参加。政府官员的社会保障费用则由国家财政支付。在某些情形下,社会保险制度还通过劳动者惠及其家庭成员。

2. 责任分担

社会保险费用由国家、雇主和劳动者三方共同负担,个人和雇主投保,国家给予适当资助,从而形成一种风险共担和责任分担的社会保障机制。

3. 互助共济

社会保障基金在受保成员间调剂使用,体现了互助互济、共同承担风险的原则。

4. 责任和义务有机结合

重视社会保险中权利与义务的密切联系,强化自我保障意识。自保公助型社会保障模式,强调劳动者享有社会保险的权利是以劳动者缴纳社会保险税费的义务为前提,即劳动者只有履行了缴纳社会保险税费的义务才有权利享受社会保险待遇。社会保险待遇与缴纳的社会保险税费多少和个人的收入情况相关,不参加社会保险或者不缴纳社会保险税费者,不能享有社会保险待遇。

5. 社会保障基金的筹集以现收现付制为主

自保公助型社会保障制度采取现收现付的方式筹集资金,这种模式受人口年龄结构与人口就业比例影响很大。例如,随着人口老龄化趋势日益严重,就业结构不平衡,将不断地提高缴费率。①

(二) 自保公助型模式的代表

德国是世界上最先建立起自保公助型模式的国家,自俾斯麦政府建立社会保险制度

---

① 顾俊礼. 福利国家论析 [M]. 北京:经济管理出版社,2002:20-21.

以来，已经经历了100多年的历史。德国有比较完善、覆盖全社会的社会保障体系，并由联邦基本法和各项专门法律予以确定。在德国的社会保障项目中既包括养老、医疗、失业、事故、老年护理等基本保险，还有各种各样、名目繁多的商业保险，以及社会救助、子女抚育补助、就业培训等社会福利措施。下面重点介绍其中的养老保险和医疗保险项目。

德国的养老保险以法定养老保险为主，辅之以多种形式的补充养老保险。所有的德国劳动者都得以参加法定养老保险，包括自由职业者、艺术家等。德国缴费基数是雇员的月税前总收入，规定有上限和下限，由联邦政府按照上一年度职工税前收入水平综合确定。2015年，缴费基数的下限为450欧元，上限为西部6 050欧元、东部5 200欧元，大致为社会平均工资的两倍，超出上限部分不需缴纳保险费。长期以来，德国一直通过缴费率的调整来应对人口老龄化给养老保险制度造成的压力。20世纪90年代开始，缴费率总体呈上升趋势，2015年的缴费率为18.7%。德国参保人退休后领取的基本养老金数额，与参保人的工资点数、实时养老金值和类型指数相关联。其中，工资点数为参保人在职时每年的缴费工资与社会平均工资比值之和，反映参保人的相对收入状况，参保人缴费工资越高，缴费年限越长，折算的工资点数就越高；实时养老金值与上两年社会平均工资、缴费率以及人口结构变化等因素相关，具体数额由联邦政府确定；类型指数反映了参保人的身体及家庭状况。进入21世纪以来，德国已两次宣布调整正常退休领取养老金的年龄。自2001年起至2012年，将女性60岁、男性63岁统一提高至65岁；自2012年起至2029年，从65岁逐步上调至67岁。同时，德国建立了养老金弹性领取机制。

在德国，大约有90%的居民（约7200万人）参加了法定医疗保险，大约9%的居民（约800万人）参加私人医疗保险。医疗保险的受保险人分为义务保险人和数量很少的自愿保险人，义务保险人是法律强制要求参加保险的人。没有工作的妇女、男士和子女没有参加医疗保险的义务，他们通常作为家庭成员参加家庭共同保险。年收入超过规定界限者和年收入低于收入标准1/7者，免除保险义务。前者可以参加自愿保险或者私人保险，后者可以获得医疗救济或者参加家庭保险。自愿参加保险人员的医疗保险费用全部由自己承担。德国法定医疗保险资金几乎全部来自征收的医疗保险费。联邦政府只为退休的农民提供医疗津贴，这项津贴占法定医疗保险总支出的0.8%。由于德国的医疗卫生政策不是由国家或联邦政府规定，而是由各州根据宪法的有关规定确定本州的医疗卫生政策，因此医疗保险的保险费率在各州也是不一样的，16个州的保险费率在11.5%～15.5%。医疗保险经办机构和医疗保险服务提供者与医生协会签订合同，受保险人可以自己选择被许可提供服务的医生和牙医，治疗费直接由医疗保险机构支付。法定医疗保险所提供的待遇主要有：预防和治疗疾病的费用、康复费用、发放病休津贴、孕产妇护理等。

二、福利国家型社会保障模式

（一）福利国家型模式及其特点

福利国家一词出自1942年英国著名的《社会保险及相关服务》报告。该报告第一次将福利国家的宏伟蓝图展现在世人面前。福利国家型社会保障模式的主要特点有：

1. 累进税与高税收

国家确立累进税制对国民收入所得进行再分配，使社会财富不再集中于少数人手里；

同时，为维持福利国家高水平的福利支出，国家通过高税收来保证财政收入。因此，高税收不仅充当福利国家的财政基础，而且构成福利国家的重要特征。

2. 普遍覆盖与全民共享

普遍性和全民性构成福利国家型社会保障的基本原则，其目标不仅使公民免遭贫困、疾病、愚昧、肮脏和失业之苦，而且在于维持社会成员一定标准的生活质量，加强个人安全感。各种社会保障制度，不仅限于被保险人本人，而且惠及其家属；不仅限于某一保险项目，而且推及维持合理生活水平有困难和经济不稳定的所有时段，以最适当的方法给予保障。

3. 政府负责与全面保障

在福利国家，政府是社会保障的责任主体，不仅承担着直接的财政责任，而且承担着实施、管理与监督的责任。同时，福利国家的社会保障项目众多，待遇标准也较高。保障项目设置涵盖了每个社会成员"从摇篮到坟墓"的一切福利保障需求，而个人通常不需缴纳或低标准缴纳社会保障费用，福利开支主要由政府和企业负担。

4. 法制健全

各种社会保障制度均依法实行，并设有多层次的社会保障法律监督体系。

5. 充分就业

国家采取各种措施来促使每个民众都有就业机会，通过消灭各种导致失业的因素来实现充分就业的目标。①

（二）福利国家型模式的代表

瑞典的社会保障始于19世纪末期，最早的一部社会保障法是1891年制定的《自愿健康保险计划》，其后，有关社会保障的法律法规相继出台，如1901年颁布且强制执行《工伤保险条例》，1913年出台《养老保险法》，1931年实施疾病补贴等。1932年社会民主党上台执政，大力推动社会福利建设，各种社会保险和社会保障措施日臻完善，瑞典成为其公民"从摇篮到坟墓"的一生都有保障的福利国家。瑞典社会福利模式一度成为欧洲最先进和最具平等理念的成功样板，成为社民党福利社会的橱窗。同时，社会福利制度的成功实施也帮助社民党长期执政瑞典政坛近70年。

瑞典的社会保障大体分为两个层次：一是针对所有公民的基本生活保障，二是在此基础上提供的与收入相联系的保障。前者项目多，内容繁杂；后者则主要同少数保障内容相联系。因此，瑞典的社会保障制度在本质上奉行公平原则。就保障内容而言，瑞典的社会保障项目繁多，目前国家提供的社会保障项目共有40多种，对其公民生老病死的每一个环节都有相应的保障，除生育、疾病、伤残、失业、养老保障外，还有儿童、遗属、单亲家庭、住房、教育和培训津贴等。除现金津贴外，还提供医疗、护理等多项服务。这种全民性保险和广泛而优厚的补贴制度，使瑞典成为"福利国家橱窗"。

以养老为例，瑞典老年人的养老金来源于三个部分。第一部分是国家养老金，包括国家基本养老金和收入养老金两部分，受国家法律保护。国家基本养老金为所有退休者提供稳定可靠的生活费，保障老年人基本生活需求，养老金标准由国家统一制定和调整，如

---

① 郑功成. 社会保障概论 [M]. 北京：中国劳动社会保障出版社，2005：93.

2002 年的月标准为婚者 6 000 克朗、单身 6 727 克朗。收入养老金是指国家规定个人收入（包括工资和部分福利津贴）的 18.5% 由雇主在发工资之前投入养老保险，采用现收现付制和部分积累制相结合的办法筹集，其中，16% 的现收现付部分相当于社会互济，以养老金形式支付给现有的退休者，2.5% 的积累部分相当于个人账户，由个人选择基金公司投资或储蓄，经营后的资金累积计入个人的收入养老金。退休者的收入养老金由其具体工作年限、工资收入等情况决定。第二部分是职业养老金，根据不同行业，雇主与工会通过谈判达成协议，将雇员工资的一定比例为雇员投养老保险，雇主可以选择不同的基金公司经营保费。职业养老金通常约占收入养老金的 10%。第三部分是私人养老金，即个人参加的商业养老保险。

再以家庭和儿童的保障为例，其具体项目包括：第一，父母保险，即用于补偿父母在孩子出生或领养以后由于离开工作岗位造成的经济损失，父亲和母亲一共可以得到 480 天的带薪产假，其中，前 390 天的补贴为原工资的 80%；12 岁以下儿童的父母在孩子生病期间可带薪留家护理，他们可享受临时父母补贴，补贴标准为工资的 80%，但每年至多可为每一个孩子申请 60 天护理时间。第二，国家孩子津贴，即国家对有小于 16 岁孩子的家庭，按每个孩子每月 950 克朗标准发放国家孩子津贴，为鼓励生育，若家中有两个以上的孩子，津贴标准更高。第三，生活费用补助，即孩子小于 18 岁，如父母中的一方（或双方）因离异或分居时，向与孩子生活的监护人支付的生活费用少于法庭裁决的数目时，由社保办公室向该监护人每月提供生活费用补助。第四，领养津贴，即领养外国小孩后，经法庭或瑞典国际领养委员会批准，或具有小孩原籍国官方证明，可获领养津贴。第五，住房补助，即有孩子的家庭和 18～29 岁已同父母分居的年轻人可获得住房补助。第六，残疾儿童护理补贴，即护理 16 岁以下残疾儿童的父母可获得残疾儿童护理补贴。这些保障项目及补贴，降低了家庭生养孩子的成本，保障了儿童的基本福利，缩小了富裕与贫穷家庭儿童的生活差距，极具公平性。

为了管理庞杂的社会保障事务，瑞典社会保障强调国家的作用，实行高度的计划和调节，在国家社会保障委员会的领导下，建成了由国家、省、市各级政府与服务所构成的社会保障服务网络，形成以"三高"著称的福利社会，即"高工资、高税收、高福利"。瑞典以较高的税收为社会保障筹措资金，再由中央政府通过公平和平等的分配机制转移给每一个国民。过于优厚的社会保障待遇，亦造成了一些负面影响。例如，社会保障支出增长过快，导致社会保障制度的收不抵支；同时，由于国家包得过多，标准过高，导致用于生产的财力减少，社会成本提高，产品在国际市场竞争力相对下降；此外，由于社会保障项目多、范围广、水平高，使社会保障收入同劳动收入的差距逐渐缩小，这种现象使部分国民产生过分依赖社会和国家的思想。

三、国家保险型社会保障模式

（一）国家保险型模式及其特点

国家保险型模式是由苏联创建并在 20 世纪中期被其他社会主义国家效仿的社会保障模式。这种模式以公有制为基础，与高度集中的计划经济体制相适应，由政府统一包揽并面向全体国民，因而又被称为政府统包型社会保障制度。国家保险型模式的宗旨是：最充分地满足无劳动能力者的需要，保护劳动者的健康并维持其工作能力。国家保险型社会保障模式的主要特征有：

1. 国家通过宪法将社会保障确定为国家制度，公民所享有的社会保障权利由生产资料公有制保证，并通过相应的社会经济政策的实施取得。

2. 社会保障支出由政府和企业承担，其资金由全社会的公共资金无偿提供，由于国家已事先做了社会保障费的预留和扣除，个人不需要缴纳社会保障费。

3. 保障的对象是全体公民。每一个有劳动能力的人都必须积极参加社会劳动并在劳动中获得相应的社会保障，国家对无劳动能力的社会成员也提供物质保障。

4. 工会参与社会保障事业的决策与管理。⊖

（二）国家保险型模式的代表

回顾苏联社会保障制度的发展史，无产阶级在推翻沙皇统治的斗争中，把争取工人的社会保障权利作为斗争的基本目标之一。十月革命胜利后，苏维埃政权颁布了近100条社会保障和社会保险法令，并成立了国家救济人民委员会，负责社会保险事宜。当时对50万名工人、前线战士、残疾军人和劳动残疾者第一次发放了残疾抚恤金和退休金。1925年开始对教师和科学工作者实行退休制度，1927年制定了纺织工人退休制度，到1929年，退休制度逐渐覆盖国民经济其他部门。1936年苏联颁布的《新宪法》以法律的形式确定了公民在年老、患病和丧失劳动能力时享受物质保障的权利。1956年7月国家退休金法正式通过，1964年又制定了集体农庄庄员的退休办法。1977年，苏联的《新宪法》再次重申：苏联公民在年老、患病、全部或部分丧失劳动能力以及失去抚养者的情况下，有享受物质保障的权利。

苏联的社会保障制度主要包括：以职工为主要对象的国家社会保险制度、集体农庄庄员的社会保障制度、国家预算直接拨款的社会保障制度、免费医疗以及各种补贴金制度。社会保障基金是国家预算中用于社会消费基金的一部分拨款，主要来源是：企业、机关和组织缴纳的保险费，保险费率相当于工资总额的4.4%～14%；集体农庄缴纳相当于劳动报酬总额2.4%的保险费以及缴纳相当于总收入5%的社会保障基金费；国家预算直接拨款。在社会保险基金缴纳中，职工和庄员都不需要缴费，社会保障经费的70%以上来自国家预算。社会保障待遇总体偏高，如退休金一般在原工资的70%以上。⊖

国家保险制度作为社会主义国家普遍采用过的社会保障模式，曾经造福亿万人民，但经过半个多世纪的实践，随着苏联解体与东欧剧变被逐渐摒弃。即使是坚持走社会主义道路的中国，也从20世纪80年代开始改革国家保险制度，并代之以能够适应市场经济体制的社会化社会保障制度。

四、强制储蓄型社会保障模式

（一）强制储蓄型模式及其特点

强制储蓄型社会保障模式，由于缺乏传统社会保障制度的互济性，曾经长期不被国际社会保障界认可。不过自新加坡建立公积金制度以来，随着人口老龄化的加剧，在以往的社会保障模式确实未能很好地解决养老等问题时，强制储蓄型模式得到了重视，一些国家

⊖ 郑功成. 社会保障概论［M］. 北京：中国劳动社会保障出版社，2005：99.
⊜ 张思锋，温海红，赵文龙. 社会保障概论［M］. 北京：科学出版社，2003：51-52.

在改革或建立自己的社会保障制度时，也会考虑借鉴和吸收这种模式的优点。但迄今为止，真正全面实行强制储蓄型模式的国家只有新加坡或者类似于改革后的智利等小国，且只在养老保险等个别项目中实施。强制储蓄型模式除具备国家立法规范、政府严格监督等特点外，还具备如下鲜明的特点：

1. 强调自我负责，缺乏互济性

强制储蓄型模式是在国家立法规范下，采取强制手段扣除劳动者的部分工资收入，进行储存，完全用于劳动者自己养老等。它没有劳动者之间的互助共济功能，从而也无法让风险在群体中分散。可见，这种制度强调自我负责而不是追求互助共济，这一点与其他社会保障模式所追求的目标是相悖的。

2. 建立个人账户，实行完全积累

在强制储蓄型模式下，每个参与其中的劳动者均拥有一个账户，雇主与劳动者自己缴纳的费用均直接记入该账户，并逐年积累，直到劳动者年老退休时才领取。因此，这种模式实现的其实是劳动者自己一生中收入与负担的纵向平衡。

3. 与资本市场有机结合

由于强制储蓄型模式是完全积累的财务机制，每个劳动者在劳动期间积累在个人账户上的资金是不断增长的，从参加强制储蓄到领取相应待遇，往往间隔数十年，期间必然遭遇基金贬值的风险。因此，强制储蓄型模式的最大压力在于如何使个人账户上积累的基金实现保值增值，这就必然要求积累基金与资本市场相结合，才能在参与社会财富创造过程中规避基金贬值风险。

4. 保障内容主要是养老保障

从当代世界采取强制储蓄模式的国家来看，这一模式主要适用于具有长期积累性的养老保险。因此，所谓的强制储蓄型模式并不等于采取这一模式国家的整个社会保障制度，而只是整个社会保障制度中的一部分。

5. 政府承担责任的方式特殊

在强制储蓄模式下，政府通常不直接分担缴费责任，而是扮演着监督者的角色，对个人账户上积累基金的投资运营的监督是重点。同时，与通过国家承担缴费责任的方式亦是有区别的，如新加坡是通过设立中央公积金局来管理公积金基金的运营并由政府确保相应的收益率，智利则采取私营化办法，政府仅仅承担监管责任。㊀

（二）强制储蓄型模式的代表

在 20 世纪 50 年代，新加坡获得独立后就考虑建立自己的社会保障制度。但在经过对工业化国家已有社会保障模式的全面考察与评价后，新加坡放弃了简单模仿他国的想法，而是根据国情，创设了独特的中央公积金制度。

新加坡的公积金制度是通过国家立法，强制所有雇主和雇员依法按工资收入的一定比例向中央公积金局缴纳公积金。政府根据经济发展、工资收入及公积金储蓄比例等作相应调整。中央公积金局负责将每月应付的利息，一并记入每个公积金会员的账户，专户储存；会员享受的待遇，只在其账户存续期间累积的公积金额度内支付。新加坡的公积金最

㊀ 郑功成. 社会保障概论［M］. 北京：中国劳动社会保障出版社，2005：97.

初只是一种简单的强制养老储蓄制度，后来随着社会经济的发展和收入水平的提高，逐步发展成一项包括养老、住房、医疗在内的综合性社会保障制度。会员除在达到退休年龄时领取养老金之外，还可在退休前的特准范围内用于购买住房和支付医疗、教育费用等。因此，新加坡的社会保障制度以公积金为主体，公积金制度之外虽然还有部分社会救助和福利事业，但在保障国民生活方面的作用均弱于公积金制度。

除了新加坡的中央公积金制度，20世纪80年代智利推行养老金私有化改革后建立的新养老制度是强制储蓄型模式的又一代表，智利改革情况将在第六章中详细介绍。

本章小结

1. 社会保障制度的理论依据

（1）工业革命前的社会保障思想，主要有人文主义思想、空想社会主义及宗教慈善主义思想。

（2）德国新历史学派的政府干预理论，其主要观点有：主张国家至上，强调国家在社会经济发展中的重要作用，强调伦理道德因素在经济中的地位和作用及强调法律对经济的制约作用。德国的新历史学派是西方资本主义国家初级社会保障的思想基础，证明了建立社会保障制度的客观必然性，倡导国家实施社会保险。

（3）庇古福利经济学理论，他提出了福利、社会福利和经济福利等概念，分析了经济福利和国民收入之间的密切关系，认为国民收入是一国国民个人福利的总和。庇古的福利经济理论与主张为福利型社会保障制度的建立奠定了理论基石，并在英国得到了充分实践，对二战后英国最早全面建成"福利国家"起到了推动作用。

（4）凯恩斯的有效需求理论，提出有效需求管理政策、刺激消费政策、强调财政政策的重要地位和作用，凯恩斯的有效需求理论是社会保障理论发展的一个新里程碑，它的有限保障和有限再分配观点直接推动了第二次世界大战后社会保障制度在全世界范围内的建立。

（5）《贝弗里奇报告》，该报告为战后"福利国家"的建设勾勒了基本蓝图，并具体构建出社会保障制度体系的主要内容、基本功能、实施原则等，从理论上为现代社会保障制度奠定了雏形，成为西方社会保障理论发展史上的又一个里程碑，贝弗里奇本人也因此被称为"福利国家之父"。

2. 社会保障制度的产生与发展

（1）民间慈善事业、政府立法济贫的兴起，社会互助组织的普遍发展，商业保险的出现促使政府和社会对弱势群体进行自发救助，社会保障制度开始萌芽。

（2）19世纪80年代，德国率先建立了社会保险制度，包括健康保险计划、工伤事故保险计划、退休金保险计划，这些计划由雇主和雇员共同缴款，形成保险基金，当雇员发生相关的风险时，由社会保险基金给予偿付或补偿，以此为标志，社会保障制度正式建立，并走上了现代法制化的道路。

（3）社会保障制度的发展期为1935年至1947年，以美国颁布的《社会保障法》为标志，该法第一次公开提出"社会保障"一词，之后这个名称成为以政府和社会为责任主体的福利保障制度的统称。

（4）社会保障制度的繁荣期为二战后到20世纪70年代以前，这段时期世界上建立社会保障制度的国家急剧增加，社会保障的覆盖面和受益范围进一步扩大，社会保障项目构成趋于网络化，社会保障水平提高，社会保障开支占国民产值的比重显著增长，福利国家纷纷出现，社会保障制度发展迅速。

3. 现代社会保障制度的构成

社会保险、社会救助、社会福利、其他保障项目。

4. 现代社会保障制度的基本模式

自保公助型、福利国家型、国家保险型、强制储蓄型。

课后练习与思考

1. 社会保障制度的理论依据有哪些？各主要观点是什么？
2. 简述社会保障制度的产生与发展。
3. 现代社会保障制度包括哪些内容？
4. 简述社会保障制度的基本模式。
5. 我国社会保障制度采用哪种模式？与其他国家有什么区别？

┆动手练┆

通过访问国际劳工组织（ILO）等国际组织和我国人社部等行政机关网站，查阅 ILO 发布的社会保障最新报告（如 World Social Protection Report（2017-19）等）和我国最近年度的《人力资源和社会保障事业发展统计公报》，运用 Word 和 Excel 等办公软件，翻译 ILO 社会保障报告的前言（Preface）和目录（Contents），用图形分析我国社保事业发展现状，借此了解世界各国，特别是我国社会保障改革实践历程与发展趋势。

第三章
CHAPTER3

社会保障的理论基础

§ 知识结构与学习目标

章节知识结构		学习目标
保险市场失灵	保险市场失灵的表现 我国保险市场失灵的表现	• 了解我国保险市场失灵的具体表现 • 理解道德风险、逆向选择、信息不完备的概念
政府的社会保障职能	政府提供社会保障有助于弥补市场失灵 政府失灵和社会保障 社会保障领域中政府和市场的选择	• 了解政府与市场承担风险的区别 • 理解政府失灵和社会保障的关系 • 掌握政府自动稳定器、相机抉择、调控基金的投向的调控作用及社会保障中政府与市场的选择
社会保障预算制度	社会保障预算制度的内涵 社会保障预算模式的选择 社会保障预算收支管理 我国社会保障预算制度的建立与完善	• 了解社会保障水平的概念、特点、测定指标、制约因素 • 理解社会保障水平的测定模型及假设条件 • 掌握社会保障适度水平的基本规律、财政保障能力及公民的认知
社会保障适度水平与制约因素	社会保障水平及其特点 社会保障水平衡量指标与影响因素 我国社会保障水平的发展及国际比较	• 了解社会保障预算现有的基本模式 • 掌握社会保障预算的概念、必要性、社会保障预算的收支管理 • 能够运用市场失灵、政府的社会保障职能分析我国社会保障领域中政府与市场的合理选择、测度我国社会保障水平

§ 导入案例

贵阳市社会救助水平稳步提高

贵阳日报讯 2017年7月10日,记者从贵阳市民政局获悉,2017年上半年,贵阳市社会救助水平稳步提高,支出医疗救助资金1 100多万元,累计支出农村五保供养金426.51万元。

据了解，贵阳市农村五保供养对象有 2 652 户、2 745 人。2017 年上半年贵阳市城乡医疗救助 8.6 万余人次，支出医疗救助资金 1 100 多万元。在救助管理工作中，按照"自愿受助，无偿救助"原则，对生活无着的城市流浪乞讨人员进行关爱性救助。2017 年上半年共救助 7 410 人次，护送返乡共 576 人次，亲属接回 112 人次，资助返乡 2 085 人次，托养安置 47 人次，对 31 名急危重病或突发疾病的受助人员及时送医治疗。同时，在社会福利事业工作中，全市累计发放困难残疾人生活补贴资金（分类救助金）近 260 万元，共惠及困难残疾人 8 381 人。

贵阳市将加快民政民生"大数据"建设规划，推进数据池建设，推进业务数据向数据池集中，实现民政数据智能互联互通，打通部门间的信息壁垒，推进数据共享应用，依法向社会开放并接受监督；加快推进救助申请家庭经济状况的核对工作，建立社会救助征信体系，会同相关部门对严重失信行为进行联动惩戒，将社会救助对象的失信行为，包括故意隐瞒家庭真实收入和家庭人口变动，用虚报、隐瞒、伪造等手段来骗取社会救助资金、物资或者服务等情况，列入"失信名单"等；拓展"医养结合"服务机构，鼓励社区卫生服务机构开办老年康复养护区或护理院，与养老服务机构、社区日间照料中心（站）合作，为养老机构提供医护技术指导、人员培训、药物配送等服务。

案例思考

社会救助作为社会保障制度的重要组成部分，其水平的提高会促使社会保障水平提升以更好地保障社会民众的生活。那么，一个国家的社会保障水平应如何衡量并确定其适度水平？

资料来源：贵阳市社会救助水平稳步提高［N］. 贵阳日报. 2017-07-12.

第一节 保险市场失灵

市场是一种有效率的经济运行机制，对资源配置、收入分配起着基础性作用。但市场机制不是万能的，其本身也存在固有的缺陷，其中之一就是，市场的要素分配机制必然拉大社会成员之间的收入差距，出现分配不公，甚至一部分人最终在经济上陷入贫困。市场分配承认个人对财产的占有和劳动者个人天赋和能力的差别。市场配置所形成的收入差距保持在一定的限度内是合理的，也有利于提高经济效率。但一旦超过合理的限度不仅不利于经济效率的提高，也不利于社会的公平和稳定。市场存在风险，而人们又面临生老病死的风险、失业的风险、生育的风险等，为了应对这些风险，人们可能将风险保留，自己处理，也有可能将风险转嫁出去，比如代际养老。随着市场经济的发展，商业保险养老市场也鼓励人们将风险转嫁出去。

保险是风险分散的机制，集合大量的同质风险，在被保人之间分散风险。然而，商业保险作为市场的主体，是以盈利为目的的。当保险需求与保险供给发生冲突时，保险市场就失灵了。

一、保险市场失灵的表现

（一）道德风险

道德风险亦称道德危机，是 20 世纪 80 年代西方经济学家提出的一个经济哲学范畴的概念，是从事经济活动的人在最大限度地增进自身效用的同时做出不利于他人的行动。或者，当签约一方不完全承担风险后果时所采取的自身效用最大化的自私行为。

在经济活动中，道德风险问题相当普遍。获得 2001 年度诺贝尔经济学奖的约瑟夫·斯蒂格利茨在研究保险市场时，发现了一个经典的例子：美国一所大学学生自行车被盗比率约为 10%，几个有经营头脑的学生发起了一个对自行车的保险，保费为保险标的的 15%。按常理，这几个有经营头脑的学生应获得 5% 左右的利润。但该保险运作一段时间后，这几个学生发现自行车被盗比率迅速提高到 15% 以上。何以如此？这是因为自行车投保后学生们对自行车的安全防范措施明显减少，导致被盗率攀升。在这个例子中，投保的学生由于不完全承担自行车被盗的风险后果，因而采取了对自行车安全防范的不作为行为，而这种不作为的行为，就是道德风险。可以说，只要市场经济存在，道德风险就不可避免。

在保险市场上，道德风险的发生使被保险人的行为在某种程度上发生改变，导致保险公司的费用提高，因为被保险人不用再负担该行为的所有费用。例如，涉及医疗保险的赔付，由于被保险人不用再承担全部医疗服务的费用，被保险人就有增加更加高价和更加详尽的医疗服务的要求，但那些服务却并非是必要的。被保险人多消费的诱因，仅仅是因为他们不用再承担医疗服务的全部费用。

从直观意义上看，道德风险是投保人投保后，认为已将风险转嫁给保险人，从而放松了对危险标的物的防范，投保人的这种行为增加了保险公司赔偿的概率。不论是出于利益的考虑还是由高枕无忧的心理所致，在费用支出比预期更节约的条件下，投保人的行为很可能影响预期损失概率与损失程度，从而产生道德风险，进而影响保险公司的经营效率。显然，就个体而言，支付一定费用，加强防范措施，无疑会降低风险事件发生概率。从全社会看，用于防灾的边际费用等于保险标的边际损失的降低幅度，但在全额投保的情况下，保险公司无法评价投保人的防范措施与效果。就个体而言，附加费用与保费降低之间几乎不存在激励相关，并且受益者是支付较少保费者。

（二）逆向选择

在现实的经济生活中，存在着一些和常规不一致的现象。按常规，降低商品的价格，该商品的需求量就会增加；提高商品的价格，该商品的供给量就会增加。但是，由于信息的不完全性和机会主义行为，有时候降低商品的价格，消费者也不会做出增加购买的选择（因为可能担心生产者提供的产品质量差，是劣质产品，而非原来他们心中的高质量产品）；提高商品价格，生产者也不会增加供给，这种现象叫逆向选择。

例如，随着个人购买家庭轿车的数量逐渐增多，2011 年开始，汽车保险业务增长得很快。可是由于车多路窄，新手又多，汽车交通事故比原来增加很多。原因是购买了汽车保险的人由于有了保险，开车不遵守交通规则，横冲直撞，反正汽车坏了有保险公司负责修理；更有人经常酒后开车，把握不住；还有的人开车精力不集中，甚至打瞌睡。这些行为导致汽车交通事故频繁发生，致使保险公司收取的保险费不够赔付汽车修理公司的汽车修理费。为了赚取利润，保险公司只好不断提高保险价格，有些车主干脆不买保险了。这种逆向选择效应的根源在于保险公司所掌握的信息是不完全的，尽管保险公司也知道，在其顾客中有些人肯定比其他人具有更低的风险，但它不能确切知道谁是风险低的人，也就是说，保险公司知道个人之间肯定存在差别，应该努力把他们划分为较好的和较差的风险类别，并收取不同金额的保险费。但是保险公司做不到，因为它无法知道哪些人是高风险的，哪些人是低风险的。一般而言，那些积极购买保险的人都是容易出险的人，因为他们容易出事故，所以常常渴望购买保险，以便出险之后有保险公司为他们承担费用。而出险概率较低的人则往往犹豫不决，如果保险价格提高了，反而会把他们首先拒之于门外。这就是典型的逆向选择效应。提高保险价格导致那些事故倾向较小的人退出了保险市场，而高风险顾客比例的上升直接导致的是保险赔付的上升。

在保险市场中，逆向选择是指由于信息不充分，投保人往往做出不利于保险合同规定的选择。尤其是当投保人对其身体健康状况和预期寿命的信息比保险公司掌握得更多更全面时，逆向选择成为商业养老保险市场经常面临的问题。

由于逆向选择的存在，在保险市场上由纯概率水平决定的均衡处于不稳定状态，因为低风险群体不愿参加，同时，由于竞争因素的影响，保险公司亦不愿在不利的条件下提供保险，从而难以通过保险市场机制实现对投保人基本收入的全面保险保障。通过政府干预实施强制性养老保险计划，至少可以在一定程度上克服因逆向选择造成的对保险保障的不利影响。

（三）信息不完备性及近视病

即使人们清楚并愿意为其退休养老制订储蓄计划，对于涉及未来几十年的储蓄计划，单个个体还会面临许多问题：如何储蓄，储蓄计划的投资回报率怎样，在通货膨胀的情况下如何实现资金保值与增值等。导致这些问题产生的根本原因是个人无法也不可能掌握完全的信息。信息的不完备性妨碍了人们自由地安排和支配储蓄计划的投资，妨碍了人们对长期性投资收益的合理预期决策。在趋利避害动机的驱动下，人们往往更热衷于短期投资行为，更关注其投资收益，并相应提高现期消费水平，但这最终不可避免地会将长期性退休养老问题推入一种不确定性境地。社会公众，尤其是年轻一代，受短期行为支配，崇尚超前消费，将退休、养老这一类长期理性储蓄计划视为不合理，或因其吸引力不足而放弃。显然，如果离开政府干预下建立的强制性养老保险计划，劳动者的退休养老问题将难以解决，并最终会对社会发展产生严重影响。

由于种种原因，社会保险市场时常会出现失灵现象，因此，政府应介入社会保险市场，制定一个可以化解个人风险的制度。

二、我国保险市场失灵的表现

（一）存在市场准入壁垒

中国保险市场的进入主要有机构进入和业务进入两类。机构进入是指新的保险机构的进入，具体指中资保险法人机构（包括中资保险分支公司的进入）以及外资保险公司的进入。业务进入是指具体保险项目等实际业务的进入。长期以来，我国保险市场进入壁垒非常明显，表现为国家对保险公司的成立实行严格的审批制，国家严格限制其他企业进入保险市场。1991年平安、太平洋保险公司相继成立，1992年美国友邦进入中国保险市场，但保险市场垄断的局面并未发生根本性改变，保险市场仍被几家大型公司独占，其他企业难以进入。此外，我国对保险业实行严格的市场准入制度，提高保险业进入壁垒的同时，保险业还缺乏必要的退出机制，这就使保险市场的潜在竞争压力大大减弱，生存检验机制失效，无法实现优胜劣汰，削弱了保险公司这一市场主体的创新动力，使得我国保险市场效率较低，无法切实为公众提供良好的保障服务。

（二）保险公司存在一定的信用危机

在我国，保险业在20世纪80年代恢复，公众对保险的知悉程度普遍比较低，而长期以来保险业的发展又侧重于发展速度。为了提高保险市场的占有率，保险公司在保险的宣传过程中存在着夸大保险职能，掩饰保险风险，轻视理赔服务等行为。由于保险消费者对保险的知识储备少于保险人，一般保险消费者对购买的保险险种是否合适、保险费率是否公平以及保险公司的状况是否正常都无法确知，这使消费者对保险公司缺乏信任。在某保险公司对杭州市民的一次调查中，有23%的消费者不愿意购买保险的原因是"他们认为保险公司不可靠"。这与保险公司的不实宣传、无理拒赔不无关系。为解决保险公司信用危机问题，保监会加强了监管和预警，如中国保监会在2001年9月29日发布的"保监公告第31号"，揭示了投资连结保险、万能保险和分红保险等人身保险新型产品的投资风险，强调说明"中国金融市场的状况将直接影响保险公司的投资收益"。

（三）委托人—代理人问题加剧了保险市场消费者信息不对称

代理人并不总是以委托人的最大利益作为自己的行为准则，这就是所谓的"委托人—代理人"问题。保险公司的各级经理，为确保保险业务和保费收入的快速增长，经常会打一点擦边球；销售人员可能为了保证自己的佣金收入而违背委托人的利益。这种代理人和委托人利益偏离的情况会造成无效经济，也加剧了消费者信息不对称的问题。

第二节 政府的社会保障职能

社会保障是政府职能的重要部分，是政府干预社会经济生活的重要手段，也是政府财政收支活动的重要方面，社会保障资金也是政府收支的重要组成部分。社会保障的可持续发展离不开财政的支持，同样，政府要充分实现好自身的职能，必须做好社会保障的相关工作，实现社会的公平与效率。

一、政府提供社会保障有助于弥补市场失灵

（一）政府承担社会风险的能力大于市场

市场经济会带来可预期和不可预期的高风险，这种风险是人们正常生活的最大威胁，同时也是社会团体和单位无法克服和解决的，需要政府建立稳定长期的预防机制（即社会保障制度）加以控制。

政府有权征税以实现对社会风险的保障，并将其用于收入再分配，解决逆向选择问题；政府可以依据法律要求法定范围内的所有人参加保险，以避免逆向选择问题，使承担风险小的人比"应付的"付得多，承担风险大的人比"应付的"付的少，从而达到收入转移和再分配调节作用。同时，可以解决几代人风险共担问题，实现代际转移。例如，以完全积累制方式筹集社会保障资金的国家，其在战争时期的损失，由在战争中工作的一代人与以后的几代人共同承担。政府的远见性可以避免收入分配的短期行为。政府决策往往建立在大量信息和精算水平上，这可以很大程度地避免信息不对称和市场过度竞争造成的短视，能在宏观上对收入进行长期分配。

优胜劣汰是市场经济的基本规律。市场经济强调效率，在竞争过程中，市场参与者由

于要素禀赋和能力的不同,势必会导致收入分配的两极分化。市场竞争中的失败者,将面临丧失生存能力的困境,这是市场本身所不能解决的。市场经济的竞争性造成的两极分化需要政府对弱势群体提供救助。通过政府宏观调控,将高收入阶层的收入转移给低收入者,实现社会公平分配,进而维护社会的稳定和经济的良好发展。这就需要建立稳定、长期的预防机制以应对风险,即社会保障体制。只有国家财政具有较高的风险防御能力,才能更好地克服困难;只有政府才有权威和能力建立起社会保障制度,承担更多的社会风险。

(二) 政府介入可以减少社会保障基金筹集、支付的成本和费用

政府在社会保障基金的筹集和支付方面,有市场不具备的优势。政府能够通过法律法规形式,对资金筹集的对象、依据、标准和方式等予以强制性规定,使社会保障资金可以按规定足额及时征缴,降低需求者和供给者在竞价谈判中形成的成本,减少各个方面在社会保障资源中的博弈,从而减少征缴过程中其他的非正常成本或费用。

另外,政府能够保证社会保障基金按规定的对象和标准及时足额支付,减少基金支付中的损失,并能够避免企业、社会团体、慈善机构等多头举办而引起的机构重叠、臃肿和管理人员过多问题,防止出现集团利益寻租等行为而增加成本和费用。通过强制性的规定,政府可以降低社会保障运行成本,实现社会保障的最大规模效益。

(三) 政府具有市场以外的调控作用

1. 自动稳定器的调控作用

自动稳定器的财政政策是指这种政策本身具有内在的调节作用,能够根据经济波动情况,无需借助外力而自动发挥稳定经济的作用,财政的自动稳定器作用主要通过税收和公共支出表现出来⊖。一般而言,对个人的转移支付支出,通常是指政府为维持居民最低必要生活水平而提供的失业救济金和最低生活保障收入等福利性支出,是最普遍的"自动稳定器",这些福利性支出就包含在社会保障中。政府可以运用社会保障来进行宏观经济调控,充分发挥社会保障制度的自动稳定器作用。

有条件的社会保障制度是财政发挥自动稳定功能的重要手段。政府可以根据社会经济发展的不同状况,调节社会保障支付水平和支付标准,使社会保障的支出随经济情况的变化而变化,以达到进行宏观经济调控的目的。在国民经济过热时,居民获得工作的机会大大提高,劳动者的收入也普遍提高,所需的失业救济金和最低生活保障等社会保障支出相应减少,形成基金的积累,从而抑制需求过热;在经济萧条时,失业率提高,劳动者的收入普遍下降,政府可以适度增加社会保障支出,保证居民享有失业救济金和最低生活保障收入,以保证居民生活水平不致过多降低,从而防止需求猛烈下降。此外,政府还可以通过调节社会保障费(税)的征收水平、征收对象的年龄等对经济进行宏观调控,如在经济发展情况较好时,政府通过扩大征收范围,提高征收水平抑制需求,避免经济过热;在经济萧条时,政府可以通过降低征收水平,缩小征收范围来增加需求,刺激经济发展。

2. 相机抉择的调控作用

相机抉择是指政府在进行需求管理时,可以根据市场情况和各项调节措施的特点,机

⊖ 陈共. 财政学 [M]. 9 版. 北京:中国人民大学出版社,2017:301.

动地决定和选择当前究竟应采取哪一种或哪几种政策措施。这种政策本身不具有内在的调节功能，需要借助外力对市场经济产生影响。

相机抉择财政政策具体包括汲水政策和补偿政策。汲水政策是指在经济萧条时期进行公共投资，以增加社会有效需求，使经济恢复活力的政策。汲水政策只是利用公共投资启动民间投资，激活民间投资后，便随经济的复苏而消失。补偿政策则是指政府有意识地从当时经济状态的反方向上调节经济变动的财政政策，以实现稳定经济波动的目的。可以通过公共投资、税收政策、财政补贴等手段熨平经济周期，比汲水政策范围更广。当经济萧条时，为了诱导经济复苏，减少通货紧缩的因素，政府通过增加公共投资，例如增加养老投入，增大基础医疗设施等，增加社会保障投入，刺激社会保障消费和投资需求，保证社会经济稳定。当经济繁荣时，则减少对社会保障的投资，从而抑制过多的需求，熨平经济周期。[一]

3. 调控社会保险基金的投向

社会保险基金是为了保障保险对象的社会保险待遇，按照国家法律、法规，由缴费单位和缴费个人分别按缴费基数的一定比例缴纳以及通过其他合法方式筹集的专项资金。将社会保障基金用于投资有利于基金的保值增值，减轻政府、企业和投保人的负担[二]。社会保障基金来源于不同企业、个人，可用于投资的资金巨大，在没有政府干涉的情况下，市场的资源配置作用会根据需求和供给自发调节，使得社会保障机构用社会保障资金进行投资。然而，由于缺乏政府的监管，社保资金的投资存在很大的风险，难以控制的市场形势、机构可能出现的寻租行为等，都不利于维护投保人的利益，容易诱发社会问题。政府可通过对社会保障资金监管，制定社会保险基金的投资数量、方向和原则，以保证基金的安全，维护基金市场的稳定，防止经济出现过大的波动。

二、政府失灵和社会保障

政府介入社会保障的主要原因是为了弥补市场失灵，提供公共服务，实现政府职能，然而与市场一样，政府本身的行为也有其内在的局限性，政府同样也会失灵。美国经济学家沃尔夫认为，期望一个合适的非市场机制去避免非市场缺陷，并不比创造一个完整的、合适的市场以克服市场缺陷的前景好多少。[三]市场解决不好的问题，政府也不一定能解决好，而且政府失灵将可能造成更大的资源浪费，将所有的社会保障问题交给政府解决也是不现实的，政府失灵在社会保障领域主要表现为：

（一）政府强制人们统一参加保险，导致资源配置低效

政府主导的社会保险带有明显的强制性，不能够反映消费者的偏好，会带来效率损失。对于消费者而言，缴纳的保险费越高，享受的保障待遇却不一定越多，权利和责任的关系部分地被割裂，同时企业和个人不能根据自身情况加以选择，这些支出如果用于其他方面，也许能获得更大的效益，这种机会成本使得整个社会资源配置未能达到最优化。政

[一] 陈共. 财政学 [M]. 9 版. 北京：中国人民大学出版社，2017：301.
[二] 李珍. 社会保障理论 [M]. 北京：中国劳动社会保障出版社，2001：248.
[三] 查尔斯·沃尔夫. 市场或政府：权衡两种不完善的选择/兰德公司的一项研究 [M]. 谢旭译. 北京：中国发展出版社，1994：93.

府过度介入社会保障领域，干扰了市场主体进行交易的灵活性，从而导致交易的低效率。

此外，政府统一供给的数量越大，劳动收入中由社会保险替代的部分就越大，劳动者工作的积极性就越小；极端情况是，如果社会保险完全替代了劳动收入，那么一个人的身体再健康，劳动效率再高，他也可能提早退休，这就是同社会保险相联系的道德风险问题。社会保险中存在的道德风险必然引起低效率，而且随着社会保险供给规模的扩张而增加。社会保险的互济性带有一定程度均富济贫的性质，因而权利和责任之间的联系会被割断。政府行为过度地介入该领域，会带来交易成本增加和资源配置的低效率，而人们又不能通过"不同意"或者"退出"的行为来避免损失，这样从社会的角度看必然带来总效率低下和成本增加。

（二）负担与义务的分离导致低效率和不平等

社会保障是介于公共品和私人品之间的一种混合物品，带有一定程度的均衡贫富性质。大部分社会保障项目往往表现为受益方与支付方的分离，这种分离有两种表现形式：一种情况是，从现有的或将来的政府项目中获得的利益，集中在某一特定的集团，而支出却是普遍地加在公众身上，如纳税者或消费者；第二种情况是，从现有和将来的政府项目中获得利益的是社会上绝大多数人，而支付者却是少数人。在第一种情况下，受益者有很大的积极性，努力去争取一个特定的项目，这种积极性要比支付者反对这项目的动力大得多，其结果是造成需求过度及供给低效，或造成一定程度的不平等。第二种情况是，由于再分配意图及其造成的政治压力来自大多数低收入的人，而税收的绝大部分却往往是由数量少得多的高收入企业和个人缴纳的，其结果是使扩大再分配项目的机会和动力增加。这种过度的需求将削弱高收入者进行投资和革新的积极性，进而导致经济增长缓慢和人才与资金的外流。

（三）社会保障运行机制的低效率

由于政府部门及其官员可能会追求自身组织目标或自身利益，由此导致社会保障机构不断扩张，管理费用不断增加，办事效率却越来越低。而且在委托—代理关系下，由于信息不对称，政府及其官员在缺乏有效监督的条件下，有可能做出不利于社会公众利益的行为。由于政府作为公民的代理人，是以公民的资金为公民提供服务，如果监督和约束机制不完善，政府作为理性经济人，也会谋求个人利益最大化，而广大民众由于信息的短缺和经验的缺乏，对官员的监督也处于一种"理性的、无知的状态"，导致政府在任何领域内都存在低效率，社会保障领域也不例外。

政府产生的本来目的和意义在于代表全体社会成员的意志和利益，建立并维护市场经济制度，实现社会整体福利的最大化。然而，政府归根结底仍然是经济人的一种特殊集合体，经济人行为特性必然会在政府运行中体现出来，表现为各种政府官员追求权力最大化，各级政府部门追求规模最大化，以此来谋求个人或小团体利益的最大化。既然政府在运行中可能会逐步形成本位利益，那么，在这种本位利益的驱动下，政府行为就会出现偏差，甚至为了本位利益而不惜损害乃至修改自己制定的规则，使政府的违法活动"合法化"。这种现象在社会保障制度的建设中表现为，政府既是裁判员又是运动员，导致社会保障资金被挪用甚至被贪污的现象时有发生，极大地损害了社会保障制度的功能。

（四）政府垄断社会保障事业，使得基金运营和管理常处于低效状态

市场行为与政府行为之间的主要区别是，市场组织的收入基本取自市场上出售产品的价格，而政府的收入则主要来自税收、捐赠和其他非价格性来源。市场收入一般和由价格决定的生产成本联系在一起，价格取决于购买者的支付能力以及由他们所做出的是否购买的决定，而相互竞争的生产者则通过提高产量、降低价格或增加可供消费者选择的替代品来扩大其市场占有率。政府的非市场活动则割裂了这种联系，使得非市场产出的价值同它的成本割裂开来。在缺乏竞争机制的情况下，这不仅意味着资源错误配置的可能性增加，而且当维持一种活动的收入与成本无关时，获得一个给定的产出就有可能会使用较多的资源。如果存在着技术上的可能性来降低成本、提高产出或实现规模经济，那么非市场活动较之市场活动就有较大可能忽视对这些机会的充分利用，从而也就更有可能导致多余成本。政府介入社会保障领域，并单独从事社会保障事业，没有其他机构参与竞争，必然造成对社会保障基金的投入与产出效率无法进行横向比较，使得基金运营和管理经常处于低效状态。

这种低效状态主要表现在两个方面：一方面，对社会保障供给绩效进行评估很困难。官僚机构提供社会保障所追求的是社会效益，而非经济效益，社会效益的衡量缺乏准确的标准和可行的估算方法及技术；同时，要合理确定社会对社会保障需求的数量、从事社会保障服务的政府机构的规模以及对这些机构绩效的评估是困难的，甚至是不可能的。另一方面，当政府直接从事社会保障业务管理时，社会保障供给完全由政府部门垄断，毫无竞争可言，也没有优胜劣汰的压力，即使它们低效运作仍能持续生存下去。而且，由于没有竞争对手，官僚机构有可能过分投资，提供过高的社会保障水平和过多的社会保障项目，并不适当地扩大机构、增加雇员、提高薪金和费用，造成大量的浪费。

在英国等福利国家，这种状况尤为明显。规则烦琐、机构臃肿和浪费严重是所谓"英国病"的突出表现。例如，在英国的补充救济领域，1975—1980 年的补充救济委员会主席曾经感叹："1945 年的《规则手册》是国民救济局的每一位官员都能揣在口袋里的，现在却已经长成了好几大卷，还经常修订并且十分复杂，以至于职员们也搞不懂。"1945 年有 45 种必须通过家境甄别的救济项目，每一个项目都有其自己的评估标准，为此而制定的新规则和修订的规则加起来有 10 000 页之多，需要救济的人难以弄清楚自己究竟符合哪种救济规定，管理人员为了减轻工作负荷也只好积极地阻止人们提出申请。如此复杂的规定实际上否定了穷人的合法权利。在威尔逊政府时期，有资格申请补充救济的人中只有不足 50% 的人申请，在有资格申请税收折扣和家庭收入补助的人中，实际申请人不足 40%。而复杂的规定、庞大的机构和烦琐的手续不可避免地增加社会救济的成本。在英国，一般社会保险的成本是每英镑一便士，而补充救济制度的成本却是每英镑超过十便士。就机构臃肿而言，英国的整个福利国家制度每年需要约 10 万名公务员和 100 万英镑的成本来收缴各种福利捐税。⊖

三、社会保障领域中政府和市场的选择

由于社会保障存在政府和市场双重失灵，就不能单纯只使用一种机制运用于社会保障领域。市场存在失灵，需要政府发挥宏观调控的职能；政府存在失灵，需要市场机制提高

⊖ 孙炳耀. 当代英国瑞典社会保障制度 [M]. 北京：法律出版社，2000：362-363.

效率。这就需要将两种机制一起运用于社会保障领域，进行适度和合理的安排，达到资源的最优配置和成本的最小化。

(一) 社会保障中政府与市场的结合

社会保障的根本目标是维护社会稳定，在市场经济体制下社会稳定主要依存于公平的实现。政府干预机制对公平的实现虽然有市场无法替代的作用，但政府缺陷决定了单靠政府无法实现理想的公平目标。这是因为社会保险对公平的追求也应当重视效率，而要满足这种效率目标，就应当在社会保险基金运行中引入市场机制，以弥补政府干预市场在追求效率方面的固有缺陷。

市场和政府不存在绝对的高效率或者低效率，两者都具有提高或者抑制效率的因素。短期内，市场机制使资源的利用更为有效；从长期看，它也更有创新力和活力。虽然市场机制也追求机会均等意义上的公平，但是市场无法保证这种公平。政府介入社会保障领域的首要目标是进行收入再分配，以维持社会可以接受的收入分配差距。然而，行政机构中的僵化、臃肿、私人利益对公共政策目标的渗入，政策目标与政策效应之间的偏离，使之往往不能很好地实现其目标，甚至有可能造成不公平；或是解决了一种不公平（财富、收入分配方面的）而又产生了另一种不公平（权力、机会等方面的）。现实生活中，某些社保项目或该项目的某些方面可能更适合采用政府行为，而另一些方面可能更适合采用市场行为。

基于此，政府与市场之间的关系，不应该是非此即彼的单向选择关系，而是在合理分工基础上双方都有机会来促进和改善对方的管理。显然，在政府与市场之间的选择，不是用理想的政府去替代不完善的市场，也不是用理想的市场去替代不完善的政府，而是要在不完善的现实政府和不完善的现实市场之间，建立一种有效选择和协调机制。社会保障的性质和特点决定了必须以政府为主体，引入市场的目的主要是为了引入竞争机制，使政府更有效率。另外，政府在运用社会保障实现公平时，应以程序化、法制化、科学化的方式参与调控市场运行，努力避免政府行为对市场本身正常运行的损害，能够实现资源优化配置的经济合理性原则和交易成本最小化原则。

(二) 政府与市场在社会保障领域中选择的依据

1. 社会经济发展的不同阶段

市场在进行制度设计和制度创新方面存在失灵，决定了市场机制在这方面发挥的作用极其有限。对社会保障进行制度设计和制度创新是政府的主要责任和重要职能，政府机制必须在其中发挥绝对主导的作用。政府须负担大量的资金投入、组织投入和服务投入，特别是承担社会保障制度的转制成本和新制度建立的启动成本。与此同时，政府机制对社会保障制度运营的过多参与，会妨碍市场机制作用的有效发挥。政府机制的运行效率大大低于市场机制的运行效率，政府失灵突出。因此，政府机制应当逐步收缩其作用范围，或改变其作用方式和方法，尽可能地引入市场机制参与制度的运营，让市场机制有充分的空间发挥作用，让社会保障中政府机制与市场机制进行有机结合。

2. 社会保障的不同层次体系

社会保障是由众多具体的构成层次组成的体系，具有公共产品或准公共产品特性的社会保障项目一般只能由政府提供。市场提供公共产品会形成低效率或零效率，存在着市场失灵，原因在于市场的竞争机制和利益机制会使得公共产品因提供方的收费过高而导致供给闲置或因收益偏低而形成供给不足，政府机制应当发挥主导作用。市场机制对于提供私人产品或准公共产品中具有私人性质的部分具有天然的高效性，以克服政府机制在提供这两种产品，特别是准公共产品时所产生的政府失灵，市场机制在上述部分可以发挥更多的作用。部分社会保障项目按照权利与义务对等的原则实施，具有相当的竞争性和排他性，需要政府机制与市场机制紧密结合。

3. 社会保障的不同环节

社会保障不同环节具有不同的主导原则，每一个具体环节都涉及受益对象的确定和社会保险基金的征缴、运营、发放以及社会保险服务的提供等。社会保障或以公平原则为首要原则，或以效率原则为首要原则。追求公平与提高效率是社会保障制度运行实施中的两项基本原则。由于市场机制对于促进社会成员收入分配的相对公平无能为力，这就为政府介入社会保障提供了理论依据和直接原因。一般说来，政府机制作用于社会保障的最根本目标就是调节社会成员收入分配差距的过度扩大化，维护社会的相对公平。所以，政府机制对于保障项目中旨在实现社会公平的环节应当发挥主导作用。效率原则是社会保障制度应遵循的又一原则，由于成本与收益的分离、负担与义务的错位以及政府行为目标与社会公共利益之间的差异，政府机制在实际运行中常常伴随着严重的低效性和巨大的资源浪费，而市场机制对于提高社会保障制度运行效率则具有天然的高效性。

（三）我国社会保障领域中政府与市场的职能选择

政府与市场是现代社会经济环境下两种基本的制度安排，也成为社会保障制度中两个重要的主体。政府不是全能政府，而是有限政府。随着市场经济和社会保障体制改革的不断深化，势必会引起社会保障体系中政府与市场职能定位的不断调整，政府与市场在社会保障中的角色如何分配，直接影响社会保障的运行效率。寻求政府与市场的均衡机制，明确政府的职责界定，是转型期社会保障有效实施和改革成功的关键。随着我国市场体系的不断完善和成熟，在以政府为主导的条件下，适当引入市场机制，可以弥补政府在提供社会保障服务时存在的缺陷。但由于我国目前仍处于转型期，社会保障的提供必须坚持政府的主体地位不动摇，在相当长时间内还需坚持政府主导型的社会保障模式。

第一，完善社会保障领域的政府机制。具体内容包括：通过制定与社会保障相关的法律、法规和政策，不断建立和完善社会保障制度。政府当前的责任是通过立法机关，尽快将社会保障改革中确立的合理的政策上升到法律规范的层次，增加其强制性和有效性。尽快将基金管理、农村社会保障等立法薄弱的保障环节和保障项目纳入法律规范，要健全社会保障的司法机制，加强监督处罚力度。明确划分政府、单位、个人等主体各自的权利、义务和责任等；负担制度改革的转制成本和制度建立的启动成本，为社会保障的发展提供基础保障；建立科学高效的社会保障管理和监督制度及相应组织机构，加强社会保障财政责任，加快财政体制改革，建立社会保障预算制度，加大财政保障力度，使政府在社会保障制度中发挥主导作用。

第二，健全社会保障领域中的市场机制。在社会保障领域建立市场机制，通过市场竞争和利益机制，增加社会和个人对社会保障的投入，继续发挥商业保险对社会保险的补充作用。社会保险是准公共产品，政府机制利用其强制性为社会保险提供相对完备的法律框架，负担社会保险中公共基础性的资金投入，并负责征缴社会保险基金。对于社会保险中具有私人性质的非公共基础性部分，则主要通过市场机制的作用来解决，增加非政府部门对社会保障的投入。对社会福利和补充保障等私人产品性质更强的具体项目的提供，更多地发挥市场机制的作用。在社会保障基金的投资运营方面，引入竞争机制，通过竞标等形式选择投资经营机构，尽可能充分地掌握市场信息，进行全面的投资预测，选择好的投资主体和投资方向，进行科学的投资组合，将社保基金投向风险较低的行业，以确保基金的保值和增值。在具体的社会保障产品和服务提供方面，适当引入市场机制，鼓励和引导民间资本进入公共服务市场，让不同市场主体竞相提供服务产品和服务设施，弥补政府机制在提高效率方面的缺陷。

第三节　社会保障预算制度

社会保障预算是政府介入社会保障事务，进行国民经济宏观调控，规范、加强社会保障资金管理的重要工具，是政府实现社会保障目标、管理社会保障制度的重要手段。建立和完善社会保障预算制度，对促进社会保障事业的发展具有重要的意义。目前我国社会保障预算的编制和实施尚处于试点阶段，我国也亟待建立健全的社会保障预算制度。

一、社会保障预算制度的内涵

（一）社会保障预算的概念

社会保障预算是指依据相关法律法规建立的反映社会保障各个项目资金运动范围与方向的财力配置计划，是管理社会保障制度的有效工具，其核心是社会保障资金收支计划。

社会保障预算是政府在履行社会保障职能的过程中，为了有效管理社会保障资金、增进公共利益、实现既定的社会保障政策目标的必要工具，其本质是一种资金管理方法。社会保障预算的编制、审批、执行、决算以及评价等所有环节都是在相关法律法规约束和限制下进行的。社会保障预算是具有法律效力的社会保障收支计划书，反映的是一定时期社会保障收支及其结余情况。根据社会保障制度具体项目实际运行机理的不同，社会保障预算可以是年度预算，也可以是多年度预算，体现了社会保障资金筹集与分配过程。对所有社会保障收支的整理和归类，能够全面系统地反映政府的社会保障政策意图与目标，是一种政策手段。社会保障预算是对未来一定时期内社会保障收支的预期安排，需要对未来经济形势进行预估，在诸多不确定性条件限制下做出选择，是一种决策机制。

（二）社会保障预算的必要性

社会保障制度本质上是对国民收入的一种再分配，其在实际运行过程中为了实现经济保障目标，除了需要一定的经济基础外，还需要一种工具对社会保障资金进行筹集和分配，来保证制度筹资的可持续性和待遇给付的公平公正，使制度良性运行。社会保障预算产生与发展的原因是多方面的，具有一定的客观必然性与规律性。一方面，从欧美发达国家社会保障制度的发展来看，随着制度的不断完善，社会保障制度的内涵与外延被大大拓宽了，再加上社会经济环境的变化，社会保障资金管理已由传统简单的收支管理转向多维度发展，客观上对资金管理方法的创新产生了新的需求。另一方面，预算作为一种基本的财务管理方法已被广泛地运用于社会经济活动的协调、控制、监督以及评价过程中，其在资金管理与选择决策中的作用得到了普遍的认同。此外，社会保障制度与经济、社会联系紧密，对促进经济发展和维护社会稳定有积极的作用，是政府实现其职能，调控社会保障的重要工具。

二、社会保障预算模式的选择

社会保障预算的模式与国家的社会保障制度模式、经济体制、社会制度、具体国情、政治理念等有很大的关系。不同国家和地区的社会发展和制度构建存在巨大的差异，所选择的预算模式也各不相同。现有的社会保障预算模式主要有四个类型：基金预算模式、政府公共预算模式、一揽子社会保障预算模式以及政府公共预算下的二级预算模式。

（一）基金预算模式

该模式是把社会保障相关的收入、支出与和政府经常性预算收支分开或相对独立，单独编列社会保障专项基金预算，予以专门反映。美国、日本、德国都可归入该种模式。日本编制五个社会保障特别账户，这些特别账户均有独立的资金来源，它们被以独立账户的形式纳入政府预算。德国在一般预算之外单独编制社会福利预算。美国是将社会保障税收入和支出分别以总额列示于联邦预算中，构成联邦预算的一部分，其结余转入社会保障信托基金，以基金形式单独编制预算。

从财政收入上看，这种模式的社会保障预算收入的项目只有一项，即社会保险项目，其资金来源主要征收方式是社会保障税。由社会保障税收入形成的社会保险基金是专项基金预算模式最为重要的部分。

专项基金预算模式的社会保障预算的特点：第一，社会保障资金主要来源于社会保险税，资金规模大，对政府财政和国民经济有很大的影响，国家调控宏观经济时都必须将社会保障预算纳入视野、全面考虑。第二，社会保障收支变动的政策涉及面广，影响时间长，必须精确预测。第三，社会保险基金的实际流动都是通过国库完成的，由国家的社会保障专门机构统一安排其具体的收支情况。

专项基金预算模式独立于国家预算之外，由专门机构单独负责基金的运行管理，依法运营，并向全社会定期发布基金运营情况。该模式基金运行透明度高，社会公众有很强的监督作用，基金安全性较好，便于基金保值增值，在基金运作管理方面较为成功。此外，其收支、投资管理等与政府经常性预算收支分开，单独编制预算，政府参与程度低、承担的责任小，减轻了政府的财政负担。

由于基金预算模式独立于政府的财政预算，政府对社会保障基金的控制力较低。政府承担着社会保障最终的担保责任，但政府财政预算中仅反映社会保障基金收支总额，对于各项基金的收支情况等不能详细反映。所以一旦社会保障资金出现问题，作为社会保障最终负担者，这会对政府财政将构成潜在威胁。

（二）政府公共预算模式

该模式是将社会保障资金的收入与支出作为政府经常性收支的内容，直接列示在政府的经常性预算中，同政府其他收支合为一体，其收入以社会保障税的形式纳入政府的经常性税收收入中，由国家全面担负起社会保障事业的财政责任。英国是该种模式的典型代表。政府公共预算模式的社会保障资金来源主要是社会保障缴款，社会保障缴款同政府的其他税收一样被列入政府一般预算，社会保障收支完全纳入政府预算内管理。社会保障项目多，占财政支出的比重较大，管理也比较复杂。

政府公共预算模式的特点：第一，社会保障预算不独立。国家没有单独的社会保障预算，只有政府经常性预算和资本预算两种，而社会保障收支被包含在政府经常性预算之中，并且与资本预算之间没有任何联系。第二，社会保障资金收支全部列入国家预算管理。社会保障收入在政府经常性收入中的国内收入总额项反映。第三，社会保障收支在国家预算中占有重要地位。社会保障收支计划是国家预算的重要组成部分，与民生问题紧密相关，具有极大的现实意义。第四，没有体现社会保障基金自求平衡的思想，把全部社会保障责任集中于政府，使政府的社会保障负担及管理成本过高，也损失了社会保障和经济发展的效率。

在政府公共预算模式下，社会保障水平高、覆盖面广，每一个国民都能享受到高水平的福利待遇。政府对社会保障的控制力强，政府直接参与社会保障的具体管理工作，可以控制其每一个进程。由于其采取的是年度预算，不存在基金的保值增值，有利于抵御通货膨胀和物价上升。

政府实行公共预算模式就要对社会保障全包全揽，直接参与社会保障收支的具体管理，直接控制社会保障事业，造成政府机构人员庞杂，行政管理成本过高。在福利刚性的影响下，社会保障支出膨胀，政府财政负担重。同时也导致越来越多的经济资源用于消费，影响了作为市场经济主体的私人企业的大规模资金积累，削弱了扩大再生产的物质基础，增加了产品成本，导致竞争力下降。个人和企业税负过重，影响其经济竞争力。

（三）一揽子社会保障预算模式

一揽子社会保障预算模式是将政府公共预算中的社会保障收支，连同来自社会保障基金的收支项目合而为一，编制一个独立完整的社会保障预算，全面反映社会保障收支、结余投资等使用情况。

一揽子社会保障预算模式的特点：第一，社会保障预算独立于国家公共预算之外，但又和国家公共预算有联系，全面反映社会保障资金的收支和国家承担的责任情况。第二，社会保障资金由社会保障部门统一收支、统一管理，可以实现全国的优化统筹。第三，政府财政与个人、企业的联合筹资机制体现了责任分摊的原则，分散了社会保障财政负担。

这种模式可以全面体现一个国家的社会保障事业规模和其保障水平，最全面地反映了社会保障资金的总体收支状况和资金使用情况。政府可以对社会保障资金进行全面管理、统一安排，对社会保障事业直接控制，体现政府意志，实现社会保障的长足发展。此外，社会保障收支与政府公共预算收支分开，能有效地减轻政府的社会保障负担，不会造成政府的负担过重，同时也不会导致政府责任的脱离。

但由于这种模式涉及的部门过多，对编制预算的技术要求高，容易造成预算编制过程中的重复编制，管理难以到位，而且容易造成有关部门的责任机制难以落实。同时基金的保值增值压力大，社会保障基金预算亏损需要政府公共预算去熨平，使得社会保障基金缺乏内在增值预期，不利于基金的保值增值。

(四) 政府公共预算下的二级预算模式

该模式是指在编制政府公共预算时,将社会保障收支项目单独划出来作为一个子预算。二级预算模式与一揽子社会保障预算模式不同:一,二级预算模式保留原有政府公共预算中的社会保障项目,而一揽子社会保障预算模式则是将政府财政预算中的社会保障项目全部迁出,与政府财政预算完全脱离关系。二,二级预算强调社会保障基金结余的投资,而一揽子社会保障预算采取政府财政预算方法,将其结余结转下一年。

政府将公共预算中的社会保障项目再做一个子预算,可获得比较全面的社会保障收支总体资料,便于掌握整个社会保障的全貌。但该模式下,社会保障预算没有完全独立,造成社会保障预算管理权限不明,并未解决政府公共预算的弊端,使社会保障预算的编制流于形式。

三、社会保障预算收支管理

(一) 社会保障预算收入管理

社会保障预算收入是实现社会保障政策目标的前提,没有合理而稳定的资金筹集渠道,社会保障便成为"无米之炊"。从世界各国的实践经验看,社会救济和社会福利资金一般由国家各级财政负担,而社会保险筹资形式主要有三种:一是统筹缴费,即由雇主和雇员以缴费的形式来筹集社会保险基金。二是开征社会保障税,这是世界多数国家普遍采用的一种筹资形式。三是强制储蓄,建立个人账户。我国目前所采用的是第一种筹资形式,社会保险基金属于地方费范畴,征缴手段较税收软化,拖欠现象严重,难以满足社会保障的需求。

首先,社会保险费改税应提上议事日程。开征社会保险税,可以保证基金的顺利筹集,防止漏缴、偷缴、欠缴、抗缴现象的发生和蔓延;可以将社会保障的责任通过税收形式转由政府来承担,真正减轻企业的负担;可以实现社会公平,由政府公务员、企事业职工、个体经营人员等所有收入者共同缴纳社会保险税,体现不同层次劳动者之间的公平。税务部门征收社会保障资金有利于扩大社会保险覆盖面,提高社会保险收缴率;有利于规范社会保险征缴办法,规范社会保险基金管理;有利于提高社会保险的社会化服务水平,尽快建立并完善社会保障预算制度。

其次,拓宽社会保障资金的筹资渠道。通过多渠道筹集社会保障资金,以解决当前社会保障基金的收支矛盾。如改进彩票发行机制,适当扩大彩票发行规模;通过股票市场回购、配售等方式减持一部分国有股权;调整财政支出结构,逐年增加财政社会保障支出预算,逐步提高社会保障支出在财政支出中的比重,为社会保障制度提供必要的财力支持等。

最后,加强社会保障预算收入管理。社会保障预算收入管理涉及多个部门,财政部门是综合管理部门,处于主导地位,既要提供社会救济、社会福利等资金,又要承担社会保险的最后"兜底"责任;税务部门是社会保险基金的征收机构,征收的各项社会保险税直接进入国库,再按月划转到财政社保专户;社会保险经办机构是负责办理社会保险事务的专门部门;各缴费单位及银行系统是社会保障预算管理体系的基础,各缴费单位有义务为其雇员代为扣缴社会保险税,银行系统通过转账方式将税务部门征缴的社会保险税纳入国库。

(二) 社会保障预算支出管理

社会保障预算支出包括社会保险支出、社会救济支出和社会福利支出三大类。社会保险支出是社会保障预算中最主要的支出项目。社会救济支出主要包括贫困救济支出和自然灾害救济支出等。社会福利支出包括老年福利支出、住房福利支出、教育福利支出、残疾福利支出等。

当前我国社会保障预算支出需要解决的主要问题：①社会保险的覆盖面有待进一步扩大，企业与机关事业单位的标准有待逐步统一。②社会救济标准不能随物价上涨而提高，以致受助对象的生活水平没有提高，甚至出现下降现象。③社会福利支出结构安排不合理，越位与缺位现象并存。

四、我国社会保障预算制度的建立与完善

(一) 我国社会保障预算的现状及存在的问题

社会保障预算是我国构建政府预算体系的重要内容，构建全口径预算体现了执政党的政治战略和政府的施政重点。随着我国政府职能的转变和公共财政的建立，社会保障预算作为公共财政的重要内容也逐步建立和完善。2015年新《预算法》实施全口径预算，将一般公共预算、政府性基金预算、国有资本经营预算和社会保险基金预算全部纳入政府预算体系。社会保险基金预算的编制、执行以及管理日渐成熟，下一步就是要建立完善的社会保障预算制度。

改革开放以来，我国社会保障预算从无到有。基金预算收支规模持续扩大，为更好地发挥统筹共济作用提供了有力的支撑，充分发挥了稳预期、促消费、惠民生、保和谐的作用，为转方式、调结构、推改革、促发展提供了坚实的后盾和基础。基金预算管理逐步规范，管理水平不断提高。政府有关部门积极探索科学、规范的编制方法，在基础数据上求"实"，在编制方法上求"准"，在汇总审核上求"严"，采取联合会审和专项检查等多种方式，不断提高社会保险基金预算编报的质量，使社会保险基金预算的计划性和指导性进一步增强。

在社会保障预算不断深化改革的同时，当前的社会保障预算管理也存在制度不健全、覆盖不全面、地区差异大、编制不全面、监管不到位、机构设置有待改进等问题。目前，虽然我国已经建立起社会保险基金预算制度，但并没有建立完整的社会保障预算制度。社会保障资金除了社会保险基金被详细地编列预算外，其他内容还没有建立预算制度。社会保障资金没有全部建立规范的预算制度，政府对社会保障的资金监管不全面，社会保障资金的挪用时有发生，社会保障资金缺口需要财政资金的支持。此外，现行社会保障管理体制不顺、统筹层次较低、覆盖面窄，也制约了社会保障预算的改革。

社会保障预算编制存在重编制，轻运用的问题。特别是基层部门，对社会保障预算的编制都很重视，各项指标也比较准确，但如何运用社保预算来实现加强管理的目标研究不够。问题的原因主要在于：第一，社会保障预算的运用是社会保障预算管理制度更高层次的问题，对人的素质要求更高、日常工作量更大、困难更多。第二，社会保障预算自身的约束性还不够强，与政府公共预算指标相比，约束性较弱，不确定性更大，客观上造成大家更注重实际资金收支，忽视运用社保预算提升管理水平。

社会保障管理各部门编制的基金预算衔接不够，实际上也就是如何处理好社会保障各

主管部门之间的关系问题。

社会保障预算定位不准确，难以处理好社会保障预算与政府公共预算之间的关系问题。从理论上讲，社会保障预算是政府预算的组成部分，是与政府公共预算并行的预算，应该经人大批准，成为有法律约束力的文本。但在实际工作中，往往将社会保障预算定位于加强社保资金管理的手段，从属于政府公共预算。

由于社会保障资金种类多，各项资金的管理体制又不尽一致，上下级财政之间管理权限还不太清晰，有的社会保险费实行省级统筹，有的实行州市、县级统筹，有的资金由财政社保部门管，有的由财政的其他处室管，将所有社保资金纳入统一的预算管理体系，完善社会保障预算管理还存在制度障碍。

建立完善独立的社会保障预算既是反映社会保障事业发展状况，推动社会保障事业进一步发展的重要举措，也是对全口径预算制度的完善，对政府转变职能、深化改革有重要推动作用。因此，应加快建立健全社会保障预算制度，增强政府预算约束力。

（二）我国社会保障预算制度的构建途径

1. 科学地确立社会保障预算编制的总体目标和模式

建立与完善社会保障预算的总体目标是：逐步建立起以社会保障税为主要收入来源、将各项社会保障收支及投资运营活动全部纳入社会保障预算、使收支管理及社会保障资金投资运营规范化以及各项政策措施完整配套的具有中国特色的社会保障预算体系。根据我国社会保障预算编制的实践来看，可供选择的模式有三种：一揽子社会保障预算模式、两板块式社会保障预算模式和社会保障基金预算模式。由于目前编制社会保障预算还没有规范化，仍处于探索阶段，根据国际惯例和我国国情，最终应采取一揽子社会保障预算模式（即社会保障基金预算＋政府公共预算中安排的社会保障支出预算＋社会筹集的社会保障资金＋社会保障事业单位收支结余）。这种模式可以把来自社会保障基金收支、政府公共预算安排的收支、社会保障事业单位本身的收支及社会筹集的社会保障资金合为一体，全面反映社会保障收支、结余、投资及调剂基金的使用情况。

2. 保证社会保障预算各类指标的准确性和有用性

目前全国社会保障预算没有全面推开的主要原因之一，就是预算指标的准确性和有用性难以保证。首先，要通过建立规范的预算科目体系，统一口径，避免预算指标概念不清、收入重复、支出重叠等问题。其次，明确社会保障预算的编制方法和编制程序，避免人为因素的影响。第三，通过分析数据的合理性，对比上年实际执行情况，依据国家有关政策规定，测算各指标的可行性，核实各项指标，避免简单汇总，使社会保障预算不仅反映资金的收支，还能反映基本数据情况，为分析、测算提供依据。第四，根据预算执行情况，严格预算调整程序，对省、市、县各级职能部门确实难以控制且发生较大变化的指标，经财政部门批准后，按适当的程序进行必要的调整。

3. 明确社会保障预算在财政预算体系中的地位

社会保障预算作为一种由政府编制的反映社会保障收支规模、结构和盈亏状况的计划，既是国家财政预算的重要组成部分，同时又具有相对独立性，在财政预算体系中占有重要地位。从性质上来看，它是与政府公共预算、国有资产经营预算相并行的预算。因此，改进与完善现行预算体系是建立社会保障预算的重要条件，应将征收的各种社会保障费（税）与政府在预算科目中编列的卫生事业费、优抚和社会福利救济费、下岗职工生活保障费等各项保障经费从公共预算中分离出来，共同纳入社会保障资金预算账户，真正实现社会保障基金专款专用。当公共预算出现赤字时，不能用社会保障预算资金来弥补，但当社会保障预算出现收不抵支时，可由其他预算收入给予一定的支持，以保证社会保障事业的健康发展。

4. 加强社会保障预算管理的法制建设

社会保障预算能否真正实现加强社会保障资金管理的目的，关键要看社会保障预算管理是否实现规范化、法制化。如果社会保障预算处于软约束的状态，社会保障资金的挪用、浪费，甚至贪污的现象还会继续发生，即使编制了社会保障预算，也只是流于形式。为此，要加强社会保障预算管理的法制建设，尽快制定《社会保障法》、《社会保障预算管理条例》等法律、法规，将一切社会保障行为纳入法制，确立社会保障预算的目标和职责，明确政府及相关部门在履行社会保障职能时，在资金筹集、待遇支付等方面的法律责任，使社会保障预算编制、执行和决算审批等程序进入法制化。同时，还要制定完善的社会保障财务管理制度，使社会保障资金的支出、各单位和相关部门之间费用的结算和资金划拨等有一套规范的管理方法，以有效地防止虚报冒领、挪用、贪污等违纪行为的发生。

5. 建立完善的社会保障预算监督机制

为保证社会保障预算制度的正常、规范运行，除了要加强社会保障预算管理的法制建设外，还要建立完善的社会保障预算监督机制。具体包括：内部监督，这是整个社会保障预算监督的基础环节，也是社会保障预算单位财务管理的重要内容；行政监督，主要包括财政、税务、检察以及单位主管部门等进行的监督，这是整个监督机制的主导环节；审计监督，审计机关要定期或不定期地对社会保障财务收支进行监督，包括对会计凭证和账簿、报表进行审计，各级各类社会保障预算单位要自觉接受审计部门的审计监督；民主监督，主要是指各级人大对社会保障预算编制、执行、调整和决算进行监督；社会监督，包括社会团体、社会中介机构、社会宣传媒体所进行的监督。

第四节　社会保障适度水平与制约因素

一、社会保障水平及其特点

（一）社会保障水平的概念

社会保障水平是指一定时期内，一国或地区社会成员享受的社会保障的高低程度。广义上应包括社会保障待遇水平、制度成熟水平、基金运作水平和管理水平，狭义上是指社会成员享受社会保障待遇的高低程度。

社会保障水平是质与量的统一体，它在量上有高低之分，反映社会保障资金的供给和社会保障体系的运行状况㊀。其在微观上是指受益人在劳动生产要素分配层次上的收入再分配项目及其程度；而在宏观上通常表示为一国或一个地区的经济资源用于居民社会保障支

㊀ 穆怀中.社会保障国际比较［M］.北京：中国劳动社会保障出版社，2002：11.

出的比重。社会保障水平在质上又有适度的要求，即其要与国家或地区经济发展水平及社会各主体的承受能力相适应。

(二) 社会保障水平的特点

从上述社会保障水平概念中折射出三个特点：一是动态性，即社会保障水平随着经济发展水平、行政管理体制、人口结构变动、社会制度等的变化而不同。二是刚性，即社会保障水平具有刚性增长的特征，即缺乏弹性，表现为社会保障范围的扩大和水平的提高更符合社会成员的意愿，而其范围缩小或水平降低与公众对更高保障水平的追求相悖。三是适度性。过低或过高的社会保障水平对于社会保障制度运行和社会经济的发展都会产生不良影响，即社会保障水平客观上存在一个"适度区域"。欧洲高福利国家社会保障制度演进的历史充分说明，社会保障水平并非越高越好。因此，应从本质上界定社会保障水平与特定经济发展水平下社会保障基本功能的适应性。

二、社会保障水平衡量指标与影响因素

除某一国家或地区（简称地域，下同）特定时期的社会保障支出（SSE）[一]绝对额及其人均指标外，将 SSE 与同一时期该地域的国内生产总值（GDP）、财政支出或社会保障受益群体工资总额等不同指标相比较，以衡量具有不同内涵的社会保障水平。

首先，社会保障水平率（RSS）是指社会保障支出占 GDP 的比重（见式 3-1），它反映某一地域运用特定时期增加的全部最终产品和劳务价值总和（即 GDP）为辖区公众提供社会保障待遇的程度，即单位 GDP 用于社会保障支出的比重。因相对数指标更适合于社会保障水平的跨国横向或某一地域纵向比较，且计算所涉及的两项数据较易获得，所以得到国际组织和学界的广泛应用而成为衡量社会保障水平的通行指标。

$$RSS = SSE/GDP \times 100\% \qquad (3-1)$$

此外，可以将式 3-1 中分母 GDP 替换为相应的国民收入、政府或财政支出、社会或企事业单位工资总额，即可衡量社会保障支出在国民收入、政府或财政支出、社会或企事业工资总额中的相应比重。例如，采用某一行业或企业负担的社会保障税（或缴费）与员工工资总额的比值，衡量的社会保障水平可以被称为部门行业领域的社会保障水平。若产生在社会养老保险非完全积累制形成的代际传递中，还可将其理解为当期领取养老金待遇者在职时期工资的替代率。

其次，社会保障水平发展系数（CSS）是指社会保障支出增长率与 GDP 增长率的比值（见式 3-2），它反映某一地域社会保障水平的发展与其经济发展的适应性。该比值有五种可能性：CSS＜0 表示社会保障水平的发展与经济增长呈反方向变动；CSS＝0 表示社会保障水平的发展是停滞的；0＜CSS＜1 表明社会保障水平的发展与经济发展同向且低于经济发展水平；CSS＝1 表示社会保障水平的发展与经济发展成正比或完全同步；CSS＞1 表明社会保障水平的发展超越了经济发展。从可持续发展角度考量，社会保障水平停滞（即 CSS＝0）、逆经济增长（即 CSS＜0）或长期超越经济增长（即 CSS＞1）都是不可取的，而社会保障水平的发展基本适应经济增长或与之同步才能达到长期可持续的状态

[一] 社会保障支出（Social Security Expenditure，SSE）是某一地域特定时期内社会保险、社会福利、社会优抚、社会救济等社会保障项目支出资金的总和。

（即 $0 < CSS \leqslant 1$）。

$$CSS = (\Delta SSE/SSE) / (\Delta GDP/GDP) \quad (3\text{-}2)$$

上述两项主要指标直接反映了社会保障程度的高低和资金需求的大小，保障水平越高，保障程度就越高，资金需求量就越大。社会保障水平亦会反作用于社会经济和市场主体，社会保障水平越高，政府和企业在经济上越难承受，而保障水平过低又难以保障低层居民的基本生活，不利于社会的稳定与发展。因此，适度的社会保障水平，即社会保障供求的长期动态均衡状态，受到需求和供给两方面因素的影响：一方面，社会保障需求决定社会保障经费支出水平，鉴于社会保障支出的刚性特征，应合理兼顾当前需求并科学预测未来需求。具体而言，决定社会保障需求水平的因素至少包括人口总量及年龄构成、社会保障项目数量、社会保障程度的高低、政治利益集团的竞选或执政承诺、社会公众享有的保障权利及意识等。另一方面，社会保障供给决定社会保障资金的筹集水平，总体上受制于国民经济发展水平与国民财富分配体制。具体而言，决定社会保障供给水平的因素至少包括国内生产总值（或国民收入）、财政收入、国有资产及其盈利水平、居民收入和储蓄水平、社会保障基金增值水平、国内外捐赠、物价变动水平等。

综上所述，本书主要从社会保障支出规模角度考察了社会保障水平。但社会保障本质属性及其供求实践中的多层次性要求、满足较低层次社保需求以实现"应保尽保"（即覆盖面）等问题始终是衡量各国社会保障水平是否提高的重要准绳。

三、我国社会保障水平的发展及国际比较

新中国成立至今，社会保障制度历经创建、调整并不断改革、发展和完善。改革开放40年，特别是党的十八大以来，我国社会保障体系建设取得了举世瞩目的成就，实现由城镇职工的"单位保障"向统筹城乡的"社会保障"根本性转变，覆盖城乡居民的多层次社会保障体系基本建立。社会保障水平日益提升，走出一条中国特色的社会保障道路。首先，依据财政、社会保障等统计数据进行纵向分析，我国社会保障支出在如图 3-1 所示的 21 年里，已由 596 亿元升至 27 084 亿元（可比价格为 18 238 亿元，年均增长 1.4 倍），在全国财政决算支出功能分类中仅次于教育支出而稳居第二位，其 GDP 占比和财政支出由 1998 年的 0.7% 与 5.5% 分别升至 2018 年的 3% 与 12.3%（年均增长分别为 16% 和 6%）。其次，截至 2018 年年末，我国基本养老保险、医疗保险、失业保险、工伤保险、生育保险的参保人数分别达到 9.42 亿、13.45 亿、1.96 亿、2.39 亿、2.04 亿人，已建成了世界上最大的参保率分别达 90% 与 95% 的养老保障与健康保障网络，一个覆盖人群最多的社会保险安全网在我国蔚然成形⊖。再次，依据经合组织数据库⊖社会支出的最新数据进行横向比较（如图 3-2 所示），我国 2012 年公共社会支出的 GDP 占比仅为 8%，而 OECD 成员国同比均值达 22%（法国与墨西哥分别以 32% 与 7.55% 列 OECD 成员国占比量柱的首尾两端），我国 2012 年公共社会支出占比仅比位列 OECD 末端的墨西哥同期占比高 0.45%，甚至比

⊖ 回首社会保险 40 年变迁：攻坚克难砥砺行 织就民生安全网［DB/OL］. 人社部新闻中心，2018-11-15.
⊖ 该数据库（The OECD Social Expenditure Database，SOCX）旨在满足日益增长的对老年、遗属、残疾、健康、家庭、劳动力市场、失业、住房及其他各项社会政策指标的需求，提供可靠和具有国际可比性的（含公共、强制性和自愿性私人）社会支出统计数据。其中，资金流动受政府控制的社会支出统称为公共社会支出，例如，由社会保险基金强制性缴款资助的疾病津贴被视为"公共"，而雇主直接向其雇员支付的疾病津贴则被归类为"私人"。

位列 OECD 前 33 个成员国 2007 年（即全球金融危机前，图中菱形标记）的比值还低。上述国际比较说明，虽然国情不同，但我国的社会保障水平仍有较大的提升空间。

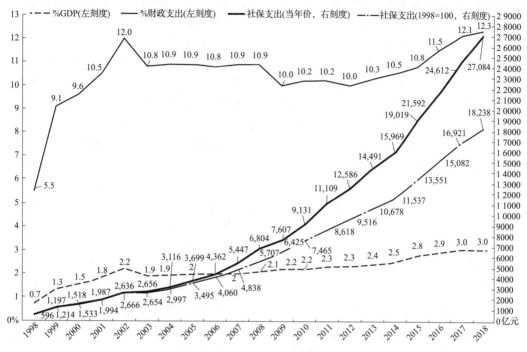

图 3-1　我国社会保障支出及占比的发展（1998—2018 年）

资料来源：根据对应年度中国统计年鉴、中国财政年鉴和财政部公开的 2017 年全国财政决算数据整理绘制。

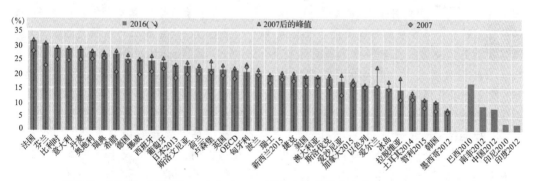

图 3-2　OECD 成员国与 5 个非 OECD 国家在公共社会支出占比 GDP 上的比较

资料来源：Society at a Glance 2016：OECD Social Indicators，中国等 5 个非 OECD 国家的数据来源于 ILO、WHO 及 Asian Development Bank's Social Protection Index（SPI）。

◈ 本章小结

1. 保险市场失灵

（1）市场失灵定义：市场是一种有效率的经济运行机制，起到对资源的基础配置作用，但市场的资源配置不是万能的，市场机制本身也存在固有的缺陷。

（2）保险市场失灵的表现：道德风险、

逆向选择、信息不完备及近视病。

（3）我国市场失灵的表现：市场准入壁垒造成的保险市场垄断、保险市场的"旧车"问题、委托人—代理人问题。

2. 政府的社会保障职能

（1）政府在社会保障运行过程中的作用：政府承担社会风险的能力大于市场，即政府将高收入阶层的收入转移给低收入者，实现社会公平分配，进而维护社会的稳定和经济的良好发展弥补市场失灵；政府介入可以减少社会保障基金筹集、支付的成本和费用；政府具有市场以外的调控作用：自动稳定器、相机抉择、调控基金的投向等调控作用。

（2）政府失灵，即政府本身的行为也有其内在的局限性，政府同样也会失灵，市场解决不好的问题，政府也不一定能解决好，而且政府失灵将可能造成更大的资源浪费。

（3）社会保障领域中政府和市场的选择：政府与市场之间的关系，不是一种非此即彼的单向选择关系，而是在合理分工基础上双方都有机会来促进和改善对方的管理。对政府与市场在社会保障领域中选择的依据：社会经济发展的不同阶段、社会保障层次的不同体系、社会保障的不同环节。我国社会保障领域中政府与市场的职能选择：完善社会保障领域的政府机制、健全社会保障领域中的市场机制。

3. 社会保障预算

（1）社会保障预算制度的概念：社会保障预算是指依据相关法律法规建立的反映社会保障各个项目资金运动范围与方向的财力配置计划，是管理社会保障制度的有效工具，其核心是社会保障资金收支计划。

（2）社会保障预算的必要性：一方面，随着制度的不断完善，社会保障制度的内涵与外延被大大拓宽了，社会保障资金管理已由传统简单的收支管理转向多维度发展，客观上对资金管理方法的创新产生了新的需求。另一方面，预算作为一种基本的财务管理方法已被广泛地运用于社会经济活动的协调、控制、监督以及评价过程中，其在资金管理与选择决策中的作用得到了普遍的认同。

（3）现有的四种社会保障预算模式及其特点：基金预算模式具有资金规模大、涉及面广、影响时间长和保险基金的实际流动由国库完成等特点；政府公共预算模式具有社会保障预算不独立、社会保障资金收支全部列入国家预算进行管理与社会保障收支在国家预算中占有重要地位等特点；一揽子社会保障预算模式具有全面反映社会保障资金的收支和国家承担的责任情况，社会保障资金由社会保障部门统一收支和管理，具有政府财政与个人、企业的联合筹资机制等特点；政府公共预算下的二级预算模式具有保留原有政府公共预算中的社会保障项目和强调社会保障基金结余的投资等特点。

（4）社会保障预算收入管理的三种筹资形式：一是统筹缴费。二是开征社会保障税。三是强制储蓄。我国目前所采用的是第一种筹资形式。

（5）社会保障预算支出包括社会保险支出、社会救济支出和社会福利支出三大类。

（6）我国社会保障预算支出需要解决的问题：一是社会保险的覆盖面有待进一步扩大，企业与机关事业单位的标准有待逐步统一。二是社会救济标准不能随物价上涨而提高，以致贫困户、灾民的生活水平没有提高，甚至出现下降现象。三是社会福利支出结构安排不合理，"越位"与"缺位"现象并存。

（7）社会保障预算收支结余管理：一是社会保障各个项目应单独编制预算。二是各项社会保险基金的结余，可以结转下年度以弥补资金的不足。三是中央和省可以分别建立社会保障调剂金，资金从各地区按一定比例集中。但是，社会保障结余资金不能用于平衡财政预算，也不能用于政府预算外资金的调剂使用。

（8）我国社会保障预算存在的问题：制度不健全、覆盖不全面、地区差异大、编制不全面、监管不到位、机构设置有待改进、重编制、轻运用等问题。

（9）我国社会保障预算制度的构建途径：一是科学地确立社会保障预算编制的总体目标和模式。二是要保证社会保障预算各类指标的准确性和有用性。三是明确社会保障预算在财政预算体系中的地位。四是加强社会保障预算管理的法制建设。五是建立完善的社会保障预算监督机制。

4. 社会保障的适度水平及其测定

（1）社会保障水平的概念及特点：社会保障水平是指社会成员享受社会保障经济待遇的高低程度。它是社会保障体系中的关键要素，直接反映着社会保障资金的供求关系，并直接反映着社会保障体系的运行状况，具有动态性、刚性、适度性等特点。

（2）社会保障水平测定指标：为了衡量表现社会保障水平而选取的变量，依据不同的参照系数和比重系数，可将社会保障水平系数分为多个层次，其中最基本的层次是社会保障的工资比重系数，还有社会保障的财政支出比重系数，最高层次是社会保障的国内生产总值比重系数。

课后练习与思考

1. 列举保险市场失灵的表现形式以及各自的定义。
2. 社会保障领域中政府和市场的选择是什么？为什么会这么选择？
3. 制约社会保障水平的因素有哪些？
4. 社会保障水平测定模型的假设条件有哪些？
5. 社会保障预算的必要性是什么？
6. 简述四种社会保障预算模式及其特点。

  │动手练│

通过访问经合组织公共社会支出数据库（OECD SOCX），并翻译 OECD 发布的 Society at a Glance 2016 : OECD Social Indicators 等报告的前言和目录，收集整理反映社会保障水平的指标数据，着力钻研其中指标数据的图形探析方法，借此了解 OECD 成员国社会保障水平及其发展的概况与趋势，并为数据图形的直观分析奠定初步的认知及方法。

第四章
CHAPTER 4

社会保障立法

§ 知识结构与学习目标

章节知识结构		学习目标
社会保障立法概述	社会保障法的概念 社会保障法的特征 社会保障法的内容要素与地位	○ 理解社会保障法的概念、特征与社会保障法律关系 ○ 掌握社会保障法的内容要素、社会保障法律关系构成要素
社会保障法律关系	社会保障立法调整对象及其特征 社会保障法律关系及其构成要素 社会保障法律关系的产生、变更和消失	○ 理解社会保障立法调整对象及其特征与社会保障法律关系的产生、变更和消灭
社会保障立法实践	国外社会保障立法实践 中国社会保障立法实践 中外社会保障立法比较	○ 了解国外社会保障立法实践阶段性发展标志及其独特意义 ○ 理解中外社会保障立法的异同

§ 导入案例

2016年度中国社会保障十大事件

人民网北京2016年12月31日电 2016年12月31日，由中国社会保障学会组织知名专家学者评选的"2016年度中国社会保障十大事件"结果出炉。其中，第十二届全国人民代表大会第四次会议通过《中华人民共和国慈善法》位居榜首；中共中央、国务院印发《"健康中国2030"规划纲要》紧随其后；国际社会保障协会第32届全球大会授予中国政府"社会保障杰出成就奖"名列第三。

2016年中国社会保障十大事件的排名顺序如下：

1. 第十二届全国人大第四次会议通过《中华人民共和国慈善法》；
2. 中共中央、国务院印发《"健康中国2030"规划纲要》；
3. 国际社会保障协会（ISSA）第32届全球大会将"社会保障杰出成就奖"（2014—

2016）授予中华人民共和国政府；

4. 国务院印发《关于整合城乡居民基本医疗保险制度的意见》；
5. 第十二届全国人大常委会第二十五次会议通过《关于授权国务院在河北邯郸市等12个生育保险和基本医疗保险合并实施试点城市行政区域暂时调整实施〈中华人民共和国社会保险法〉有关规定的决定》；
6. 国务院颁布行政法规《全国社会保障基金条例》；
7. 国务院印发《"十三五"加快残疾人小康进程规划纲要》；
8. 国务院印发《国务院关于进一步健全特困人员救助供养制度的意见》；
9. 国务院印发《关于加强农村留守儿童关爱保护工作的实施意见》和《关于加强困境儿童保障工作的意见》；
10. 人力资源社会保障部发布《关于开展长期护理保险制度试点的指导意见》。

中国社会保障学会会长郑功成教授介绍，评选社会保障年度十大事件，是中国社会保障学界自2009年开始的一项例行活动，目的是为了客观记录我国社会保障改革历程，并评估社会保障发展情况。郑功成教授指出：2016年是全面深化改革的重要年份，社会保障领域的立法与重大政策也密集出台。2016年度大事件概括起来有四个特点：①涉及面广泛，几乎惠及各个群体与社会阶层。②于法有据渐成社会保障改革与发展的前置条件。③立足中长期发展，注重优化制度结构。④国际社会保障协会授予中国政府"社会保障杰出成就奖"不仅是一项非常重要的国际荣誉，而且会促进世界各国关注、重视、借鉴中国社会保障改革与发展经验。

案例思考

2016年度中国社会保障十大事件都具有哪些具体的里程碑意义？对开展社保专业研究有何启示？

资料来源：人民网. 2016中国社会保障十大事件揭晓［DB/OL］. 2016-12-31. http://politics.people.com.cn/n1/2016/1231/c1001-28991284.html.

第一节 社会保障立法概述

英国1601年颁布的《济贫法》是可以追溯的最早的社会保障立法，该项立法带有传统的慈善事业特征。而现代意义上的社会保障法是伴随着各国于18世纪60年代至19世纪上半期逐渐完成的工业革命而逐步发展起来的。19世纪30年代，英国颁布实施了新的《济贫法》，将社会救助确定为公民的合法权利与国家和社会的一项义务。德国"铁血宰相"俾斯麦当政时期，为防止工业化进程中不断激化的社会矛盾，在1883年至1889年间先后颁布了疾病、工伤、老年社会保险三项法案，并以此为基础建立了社会保障法律制度，对其他国家的社会保障立法产生了较大影响。美国在二战后的罗斯福当政时期，为了缓解失业、老年问题等社会矛盾，于1935年正式颁布了《社会保障法案》，主要包括失业保障、老年保障及其他各种津贴。各国在第二次世界大战后恢复经济及长期的和平环境中，通过适时的社会保障实践与立法的不断加强和完善，缓解了社会冲突，稳定了社会政治经济秩序。目前，世界上已经有170多个国家建立了在其法律体系中占有重要地位的社会保障法律制度。

一、社会保障法的概念

我们可以从不同视角界定社会保障法，先分析四种具有代表性的观点：

一是依据社会保障项目进行定义，认为社会保障法是调整社会保险、社会救济、社会福利等活动中各种关系的法律规范的总称。这种界定存在的问题是：①因社会保障项目的发展变化而不具有普遍性和适应性，即具体的社会保障项目往往是发展变化的，各国具有不完全相同的社会保障项目，同一国家在不同历史时期也会因社会公众的保障需求变化而实行不同的社会保障项目。②仅从社会保障法的外延进行定义，而没能完全揭示出社会保障法的内涵。

二是从社会保障与社会保障法的关系入手，将社会保障定义为一种以保障社会成员基本生活安全作为基本目标的社会安全保护和防范对策系统。社会保障法则是为了建立并维持社会保障体系的正常运行而制定的法律规范。这种界定不能直接体现社会保障法的本质特征。

三是基于社会保障的目的，认为社会保障法是国家为维护社会安定和经济稳步发展而制定，保障社会成员基本生活需要和经济发展享受权的各种法律规范的总称。虽然这在一定义上揭示了社会保障法的目的，但没有揭示国家在社会保障中的作用。

四是从社会保障主体和目的两个方面入手，认为社会保障法是调整以国家和社会为主体，为了保证有困难的劳动者和其他社会成员以及特殊社会群体成员的基本生活并逐步提高其生活质量而发生的社会关系的法律规范的总和。这一定义没有揭示出国家为什么要制定社会保障法的原因。

综上所述，社会保障法是指以社会利益为本位，调整在保障社会成员基本生活及发展权利的活动中产生的政府、社会团体和社会成员之间社会保障关系的法律规范的总称。

二、社会保障法的特征

社会保障法是法律体系的一个重要组成部分，除具有法的一般特征外，还具有作为一个独立法律部门所具有的以下显著特征。

（一）广泛的社会性

社会保障法是典型的社会法，社会性是其最重要的特征，主要表现在三个方面：第一，目的的社会性。社会保障是保障全体社会成员的生活安定，所以社会保障法的目标就是通过保障社会成员的基本生活需要来达到社会稳定。第二，享受权利的普遍性。社会保障的权利由全体社会成员享有，而且随着经济的发展和社会保障制度的完善，可以享受社会保障的成员会越来越多，社会保障的项目也会越来越丰富。第三，社会保障责任和义务的社会化。社会保障要获得长久的生命力，需要整个社会的参与，社会保障通过立法，采取国家、单位和社会成员共同负担的原则，将责任和义务社会化。

（二）多层次性

由于各国的社会保障制度均是由多个子系统和众多具体项目组成，社会保障事项庞杂、内容很多，不同的关系需要不同的法律方式调整。因而不可能以一部法律适用于所有的社会保障事务，通常需要制定多部社会保障方面的法律和法规来构建社会保障法律制度，各法律、法规之间客观分工，各自规范具体事项，彼此之间相互协调，共同构成完整的社会保障法律体系。

以我国为例，宪法是整个社会保障法律制度的最高层次，规定了社会成员的社会保障事宜，对国家和社会给予社会成员物质或服务帮助以及发展社会保险、社会救助、医疗卫生事业、社会福利事业等也做出了原则性的规定。另外，我国立法机关设立专项社会保障领域的相关法律，如《中华人民共和国残疾人保障法》《中华人民共和国妇女权益保障法》等，它们作为国家立法机关颁布的社会保障法律，是社会保障制度的基本依据，属于第二层。而像《中华人民共和国劳动保险条例》《军人抚恤优待条例》以及有关社会保障法律的实施细则等，是社会保障法律的具体实施依据，属于第三层。地方为了解决本地区社会保障事务而颁布的法规，是社会保障法律的最四层。

（三）兼具强制性和自愿性

社会保障法在调整方法上兼具强制性和自愿性，主要体现在：①社会保障法带有明显的国家干预特征，是通过国家赋权强制推行的涉及公民生活安全的一系列准则，明确规定国家（各级政府）、社会、企业、个人及有关各方在社会保障中必须履行的义务，社会保障的具体项目、实施范围、资金筹集、待遇标准、计算方式等，均须依据法律的规定遵照执行。②企业补充养老保险、个人储蓄性养老保险、农村中互济性养老保险以及社会服务制度的实施，甚至社会保险事业管理中的某些环节，一般均应在自愿基础上采用平等的方法。

（四）义务在先权利在后

在许多法律关系中，权利和义务是同时产生又相对存在的。在社会保障法律关系，尤其在有关社会保险的法律关系中，权利义务关系的形成需要一个过程，表现为义务在先而权利在后，如一个退休工人领取养老金的数额和时间，需要根据其缴纳养老金的数额多少和时间长短来决定。不仅如此，法律还严格限定，只有在事先设定的法律事实出现后，权利人才能开始享受权利，即事实在先权利在后，例如，享受工伤和医疗保险时，权利人只有在工伤、疾病的事实确已发生后，他们才能得到救济和补偿。当然，社会救济法律关系和优抚法律关系中不存在义务在先而权利在后，而是由国家直接提供保障，只要设定的事实发生，保障和受保障的权利义务关系便成立。

（五）实体法与程序法的统一性

实体法与程序法是对法律功能的划分。规范社会关系参加者实体权利和义务的法是实体法；为保障实体法的实现，规定实体法的运用和实现手续的法是程序法。一般而言，实体法和程序法是一种相互依存的关系，有一定的实体法，就有与之相对应的程序法，例如，有实体性的民法就有与之相配套的民事诉讼法，有刑法就有相应的刑事诉讼法。而社会保障法则不然，它调整的是一个在社会保障领域中由各种社会关系、各个运行环节组成的系统，因而社会保障法就不仅要有具体的权利和义务的规定，还要有维持程序正常运转的程序性规定，即它的实体性规范和程序性规范总是规定在一起的，很难将其硬性割裂开来。社会保障法的这一特征与行政法颇为相似。例如，社会救助法既有救助对象所享有的权利和义务的实体规定，又有救助对象资格认定以及发放手续的程序性规定。

(六) 特定的立法技术性

社会保障的运营须以数理计算为基础,这使得社会保障法在立法上有较高的技术性。所以"大数法则"和"平均数法则"在社会保障立法中经常用到。另外,还有一些保障项目在费率、范围等的确定上常用到统计、保险精算等专业技术与理论知识。以养老保险为例,其法律制定涉及退休后存活年岁的确定、养老保险基金的社会统筹范围的确定、养老保险费率的确定等问题,这都需要运用数理技术及社会保障精算来确定。

三、社会保障法的内容要素与地位

一个国家社会保障法的内容决定着该国社会保障制度的全貌。因为各国在政治、经济、文化以及历史传统上的差别,致使社会保障的立法形式、内容不尽相同。社会保障立法方式通常包括分立式和合并式,多数国家继承了分立式立法传统,其社会保障法体系由一系列的个体法令构成;而继承合并式立法传统的国家,则制定了《社会保障法典》。无论采取何种立法方式,制度性内容要素和程序性规则,是任何一个国家的社会保障法都不可缺少的内在构成要素①②。

(一) 社会保障法的内容要素

1. 保障项目

社会保障的事项庞杂、内容繁多,需要按照不同项目,通过多种方式来实现对社会成员生活的全面保障。依据国际劳工组织第102号公约等七个现行标准③,社会保障包括疾病与医疗补贴、失业补助、养老金、工业伤害与职业病补助、生育补助、残疾补助、死亡安葬费及家庭补贴等事项。各国通常分别制定社会保险法、社会救济法、社会福利法、社会优抚法、住房保障法等法律法规,逐一规定各种保障项目的名称、性质、任务、基本原则、适用范围、保障方法等,从而形成项目齐全、完整、多法并存的社会保障法律体系。

2. 适用对象

社会保障是为保障全体社会成员的生存权利,并为每一个遭遇生存危机的公民提供基本生活帮助的社会公共事业。所以从整体上讲,社会保障法的适用对象应该覆盖全体社会成员。但是由于不同的社会保障项目承担的保障使命不同,其保障对象、覆盖范围也因此存在区别,如普惠全体公民的社会福利,只惠及特定群体的社会优抚。立法时应当根据不同的社会保障项目,分别规定保障对象和覆盖范围,把对全体社会成员的普遍性保障与对弱势群体的特殊性保障有机地结合,从而让社会保障全方位地体现其社会作用。

3. 资金筹集

社会保障要为社会成员提供维持基本生活所需的物质帮助和社会服务,资金是不可缺

---

① 郭士征. 社会保障学 [M]. 上海:上海财经大学出版社,2009:118-119.
② 杨翠迎. 社会保障学 [M]. 上海:复旦大学出版社,2015:184-185.
③ 参见第一章表1-2 综合标准中 C102-The Social Security (Minimum Standards) Convention.

少的物质基础。社会保障法的一项十分重要的内容要素，就是要根据国家的经济发展水平确定社会保障水平，并在此基础上平衡政府、社会与个人间的利益，有效解决资金的筹集问题，对所需资金的筹集渠道、筹集方式、筹资比例等要有明确、具体的规定。同时还应该明确各类主体在资金筹集过程中的权利和义务，规定消除资金筹集障碍的具体方法等，从而为社会保障的资金筹集提供强有力的法律保障。

4. 基金管理

社会保障基金是国家依法筹集并用于保障公民基本生活和增进国民福利的专项资金，是社会保障制度的物质基础。基金的安全性、运作的规范性等对于各项社会保障措施的落实意义重大。社会保障法应明确规定基金管理机构的组织形式、法律地位及其权责。对基金管理模式、基金收支和运营、基金保值投资、基金审计、基金监督等内容都应有具体规定。从最初的制度设计开始，就要建立防控机制和监督机制，防范诸如截留、挤占、挪用、贪污社会保障基金等各种违法犯罪行为的发生，克服资金流失风险，确保基金的安全和保值增值。

5. 给付程序

符合法定条件的公民依法接受和领取行政给付的权利被称为给付受领权，这是一种法定权利。为了保证公民给付受领权的实现，快捷、足额、顺利地发放社会保障金，社会保障法应该明确规定各类社会保障金的给付要求、受领条件、项目待遇、给付标准、计算方法、申领和发放程序等相关内容，防止和减少多发、少发、漏发等工作偏差的发生，切实保障公民的给付受领权等社会保障权利。

6. 行政监管

监督管理是指由国家行政管理部门、专职监督部门、利害关系人以及有关方面对社会保障（尤其是社会保障基金的有关管理机构和管理者）的管理行为过程及结果实行监察和督守，使其遵守国家有关法规和政策的要求。监督管理是保证社会保障制度健康、有效运行的重要机制，在社会保障体系建设中不可或缺。社会保障法应对监督管理组织的主体资格、主体地位、职权职责范围、监督管理的程序和方法等进行明确规定，建立权威、健全的社会保障监督系统，使行政监管工作有法可依、有章可循，实现行政监管的法治化、常态化。

7. 争议处理

在社会保障制度的运行过程中，社会保障关系主体间将不可避免地会发生一些争议、纠纷。如果纷争得不到及时妥善的解决，公民的社会保障权利会受到侵害，社会保障制度的运行就会存在障碍。社会保障法应就社会保障争议的处理机关、处理程序、处理方法、处理结果及其法律效力等做出明确规定，为解决争议、清除障碍、创造和谐的社会保障环境提供法律依据。

8. 法律责任

法律责任是法律规范的基本构成要素，是指行为主体因行为违反法律规定所要承担的不利的法律后果。为保障社会保障事业的顺利进行，依法惩治社会保障领域的违法犯罪行为。社会保障法应对社会保障领域违法行为的主体、类型以及承担法律责任的方式加以明确规定，维护法律的严肃性和权威性。

（二）社会保障法的地位

社会保障法的调整对象是社会保障运行过程中产生的各种社会保障关系。随着市场经济的发展和社会文明程度的提高，这种关系范围不仅不会缩小，反而只会扩大和发展，并且显示出与其他社会关系不同的特殊性。社会保障法在工业发达国家均已发展成为独立于民事立法和劳动立法的新兴法律，即社会保障法应当是一个独立的法律部门，使其自成体系并发挥专门的社会保障规范作用，这既是社会保障制度的内在要求，也是一个国家的社会保障法不断走向完整、全面、自成体系的需要。这已经被许多国家和地区所证实，社会保障法的研究和立法实践在我国也将进入独立发展阶段。

社会保障法的独立性表现在三个方面：第一，社会保障关系只产生于社会保障活动过程中，即只有在社会保障运行过程中所引发的各种社会关系，才能形成社会保障关系。第二，社会保障关系的当事人具有特殊性和复杂性，使社会保障对象具有广泛性，社会保障的实施范围具有全民性，这一点决定了社会保障法既不能被其他法律部门所包容，也不能与其他法律部门相混淆。第三，社会保障关系主要表现为一种既不同于民事关系也不同于行政关系和刑事关系的权利和义务关系，并且这种权利和义务的内容一般由社会保障法直接加以规定，不能由当事人自由商定，其调整的方法既有法律关系主体的权利、义务、实现形式和对违法行为的制裁形式，又具有自己的特色。

第二节　社会保障法律关系

社会保障法律关系源于社会保障活动中所形成的各种社会关系，即社会保障关系，是社会保障关系经由社会保障法的调整而形成的权利与义务关系，是社会保障关系在法律上的反映。社会保障法律关系是法律关系的一种具体形式，是社会保障法学的基本范畴之一，是对社会保障法中各种权利与义务及其运行过程的高度抽象，可以用来分析各种复杂的社会保障法现象。[一]

一、社会保障立法调整对象及其特征

社会保障法律关系源于社会保障活动中所形成的各种社会关系，即社会保障立法调整对象——社会保障关系。社会保障关系是指因社会保障活动而形成的社会关系，包括国家社会保障职能机构、集体（企事业单位和社区）以及公民在社会保障活动中所发生的各种社会关系。社会保障关系具有与其他法律关系不同的以下特征：

（一）涉及社会保障事项

社会保障关系是发生在社会保障过程中的社会关系。只有构成社会保障运行系统中某种要素的社会关系，才属于社会保障关系。

（二）具有保障与实现社会保障利益的目的性

社会保障关系是以实现公民的社会保障利益为目的的社会关系。各种社会保障关系都是围绕着如何使公民获得社会保障利益而展开和运行的。

[一] 杨德敏. 劳动法和社会保障法［M］. 上海：复旦大学出版社，2015：219.

(三) 体现社会连带责任

社会保障关系是体现社会连带责任的社会关系。参与社会保障供给和管理的各个主体，特别是政府、企事业单位等，共同对公民获得社会保障利益承担连带责任。

(四) 具有统一的社会保障供给系统和管理系统

社会保障关系是以社会保障经办机构为轴心的社会关系整体，即社会保障过程中的各种社会关系大多以社会保障经办机构为一方当事人。正是因为社会保障机构参与各种社会保障关系，才能够形成统一的社会保障供给系统和管理系统。

(五) 兼有人身关系属性和财产关系属性

公民所参与的社会保障关系是兼有人身关系属性和财产关系属性的社会关系。公民的社会保障利益一方面与自身生存不可分离，具有人身利益属性；另一方面是以获得物质帮助为内容的财产利益。

二、社会保障法律关系及其构成要素

社会保障关系经过社会保障法律调整以后，就成为法律上的权利与义务关系，即社会保障法律关系是指为保障自然人的社会保障权利，受社会保障法律调整而在参加社会保障活动中，各方主体之间形成的权利义务关系。社会保障关系的存在是社会保障法律关系产生的事实前提，用有效的社会保障法律对其加以调整和规范，这种社会保障关系才成为社会保障法律关系。社会保障法律关系本质上是政府与国民之间就基本生活需要的保障依法产生的各种权利与义务关系。其中，最基本的法律关系是社会保障管理机构和公民之间形成的社会保障给付关系[1]。

社会保障法律关系是法律关系的一种具体形式，是社会保障法学的基本范畴之一，是对社会保障法中各种权利与义务及其运行过程的高度抽象，可以用来分析各种复杂的社会保障法现象。社会保障法律关系由社会保障法律关系主体、社会保障法律关系内容和社会保障法律关系客体三要素构成。例如，社会保险法律关系涉及保险人、投保人、被保险人和受益人之间，因社会保险费用的缴纳、给付和基金管理所发生的权利与义务关系。

(一) 社会保障法律关系主体

社会保障法律关系主体是依据社会保障法律规定享有社会保障权利或承担社会保障义务的有关机构和当事人，其主体资格是社会保障运行过程与各种社会保障活动中依法客观存在的。社会保障法律关系主体众多，可概括为国家和政府、社会保障的实施机构用人单位与社会成员四类。具体主要包括[2]：

1. 国家和政府

国家在社会保障关系中虽然不是法人，但国家直接参与社会保障活动，并对社会保

---

[1] 张京萍. 社会保障法教程[M]. 4版. 北京：首都经济贸易大学出版社，2015：59.
[2] 杨德敏. 劳动法和社会保障法[M]. 上海：复旦大学出版社，2015：220-222.

险、社会福利、社会救助、军人保障等各项社会保障制度的实施给予财政上的支持，从而成为社会保障法律关系中的特殊主体。国家的特殊主体地位大部分是通过各级政府来体现的。因此，各级政府也成为社会保障法律体系中的特殊主体，而各级政府的主体地位又是通过各级政府的职能部门来体现的。

2. 社会保障的实施机构

实施机构直接承担着实施各种社会保障事务的责任，既依法享有向企业、个人等征收社会保险费的权利，又承担着具体运作社会保障项目的义务，因而是社会保障法律体系中的当然主体。因此，社会保障实施机构应当作为特定的政府或社会的事业性法人机构而依法成立，并接受政府和社会的监督。

3. 企业或用人单位及乡村政权或集体经济组织

企业或用人单位及乡村政权或集体经济组织不仅承担着一定的向社会保障机构提供基金的责任，而且要承担诸如职业福利、集体福利的管理与实施责任，从而对社会保障有着直接的义务与权利，也是社会保障法律关系中的当然主体。

4. 社会成员或劳动者及其家庭成员

社会保障面向城乡居民与劳动者，他们是社会保障的直接义务人和受益者，既要缴纳一定的资金，承担一定的义务，又能按规定获得一定的保障收益，因而是社会保障法律关系中的当然主体。

（二）社会保障法律关系内容

社会保障法律关系内容，即社会保障法律关系主体的权利和义务。在社会保障法律关系中，社会保障机构和社会成员具有完全主体资格，其他主体则具有特殊主体资格。这种主体构成，正是社会保障事业的公益性、福利性和社会性的具体体现。一个国家的社会保障法律制度规定各种主体不同的权利和义务。

（1）国家和政府行政管理机构及实施机构具有对社会保障的决策、规划、贯彻实施与监督，对社会保障基金进行筹集、管理、投资及支付，为保障人提供服务，对保障人实施保护及对违反社会保障法的行为进行行政处罚等权力。

（2）企事业单位有按规定为劳动者办理社会保险、缴纳社会保险费，要求社会保障机构提供社会保险政策的咨询，就与本单位有关的社会保险争议提出仲裁或诉讼，监督社会保障机构及工作人员的工作等权利和义务。

（3）社会成员享有在碰到自然灾害及丧失劳动能力或丧失劳动机会，失去生活来源时，可按法律规定享有向社会保障机构申请领取社会救助、社会保险及其他待遇的权利，以及有请求提供社会保障政策的咨询及其他服务事项的权利。社会成员负有按规定参加社会保障和缴纳一定社会保障费的义务。

（三）社会保障法律关系客体

社会保障法律制度的客体，是指社会保障法律关系主体的权利和义务共同指向的目标（对象或事物）。从社会保障的实践内容来看，社会保障法律制度的客体是指社会保障规定项目和范围内的各种物质利益和自然人。这是因为，一方面，社会保障所有项目保障的是以客观存在的财产物质上的利益为具体保障对象，而有的保障项目则是以保障自然人的生活与身体为目标；另一方面，社会保障的目的主要是为社会成员的基本生活提供物质保障，保障的实现又是通过支付货币或提供劳务等方式来进行的。因此，人是社会保障法律制度中最重要的客体，而物则是部分具体社会保障法律关系中的特殊客体。

三、社会保障法律关系的产生、变更和消灭

社会保障法律关系不是一成不变的，它缘起于保障公民基本生存权的社会保障相关法律法规的颁布、实施与修订完善。当社会保障法律事实发生或变化时，或将引起社会保障法律关系的变更或消灭○。

（一）社会保障法律关系的产生

社会保障法律关系的产生是指依据有关法律规定和形式，明确当事人之间的权利和义务，引起一个具体的社会保障法律关系。例如，养老保险法规定，凡是城镇范围内所有企事业法人单位的职工、个体工商户及其雇员，都必须参加养老保险社会统筹，而假如某职工符合法律规定的范畴，这就在该职工、用人单位和社会保障管理机构之间形成了养老保险法律关系；例如，雇员被辞退，依据失业保险法律的有关规定，在一个就业服务机构进行登记后，他和就业服务机构之间的失业保险法律关系随即产生。

（二）社会保障法律关系的变更

社会保障法律关系的变更，是指社会保障法律关系当事人的权利和义务内容的改变。社会保障法律关系的变更，不是主体的改变，主体的改变往往引起社会保障法律关系产生或导致社会保障法律关系的消灭。以养老保险为例，如某职工中途调换工作，到其他社会统筹区域的另一企业就职，在设有个人账户的情况下，就会因此引起该受益人个人账户养老金缴纳记录的变化。

（三）社会保障法律关系的消灭

社会保障法律关系的消灭，是指现存的社会保障法律关系的解除和终止。

社会保障法律关系的解除，是经社会保障法律关系当事人协商同意，或在法定条件出现后，由某方提出提前消灭该社会保障法律关系。例如，日本的国民年金，覆盖全体社会成员，对外籍人员也适用，但如果外籍劳动者退职，未达到国民年金领受给付条件时，可以要求解除养老保险法律关系，对于已经缴纳的养老保险费按其缴费年限乘以一定的系数（缴费年限越长，系数越大）计算出退费金额一并退还缴费者本人。

社会保障法律关系的终止，是因为该社会保障法律关系期限届满，预期的目标已经实现，或者因不可抗力原因主体消失，引起该社会保障法律关系的终止。例如，失业保险法律关系因当事人重新就职而终止；社会救助法律关系因当事人收入增加逾越了贫困线、摆脱了贫困而终止。

（四）社会保障法律关系的产生、变更和消灭的条件

社会保障法律关系的产生、变更和消灭，即社会保障法律主体之间权利义务关系的产

○ 张京萍. 社会保障法教程［M］. 4版. 北京：首都经济贸易大学出版社，2015：67-69.

生、变更和消灭，必须具备以下条件：

1. 社会保障法律法规的颁布与实施

国家颁布、实施了相应的社会保障法律法规。如果在某一社会经济生活领域中，国家从未颁布、实施过相应的法律法规，在这一领域中就不会有相应的社会保障法律关系产生，当然也就谈不上其变更和消灭。例如，领受权发生的给付要件是法定的，不同的社会保障给付有不同的给付要件，当事人只有符合给付要件，才能享受社会保障给付。

2. 社会保障法律事实

社会保障法律关系的产生、变更和消灭的直接原因是要有相应的社会保障法律事实，即能导致社会保障法律关系的产生、变更和消灭的客观情况。社会保障法律事实分为两种：①社会保障法律行为，即当事人意志能控制和支配的法律事实。例如，社会保障经办机构筹集社会保障资金的行为，企事业单位缴纳社会保险费用的行为等。②事件，即不以人的意志为转移的法律事实，包括不可抗力和一些人们难以预测的突发事件。事件不是人的行为，但对人们的社会保障活动会产生一定影响。例如，自然灾害等会引起社会救助法律关系的产生。

值得注意的是，在社会保障法律关系的产生、变更和消灭过程中，有时存在一个法律事实就足以引起上述事态，有时则需要几个法律事实才能引起社会保障法律关系的产生、变更和消灭。例如，养老保险法律关系中，男性当事人年满60岁是一个法律事实，缴费年限是另一个法律事实，只有两者都符合给付要件，该当事人才能领取养老金给付；又如，失业救济法律关系中，当事人领取失业津贴期满尚未就业是个要件，家庭资产状况和家庭其他成员的收入状况也是要件，只有同时具备三个要件，才能领取失业救济给付。

第三节 社会保障立法实践

如本章开篇所述，英国17世纪初就开启了世界范围内最早的社会保障立法实践活动，而德国19世纪末诞生了现代意义上的社会保障法。100多年来，世界各国普遍建立并逐步发展和不断完善社会保障法律制度，已经成为各国解决民生问题不可或缺的重要法律制度。

一、国外社会保障立法实践

（一）社会保障法的起源——英国社会救济立法

社会保障法作为实体法，一般认为源起于英国中世纪的济贫立法。1601年英国女王伊丽莎白下令编纂、补充以前的各项济贫令，从而颁布为法典，史称《伊丽莎白济贫法》。该法规定：建立地方行政和征税机构；为有劳动能力的人提供劳动场所；资助老人、盲人等丧失劳动能力的人，为他们建立收容场所；组织穷人和儿童学艺；倡导父母和子女的社会责任；从比较富裕的地区征税补贴贫困地区。

这一法典的颁布，尽管完全是压制性的济贫方式，但仍有积极的历史意义，因为它通过立法确定了济贫事业为政府职责的开端，标志着社会保障从临时性、随意性及分散走向统一、制度与法律化，也标志着国家开始通过立法的形式介入济贫事务。但《伊丽莎白济贫法》与现代意义上的社会保障法之间存在着根本的差别，因为济贫立法目的并非是保障贫民的基本生存权，而是为了防止贫民沦为流民，危及王权的稳固，济贫法在实践中兼有强迫劳动和福利救济的性质。

（二）社会保障法的产生

1871 年，经历了三次王朝战争后的德国成为统一的民族国家，并迅速走上工业化道路。由于新兴资产阶级尚显软弱，无产阶级的力量不断强大，国内工人运动风起云涌，政局处于动荡之中，缓解复杂的阶级关系、处理劳工问题成为当时社会必须解决的主要问题。首相俾斯麦对内、对外均采取了强硬的铁血政策：一方面无情镇压工人运动；另一方面采纳了当时德国新历史学派的思想和政策主张，为平息劳工斗争而推行社会保险立法，实行包括社会保险、孤寡救济、劳资合作以及工厂监督在内的一系列社会政策措施，自上而下地实行各项经济和社会改革。1883 年德国颁布了世界上第一部社会保险法——《疾病社会保险法》；1884 年颁布了《工伤事故保险法》；1889 年颁布了《老年和残疾社会保险法》，这三项法令使德国建立起具有普遍强制性的社会保险制度。一般认为，19 世纪末德国颁布的一系列社会保险法律，标志着现代社会保障立法的产生，因而步入承认和尊重国民基本生存权的时代，使德国成为现代社会保障制度的诞生地。此后，德国又于 1911 年制定了《职员保险法》，1923 年颁布了《帝国矿工保险法》，1927 年制定了《职业介绍与失业保险法》，即从 1883 年到 1927 年，德国先后建立了疾病、工伤、残障、老年和失业社会保险，形成了一套完整的社会保险体系。

自此，各国社会保障进入了全面国家立法阶段，并试图通过国家直接干预和调节社会再分配来缓解贫困等社会问题与缓和阶级等社会矛盾。由于这种以社会保险为主体内容的社会保障制度与工业化的进程相吻合，因此为欧洲多数国家所仿效，纷纷建立起比较完善的社会保障法律制度。比利时、波兰（1884 年）、奥地利、捷克、斯洛伐克（1887 年）、丹麦、瑞典、匈牙利（1891 年）、挪威、芬兰（1895 年）、英国、爱尔兰（1897 年）、法国、意大利（1898 年）、西班牙（1900 年）、荷兰、卢森堡（1901 年）、俄国（1903 年）、冰岛（1909 年）等国家相继制定了有关社会保险法，其他欧洲国家都在 19 世纪末、20 世纪初颁布了有关社会保障法律。如此世界范围内大规模的社会保障法制化，标志着社会保障法作为一项新兴的独立法律制度已经形成。国际劳工组织（ILO）给予德国社会保险立法创举在社会保障立法史上以浓墨重彩的一笔："在社会政治历史上，没有比社会保险更能急剧地改变普通人们的生活了。"⊖

（三）社会保障法的发展

20 世纪 30 年代，严重的经济危机席卷了资本主义世界，许多资本主义国家陆续进入了国家干预经济的时代。国家不仅把经济干预和调节的范围扩大到再生产的许多领域，而且扩大到了国民收入再分配领域，实施更为全面的社会保障制度。其中，最具代表性的国家是美国。

20 世纪 30 年代经济危机前的历届美国政府奉行的传统观点是：救济、福利等社会事

⊖ ILO. Introduction to social security [M]. 王刚义，魏新武，译. 长春：吉林大学出版社，1989：21.

业是由教会、慈善机构、社会群体来完成的[一]。然而1929～1933年的经济危机导致的严重经济后果，改变了上述传统认识。罗斯福总统上任后为了摆脱危机，缓和国内劳资矛盾，开始实施包括救济贫民和失业者、恢复工商业和农业、改革银行和投资控制以及改善劳资关系等新政，施行国家干预社会经济生活的制度。1935年，由国会通过的美国历史上第一部《社会保障法》以老年社会保险和失业社会保险为重点，旨在建立以普遍福利为核心，主要包括老年救济、老年退休年金、失业保险和生育补助的社会保障制度，并力促通过社会保险资金"取之于民、用之于民"自我保障意识的树立，以消除人们对生活中各种未知事件的恐惧；实行强制性的多层次养老社会保险，开始由联邦政府承担养老金开支的一半，最终则由自给的保险年金所取代，同时，联邦政府还要为母亲和儿童卫生机构、残疾儿童服务机构以及儿童福利机构提供资助。对盲人、需要抚养的儿童和其他不幸者实施救济，从而以社会保障取代原有的家庭保障。

美国1935年颁布的社会保障法案，在社会保障立法史上具有重要的历史意义，是世界上第一部对社会保障进行全面系统规范的综合性法律。它的内容广泛，涉及社会救济、社会保险和社会福利等各个方面。它确定了社会保障的普遍性、社会性原则，为现代意义上的社会保障立法提供了目标和方向，其并非完美无缺，但这毫不影响它在社会保障立法史上具有的里程碑意义，它不仅标志着蓬勃发展的美国社会保障立法的新起点，还是社会保障法律制度在现代意义上逐步走向成熟的标志。西方国家纷纷据此对原有的社会保障立法进行补充和修订，至20世纪40年代，世界上已有60多个国家设立了工伤保险、医疗保险、家属津贴等社会保障项目，有力推动了各国社会保障制度的迅速发展。

（四）社会保障法的逐步完善与面临的新挑战

第二次世界大战后，随着资本主义各国经济进入飞速发展的黄金时期，西方国家的社会保障法制也相继完善而进入"福利国家"时期。"福利国家"一词首先由英国主教邓肯提出。第二次世界大战中，英国政府委托曾任劳工介绍所所长和伦敦经济学院院长的贝弗里奇教授负责制定战后实行社会保障的计划。这个计划于1942年底发表题为《社会保险及有关服务》的报告，即著名的《贝弗里奇报告》[二]。1944年至1948年，英国先后颁布并实施了系列以充分就业和扩大社会福利为目标的社会福利立法，如《国民保险法》《家庭津贴法》《工伤保险法》《国民救济法》《国民健康服务法》《儿童法》等数量众多的社会保障法律法规。这一阶段以英国政府在1948年夏天宣布开始为全体社会成员提供"从摇篮到坟墓"的高福利的社会保障并已经建成"福利国家"为标志。继英国之后，瑞典、丹麦、挪威、法国、联邦德国、奥地利、比利时、荷兰、瑞士、意大利、美国、澳大利亚、新西兰以及日本等经济发达国家，纷纷按英国模式实施社会福利政策，建设"福利国家"。

国际劳工组织作为联合国主管劳动和社会事务的专门机构，在二战后也积极促进各国社会保障事业的发展与合作。在其推动下，社会保障在国际上得到了普遍认可，社会保障制度也广泛地为亚洲、非洲和拉丁美洲等发展中国家和地区所接受。国际劳工组织还在总结过去有关社会保障立法的基础上，于1952年制定了《社会保障最低标准公约》，规定了退休待遇、疾病津贴、医疗互利、失业救助、工伤补偿、残疾津贴、子女补助、死亡补助

[一] 详见第十二章第二节对西方社会福利模式的介绍。
[二] 详见第二章第一节对贝弗里奇报告的介绍。

和定期支付应遵守的最低标准[一]。

20 世纪 70 年代，在一些发达国家，由于国家包揽的保障范围过广、标准太高，社会保障开支增长率普遍高于本国经济的增长，随着社会保障支出占国内生产总值的比重不断提高，社会保障开支在政府总支出中所占比重大幅度提高，庞大的社会保障开支成为财政的沉重包袱，加重了财政负担而导致财政赤字，因此出现了社会福利危机和福利困境现象。当经济发展速度随着 1973 年石油危机的出现而下滑时，认为是社会保障造成了有害的经济后果而迁怒于社会保障制度的声音不绝于耳，有人甚至扬言要摧毁社会保障制度，这些主张引起了广大劳动大众的抵制，最终也没有被各国政府所采纳。

进入 21 世纪，伴随着知识经济和信息时代的开启和发展，尽管人类社会的财富积累已达到规模空前的程度，但仍未摆脱贫困、疾病、失业、年老等工业化社会带来的各种社会问题。2015 年 9 月举行的联合国特别首脑会议上，世界各国领导人通过了一个关于全球发展的新愿景："改变我们的世界：可持续发展 2030 议程"。现任国际劳工组织总干事盖·莱德（Guy Ryde）在阐述"体面工作与 2030 可持续发展目标"时称："体面劳动不只是一个目标，它也是可持续发展的一个驱动力，更多的人从事体面工作意味着更强劲、更具包容性的经济增长……"。

据国际劳工组织 2017 年发布的最新报告统计（见图 4-1），其中，第五条较深色量柱所代表的 2015 年全球及区域至少一项社会保障福利的总人口覆盖率仅为 45.2%，而且非洲（包括北非及撒哈拉沙漠以南地区）、亚太的覆盖率在世界平均水平以下。该报告对全球社会保障发展状况的评价是："虽然一个世纪以前没有几个国家有社会保障制度，而现在实际上几乎所有国家都有，但扩大社会保障覆盖面和福利的努力仍在继续。世界正面临着诸如人口变化、低经济增长、移民、冲突和环境等问题带来的挑战。全球失业人口数量高达 2 亿人左右，还有数亿人虽然工作却生活在贫困中。未来 15 年内，在技术、环境和人口变化的推动下，我们的工作方式将会发生重大转变。这些挑战能够而且必须得到解决。从而将社会保障覆盖面扩大到那些先前被排除在外并适应社会保障制度的新形式的工作和就业，这对于解决体面的工作、减少财政赤字和脆弱性及不安全等都是至关重要的……"。

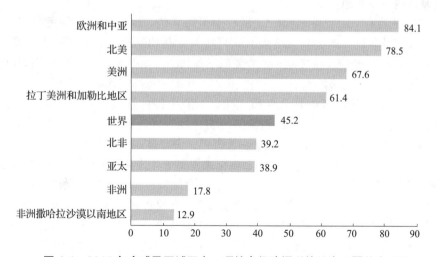

图 4-1　2015 年全球及区域至少一项社会保障福利的总人口覆盖率（%）

资料来源：根据 World Social Protection Report 2017-19（ILO，2017）中数据重新降序整理绘制。

[一] 参见教材第一章表 1-2 中 C102-The Social Security Convention。

二、中国社会保障立法实践

中国社会保障的立法实践起步较晚,但历代封建王朝也曾采取过一些保障黎民百姓生存的措施。例如,我国北宋朝政就对慈善进行制度化和规范化建设,如收养赤贫者的"居养法"、赈养乞丐的"惠养乞丐法"、救助流民的"灾伤流移法"等①。具体而言,宋神宗熙宁十年(1077年)颁行的"惠养乞丐法"对老病贫乏不能自存者(包括流浪乞丐)实施救济;宋哲宗元符元年(1098年)颁行"居养法",诏令各州设立居养院,"鳏寡孤独贫乏不能自存者,以官屋居之,月给米豆,疾病者仍给医药。"②而在我国新民主主义革命胜利前,没有全国统一的政权,以致各个政权在其势力范围内制定各自的社会保障法,即尚未诞生现代意义上全国统一的社会保障制度。因此,应将中国现代社会保障立法实践从新中国成立前后两个阶段来加以阐述。

(一)新中国成立前的社会保障立法

1.北洋军阀政府时期(1912.3—1928.6)的社会保障立法。受西方国家工业化进程的影响,北洋政府迫于工人阶级的诞生及其为争取自身权力而不断高涨的工人运动,于1914年颁布了被视为我国最早的社会保障法律规范③的《矿业条例》。该条例规定了矿工负伤、疾病、死亡时的费用给付等问题。1921年后又先后颁布了《暂行工厂通则》《矿工待遇规则》和《煤矿爆炸预防规则》,对矿工的工作与休息时间、安全卫生设置与保护、劳动保险等作了一些规定。由于军阀割据混战,政权频繁更迭,这一时期的社会保障立法实乃一纸空文,但仍属中国社会保障立法的萌芽时期。

2.广东革命政府(1925.7—1926.11)和武汉国民政府(1926.12—1927.8)的社会保障立法。1926年广东革命政府先后颁布了《工人运动议案》《劳工仲裁条例》《国民政府解决雇主、雇工争执仲裁条例》,实行8小时工作制,制定最低工资标准,保护女工和童工等规定。国民政府迁至武汉后又发布了《临时工厂条例》《上海工资调节条例》等。这一时期的社会保障立法是在国共合作、蓬勃发展的工人运动和全民族高涨的革命热情下制定的,并在一定范围内得以实施。

3.南京国民政府(1927.4—1948.5)的社会保障立法。1927年南京国民政府成立后,先后颁布了《劳动争议处理法》《工会法》《工厂法》《团体协约法》《修正工厂法》《最低工资法》等,1943年国民政府在重庆颁布了有关职工福利的四项立法,但由于南京国民政府仅代表着大地主、大资产阶级的利益,没有从根本上实现和保障工人阶级的利益。

4.革命根据地和解放区的社会保障立法,为新中国的社会保障制度奠定了经验基础。①1921年中国共产党诞生后,相继阐明实行社会保险的基本主张,先后提出了失业保障问题和国家设立劳动保险及保障生老病死、伤残等问题。②在土地革命战争时期(1927.7—1937.7),中国共产党先后在革命根据地发布了《劳动保护法》《中华苏维埃共和国劳动法》,对工作与休息时间、工资、工会、社会保险、劳动保护等做出了规定。③抗日战争时期,陕甘宁边区、晋察冀边区、晋绥边区、晋冀鲁豫边区先后对女工产假、疾病医疗费、职工死亡等社会保障问题进行立法。④解放战争时期,就解放区社会保障立法做出了比较系统的规定,制定了劳动保险、疾病、年老、伤残问题上的医疗津贴及其他问题

---

① 吕洪业.中国古代慈善简史[M].北京:中国社会出版社,2014:90.
② 吴钩.重新发现宋朝[M].北京:九州出版社,2014:45.
③ 杨翠迎.社会保障学[M].上海:复旦大学出版社,2015:193.

的规定。特别是 1948 年东北行政委员会颁布的《东北公营企业战时暂行劳动保险条例》，这是我国第一部专门针对劳动保险的单行法律。新中国成立前，国民政府、共产党领导的革命根据地和解放区都制定过一些社会保险方面的法规或草案，但全国统一的社会保障立法仍处于空白状态（详见附表一）。

（二）新中国的社会保障立法实践

我国现代意义上的社会保障法律制度是在新中国成立后逐步形成和发展完善的。1949 年中国人民政治协商会议通过的具有临时宪法作用的《共同纲领》和 1954 年、1975 年、1978 年、1982 年分别制定的四部宪法[一]为我国社会主义革命、建设、改革过程中的社会保险、社会救济、社会福利以及优抚安置等分别作了程度不同的规定[二]，是我国建立健全与完善社会保障制度的基本法律依据。新中国成立以来的社会保障立法实践，可以分为创建与调整、停滞倒退与恢复重塑、改革与日臻完善三个时期。

1. 新中国社会保障制度的创建与调整时期（1949—1965 年）

新中国成立伊始，围绕国民生活各个方面的基本需要，政务院及此后的国务院[三]开展广泛的社会救济与社会保障制度的创建及其修正、补充活动，集中颁行了包括《中华人民共和国劳动保险条例》（简称劳保条例，1951 年 2 月）及其修正草案在内的全国性社会保障政策和法规，标志着我国初步形成了包括社会保险、社会福利、社会救助和优抚安置四部分构成的社会保障政策与法规体系。与此同时，国家也建立了针对机关和事业单位职工的社会保险制度。1956 年 6 月，第一届全国人民代表大会第三次会议通过了《高级农业生产合作社示范章程》，自此农村五保制度得以确立，并成为农村最重要的社会保障制度。

由于新中国成立后 8 年间实施的某些劳保福利规定不切实际和不够合理，中共第 8 届中央扩大会议（1957 年 9 月）之后，按简化项目、加强管理、克服浪费、改进不合理制度的方针，对劳保福利进行整顿和社会保障立法的相应调整。这一时期社会保障立法（详见附表二）的显著特征有：

（1）在新中国成立之初百废待兴的国情下，凸显社会保障立法的低层次、分散性并逐步适应与调整的特征。

（2）以社会保险为中心、以雇佣劳动关系为基础展开社会保障立法，随着社会经济的发展进行必要的修正和补充，逐步建立了以社会保险为中心的社会保障制度，如逐步形成覆盖企业、国家机关、事业单位正式工人与职员的退休制度与养老保险制度。

（3）社会救济和社会福利虽然没有形成统一的立法，但各种救济措施已散见于各主管部门的行政法规或规定中，如逐步形成了农村五保制度和建立了企业被精简职工的社会救济制度，《劳保条例》及其实施细则修正草案中就有一些涉及企业职工集体福利的规定，政务院及国务院先后颁行及修改了针对国家机关工作人员的取暖补贴等社会福利和职工法定休假日及休假工资的规定。

[一] 《中华人民共和国宪法》（1982 年第五届全国人大第五次会议通过并公布施行）已经 1988 年第七届、1993 年第八届、1999 年第九届、2004 年第十届和 2018 年第十三届全国人大《宪法修改案》五次修正。

[二] 2018 年 3 月 11 日第十三届全国人大第一次会议通过的《中华人民共和国宪法修正案》第十四条规定："国家建立健全同经济发展水平相适应的社会保障制度"。

[三] 政务院是中华人民共和国成立以后至 1954 年 9 月第一届全国人民代表大会召开以前，国家政务的最高执行机关，第一届全国人大召开后改为国务院。

（4）采用国家保障与企业保障相结合的模式，因而我国社会保障制度凸显双重二元结构特征，即城市与农村社会保障制度的差异，企业与国家机关、事业单位社会保险制度的差异。

（5）建立了新中国第一部包括社会保障争议在内的劳动争议解决程序的规章。

（6）赋予各级工会行使社会保险行政、监督和争议调解职能。

（7）至1957年，实现工伤保险与职业病保险的整合。

（8）至1958年，统一退休制度并实现中国第一部统一养老保险单独立法，形成了覆盖国家机关、企事业单位、人民团体、民主党派、学校教员、工人的统一养老保险制度。

（9）依法建立病、伤、生育假期批准制度，并加强对公费医疗和劳保医疗的管理。例如，引入个人承担挂号费机制；患病和非因工负伤个人负担药品数目达102种；按行业调整以附加工资形式提取的医疗费用标准；对学徒学习期限及其间的劳动保险待遇进行调整；分类确定特殊人员㊀与退休退职相关的社会保险待遇。

（10）伴随着人民解放军特别是抗美援朝胜利后军人复员工作的展开，加之1954年军队改为义务兵制，我国在这一时期，建立了义务兵退伍复员制度和对军人、军烈属的抚恤政策。

2. 我国社会保障制度的停滞倒退与恢复重整时期（1966—1983年）

我国社会保障制度历经新中国成立后近17年的创建与调整，之后又经历了两个截然相反的风雨历程，即"文化大革命"（1966.5—1976.10，简称"文革"）的停滞、倒退时期和"文革"后拨乱反正近7年的恢复重整时期。

（1）社会保障立法在我国"文革"10年间的停滞、倒退时期（1966—1976年）。"文革"之前创建并经调整的社会保险制度在文革期间遭到严重破坏，《劳保条例》虽未被废除，但被视为腐蚀工人的修正主义法规，除医疗保险中看病、病假待遇等基本维持原状㊁得以幸存之外，其余的规定或因缺乏有效的管理和暂停执行而成为一纸空文，或被颁布的新法规所替代甚至否定，因此，社会保障立法呈现停滞甚至倒退的现象，直至1977年8月中国共产党第十一次全国代表大会正式宣布"文革"结束。例如：①主管救灾救济、社会福利等事务的内务部被撤销，负责职工社会保险事务的工会被停止活动，负责社会保障行政管理的劳动部、民政部、卫生部、人事部门等长期处于瘫痪状态，致使社会保障工作处于基本无人管理的停滞状态。②全部冻结"文革"前全国积累的4亿元养老保险基金，国家机关人员与企业、事业单位职工的退休也因"文革"大部分被中止，致使10年间全国退休职工仅有314万人，而几百万名职工不能正常办理退休手续，因此，保险基金的统一征集、管理和使用制度难以继续。全国300多个疗养院、养老院，也因基层工会的瘫痪而被迫关闭。③财政部1969年颁发的《关于国营企业财务工作中几项制度的改革意见（草案）》规定，国营企业停止提取劳动保险金，企业的退休职工、长期病号工资及其他劳保开支改在营业外列支，劳动保险业务由各级劳动部门管理。从而否定了《劳保条例》的有关规定，致使具有社会统筹功能的社会保险完全倒退成了自我封闭的企业保险，工会在社会保险事务中的作用因此完全中断。

（2）我国社会保障制度在"文革"后的恢复重整时期（1977—1983年）。1978年2月，

㊀ 国家机关、企事业单位由于20世纪60年代中期强调阶级斗争而出现的一批地、富、反、坏、右分子。
㊁ 1974年7月，对公费医疗的自费药品范围作了新的规定，除用于抢救外，贵重药品和滋补药品被排除在免费医疗之外。

第五届全国人大第一次会议恢复了劳动部门的工作，并重新设立民政部，主管全国的社会福利、社会救济等事务，这些原有机构的恢复和重建使社会保障立法的恢复重整获得了强有力的组织保障。1978年12月在北京举行的中共十一届三中全会做出了从1979年起把全党工作重点转移到社会主义现代化建设上来的战略决策，重新确定和确立了中国共产党的正确思想、政治和组织路线，恢复民主集中制，高度评价关于真理标准问题的讨论并做出改革开放的重大决策，中国的社会经济开始发生根本性的变化。社会保障法制建设也得到了一定程度的恢复与重整。这一阶段基本上是对传统制度的修正或完善。虽然没有颁行社会保障方面的法律，但国家权力机关颁布的全国性法规却比较多，主要集中体现在重建城镇劳动者的退休养老制度和对军人抚恤优待制度的统一，以及开始尝试着建立失业保险制度等。

这一时期社会保障立法的主要内容有：退休制度、《劳保条例》、职工社会福利得以逐步恢复与重整，因"文革"而停滞的社会保障机制得以恢复，医疗保险制度改革蓄势待发，这为我国20世纪80年代中后期社会保障制度探索阶段的经济体制改革奠定了基础。这一时期恢复的社会保障立法（详见附表三）主要包括：①卫生部等多部门联合发文加强医疗经费管理（1977年10月），杜绝"文革"期间存在的药品浪费现象，将175种药品列入自费范围。1982年又进一步规定不予报销"健"字药品，由此拉开医疗保险制度改革的序幕。②财政部和国家劳动总局恢复、调整、扩充职工社会福利，并规范其计提依据和列支办法（1978.2—1980.2），使职工福利基金和劳动保险费用的提取与列支走上正轨。如建立职工上下班交通费补贴制度，发放职工副食品价格补贴，调整劳动保险待遇、退休费和退职生活费，恢复部分基层工会的社会保险管理职能等。③国务院恢复退休制度并建立离休制度（1978年6月），虽然没有改变"文革"中形成的企业保险格局，但及时解决了"文革"中被基本中止的退休问题，新增各级干部符合离休的工作年限及待遇的规定，截至1982年，全国退休人数达1 113万人（截至1986年达1 800万人）○；④国家劳动总局和全国总工会整顿和恢复劳动保险工作（1980年3月），除尚未实现社会保险基金的社会统筹外，《劳保条例》的贯彻执行得以全面恢复。

3. 我国社会保障制度在经济体制改革进程中探索、全面改革与完善的时期（1984年至今）○

（1）我国社会保障制度在计划经济体制中的探索时期（1984—1992年）。1984年10月，中国共产党第十二届三中全会通过了指导我国20世纪80年代中后期经济体制改革的纲领性文件——《中共中央关于经济体制改革的决定》，阐明了加快以城市为重点的整个经济体制改革的必要性和紧迫性，并开始了以搞活国有企业为中心环节的经济体制改革，社会保障制度的改革也被提上议事日程。1985年9月，《中共中央关于制定国民经济和社会发展第七个五年计划的建议》中第一次明确使用了"社会保障"概念，将社会保险、社会福利、社会救济和社会优抚制度统一纳入社会保障体系。20世纪80年代中后期，我国进入对社会保险制度的改革探索时期，这一时期的社会保障立法主要是作为国有企业改革的配套措施，重点对关系到国有企业改革的各单项项目进行了探索，但其指导思想仍局限在计划经济与市场调节相结合的框架内，目的在于改革企业职工养老保险制度、公费医疗

○ 方乐华. 社会保障法论[M]. 上海：上海世界图书出版公司，1999：100-101.

○ 杨思斌. 我国社会保障法治建设四十年：回顾、评估与前瞻[J]. 北京行政学院学报，2018（3）：38-45.

制度和建立失业保险制度等。

1986年国务院颁布《国营企业实行劳动合同制暂行规定》，规定对劳动合同制职工的退休养老基金实行社会统筹，开启了社会保险社会化的改革。同年7月，国务院颁布《国营企业职工待业保险暂行规定》，失业保险制度开始建立。1991年6月，国务院发布了《关于企业职工养老保险制度改革的决定》，提出要建立多层次养老保险的目标，基本养老保险实行社会统筹。1992年国务院发布了《人事部关于机关、事业单位养老保险制度改革的有关问题的通知》。随着20世纪80年代国有企业改革的深入，城市涌现出大批贫困职工，为了保障这类群体的基本生活、缓解农村贫困现象，我国政府主要采取"送温暖工程"等救济措施。这一阶段我国社会保障法治建设的主要目标是为当时国有企业改革配套，为国有企业改革和国有企业职工服务。其他具有代表性的全国社保法规有：《女职工劳动保护规定》（1988年）、《军人抚恤优待条例》（1988年）、《公费医疗管理办法》（1989年）、《中华人民共和国残疾人保障法》（1990年）等。

（2）我国社会保障制度为适应市场经济体制改革的全面改革时期（1993—2003年）。1993年11月中共中央十四届三中全会通过的《中共中央关于建立社会主义市场经济体制若干问题的决定》，将推动社会保障改革作为社会主义经济体制改革的配套措施，并对我国社会保障制度的进一步改革提出要求："建立社会保障体系，实行社会统筹和个人账户相结合的养老、医疗保险制度，完善失业保障体系和社会救济制度，提供最基本的社会保障。"随着经济体制由计划经济向市场经济转型，建立和健全与社会主义市场经济体制相适应的社会保障法律体系势在必行，中国的社会保障法律制度又进入了一个全面改革和完善的阶段。

1994年7月，第八届全国人大常委会第八次会议通过了《中华人民共和国劳动法》，对劳动者的社会保险和社会福利作了专章规定。1998年3月，第九届全国人大第一次会议批准组建劳动和社会保障部，统管全国的劳动和社会保障事务，民政部继续主管全国的社会救助、社会福利和优抚安置事务，基本理顺了我国社会保障监管体制。这一阶段的社会保障法治建设主要是围绕社会主义市场经济制度的确立而展开，"效率优先、兼顾公平"成为制度建设的主导理念。国务院通过行政法规和系列规范性文件，其工作重心在于建立我国城镇职工的社会保险制度和城市居民的最低生活保障制度，这一阶段社会保障法治建设的重要成就总结为以下五个方面[1]。

第一，在养老保险方面，1995年国务院发布《关于深化企业职工养老保险制度改革的通知》，确立了社会统筹与个人账户相结合的养老保险制度改革方案。1997年国务院颁布了《国务院关于建立统一的企业职工基本养老保险制度的决定》，规定到20世纪末，要基本建立起适应社会主义市场经济体制要求，适用城镇各类企业职工和个体劳动者，资金来源多渠道、保障方式多层次、社会统筹与个人账户相结合、权利与义务相对应、管理服务社会化的养老保险体系。

第二，在医疗保险方面，1993年经国务院批准，国家发改委、财政部、劳动部、卫生部印发了《关于职工医疗制度改革的试点意见》，明确提出要建立社会统筹医疗保险基金和个人账户相结合的医疗保险制度。1998年国务院发布《国务院关于建立城镇职工基本医疗保险制度的决定》，要求在全国范围内建立覆盖全体城镇职工、社会统筹和个人账户相

---

[1] 杨思斌. 我国社会保障法治建设四十年：回顾、评估与前瞻[J]. 北京行政学院学报，2018（3）：38-45.

结合的基本医疗保险制度。

第三，完善其他社会保险。①在失业保险方面，1999 年国务院发布了《失业保险条例》，与市场经济体制相适应的失业保险制度得以定型。②生育保险方面，1994 年劳动部发布了《企业职工生育保险试行办法》，城镇职工生育保险制度全面推行。③在工伤保险方面，1996 年劳动部发布《企业职工工伤保险试行办法》，首次将工伤保险作为单独的社会保险制度实施，2003 年国务院颁布了《工伤保险条例》，对工伤保险进行了比较全面的规范。

第四，在社会保障基金管理方面，1999 年国务院颁布《社会保障费征缴暂行条例》，对社会保障费的征收、缴纳作了明确规定。同年 7 月，财政部会同劳动和社会保障部联合制定《社会保险基金财务制度》和《社会保险基金会计制度》。2001 年劳动和社会保障部颁布《社会保险基金监督举报工作管理办法》和《社会保险基金行政监督办法》。2003 年劳动和社会保障部发布《社会保险稽核办法》和《社会保障基金现场监督规则》。

第五，在社会救助与慈善事业方面，1993 年上海市率先建立城市居民最低生活保障制度，中国社会救助制度由此拉开了变革的序幕。1999 年国务院颁布《城市居民最低生活保障条例》，标志着中国城市居民最低生活保障进入法治化的轨道，城市居民的生活安全网正式构筑。1994 年国务院颁布《农村五保供养工作条例》，由此农村五保户供养工作走向规范化。除了生活救助以外，我国在其他社会救助制度建设方面也取得了很大成效。例如，在医疗救助方面，2003 年民政部等部门颁布了《关于实施农村医疗救助的意见》。在住房救助方面，2003 年建设部颁布了《城镇最低收入家庭廉租住房管理办法》。针对城市生活无着的流浪、乞讨人员，2003 年国务院颁布《城市生活无着的流浪乞讨人员救助管理办法》，标志着传统的强制性收容遣送制度"寿终正寝"，以自愿受助、无偿援助为原则的人性化的救助制度正式确立。在慈善事业方面，1999 年第九届全国人大常委会第十次会议通过了《中华人民共和国公益事业捐赠法》，规范了慈善捐赠活动。

（3）社会保障制度的深化改革阶段（2004—2010 年）。2004 年中共十六届四中全会提出了构建社会主义和谐社会的目标，社会保障成为国家的基本社会政策。同年，第十届全国人民代表大会第二次会议通过的《宪法修正案》提出"国家建立健全同经济发展水平相适应的社会保障制度"。社会保障制度被庄严地载入宪法，奠定了社会保障法律体系的基石。

2004 年劳动和社会保障部颁布的《企业年金试行办法》[一]对建立补充养老保险制度进行了规范。2005 年国务院颁布《国务院关于完善企业职工基本养老保险制度的决定》，进一步扩大了基本养老保险覆盖范围，对个人账户、基本养老金的计发办法及其调整机制等予以规范。2006 年国务院颁布《国务院关于解决农民工问题的若干意见》，提出了积极稳妥地解决农民工社会保障问题。2009 年国务院常务会议发布了《国务院关于开展新型农村社会养老保险试点的指导意见》。

随着最低生活保障制度在城市的推广和普及，农村的社会救助制度建设也提上议事日程。2006 年，国务院对《农村五保供养工作条例》进行了修改，将农村五保户供养经费的来源由传统的集体统筹改为财政支付，强调国家在其中的救助责任，体现了现代社会保障制度的典型特征。2007 年 7 月，国务院发布《国务院关于在全国建立农村最低生活保障制度通知》，标志着农村最低生活保障制度正式建立，自此，社会救助制度建设着力于追求

[一] 《企业年金办法》自 2018 年 2 月 1 日起施行，详见第十四章企业年金部分。

城乡社会救助制度的一体化。

（4）我国"十二五"以来全面建设社会保障制度阶段（2011年至今）。"十二五"以来，中国社会保障法治建设进入新的发展阶段，这一阶段的重大进步就是专项社会保障法律得以制定并实施，相关社会保障法律和制度得以完善。

第一，确立了包括社会保障改革在内的全面深化改革的战略部署与具体目标。为贯彻落实中共十八大关于全面深化改革的战略部署，2013年11月中共十八届中央委员会第三次全体会议研究了全面深化改革的若干重大问题。其中，就建立更加公平可持续的社会保障制度的战略部署是：①坚持社会统筹和个人账户相结合的基本养老保险制度，完善个人账户制度，健全多缴多得的激励机制，确保参保人权益，实现基础养老金全国统筹，坚持精算平衡原则。推进机关事业单位养老保险制度改革。整合城乡居民基本养老保险制度、基本医疗保险制度。推进城乡最低生活保障制度统筹发展。建立健全合理兼顾各类人员的社会保障待遇确定和正常调整机制。完善社会保险关系转移接续政策，扩大参保缴费覆盖面，适时适当降低社会保险费率。研究制定渐进式延迟退休年龄政策。加快健全社会保障管理体制和经办服务体系。健全符合国情的住房保障和供应体系，建立公开规范的住房公积金制度，改进住房公积金提取、使用、监管机制。②健全社会保障财政投入制度，完善社会保障预算制度。加强社会保险基金投资管理和监督，推进基金市场化、多元化投资运营。制定实施免税、延期征税等优惠政策，加快发展企业年金、职业年金、商业保险，构建多层次社会保障体系。③积极应对人口老龄化，加快建立社会养老服务体系和发展老年服务产业。健全农村留守儿童、妇女、老年人关爱服务体系，健全残疾人权益保障、困境儿童分类保障制度。

第二，在社会保险法治建设方面，在我国"十二五"规划开局的2011年，社会保险法治建设的标志性事件是《中华人民共和国社会保险法》（以下简称《社会保险法》）于7月1日正式实施。《社会保险法》的颁布实施标志着中国社会保障制度走向成熟和稳定，有关社会保险的基本制度框架体系已经形成，社会保险制度运行进入依法推进的新阶段。2012年国家出台《中华人民共和国军人保险法》，军人社会保险制度得以建立。为配合《社会保险法》的实施，2011年人力资源和社会保障部（下文简称人社部）发布了《实施〈中华人民共和国社会保险法〉若干规定》《社会保险个人权益记录管理办法》和《社会保险基金先行支付暂行办法》三个部门规章。同年，人社部还发布了《在中国境内就业的外国人参加社会保险暂行办法》。2012年人社部出台《关于开展社会保险基金社会监督试点的意见》。为发挥商业保险对基本养老、医疗保险的补充作用，2014年，国务院发布了《国务院关于加快发展现代保险服务业的若干意见》。同年，第十二届全国人大常委会第八次会议通过将以欺诈、伪造证明材料或者通过其他手段骗取社会保险金或者其他社会保障待遇的行为，归为《刑法》第二百六十六条规定的诈骗公私财物的行为，为社会保障诚信建设提供了刑法保障。2016年，全国人大常委会授权国务院通过试点的方式来推进生育保险和基本医疗保险的合并实施，实质上是对《社会保险法》的局部修订，表明《社会保险法》开始进入适应制度变革的调整阶段。同年，人社部、财政部发布《关于阶段性降低社会保险费率有关事项的通知》，提出阶段性降低养老保险、失业保险费率。国务院颁布《全国社会保障基金条例》，社会保障基金管理趋于法治化。

第三，在社会救助法治建设方面，"十二五"以来，社会救助法治不断完善，其取得重大进展的标志是2014年2月国务院颁布的《社会救助暂行办法》，这部行政法规确立了我国社会救助模式是生活救助与专项救助相结合的救助体系，标志着我国综合型社会救助制度基本形成。《社会救助暂行办法》颁布后，社会救助的各项制度建设进一步推进。2014年10月，国务院发布《国务院关于全面建立临时救助制度的通知》，提出要全面建立临时性的急难救助。同年11月，住房城乡建设部、民政部、财政部发布《关于做好住房救助有关工作的通知》。2015年3月，民政部、国家统计局发布《关于进一步加强农村最低生活保障申请家庭经济状况核查工作的意见》。同年4月，民政部、财政部、人社部、卫计委、保监会联合发布《关于进一步完善医疗救助制度全面开展重特大疾病医疗救助工作的意见》。2016年2月，国务院发布《国务院关于进一步健全特困人员救助供养制度的意见》。同年10月，民政部发布《特困人员认定办法》。

第四，在社会福利法治建设方面，以2013年国务院发布《国务院关于加快发展养老服务业的若干意见》，2014年民政部印发《关于进一步开展适度普惠型儿童福利制度建设试点工作的通知》和2015年国务院发布《关于全面建立困难残疾人生活补贴和重度残疾人护理补贴制度的意见》等为标志，社会福利制度建设稳步发展，也为"十三五"期间全面推进以老年人、儿童和残疾人为主要对象的社会福利制度的全面发展奠定了基础。2012年和2015年先后两次修订《中华人民共和国老年人权益保障法》，该法的修订以积极应对人口老龄化为基本理念，确立了有中国特色的社会养老服务体系的基本框架，同时，修订后的法律允许设立经营性养老机构，扫除了民间资本进入养老服务业的法律障碍。2016年国务院办公厅发布《关于全面放开养老服务市场提升养老服务质量的若干意见》。在儿童福利方面，2016年国务院发布《关于加强农村留守儿童关爱保护工作的意见》和《关于加强困境儿童保障工作的意见》。在残疾人福利方面，2016年国务院印发《"十三五"加快残疾人小康进程规划纲要》。

第五，在慈善事业法治建设方面，2014年国务院下发《关于促进慈善事业健康发展的指导意见》，对促进慈善事业健康发展做出了系统部署。2016年3月16日，第十二届全国人大第四次会议表决通过《中华人民共和国慈善法》，自此，中国慈善事业开始进入法治化轨道。

第六，在覆盖城乡居民的社会保障体系基本建立后，顺应中国特色社会主义新时代社会主要矛盾的变化，进一步明确新时代加强社会保障体系建设的总体部署。2017年10月北京的金秋，中国共产党第十九次全国代表大会胜利召开，这是在我国全面建成小康社会决胜阶段、中国特色社会主义进入新时代的关键时期召开的一次十分重要的大会。会议明确中国特色社会主义进入新时代，我国社会主要矛盾已经转化为人民日益增长的美好生活需要和不平衡不充分的发展之间的矛盾。在加强社会保障体系建设方面，按照兜底线、织密网、建机制的要求，全面建成覆盖全民、城乡统筹、权责清晰、保障适度、可持续的多层次社会保障体系。全面实施全民参保计划。完善城镇职工基本养老保险和城乡居民基本养老保险制度，尽快实现养老保险全国统筹。完善统一的城乡居民基本医疗保险制度和大病保险制度。完善失业、工伤保险制度。建立全国统一的社会保险公共服务平台。统筹城乡社会救助体系，完善最低生活保障制度。坚持男女平等的基本国策，保障妇女和儿童合法权益。完善社会救助、社会福利、慈善事业、优抚安置等制度，健全农村留守儿童和妇女、老年人关爱服务体系。发展残疾人事业，加强残疾康复服务。坚持"房子是用来住的、不是用来炒的"的定位，加快建立多主体供给、多渠道保障、租购并举的住房制度，让全体人民住有所居。

目前正值我国全面深化改革攻坚阶段与"十三五"时期内承前启后的关键节点，在习近平新时代中国特色社会主义思想和全面依法治国方略的指引下，我国社会保障体系将日趋健全、法治化进程将日渐提速。例如,国务院相关部委将对《失业保险条例》进行修订㊀;十三届全国人大常委会第二次会议 2018 年 4 月 27 日表决通过了《中华人民共和国英雄烈士保护法》,以法之名捍卫英烈名誉,该法自 2018 年 5 月 1 日起施行;《退役军人保障法(草案)》和《关于加强新时代退役军人工作的意见》也在 2018 年 4 月国务院新组建并挂牌成立的退役军人事务部的牵头下处于紧锣密鼓地调研起草阶段。2018 年 6 月 19 日和 8 月 29 日,《个人所得税法修正案(草案)》分别提请十三届全国人大常委会第三次和第五次会议审议。这是该法自 1980 年颁行以来的第七次修正,其中,除综合四类劳动所得为综合所得并提高费用扣除标准进行计税外,还增加了子女教育支出、大病医疗支出、赡养老人支出等专项附加扣除。虽然目前此次个税修正案尚未最终确定并审议通过,但可以肯定的是,这必将开启我国个税制度由分类向分类与综合相结合的一次根本性变革,也必定是涉及保障与民生的大事;2018 年 6 月 21 日,国务院印发了《国务院关于建立残疾儿童康复救助制度的意见》;2018 年 7 月 29 日,国务院办公厅关于印发《为烈属、军属和退役军人等家庭悬挂光荣牌工作实施办法》的通知。

4. 改革开放四十年我国社会保障法治的主要成就、面临挑战与发展前瞻㊁

我国历经改革开放 40 年来的发展,社会保障法治的顶层设计与协同发展得到了重视,专门的社会保障法律开始制定并实施,社会保障制度得到了优化,社会保障法治建设主要取得了四项明显进展:①社会保障体系建设的法制框架初步形成,"无法可依"的状态基本结束。②社会保障法律制度不断优化,公平性显著增强。③社会保障法律实施取得了良好的效果,权利救济有了更明确的法律依据。④立法机关对社会保障制度运行的监督作用明显加强。

良法是善治的前提,完善的法律体系是实现社会保障法治的必要条件。我国社会保障的诸多改革往往是政策先行,以政策作为主要的治理手段。由于政策治理模式缺乏稳定性、可预期性与强制性,一些地区存在的地方本位、部门本位等弊病逐步凸显。随着依法治国的推进,法治理念、权利意识、公平正义的价值观念等逐步深入人心,我国社会保障的法治化水平还有待进一步提高,面临着支架性法律亟须构建、法律制度需要进一步完善、权利救济机制需要健全等方面的挑战。例如,社会救助立法仍以行政法规的形式来承载,法律位阶较低且权威性也有待提升㊂;缺乏一部真正意义上的完整、系统的法律对社会福利问题进行系统地规范,即社会福利法律缺位;我国关于社会保障权利救济的法律没有穷尽所有的权利,一些社会保障权利(如儿童福利权)并没有得到法律的确认。

针对上述挑战,在新时代全面推进依法治国和全面建设社会保障体系的背景下,社会保障法治建设必须树立新的理念,与社会保障制度改革和顶层设计相衔接,统筹协调推进,通过强化社会保障法律的实施机制来让各项社会保障制度得以充分落地,同时还必须发挥社会正义的最后一道防线——司法的作用来保障公民的社会保障权利。

㊀ 详见人社保部法规司 2017 年 11 月发布的 "关于《失业保险条例(修订草案征求意见稿)》公开征求意见"的通知 (http://www.mohrss.gov.cn/SYrlzyhshbzb/zcfg/SYzhengqiuyijian/zq_fgs/201711/t20171110_281451.html)。

㊁ 杨思斌. 我国社会保障法治建设四十年:回顾、评估与前瞻 [J]. 北京行政学院学报,2018(3):38-45.

㊂ 蒋悟真,尹迪. 社会救助法与社会保险法的衔接与调适 [J]. 法学,2014(4):66-73.

国际劳工组织发布的《世界社会保障报告（2017-19）》[1]中相关评述可作为我国社会保障立法实践值得借鉴的重要启示："社会保障国家立法框架的发展和法律覆盖面的扩大是建立在人权基础上的社会保障体系的一个基本方面。然而，扩大法律覆盖面本身并不能确保有效地覆盖人口或改善福利的质量和水平。事实上，由于法律执行与缺乏政策协调、以及有效提供福利和服务的机构能力薄弱等方面的问题，有效覆盖范围的扩大在很大程度上落后于法律覆盖面。因此，必须对法律和有效覆盖面同时进行监测。"

三、中外社会保障立法比较

西方资本主义萌芽以后，社会保障立法在工业化国家的进展非常迅速。在中国，由于资本主义萌芽的夭折使之没能在中国现代社会保障立法实践中占有一席之地。而随后的国民党政府根本不重视劳苦大众的社会保障，全国性社会保障的系统立法更无从谈起，人民生活在连年内战的水生火热中苦不堪言。新中国成立后，中国共产党先后制定颁布了一系列社会保障政策和法规，现今覆盖城乡居民的社会保障体系已基本建立。中外社会保障立法的异同主要体现在以下两个方面[2]：

（一）中外社会保障立法的不同点

1. 中外社会保障立法进程不同

西方社会保障立法从《济贫法》阶段的萌芽到现代社会保障制度的重建，遵循了"救济→社会保险→社会保障→福利化"的发展路径，清晰地反映了西方社会历史变迁的基本轮廓，即随着物质文明的发展，人们的精神需求也日益高涨。根据马斯洛的需求层次理论，生存需要满足后，高一层次的需要随着满足的完成向更高一层次推进，包括身体素质和人文素质在内的人本身的素质也会随之增长。人们不再满足于经常带侮辱性、甚至侵犯人格尊严的救济形式，转而诉诸体现社会互济的社会保险形式。后来转而实现了体现社会对人性尊重与国家责任的社会保障，现在西方社会普遍从人文关怀的角度对待社会保障事业的发展。

由于中国长期处于封建专制统治之下，即使有少许资本主义萌芽，也被专制集权扼杀在襁褓里，因而我国的社会保障长期处于"社会救济"模式中，并未实质性地向社会保险迈进。推翻清王朝后，国内军阀混战和国共内战使社会保障措施流于形式而未真正实施过。新中国成立后，我国政府实施了一系列的社会保障政策以适应计划经济发展的需要，并为保障城镇居民的生活做出了很大的贡献。随着我国市场经济体制的确立和解决人民温饱问题、人民生活总体上达到小康水平这两个目标的实现，社会保障体系建设与法治仍然是我国决胜小康社会和开启建设现代化强国新征程中全面深化改革的重要内容。虽然我国改革开放40年来颁行了诸多社会保障法规和条例并取得了显著的社会保障法治成就。但总体而言，我国和西方社会保障立法相比仍有一定差距。我国社会保障立法现状大体相当于西方社会保障立法实践中由社会保险立法向社会保障立法转变的阶段。

---

[1] ILO. World Social Protection Report（2017-19）. Geneva：PRODOC of the ILO，2017：4.
[2] 许琳等. 社会保障学［M］. 3版. 北京：清华大学出版社，2018：315-322.

2. 中外社会法律体系架构与立法方式的诸多不同

首先，我国与西方国家社会保障立法因初始政治动因不同而立法方式各异。世界各国的社会保障立法有主动式、被动式和输入式三种方式。在发达资本主义国家，社会保障立法是在阶级和社会矛盾激化的条件下被动式立法，19 世纪 80 年代德国的社会保险立法和 20 世纪 30 年代美国的社会保障立法是被动式立法的典范。而社会主义国家因工人阶级政党执政而推行不同的社会制度，政府普遍采用自上而下的主动式立法，如苏联苏维埃政权颁布的《关于社会保险的政府通告》等法令和新中国成立伊始制定的《劳动保险条例》等。在一些亚非拉发展中国家和南太平洋及地中海地区的发展中国家则是在老式济贫制度基础上，通过欧洲殖民统治的"输入"而逐步建立起自己的社会保障制度，因而基本上是一种输入式立法。由于世界各国社会保障立法发展至今，包括拉美国家在内的许多国家都在积极地独立探索适应本国的社会保障制度，所以各国社会保障立法的政治动因已不能简单地用这三种方式加以概括与区分。

其次，我国社会保障法律体系与国外社保立法架构不尽相同。我国不具备实施单一综合立法的特定国情因而逐步形成了社保法律体系兼具母子法与平行法的架构特征，这有别于国外社保法律体系中较具代表性的平行立法模式（如德国、日本）、单一或综合立法模式（如美国的《社会保障法》）。

再次，我国的社会保障模式由最初的国家保险模式历经多次改革后兼具了社会保险模式、强制储蓄模式和国家保险模式的部分特征，更好地坚持社会保障与社会经济发展相适应、多方共同负担责任和社会化的原则，如社会保险中的养老保险与医疗保险实行社会统筹与个人账户相结合，社会保险费用则由用人单位与劳动者共同负担，对各种社会事务实行社会化管理，政府负责统一管理并承担运行费用。在社会救助方面，国家建立了最低生活保障制度，同时对救灾实行了分级负责制。在社会福利方面，政府举办的福利事业与单位举办的福利事业开始走向社会化，民间力量受到越来越多的重视。这有别于国外实施单一的福利国家模式（如英国、瑞典等）、社会保险型保障模式（如德国、美国）、强制储蓄型保障模式（如新加坡、智利）与国家保险模式（如苏联、东欧国家）的社会保障模式。

（二）中外社会保障立法的相同点

1. 具有相同的社会保障立法目的

虽然中西方对于社会保障的理解和解释不尽相同，各个国家在社会保障的内容和程度上亦都有所侧重，但在立法的初衷上都是为了给那些丧失劳动能力以及需要某些特殊帮助者提供保护，保障社会成员生存所需基本生活保障等最终目的是一致的。因而几乎所有国家的社会保障立法在阐述其目的时都有相同的字眼："……为了避免人们因为年老、疾病、失业、伤残、生育等原因中断或丧失劳动能力而陷入生活困境……"。

2. 社会保障立法实践是在改革和借鉴中不断完善的

在社会保障立法过程中，国家间互相学习借鉴的例子比比皆是，如在社会救济立法阶段，瑞典在 1763 年效仿英国制定了《济贫法》，日本受英国、德国、法国等国家近代社会救济立法的影响出台了新的《救济法》；在社会保险立法阶段，西方多数国家纷纷效仿德国，相继制定与实施了全面的社会保险法，以至于后来发展社会保障事业的国家都采用以社会保险的形式来推动社会保障制度的发展；在社会保障立法阶段，由于美国没有社会保障的立法传统，因而大胆地借鉴和采用了当时欧洲社会保障立法中成熟的内容和形式，并在此基础上补充和完善。在社会保障立法的成熟阶段，西欧、北欧、北美、大洋洲的许多发达国家纷纷效仿英国，宣布建立"福利国家"。因此，每个国家在进行本国社会保障立法及改革时都会积极地向成熟国家学习借鉴。我国当前的社会保障立法实践也是在学习外国经验的基础上形成了以个人账户和社会统筹相结合的养老、医疗保险政策。

3. 社会保障责任应主要由个人承担已成为中外社会保障立法改革的共识

在社会保障责任中引入个人承担机制减缓了西方福利化危机已成为前车之鉴，我国和许多正在变革本国社会保障的法治国家一样，强调个人在社会保障中的责任与风险共担原则，均采用了个人账户制（完全积累制或部分积累制）的筹资模式以减轻社会保障基金可能存在的支付危机。

此外，中外社会保障立法还存在诸多相同之处，如通过立法来强化社会保障的强制性、降低社会保障待遇水平等。

◆ 本章小结

1. 社会保障法

社会保障法是指以社会利益为本位，调整在保障社会成员基本生活及发展权利的活动中产生的政府、社会团体和社会成员之间社会保障关系的法律规范的总称。

2. 社会保障法的显著特征

社会保障法是法律体系的一个重要组成部分，除具有法的一般特征外，还具有作为一个独立法律部门所具有的显著特征有：①广泛的社会性。②多层次性。③兼具强制性和自愿性。④义务在先权利在后。⑤实体法与程序法的统一性。⑥特定的立法技术性。

3. 社会保障法的内容要素

社会保障法的内容要素有：①保障项目。②适用对象。③资金筹集。④基金管理。⑤给付程序。⑥行政监管。⑦争议处理。⑧法律责任。

4. 社会保障法的地位

社会保障法在工业发达国家均已发展成为独立于民事立法和劳动立法的新兴法律，即社会保障法应当是一个独立的法律部门，使其自成体系并发挥专门的社会保障规范作用，这既是社会保障制度的内在要求，也是一个国家的社会保障法不断走向完整、全面、自成体系的需要。

5. 社会保障立法调整对象及其特征

社会保障立法的调整对象是社会保障关系，即因社会保障活动而形成的社会关系。它具有与其他法律关系不同的特征有：①涉及社会保障事项。②具有保障与实现社会保障利益的目的性。③体现社会连带责任。④具有统一的社会保障供给系统和管理系统。⑤兼有人身关系属性和财产关系属性。

6. 社会保障法律关系

社会保障法律关系是指为保障自然人的社会保障权利，受社会保障法律调整而在参加社会保障活动中，各方主体之间形成的权利和义务关系，它由三要素构成：①社会保障法律关系主体，即依据社会保障法律规定享有社会保障权利或承担社会保障义务的有关机构和当事人。②社会保障法律关系内容，即社会保障法律关系主体的权利和义务。③社会保障法律关系客体，即社会保障法律关系主体的权利和义务共同指向的目标（对象或事物）。

社会保障法律关系不是一成不变的，

它缘起于保障公民基本生存权的社会保障相关法律法规的颁布、实施与修订完善,当社会保障法律事实发生或变化时,或将引起社会保障法律关系的变更或消灭。

7. 国外社会保障立法实践的四个阶段

将国外社会保障立法实践分为四个阶段:

(1) 英国 17 世纪初的济贫立法开启了世界范围内最早的社会保障立法实践活动,标志着国家通过立法形式介入济贫事务,并确定了济贫事业为政府职责。

(2) 19 世纪末德国颁布的一系列社会保险法律,标志着现代社会保障立法的产生,因而步入承认和尊重国民基本生存权的时代,使德国成为现代社会保障制度的诞生地;至 20 世纪 20 年代末,欧洲多国已仿效德国,使社会保障进入了全面国家立法阶段,通过国家直接干预和调节社会再分配,来缓解贫困等社会问题与缓和阶级等社会矛盾。

(3) 20 世纪 30 年代,严重的经济危机席卷了资本主义世界,许多资本主义国家陆续进入了国家干预经济的时代。特别是将经济干预和调节的范围扩大到了国民收入再分配领域,实施更为全面的社会保障制度。其中,最具代表性的国家是美国,1935 年由国会通过的美国历史上第一部《社会保障法》(Social Security Act, 1935),是世界上第一部对社会保障进行全面系统规范的综合性法律。至 20 世纪 40 年代,世界上已有 60 多个国家设立了多个社会保障项目,各国社会保障制度得以迅速发展。

(4) 第二次世界大战后,随着资本主义各国经济进入飞速发展的"黄金时期",西方国家的社会保障法制也相继完善而进入"福利国家"时期。进入 21 世纪,伴随着知识经济和信息时代的来临,尽管人类社会的财富积累已达到规模空前的程度,但仍未摆脱贫困、疾病、失业、年老等工业化社会带来的各种社会问题。世界正面临着诸如人口变化、低经济增长、移民、冲突和环境等问题的挑战。

8. 中国社会保障的立法实践过程

中国社会保障的立法实践起步较晚:①在新中国成立前,历代封建王朝曾采取过一些保障民众生存的措施;在我国新民主主义革命胜利前,因为没有全国统一的政权,以致先后有北洋军阀政府、广东革命政府、武汉国民政府、南京国民政府和中国共产党领导下的革命根据地和解放区等各个政权在其势力范围内制定各自的社会保障法。②新中国成立后,社会保障立法经历了创建与调整时期(1949—1966 年)、停滞倒退与恢复探索时期(1966—1983 年)、经济体制改革进程中探索和全面改革与完善时期(1984 年至今)。

9. 中外社会保障立法比较

中外社会保障立法比较:①在立法目的和立法实践的改革与借鉴中不断完善以及强调个人承担主要的社会保障责任等方面相近。②在立法进程、社会保障模式、社保法律体系的架构与立法方式等方面相异。

◆ 课后练习与思考

1. 社会保障立法的原则有哪些?
2. 社会保障立法包括哪些内容?
3. 评述我国当前社会保障立法实践。
4. 简述《济贫法》的历史地位。
5. 简述现代社会保障制度诞生的背景与条件。
6. 概述二战后国际社会保障立法的新特点。
7. 简述国际劳工组织社会保障国际合作中的作用。
8. 简述新中国社会保障立法的主要阶段。
9. 简述我国改革开放 40 年社会保障法治的主要成就、面临挑战与发展前瞻。
10. 简述中外社会保障立法的异同。

> 动手练

1. 通过访问中国人大网、人社部等立法与政府机关网站的法律政策法规专栏（如历次全国代表大会、常委会、委员长会议的议程及会议文件和中国法律法规信息库）搜集、了解我国社会保障立法工作动态。例如，2018年10月26日，十三届全国人大常委会第六次会议审议通过了关于修改《残疾人保障法》《妇女权益保障法》等15部法律的决定及相关会议文件。

2. 通过访问人社部政策法规专栏，集中了解立法与行政机关对最新颁布或修订社会保障法律法规及其执行与修订等情况的解读。

3. 收集自2009年以来每年评选出的年度社会保障十大事件，思考它们都具有哪些里程碑意义和对开展专业研究的启示？

结合上述三项工作对本书表A-3进行实时的补充完善。

第五章 CHAPTER5

社会保障基金及其运营管理

§ 知识结构与学习目标

章节知识结构		学习目标
社会保障基金概述	社会保障基金及其分类 社会保障基金的特征 社会保障基金的功能	○ 了解社会保障基金的基本含义、类型、资金来源、筹资分担方式 ○ 理解社会保障基金的重要意义 ○ 掌握社会保障基金筹资模式类型及其比较、筹资方式类型及其比较 ○ 理解中国社会保障基金筹资模式与方式的选择 ○ 了解社会保障基金投资运营的含义、投资渠道以及主要国家社会保障基金投资运营情况及基金投资的基本原则 ○ 掌握社会保障基金给付方式与给付模式 ○ 了解社会保障基金预算管理程序及中国社会保障基金预算管理的具体规定 ○ 能够运用社会保障基金理论,分析中国社会保障基金筹资模式、给付模式及管理模式的选择
社会保障基金的筹集	社会保障基金的筹集原则 社会保障基金的来源与负担方式 社会保障基金的筹集方式	
社会保障基金的使用和运营	社会保障基金的给付 社会保障基金的运营 社会保障基金投资的政策调控	
社会保障基金的管理	社会保障基金管理的必要性 社会保障基金的管理机构 社会保障基金管理模式 社会保障基金管理的内容 社会保障基金管理存在的问题	

§ 导入案例

人社部例行新闻发布会:我国社会保障工作进展情况

人社部 2018 年 10 月 31 日举行第三季度新闻发布会,新闻发言人卢爱红通报、解读了我国 2018 年前三季度社会保障工作的五项进展。

第一,社会保险覆盖范围进一步扩大,全民参保计划稳步推进。截至 2018 年 9 月底,全国基本养老、失业、工伤参保人数分别为 9.3 亿人、1.94 亿人、2.35 亿人。深入落实为贫困人口代缴城乡居民养老保险费政策，推进应保尽保，享受代缴保费的贫困人员 2 053 万人，其中建档立卡未标注脱贫的贫困人口 1 302 万人，代缴总金额超过 21.2 亿元。大力推进以工程建设项目为重点的工伤保险参保扩面工作。

第二，制度进一步完善。实施企业职工基本养老保险基金中央调剂制度，9 月 14 日，人社部和财政部印发企业职工基本养老保险基金中央调剂制度实施办法，目前正在组织各地贯彻落实，并部署具体资金缴拨工作。

第三，待遇水平进一步提高。2018 年退休人员基本养老金调整工作有序推进，目前，各地区企业退休人员已全部发放到位，机关事业单位退休人员基本发放到位。

第四，社保基金运行总体平稳。1～9 月，基本养老、工伤、失业保险基金总收入为 3.93 万亿元，同比增长 18.2%；基金总支出 3.45 万亿元，同比增长 16.5%。稳步推进企业职工基本养老保险基金投资运营，加快推进城乡居民基本养老保险基金委托投资工作。截至 9 月底，北京、山西等 15 个省（区、市）政府与社保基金理事会签署委托投资合同，合同总金额为 7 150 亿元，其中，4 166.5 亿元资金已经到账并开始投资。继续加强年金基金市场监管，全面开展社会保险基金风险防控，组织开展社会保险经办风险管理专项行动省级互查。

第五，社保经办管理服务进一步加强。持续开展社保窗口作风建设。平稳有序推进社保费征收体制改革。

案例思考

即将开启专题研究的大学生，如何看待"找不到相关研究数据"等不绝于耳的问题？政府定期召开的例行新闻发布会能否为社保专业专题研究提供实时的数据支撑？

资料来源：人社部官网新闻中心发布会专栏．http://www.mohrss.gov.cn/SYrlzyhshbzb/dongtaixinwen/fbh/201810/t20181031_303917.html．

第一节 社会保障基金概述

一、社会保障基金及其分类

（一）社会保障基金及其性质的界定

基金包含资金和组织两方面的含义，一般是指具有专门用途的资金。在当前的社会经济体系中，基金已经成为一个包含范围相当广泛的广义经济术语。社会保障基金是根据国家有关法律、法规和政策的规定，为实施社会保障制度而建立且专款专用的资金。社会保障基金是社会保障制度的物质基础与核心内容，一个国家的社会保障制度实际上就是围绕社会保障基金的筹集、投资、运营和给付等全过程进行设计和制定的。在社会保障制度运行的过程中，如果不能依法、及时、足额地征集社会保障基金，不能合理、有效地使用社会保障基金，社会保障制度便无从实施，社会保障制度对社会经济发展的保障和促进作用就难以实现。可以从以下两个方面深入认识社会保障基金的性质：

首先，社会保障基金实质上是在国民收入的初次分配和再分配过程中形成的一种消费性社会后备基金[1]，这是社会保障基金的形成与价值形态属性，即在对社会总产值（$c+v+m$）扣除生产过程消耗的生产资料（c）剩余的国民收入（$v+m$）进行初次分配所形成的国家、

---

[1] 郑功成．社会保障［M］．北京：高等教育出版社，2007：293．

企业或集体、个人原始收入的基础上，通过政府财政拨款、企业或单位统筹以及个人缴费等方式建立社会保障基金，再根据法定条件和不同项目的社会保障对象提供相应的经济补偿或福利服务，实现对一部分国民收入的分配和再分配，从而改变国家、企业和个人三者之间在国民收入中的原有分配比例，实现一部分原属于国家和企业的份额转移到个人消费领域。

社会保障基金在社会再生产中，无论是用于保证最低生活需要的社会救助基金、保障劳动者基本生活需要的社会保险基金，还是为了提高社会成员生活质量的社会福利基金等，多数进入个人的消费领域，最终属于消费基金，但不是纯粹的消费基金。一方面，社会保障基金的支付使用，不仅保障了人们的基本生活水平，而且还为劳动力的再生产提供了重要的物质条件。另一方面，为了实现保值增值而投入资本市场的社会保障基金，是资本市场的重要资金来源。由于社会保障需要应对的是未来的或偶发的、不确定的风险，在实践中表现为先积累后支付，因此社会保障基金又表现为一种消费性社会后备基金形态。

其次，社会保障基金具有必要劳动和剩余劳动双重属性。必要劳动是劳动者为了维持劳动力生产和再生产所必须付出的那一部分劳动，剩余劳动是超过维持劳动力生产和再生产需要的劳动。必要劳动包括劳动者具有和丧失劳动力时维持生存所必需的生活资料价值，因此社会保障基金具有必要劳动属性。企业与个人的社保缴费都来自劳动者的必要劳动，个人缴费是按薪资一定比例从薪资总收入中上缴的，因此属于必要劳动；企业缴费一般是根据企业员工工资总额的一定比例上缴的，可视为工资的一部分进入生产成本，从劳动属性看也属于必要劳动。社会保障基金来源的广泛性和复杂性，导致社会保障基金并非全部由必要劳动所创造，它既包括来自必要劳动创造的部分，也包括来自剩余劳动创造的部分。例如，社会保障基金投资运营所获利润与国家各级财政直接对社会保障项目拨款为非物质生产部门劳动者提供的社会保障基金，社会救助基金与社会福利基金来自物质生产部门劳动者剩余劳动所创造的价值。

（二）社会保障基金的分类

对社会保障基金进行分类，可以清晰认知其全貌与结构，更有利于对基金进行深入的分析和研究。社会保障基金的分类方式很多，一般依据用途功能与防范风险的种类、基金来源、筹集模式、所有权和支付形式这五类常见划分标准对社会保障基金进行分类。

1. 按用途功能与防范风险的种类划分

社会保障基金按用途的不同，可分为社会保险基金、社会救助基金、社会福利基金和社会优抚基金。广义的社会保障基金还包括补充保障基金、互助保障基金和慈善基金等。在本分类中，通常每一种基金对应一项社会保障项目，用以防范某类风险，所以基金种类基本和社会保障项目的种类是一致的，即有多少种社会保障项目，就有多少种社会保障基金，这是社会保障基金分类中最常用、最直观的分类。依据社会保障项目，国际劳工组织的社会保障公约就将社会保障基金划分为医疗、疾病、失业、工伤、老龄、家庭、残疾、生育、遗属基金，其中最主要的是失业、工伤、老龄、残疾、遗属五个方面。

（1）社会保险基金。社会保险基金是国家按照保险方式，通过立法强制向社会成员征收社会保险费或社会保险税而建立的，并为符合资格条件的社会成员发放社会保险待遇。它是社会保障基金中最重要的组成部分，主要包括养老保险基金、医疗保险基金、失业保险基金、工伤保险基金、生育保险基金。其中，养老保险基金数额最大。

视觉探索分析技术可以应用图像帮助受众更好地理解并过滤大数据时代纷繁复杂的信息及

其相关性，图 5-1 是根据我国 2016 年度全国社会保险基金的总体收支结余流存量[○]绘制的饼图。

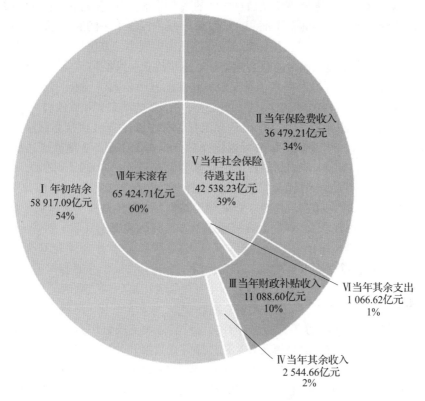

图 5-1　我国 2016 年全国社会保险基金收支结余

资料来源：财政部社会保障司公布的《2016 年全国社会保险基金决算的说明》。

图 5-1 外环表示社会保险基金的年初结余与当年流入量的合计，达 109 029.56 亿元。外环包括四部分，即年初结余 58 917.09 亿元（图中Ⅰ，占比外环的 54%）、当年保险费收入 36 479.21 亿元（图中Ⅱ，占比外环的 34%）、当年财政补贴收入 11 088.6 亿元（图中Ⅲ，占比外环的 10%）、当年其余收入 2 544.66 亿元（图中Ⅳ，占比外环的 2%）；图 5-1 内环表示社会基金的当年流出与年末滚存的合计，达 109 029.56 亿元，内环由三部分构成，即当年社会保险待遇支出 42 538.23 亿元（图中Ⅴ，占比内环的 39%）、当年基金其余支出 1 066.62 亿元（图中Ⅵ，占比内环的 1%）；年末结余 65 424.71 亿元（图中Ⅶ，占比内环的 60%）。由此可见，我国社会保险基金 2016 年的年末滚存结余与当年社保待遇支出呈现六四分割的状态，前后两者之比为 1.5。这意味着按当年社保待遇支付标准，年末滚存结余尚可用于后续 18 个月的待遇支付保障。

若要同时直观呈现 2016 年我国 7 项社会保险基金完整的收支结余数额及层次结构、占比、变动率及其排名等信息，图 5-1 等多环饼图就会凸显其仅能静态列示有限项目信息的局限性。所以编者应用美国马里兰大学人机交互实验室研发的二维有限空间层级信息可视化树图工具[○]，绘制社会保险基金树图（见图 5-2）。树图 5-2 的算法原理：①将一定展示区域

○ 社会保险基金流存量恒等式：(社保基金年初结余 + 本年收入) = (本年支出 + 年末滚存)，其中本年收入（或本年支出）与年初结余（或年末滚存）分别为流量与存量指标，等式左右两边可统称为"流存量"。

○ 参阅树图研发进程及其应用的相关文献，如 Shneiderman (1991)、管彦庆等 (2014) 等。

限定为根节点。②根据不同分类标准，按照"父→子→孙……"节点层级关系，依次运用逐级递进的内边框及其名称标签定义信息之间的嵌套关系，以此体现项目之间的结构即层级关系。③逐级嵌套的末端涵盖了面积大小各异、颜色深浅不一的底层矩形及其集群（统称叶节点），它们依据预定的纵横比标准，按照面积由大到小、方位自上而下、从左向右的顺序依次排列。④根据因人而异的分类嵌套标准逐步优化层级结构，应用树图可视化工具赋予的伸缩功能，受众既可以鸟瞰信息全貌又能主动逐级侦测、捕获、过滤、筛查信息，因而取得大数据环境下视觉分析中对多层级信息一目了然的动态交互成效。

按照上述树图算法原理、社会保险基金流存量标准和呈现分项社会保险基金规模及其变动的需要，逐步展开对图 5-2 的可视化探索分析：①将图 5-2 最外层边框之内的展示区设置为根节点，即 2016 年我国社会保险基金流存量（109 029.56 亿元，＝100%）。②在社会保险基金流存量（根节点）下排列 7 项社会保险基金（父节点），即分项保险经过最小平方化算法处理后的排列顺序是：企业职工基本养老保险基金（简称职工养老金，流存量占比 57.19%，占比含义下同）、城镇职工基本医疗保险基金（职工医疗金，19.1%）、居民基本医疗保险金（居民医疗金，8.07%）、城乡居民基本养老保险基金（居民养老金，6.95%）、失业保险基金（5.79%）、工伤保险基金（1.82%）、生育保险基金（1.08%）。③根据本次分析的重点——各项保险基金本年各项收支相抵后的结余情况及其在年末滚存中的地位，所以"本年收支＼基金收入＼三项收入与..＼基金支出＼两项支出"和"滚存结余＼年初结余与..＼本年结余"设置分项社会保险具体收支项目作为子、孙、叶节点，即可以从不同节点的绝对或相对规模及其类别排序等视角展开分析。例如，在"职工养老金＼本年收支"下，本年基金收入占比 26.16%（＝保费 20.55% + 财政补贴 3.94% + 其余收入 1.67%）显然大于基金支出占比 23.65%（＝待遇支出 23.34% + 其余支出 0.31%），本年收支相抵后形成的本年结余则是占比 33.55% 滚存结余中的 2.51%。④根据各项目变动率及其变动方向、跨类排序结果为以上各节点着色并附加跨类排序信息标签。例如，隶属职工养老金的叶节点标签"保险费收入 22 407.12 亿元↑6.2%［20.55% 流存量No 3 No 24 叶］"，表示该险种保费收入在 7 个险种所有收支结余的数额及其变动率中分别居第 3 和第 24 位。

综上所述，社保基金树图能对规模及其变动信息进行直观视觉分析，并增加了叶节点间跨类比较的维度，因而能显著增强受众的整体框架感和洞察偏好信息或异常值的识别能力。但是，树图别具特色的层级伸缩与色泽多样所能带来的动态分析效能，更适合于电子显示媒介而非传统纸质传媒的黑白两色显示。

（2）社会救助基金。社会救助基金是指国家通过经常性预算和财政性拨款等形成的，专门用于救助困难群体的社会保障基金。区别于社会保险基金需国家、企业（单位）、个人三方负担的筹集渠道，它不需要个人承担缴费义务，一般是由国家、社会对获取者进行单项货币和实物支付。根据资金的来源渠道，社会救助基金可以分为政府财政性基金和民间慈善基金。政府财政性基金来源于国家税收，主要是为了应付各种自然灾害对人民生命财产所造成的损失和缓解社会成员的贫困，直接体现着国家在社会救济方面的责任。我国的社会救助资金及救灾物资主要是由财政部门总监督下的民政部门进行分管。社会救助基金的待遇给付主要是救灾、济贫、扶贫等项目。民间慈善基金主要来源于社会捐赠，用于帮助需要帮助的人们。社会救助基金通常分为最低生活保障基金、灾害救助基金、失业救助基金、住房救助基金、医疗救助基金、教育救助基金等。对社会救济基金的功能及其管理，详见本书第十一章社会救济制度。

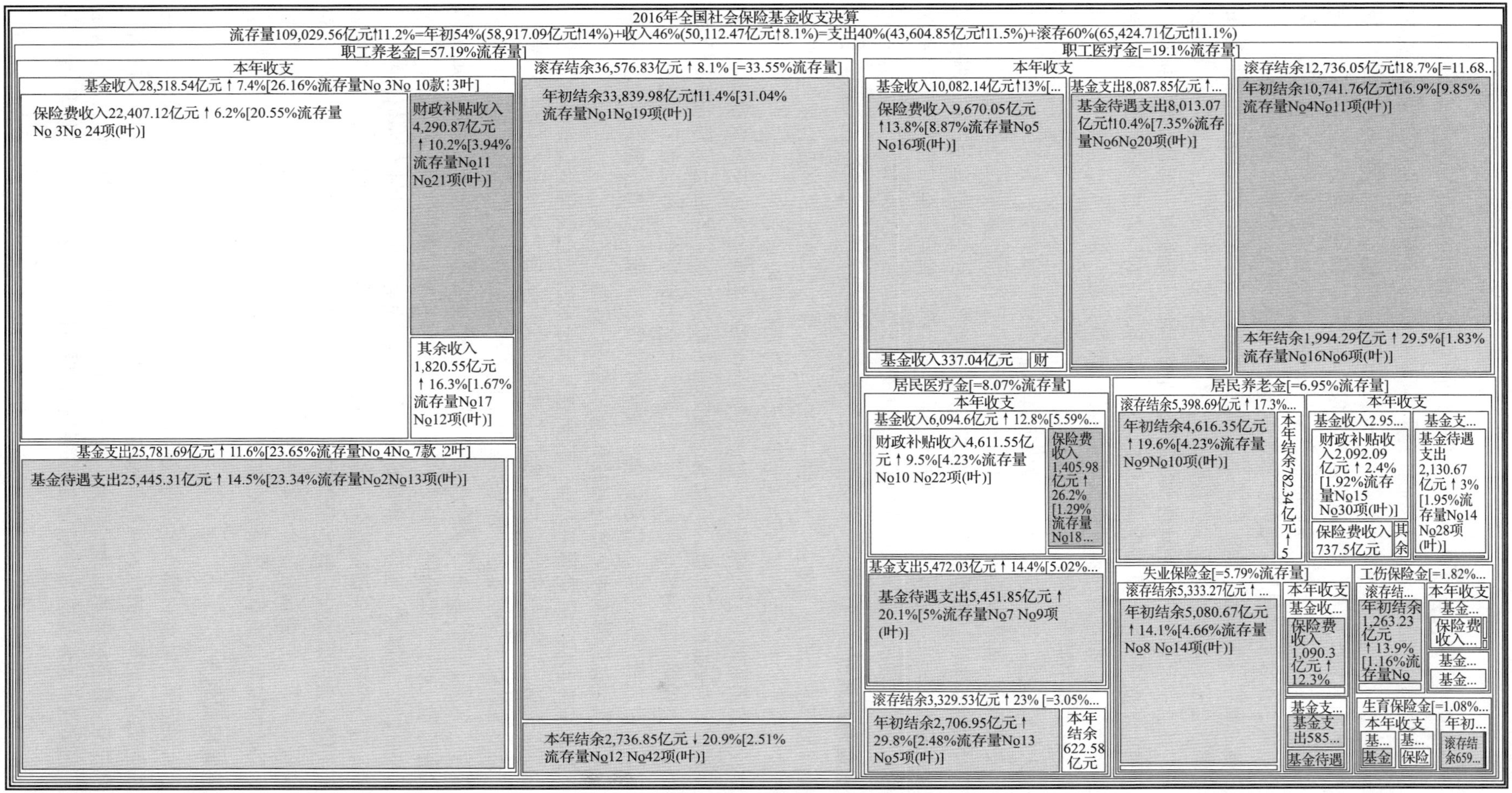

图 5-2 我国 2016 年全国社会保险基金树形图

说明：数据来源及流及流存量概念与图 5-1 相同，树图中表示七项保险金分类及其收支结余的矩形区域框架、排列、面积、颜色灵依据各项流存量数额和变动率（相对于 2015 年）确定的，文字标签标注了每一个项目的金额、变动率及其排序结果（按类、款、项等政府收支分类科目级次和树形图的末端中分别排序），年末流存结余 = 年初结余 + 本年结余或（一本年亏空）。

（3）社会福利基金。社会福利基金主要是指政府所掌握的用于提高人民的物质和精神文化生活水平的财政性福利基金，还包括社会化福利基金和企业所拥有的福利基金。财政性福利基金是由各级政府提供和管理的资金，一是用于以在城镇中无经济收入和无生活照料的老年人、残疾人和孤儿等特殊群体为服务对象的特殊社会福利，包括生活供养、疾病康复和文化教育等。二是用于农村地区的社会福利基金，主要是以孤寡老人、孤儿等特殊人群为服务对象。社会化福利基金则可以根据居民的需要来安排。企业所拥有的福利基金主要用于以本企业职员为服务对象的职工集体福利，包括生活服务、文化娱乐和福利补贴的资金。我国社会福利基金的来源主要是财政拨款、企业自筹、国家发行彩票募捐及社会无偿捐助等。社会福利基金不同于社会救助基金，它的目的不是济贫，而是保障和维持社会成员一定的生活质量，因而是高层次的保障。社会福利基金对保障社会成员的基本生活需要，促进社会公平，推动经济和社会发展，起着非常重要的作用。对社会福利基金的功能及其管理，详见本书第十二章社会福利制度。

（4）军人保障基金。军人保障基金是为实施军人社会保障而筹集、积累的资金，包括优抚基金、安置基金、军人保险基金等。其中，优抚基金是指由国家和社会筹集，用于保障法定优抚对象的基本生活和褒扬军人、抚恤军烈属等的特殊社会保障基金；安置基金也是国家和社会筹集的，用于退役军人安置的专项资金；而军人保险基金则是为了确保现役军人能够与地方社会保险制度接轨而筹集的专项资金，主要来源于国家财政拨款。

2. 按基金来源划分

以社会保障基金的来源为依据，社会保障基金可以分为财政拨款形成的社会保障基金、强制性征缴形成的社会保障基金和多元组合形成的社会保障基金。

（1）财政拨款形成的社会保障基金。财政性社会保障基金直接来源于国家税收，通过经常性预算和财政拨款的形式形成，其结构与功能通常取决于国家的社会保障规模以及财政体制与相关社会保障制度的结合程度。一般来说，社会救助基金、社会福利基金和军人保障基金以国家财政资助为主导，甚至完全由国家财政拨款形成。政府在承担社会保障财政责任时，其拨款主体通常有中央政府财政和地方政府财政两个层级。

（2）强制性征缴形成的社会保障基金。强制性征缴形成的社会保障基金是指政府依照社会保障法律、法规，强制性要求雇主、雇员及规定范围内的国民缴纳社会保障费（或社会保障税）而形成的社会保障基金。强制性征缴形成的社会保障基金主要有社会保险基金，如养老、医疗、失业、工伤、生育保险基金等。社会保险基金来源于按工资额的一定比例征收的社会保险费（或社会保险税），通常由雇主与雇员分担缴费责任（国家财政部门也视情况进行适当补助），是国家、雇主、雇员等在社会保险方面责任共担机制的具体体现。

（3）多元组合形成的社会保障基金。多元组成的社会保障基金是指国家和政府通过多种渠道筹集到的社会保障资金。这些渠道包括国家财政拨款、向救助者收费、接受社会捐赠、发行福利彩票等。社会福利基金是多元组合形成的社会保障基金的典型代表，其中既有来自国家财政的拨款，也有来自服务的收费，还有来自民间捐献或发行的福利彩票。

3. 按筹集模式划分

按资金调剂范围，社会保障基金的筹集可分为社会统筹模式和个人账户模式，前者主要体现为社会成员之间横向的收入调剂和风险分担，后者主要体现为职工一生收入的纵向调剂和风险分担。从基金积累的角度而言，按是否有基金积累可分为现收现付模式和基金积累模式，在实践中通常是这两种划分方式的结合，派生出三种模式：一是现收现付模式；

二是完全积累模式；三是部分积累模式。

（1）现收现付模式。现收现付模式是由社会保险机构按"以支定收，略有结余"的原则筹资，即由雇主和雇员（或全部由雇主）按工资总额的一定比例（统筹费率）缴纳保险费（或税）。这种方式是以支定收，不留积累。它是各国所有社会保险险种包括养老、医疗、失业等所采用的传统筹资模式。

现收现付制是世界上大多数国家社会保险制度所采取的基金筹资模式。这种筹资模式是按照一个较短的时期（通常为一年）内收支平衡的原则确定费率，筹集社会保险基金，即本预算期内社会保险费收入仅仅满足本预算期内的社会保险金给付需要。当然，为了避免费率调整过于频繁，防止短期内经济或其他突发事件可能出现的收支波动，一般保留有小额的流动储备基金，即实行所谓"以支定收，略有结余"的原则。

现收现付制社会保障基金筹资模式一般是实行政府集中管理，国家（政府）是社会保险基金的管理者。国家按"社会统筹"的方式筹集社会保险基金，按"社会互济"的原则在社会成员之间进行再分配。这种模式下，社会保险基金的来源为税收或由用人单位、劳动者以工资为基础的缴费和国家财政的补贴。其中，税收一般为收入税，通常是从雇主的总收入中扣除，相当于雇主支付了一笔净税收。此外，由于基金积累很少甚至没有积累，养老金水平不可能根据雇员在职期间的缴费及其投资收益来确定。事实上现收现付制的给付一般采取确定给付方式。

现收现付制的本质是代际赡养，即正在工作一代人收入的一部分用于当年已退休一代人的养老金支出，收入从工作一代人向退休一代人分配，当目前正在工作的一代人退休后，其养老金来源于与其同处一个时期的正在工作的下一代人的收入。因此，这种制度是下一代人供款养活上一代人的制度，属于代际间收入再分配。显然，养老基金费率越高，代际再分配的程度越高。这种制度与传统的家庭养老方式中子女抚养老年父母类似。家庭养老方式中，在父母老年失去工作能力后，由家庭中正在工作的子女收入的一部分支付老人的消费，收入从子女一代向父母一代转移，转移的程度取决于家庭收入水平和老人的消费水平、父母一代与子女一代人数的比率、父母一代的退休年龄和寿命等。当抚养父母一代的年轻子女老年时，他们的子女将接替扶养老人的义务，家庭代际转换，收入不断地从下一代转向上一代。家庭抚养关系中，在子女成长为劳动力前，父母承担着抚养他们的责任，收入从父母向子女分配。这两种方向的再分配，保证了家庭乃至整个人类社会的不断繁衍和延续。

工业革命和社会经济的发展，使传统的大家庭解体，家庭养老的功能退化，取而代之的是社会化的养老保险，由全社会正在工作的一代人抚养已经退休的失去工作能力的一代人，收入从年轻的正在工作的一代向已经退休的一代分配，其再分配的程度决定于平均给付水平、工作一代与退休一代人口的比率、平均退休年龄和退休后平均生存年数等因素。当然，现收现付制也存在代内再分配，即同代人不同收入阶段之间收入的转移。人类生生不息，世代交替，不断延续，保证了现收现付制的不断延续。

现收现付制社会保障基金筹资模式具有以下三项优点：

第一，制度易建，给付及时。现收现付模式的社会保险制度一经建立，可以立即用正在工作的劳动者所缴纳的社会保险费去支付退休者所需要的养老金，而无须经过长期的基金积累过程。

第二，无通货膨胀之忧。现收现付制一般以年度平衡为基准，有助于实施随物价及工资增长幅度而调整的保险金指数调节机制，从而有助于处理通货膨胀风险，保证社会保险目标的实现。

第三，再分配功能较强。现收现付制下，社会保险给付水平一般采用确定给付方式，有助于体现和强化社会保险的收入再分配职能，进而体现社会公平和社会福利的原则。

但是，现收现付制社会保障基金筹资模式也具有以下三项比较明显的局限性。

第一，现收现付制难以应付人口老龄化的挑战。现收现付制是一代人供养上一代人的制度，其供养水平直接受两代人人口比例关系的影响。如果供款的一代人规模相对缩小，领款的一代人规模相对扩大，将使供款人的平均负担加重。如果不降低退休金水平，则需要增加缴费，缴费增加到一定程度将使供款的一代人不堪重负，进而不能保证制度的顺利融资，使制度面临支付困难，进而难以为继。供款一代人与领款一代人的比率称为抚养比，表明每个供款人平均负担领款人的个数，抚养比提高，使正在工作一代人的负担加重。抚养比的变动受人口年龄结构变动的影响，随着人口出生率下降，人口出生数减少，老年人口比例相对增加。同时，随着经济发展水平和医疗保险水平的提高，老年人口寿命不断延长，使老年人口绝对数增加，老年人口在总人口中的比率增加，人口开始老龄化。由于出生率下降和人口寿命延长是人口发展的必然规律，因而人口老龄化成为人口发展的必然过程。人口老龄化使人口抚养比提高，使现收现付制的负担加重。如果没有其他社会保障资金供给渠道，则必然出现社会保障财务危机乃至制度运行的危机。全球社会保障制度正是在日益严重的人口老龄化压力下走上了改革的道路。

第二，现收现付制社会保障基金筹资模式的收入替代率具有刚性。前面已指出，现收现付制下的社会保险给付一般采用确定给付方式，因此，其收入替代具有刚性，即社会保险计划提供的退休收入与在职期间收入的比率具有调高不调低的特点。在雇员工作期间，社会保障制度预先做出给付承诺，退休后其养老金水平不能低于承诺的水平，而且随着经济的发展，为保证退休后的一定生活水平，给付水平必然随之提高，并使退休年龄推迟变得困难。这种刚性使现收现付制的给付水平居高不下，从而使社会保险制度背负越来越重的支付负担，对经济发展产生不利影响。

第三，现收现付制社会保障基金筹资模式可能诱发代际之间的矛盾。现收现付制在其经济内涵上表现出劳动者代际间的收入再分配特性，但这一机制往往是制度建立时，最早享受待遇的那一代人在职时不缴纳或仅缴纳少量保险费，即在机制上表现出明显的付出少而获益大的再分配特征。而当制度运行几代人之后，尤其是在人口结构失衡的条件下，将表现出严重的不平等、不合理格局，即某一代劳动者难以实现以下一代人代际间交换为先决条件的、理应获得的经济效益。这在特定背景下容易引发代际之间的矛盾，并有可能使整个养老金制度面临解体危机。

（2）完全积累模式。从职工参加工作起，按工资总额的一定比例（缴费率）由雇主和雇员（或只有一方）缴纳保险费计入个人账户，作为长期储存积累增值的基金。其所有权归个人所有。按照基金领取的条件，一次性领取或按月、按用途领取。

完全积累模式又称基金制、基金积累制，其在任何时点上积累的社会保险费总和连同其投资收益，能够以现值清偿未来的社会保险金给付需要。从基金收支平衡的角度看，完全积累制是根据一个充分长的时期内收支平衡的原则来筹集社会保险基金。社会保险基金管理实行完全积累制时，既可以采取政府集中管理方式，也可以采取私营竞争管理方式。

完全积累制的制度安排可以采用确定缴费方式，也可以采用确定给付方式。当采取确定缴费方式时，雇主和雇员通常以工资的一定比率或固定数额定期缴费，计入个人账户，并上交基金管理机构，缴费和基金投资收益计入个人账户，给付期开始后通过领取社会保险金以实现社会保障。当采取确定给付方式时，通常根据预先承诺水平，由精算原理确定缴费金额。就养老保险而言，从本质上说基金制是"同代自养"，即雇员以年轻时的储蓄积累支付退休后养老金的制度，因而实际上是在生命周期内的收入再分配，是对退休前后储蓄和消费行为的一种跨时安排。

如果采取缴费预定的个人账户方式，收入在个人生命周期内的再分配是显而易见的。人们在年轻时，把收入的一部分积蓄起来，包括雇主以各种方式为他们个人账户的缴费。为了保持这些资金的购买力，个人账户形成基金，并在资本市场上投资获得收益，个人退休时将获得的全部个人账户累积额，用于退休后的生活开支。退休后生存年数相对于工作年数越长，由在职工作期间的收入向退休后再分配的程度就越高，采取个人账户的方式，只存在个人生命周期收入分配方式，没有代际收入再分配和收入水平不同的人之间的收入再分配方式。

如果采取确定给付方式，则养老保险计划的缴费需要与所有未来给付承诺相对应，从个人生命周期来看，在工作期间的缴费积累不一定与退休后的基金享受完全对应，因而不同收入水平的职工之间存在收入再分配。例如，以固定数额规定养老金水平，而以工资的比率缴费，则收入从高工资者向低工资者再分配；但从整个养老保险计划来看，缴费积累与承诺的给付相对应，收入由在职期间向退休期间再分配。与现收现付制社会保障基金筹资模式相比，基金制具有以下四项优点：

第一，运行机制简便，易被理解和接受。完全积累制的运行机制简明，便于实际操作，并易得到人们的理解与支持，而公众信任对社会保险机制的正常稳定运行具有重要的意义。再从技术角度分析，基金制与历史悠久的商业保险的原理接近，这既有利于人们的认同，又有助于制度的稳定运行。

第二，缴费与待遇相关联，形成激励机制。完全积累制通过积累的保险基金，将雇员在就业期间的部分收入以延期支付的形式表现为退休时领取的社会保险金，有助于增强社会保险的内在激励机制，增强雇员缴费与社会保险待遇之间的经济联系，从而促进社会保险制度的稳定运行。基金制还鼓励人们延长工作年限，有利于减弱提前退休倾向。

第三，增加社会储蓄，促进经济发展。基金制有助于增加储蓄和资金积累，使社会保险与经济发展联系更为紧密，如通过储蓄、资金积累、利率及资本市场等经济变量和经济机制，直接联系投资、产量，进而促进经济发展。目前，在人口老龄化加剧的背景下，社会保险制度与经济发展的内在机制引起了各国社会成员的广泛重视，基金制社会保障筹资模式越来越受到各国的关注。

第四，预筹养老金，抵御老龄化。由于提前预筹了养老金，基金制可以在一定程度上解决人口老龄化带来的养老危机。采用基金制，从一个较长的时期来看，供款水平是相对均衡的，即实现了资金供求在纵向（从人口年轻阶段到老年阶段）的平衡，因此一般不必担心人口老龄化的影响。

然而，基金制社会保障筹资模式也存在以下三项缺点：

第一，基金贬值风险较大。作为一项长期的货币收支计划，基金制下积累的巨额社会保险资金容易受通货膨胀的影响，导致社会保险基金的贬值，从而影响社会保险目标的实现。

第二，基金营运风险存在。除了通货膨胀影响之外，基金制下积累的巨额社会保险资金常常受制于特定的经济条件、资本市场条件和政府干预程度，社会保险基金的营运面临较大的不确定性，这就对基金管理者提出了较高的要求。

第三，互济性较弱。基金制注重效率而难以体现社会公平的目标。在以缴费数额决定给付水平的基金制社会保障基金筹资模式下，低收入者或负担较重的雇员往往难以通过自身预提积累的保险金给付，来满足维持其最基本生活水平的目标。事实上，这也是国际上普遍存在的一个现实问题。

（3）部分积累模式。部分积累制又称部分基金制，是完全积累制与现收现付制相结合的一种社会保障基金筹资模式。这种模式根据两方面收支平衡的原则确定社会保险费率，即当期筹集的社会保险基金的一部分用于支付当期社会保险金；另一部分则留给以后若干期的社会保险金支出，在满足一定时期（通常为5～10年）支出的前提下，留有一定的积累金。因此，可以说现收现付制是社会保险基金的短期平衡。基金制是长期平衡，而部分积累制则是中期平衡。

部分基金制既不像现收现付制那样，不留积累基金，也不像完全积累制那样预留供长期使用的基金，其储备基金规模比现收现付制大，比完全积累制小。这种社会保障基金筹资模式兼具前两种模式的特点。就养老保险而言，这种模式力图在资金的横向平衡（工作的一代与退休的一代）和纵向平衡（人口年轻阶段与老年阶段）之间寻求结合点。同时，由于预留了一部分积累资金，使现收现付模式后将遭遇的人口老龄化带来的沉重资金负担得以减轻；又由于积累的资金规模比基金制小，在通货膨胀中基金损失的风险也低。

在实践中，由现收现付制向基金制转轨时，由于一次性填补过去现收现付制积累的债务非常困难，通常选择保留一部分现收现付制，同时建立个人账户，这便是部分基金制。我国养老保险制度改革初期提出的"以支定收，略有节余，留有部分积累"原则就是这种模式。社会统筹和个人账户相结合的部分积累制是一种创新模式，从理论上来看，在维持现收现付制框架基础上引进个人账户储存基金制的形式，积累基金建立在个人账户的基础上，具有激励机制和监督机制，同时又保持了社会统筹互济的机制，聚集了"两制"之长，防止和克服了"两制"的弱点和可能出现的问题。

4. 按基金所有权划分

依据基金所有权划分，社会保障基金包括公共基金、个人基金、机构基金。

（1）公共基金。公共基金为公共所有，其来源有财政拨款、按法律规定由雇主或雇员缴纳的社会保险费（税）、社会捐赠、国际赠款。例如，养老保险、医疗保险、失业保险、工伤保险、生育保险等社会保险基金都属于社会统筹的部分。

（2）个人基金。个人基金是归个人所有的非财政性社会资金，但它不同于银行存款和各种有价证券的资金。它是按法律、法规、规章缴纳并记在个人账户用于专门用途的基金，如个人账户养老保险基金等。

（3）机构基金。机构基金是用于单位为其职工建立的福利性社会保险基金，所有权全部或部分归集体所有，按照国家的政策和单位的规章，对符合条件的职工给予补贴，如用人单位的福利基金等。

5. 按支付形式划分

社会保障基金支付形式是指社会保障经办机构在支付社会保障待遇时所采取的具体形式或方法。社会保障基金的支付有三种基本形式，即现金支付、服务提供和实物补助。

现金支付是社会保障基金支付的主要方式。其中，社会保障基金的支付相当部分采用现金形式，社会救助基金、社会福利基金支付的一部分也往往采用现金补助形式。

服务提供是向保障对象提供的专项服务。医疗服务、义务教育等都是典型的例子。随着社区服务的发展，越来越多的保障待遇体现为服务形式。而且越来越多的服务是由基金开支，通过政府购买服务，再无偿提供给保障对象。

实物补助是指直接向保障对象提供实物形式的保障待遇。通常在社会福利、社会救济基金项目的支付中，会不同程度地采用实物补助形式。医疗、工伤、伤残保险基金项目中，也按需要提供一定的实物补助待遇。

二、社会保障基金的特征

由社会保障基金的定义可知，社会保障基金既有和其他基金共有的属性，也有和其他基金不同的地方。这些不同之处，就体现为社会保障基金的特征。社会保障基金具有的相互影响的显著特征主要包括法律强制性、基金统筹互济性、储备性和专用性。

（一）法律强制性

社会保障基金是国家通过法律、法规强制筹集、管理和使用的，它的运用受到法律、法规的规范和限制。社会保障基金的缴费标准、缴费项目、待遇给付及给付条件等均由国家的法律、法规或地方政府的条例统一规定，任何单位和个人均无自由选择和更改的权利。凡属于法律规定范围内的成员都必须无条件参加基本社会保障制度，按规定履行缴纳社会保障费或社会保障税的义务。社会保障基金管理机构必须依法实施社会保障基金的投资运营，确保社会保障基金具有稳定的资金来源和安全有效的基金管理方式。这种强制力是双向的：一方面，每一个相关社会成员都必须依法缴纳税费，不得拒交，也不得自行选择退出。另一方面，作为受托人的政府也必须依法履行职责，所提供的各种保障待遇必须符合法定要求，不得拒付。

（二）基金统筹互济性

因为每个人发生风险的概率和风险大小是不同的，但在社会保障基金筹集时并不考虑这种差异，而是按统一标准筹集，从而使得社会保障基金具有互济性特征。社会保障基金的分配与使用，不是完全与其来源对应或者关联的，也不是与个人对社会保障基金做出的贡献完全关联的，而是根据不同人口群体甚至个人的实际需要，主要用于那些最需要帮助的人。有些人的收益大于贡献，有些人的贡献大于收益，不是平均分配。可以说，社会保障基金就是集大家之力，帮助个人完善基本生活或减轻风险损失，具有一定的社会互济性，这也是社会保障的应有之义。

社会保障基金的互济性是全社会范围内社会成员间的互济，带有明显的再分配性质。互济可以分为横向互济和纵向互济两种。横向互济主要是指地区之间、单位之间、同一时期的劳动者之间的互济。由于经济发展水平、经营状况、工作性质、收入水平的不同，不同地区、单位、劳动者承担的社会保障缴费义务也不同，同样，每一地区、单位及其劳动者遭遇风险事件的概率也有所不同。缴费较多的地区、单位、劳动者可能遭遇的风险事故较少，因而所需的社会保障基金也较少；反之，缴费较少的地区、单位、劳动者可能遭遇的风险事故较多，因而所需的社会保障基金也较多。纵向互济是指不同代的劳动者之间的互济，这在现收现付制和部分积累制的养老保险制度中表现得比较明显，工作的劳动者所缴纳的养老保险费用于已退休劳动者的养老金支付，而当工作的劳动者退休时，其养老金待遇由未来的劳动者承担。因而，这就需要专门的社会保障机构统一调度使用社会保障基金。正是通过在一定范围内统一调度使用社会保障基金，才能达到社会成员共同抵抗社会风险、减缓风险对个体的冲击的保障目标。

(三) 储备性

在社会经济生活中，社会保障基金的需求与社会保障基金供给能力之间存在一种反向关系。在经济发展状况好，自然界风调雨顺，社会对社会保障的承受力强的时期，社会保障基金的需求量相对减少；而在经济萧条，自然灾害频繁，社会对社会保障承受能力相对较弱的时期，社会保障基金需求量反而增大。为了解决社会保障需求与社会保障基金筹集的矛盾，必须对社会保障基金进行预先储备。

社会保障基金的储备性主要表现在：

第一，有些社会保障基金，如贫困救助、社会福利、优抚安置等基金，往往是采取以支定收的方式筹集，按照支出预期确定的收入在满足了预算年度的支付需要之后一般都有少量结余，从而形成社会保障基金储备的来源。

第二，有些社会保障项目，如灾害救助等，往往是由突发因素引起的，为这些项目筹措的资金也要预先储备。

第三，社会保险基金本身是为未来可能发生的风险积累的基金，这些基金的筹集和使用在时间上是不一致的，已经筹集起来的社会保险基金在其尚未使用时自然处于储备状态。可见，储备性是社会保障基金与其他财政资金相比较的一个显著特征。

(四) 专用性

社会保障基金只能用于特定的医疗、疾病、失业、工伤、养老、家庭、残疾、生育、遗属等用途，由于法律的强制性规定，其使用的范围和标准都具有专属性，在实践中不得以任何形式挪作他用，即社会保障基金具有专用性。社会保障项目类别繁多，并且各项目之间的保障对象、保障目标、适用范围等相对独立，决定了社会保障基金的专用性特征。社会保障基金专用性有两方面的含义：一方面，社会保障基金是专门为社会保障事业设置的基金，它只能用于社会保障方面的开支，不能挪作他用；另一方面，社会保障基金一般都是为专门的社会保障项目设立的，每种基金一般也都有与之对应的保障项目。因此，各种保障基金都要被用于其对应的社会保障项目，而不能用作其他保障项目。例如，社会保险基金是专门为社会保险事业设置的，不能被用于社会救助、社会福利等其他保障项目；失业保险基金是专门为因失业而丧失收入的风险设置的，不能被用于养老社会保险、医疗社会保险等其他保险项目。

社会保障基金除具有上述显著特征之外，还具有稳定性、社会性、长期性、双效益性特征。法律的强制性规定使社会保障基金的缴纳比例具有确定性，支付额度和期限具有预期性。由于其用途的专用性，其支付额度波动比率较小，因而其资金额度和结构都非常稳定。相对于其他基金来说，社会保障基金的社会性表现特别明显，社会保障基金的筹集和使用在全社会范围内进行，世界各国社会保障的层次和范围不断提高，多数西方发达国家的社会保障基金已经实现全国统筹。由于社会保障基金目的的特殊性，其给付周期往往与人的生命周期密切相关，其给付责任期较长。例如，基本养老保险基金除统筹部分现收现付以外，个人账户基金根据参保人的生命周期来运行，期限可以达到几十年。也缘于社会保障基金特殊的目的，社会保障基金的投资要同时兼顾社会效益和经济效益，并以社会效益为前提，即社会效益是社会保障基金存在的根本目的，经济效益能保证基金规模，若想减轻国家、企业和个人的负担就必须提高基金的投资收益。

三、社会保障基金的功能

社会保障基金最基本、最重要的功能是保证社会保障制度的稳健和可持续运行，实现社会保障制度的政策目标。除此之外，它还具有一定的调节投融资、促进金融市场发展等功能。所以社会保障基金的功能主要表现在两方面：一方面，是作为社会保障制度本身所发挥的功能——增强抵御风险的能力，保证社会的安定；发挥保险互济的作用，增强社会的凝聚力；发挥基金的经济功能，促进经济的发展；另一方面，是作为积累基金所发挥的独特额外功能。

（一）作为社会保障制度本身所发挥的功能

1. 社会稳定的重要工具

自然灾害、意外事故、贫困和弱势群体等都有可能发生在现实社会中的任何国度，如果社会制度安排有缺陷，问题解决不及时、不妥当，就会成为社会的一种不安定因素。社会保障正是一种降低社会风险的制度安排。因此，社会保障基金具有稳定社会的功能。由于社会保障基金的存在，国家和社会得以向社会保障受益人给付相应的款项，帮助他们渡过难关，使他们有基本的生活保障，从而减少社会不稳定因素，实现社会安定。因此，人们形象地将社会保障制度比喻为社会稳定的"安全网"，将社会保障基金比喻成社会稳定的"减震器"。

2. 收入分配差距的调节手段

在市场经济社会中，社会财富的初次分配更强调效率，再分配更强调公平。由于在能力、机遇等方面的差异，社会成员间的收入可能有较大的差距。一部分社会成员生活比较困难，一部分社会成员遭遇风险事故，其个人和家庭生活就可能陷入困境。对这种分配差距如不加以适时、适当调节，就可能激化社会矛盾。

因此，现代社会需要有社会公平的调节器，社会保障正是这种调节器之一。国家和社会依据法律、法规征集社会保障基金，再按照社会公平原则分配给收入较低或遭遇风险事故的社会成员，这就在一定程度上调节了社会成员之间的收入差距，有利于实现社会公平，促进社会和谐。

3. 劳动力再生产的重要保证

在促进经济发展和社会进步的各种要素中，劳动是最重要的要素。因此，劳动力再生产是人类文明进步的关键环节。社会保障制度是社会劳动力再生产顺利进行的重要保证，而社会保障基金则使这种保障得以落实。社会成员因疾病、伤残、失业而失去正常的劳动收入，会使劳动力再生产过程陷入难以为继的状态。社会保障基金的存在使得社会成员在遇到上述风险事故时，可获得必要的经济帮助，使劳动力得以恢复，使劳动力再生产得以正常进行。例如，社会医疗保险基金所提供的医药费补贴和医疗服务，有助于患病和受伤的劳动者早日恢复健康，重返工作岗位。

4. 对社会经济和文明发展的促进作用

社会保障基金不仅具有稳定社会的功能，而且具有促进社会经济和文明发展的功能。

首先，社会保障基金通过稳定社会促进经济发展。社会保障基金的筹集和给付，缩小了社会成员的收入差距，保障了社会成员的基本生活，避免了一部分社会成员因生活陷入困境而产生与社会对抗的现象，降低了社会风险，缓和了社会矛盾，从而为经济发展创造了稳定的社会环境。其次，社会保障是一种社会互助机制，通过国民收入再分配筹集社会保障基金，体现了社会成员互相帮助的精神。无论是社会救助、社会福利还是社会保险，都体现了尊老爱幼、扶贫济困、友爱互助的精神，体现了个人利益与社会利益、眼前利益与长远利益之间的协调关系，这对于增强社会成员的责任感具有积极的意义。因此，社会保障基金具有促进社会文明进步的功能。

(二) 作为积累基金所发挥的独特额外功能

1. 为经济发展积累资金

首先，社会保障基金对经济发展具有调节作用。根据宏观经济学原理，社会保障基金属于转移支付部分，是国民收入决定理论中的重要变量，会通过乘数原理成倍数地作用于均衡国民收入。因此，在经济膨胀时，可以利用社会保障杠杆，把一部分消费基金转化为社会保障基金，从而推迟消费要求对市场的压力，抑制消费基金的膨胀；而在经济萧条时，社会保障基金可以转化为消费基金，有利于增加消费，促进经济发展。其次，社会保障基金中的一部分转化为生产建设资金，进入资本市场，促进经济发展。此外，社会保障机制有利于劳动力资源的优化配置，促进劳动者身心健康，帮助劳动者提高劳动技能，从而促进经济发展。

2. 促进金融市场的发展

规模庞大的社会保障基金，对于一个国家的金融市场发展会起到重要的促进作用。首先，社会保障基金进入金融市场，给金融市场注入了强有力的资金支持，对金融市场起到巨大的支撑作用。一般来说，社会保障基金占国内生产总值比例较高的国家，通常也是那些具有规模较大、效率较高的金融市场的国家，这种情况在欧洲表现得尤为突出。其次，作为长期计划资金，社会保障基金能够有效地增加金融市场的总供给，促进金融市场规模的扩大。尤其是在完全积累制和部分积累制下，沉淀的大量存续期较长的资金涌入市场，会刺激和满足市场上筹资主体的资金需求。再次，社会保障基金有利于机构投资者的扩大，保持金融市场的稳定发展。最后，社会保障基金投资有利于金融市场的深化和创新。

第二节　社会保障基金的筹集

一、社会保障基金的筹集原则

社会保障的筹集模式是指社会保障资金筹集的基本方法和途径。社会保障筹资模式虽然主要是解决社会保障资金筹集问题的，但也并非仅仅是筹资问题，筹资模式往往决定了采取何种社会保障资金管理和支付方式，甚至决定整个社会保障制度的运行过程。因此，社会保障筹资模式的选择是构建整个社会保障制度的关键问题。社会保障体系的完善，关键是要有一个稳定、可靠的资金筹措机制。

国际劳工组织对社会保障基金的筹集提出了三项原则：一是受保职工负担的费用不应超过全部所需费用的一半；二是避免低收入者负担过重；三是要考虑本国的经济状况。在实践中，社会保障基金的筹集主要遵循以下四个原则。

（一）适度原则

筹集社会保障基金应充分考虑社会经济协调发展的客观要求，确保社会保险制度正常运行，即筹集的规模和水平应与经济发展水平相适应，要充分考虑国家、单位和个人的经济承受能力。如果社会保障基金筹集的规模过大，会加重企业、个人的负担，使企业失去竞争优势，影响整个经济的持续发展；如果筹集的规模偏小，就不能有效地满足社会成员的保障需要。因此，社会保障基金的筹集应根据社会经济发展水平，经过保险精算等数学计算，确定一个合理的筹集标准。

（二）公平原则

由于社会保险是一种实行国民收入再分配的重要的政策手段，因此社会保险基金筹集的公平性也是一条重要的原则，特别是与社会保险给付相关的负担公平，应作为筹集社会保险基金中的一项根本原则对待。在社会保险基金的筹集过程中，应主要从以下三个方面去考虑其公平性问题。

1. 大多数社会成员与少数低收入者之间的负担公平

由于少数低收入者的负担能力通常是贫乏的，而大多数其他社会成员根据其能力负担保险费是公平的。因此，在很多国家筹集保险费时，往往设定最低缴费限额，低于缴费最低限额者可以免交保险费，以保护那些少数低收入者。

2. 保险给付与保费负担之间的公平

保险金的给付一般是采用收入（或工资）比例制。作为一项公平的措施，在社会保险基金筹集的负担上，也有必要采用收入比例制。这当然不是绝对的对应关系，而应是一种既反映公平性，又能体现收入再分配手段的综合平衡的结果，这对于所有被保险人都适用。

3. 代际的负担公平

代际的负担公平主要是现职一代与老人一代、现在一代与将来一代之间的负担公平。不论是养老保险还是医疗保险，其费用的承担者主要是现职一代，然而养老保险、医疗保险的主要受益者是老人一代，因此从公平角度出发，有必要要求老人一代对诸如养老金也能做出贡献。例如，有的国家对养老金给付适当征税等，以便平衡两代人的负担。养老金的公平负担问题还涉及现在一代与将来一代的平衡，有的国家由于人口老龄化，为了向现代的老人提供规定水平的给付，提高了社会保险的缴费率，从而加重了将来一代的负担。因此，在制定有关政策与规定时，必须从长远考虑，避免将来一代负担过重。

（三）效率原则

按照经济学的理论，社会生产活动的最终目的，就是从生产商品的消费中获得效用。如果人们能从已知的经济资源的利用中获得更大的效用，那么这种资源的利用效率就是比较高的。但是，资源利用效率的高低，又依存于生产产品的数量、品种构成以及社会成员的分配三个要素，所以作为国民收入再分配的重要途径，社会保险基金的筹集也必须遵循充分发挥资源利用效率的原则。这一原则能否得到充分发挥，主要应从以下三个方面进行考虑。

1. 社会保险基金的筹集是否阻碍了个人和企业参加生产活动的愿望。分配负担和负担水平的不适当，有可能阻碍个人和企业的活力。一旦负担过重，对个人和企业经济活动的刺激就会减弱，从而就有可能导致经济活力的下降。目前，许多国家都存在显著提高国民负担的倾向，特别是在欧洲各发达国家，社会保障税在国民收入所得中的比重过高，已开始制约经济效率的提高。

2. 社会保险基金的筹集是否阻碍了社会保险基金资源的有效分配。这种有效分配主要表现在促进适当消费和抑制过度消费两个方面。因为社会保险资源的分配存在着较大的外部经济效果，因此，在社会保险费的负担上，要注意把被保险人的负担规定在与适当消费相称的水平上。因为如果被保险人负担的水平过低，就会诱发人们的过度消费，从而降低社会保险基金的利用效率。特别是医疗保险，由于其消费量是根据各自情况而定的，所以在医疗保险中抑制医疗服务的过度消费应作为主要问题来考虑。

3. 社会保险基金的筹集能否增强人们社会保险的费用意识。费用意识的欠缺和对费用的过小评价，将会诱发对社会保险给付的过大需求和欲望。社会保险和其他社会经济政策一样，如果它的立足点是基于国民的偏好，那么过大的需求与欲望将最终导致过度的福利。中国过去的医疗服务，提供的基本上是免费医疗，不仅导致了过度的消费，而且造成了医疗资源的极大浪费，这主要是由于人们在消费过程中根本无任何费用意识造成的。因此，在考虑社会保险基金筹集的方法中，必须引导人们增强费用意识。

（四）依法筹集原则

社会保障制度是由国家依法举办的关系国民生存和发展利益的活动，具有强制性特征。而社会保障基金的筹集又涉及法律关系各方的切身利益，所以这项工作的实施，一定要在法律的范围内依法行事。对于行政主管部门或是业务经办机构而言，依法筹集就是要由法律赋权的机构和人员，按照法定的筹集范围、税费比率按时、按量收缴，既不能随意超范围、超比率地摊派多收，也不能拉关系徇私情漏收、少收。对于企业单位（雇主）或个人而言，依法筹集，就是按时、按量地足额缴纳社会保障基金，不应无故迟缴欠缴。

二、社会保障基金的来源与负担方式

社会保障基金的来源涉及基金的资金来源由谁来承担的问题。一般来说，社会保障基金由国家、企业和个人三方负担，以社会保障税或社会保障费的形式征集。具体到各个国家，负担方式各不相同，主要有以下七种负担方式。

（一）单位缴纳

在市场经济条件下，单位履行社会保障责任的方式，主要就是为员工缴纳养老、医疗、失业、工伤等各项社会保障费，使其在工作期间遭遇非自愿失业以及年老丧失劳动能力时都能获得基本生活保障，这样也提高了员工的劳动积极性，消除其后顾之忧，使其更加积极工作。单位缴纳的社会保障费是按照员工工资总额的一定比例缴纳的，是社会保障基金的一项稳定来源。

（二）劳动者个人缴纳

参加社会保障的每个人既是社会保障权益的享受者和受益人，又是社会保障费用的承担者和义务人，个人缴纳社会保障费是享有权益的前提。个人按照自己工资或收入的一定比例缴纳社会保障费，缴费和享有的费用没有等价性。个人缴费是社会保障基金的一项重要来源。

(三) 国家财政

社会保障基金具有维护社会稳定的作用，政府在社会保障基金筹集上有不可推卸的责任，要帮助弥补保障基金的不足。国家财政支持的形式主要有直接拨款、税收优惠、利率优惠。

(四) 社会捐赠

在国外，社会捐赠是社会福利事业和慈善事业的主要来源。在我国，社会捐赠也是社会保障（特别是社会福利）的主要途径之一。社会捐赠虽然资金量比较大，但不是持续稳定的资金来源。

(五) 福利彩票

福利彩票是我国近几年新增的一种筹资方式，是经过国务院批准的，为兴办残疾人、孤儿、老年人等福利事业，通过发行彩票的形式，筹集社会保障资金的活动。

(六) 基金运营收入

社会保障基金，特别是沉淀时间长的养老基金，都有通过投资运营达到保值增值的要求。目前我国基金规模较小，投资渠道也较少，主要投资形式是银行存款和购买国债，投资收益较低。随着社保基金规模不断增加，资本市场日趋完善，基金的投资运营收入将会成为我国社会保障基金的重要资金来源之一。

(七) 各国社会保障基金的具体负担形式的组合实践

各国社会保障基金的具体负担形式在实践中不仅仅是上述来源中的一种，而是多种来源的组合，或由企业、政府或个人全部缴纳；或由企业与个人共同缴纳；或由企业缴纳与国家资助；或由个人缴纳与国家资助；或由个人、企业、政府三方共同负担。具体而言，有以下六种常见的组合方式。

1. 由国家统一征税，雇主和雇员不用缴纳

采用国家统一征税，雇主和雇员不用缴纳的方式筹集基金的国家有澳大利亚等。大多数国家，政府承担社会保障费的比例都非常小，只有澳大利亚除外。这是因为澳大利亚属于救济性社会保障制度，受益人享受社会保障待遇需要经过收入状况调查。而实际上，享受社会保障待遇的人可能大多数不是劳动者，因此通过劳动者及其雇主缴费的办法进行筹资的方式是不公平的。

2. 由国家、雇主和雇员三方负担

采用由国家、雇主和雇员三方负担的方式筹集基金的国家，主要有英国、日本、意大利、德国等。各个国家有关社会保障基金的三者分担比例并不相同，具体到不同的险种，也并不完全是由三方共同负担。其共同点是承认政府、雇主和雇员在社会保障中均应承担相应的责任，体现了风险共担的原则。在欧美国家的市场经济中，社会保障基金主要来自企业和雇员缴纳的社会保险税。另外，每年政府财政也会有很多拨款，这部分资金一般占

整个社会保障基金的 20%～40%。

3. 由雇主和雇员共同负担

采用由雇主和雇员共同负担的方式筹集基金的国家,主要有新加坡、印度和印度尼西亚、美国等。新加坡实行的是中央公积金制度,由雇主和雇员共同缴纳,并且很多年份两者的缴费率相同。政府虽不承担缴费责任,不对公积金征税,但为公积金的支付承担担保。美国实行的是现收现付财务制度,体现社会保障的共济性,同时也鼓励个人自我保障和企业的补充保障。印度社会保障基金也主要来源于雇主和雇员缴费,失业保险由雇主单独承担,只有在医疗保险和工伤保险中,政府承担很少的义务。总体而言,实行雇主和雇员两方负担的国家更注重政府作为管理者的功能,相信市场主体(即个人和企业)的作用,能够通过政府的有效引导达到保障的目标,政府是规则的制定者。

4. 主要由政府和雇主共同负担

采用主要由政府和雇主共同负担的方式筹集基金的国家主要是瑞典、挪威、冰岛、丹麦、芬兰等斯堪的纳维亚半岛上的典型高福利国家。这些国家的福利支出来源大多数由政府和雇主承担,而且政府在其中起着主导性的作用,承担着巨大的责任。他们强调社会保障是每个公民应当享有的权利,坚持平等主义原则,在社会保障的层面上注重打破等级结构的不平等,强调政府承担全面责任的原则。政府把济贫转变为经济性的福利项目,把各种社会保障项目加以制度化,并将其逐步纳入自身的必要职能,从而全面承担起社会保障的责任。

5. 由雇员单独负担的方式

采用由雇员单独负担的方式筹集资金的,主要是拉丁美洲的一些国家,其中以智利的社会保障制度最为成功。智利原有的社会保障制度与德国等欧洲国家的模式较为相近,实行个人、企业和政府三方共同负担社会保障基金的方式,其中政府的责任较重。而采取雇员单独负担的方式则减轻了政府的负担,但加重了雇员的负担。

6. 我国社会保障基金的筹集来源

我国的社会保障基金筹集来源多元化,资金主要来源于国家、企业和个人的共同缴费,另外有社会捐赠、投资收益等其他来源。

三、社会保障基金的筹集方式

从社会保障基金的筹集方式来看,世界各国的社会保障筹资方式主要有三种方式,即征税方式、缴费方式和强制储蓄方式。

(一)征税方式

征税方式是根据国家立法规范,由政府运用行政权力,采取税收形式强制筹集社会保险资金的一种筹集方式。西方发达国家通常采取这种方式来筹集社会保障基金。社会保障税是为筹集社会保障基金,以企业的工资支付额为课征对象,由雇员和雇主分别缴纳,专门用于各种社会福利开支而征收的一种目的税。所以征税方式就是指征收社会保障税。在税率方面,一般实行比例税率,雇主和雇员各负担50%,个别国家雇主和雇员使用不同的税率。例如,美国现行社会保障税率为12.4%,由雇主与雇员各承担其中一半,即6.2%

（个体经营者则承担全部 12.4%），并施行年度浮动最高应税工薪限额，如 2018 年和 2019 年最高应税工薪限额分别为 $128 000 和 $132 000。

社会保障税起源于美国，目前已成为西方国家的主要税种之一。凡是在征税国就业的雇主和雇员，不论国籍和居住地何在，都要在该国承担社会保障纳税义务。据国际货币基金组织（IMF）公布的最新统计数据显示：2010—2015 年，全世界 170 多个建立社会保障制度的国家中有 132 个国家实行社会保障税制度。

征税方式具有很多优点：依法征收，强制性强，负担公平，有利于提升社会保障的社会化程度；基金来源比较稳定；保险项目简单明了，缴税和支付有章可循，管理简便。但征税方式筹集的社会保障基金多用于社会统筹开支部分，并通过年度预算安排，以年度收支平衡为目标，无法积累基金，无法应对危机，尤其是人口老龄化加快，会对国家财政造成巨大冲击。

（二）缴费方式

缴费方式是政府社会保障部门依据有关法律规范，强制向用人单位和劳动者个人征收并用于特定社会保障项目的基金筹集方式。通过缴费方式筹集的社会保障基金，独立于国家财政预算之外，实行专款专用，不足部分由国家补助。新加坡是此缴费方式的代表。

通过缴费方式筹集社会保障基金，缴费者与受益者有直接联系，甚至就是受益者本人，具有自我保障的特征。这一点与征税方式有着明显的区别，纳税者与税款的受益人没有直接联系，具有无偿性的特征。

征税方式与缴费方式是社会保障基金的两种主要筹集方式，都是为实现社会保障制度的特定目标，在国家法律、法规的规范下，按照法定的形式、比率面向社会进行的资金收缴活动。至于具体选择征税方式还是缴费方式筹集社会保障基金，各个国家根据自己的国情而定。

（三）强制储蓄

强制储蓄制也称个人账户制，是指雇员和雇主按规定的缴费率将社会保险费存入为雇员设立的个人账户，需要时按规定从个人账户中支取的一种筹资模式。在国家立法规范下，覆盖范围内的任何单位和个人都必须根据有关的法律、法规规定参加强制储蓄，不得擅自更改或中途退出。强制储蓄制一般仅适用于完全积累型的养老保险等社会保险项目。

（四）其他方式

除了以上三种常见的方式之外，社会保障的筹资还有很多方式。例如，发行福利彩票，可以募集到相当数量的社会保障基金；而向服务对象收取一定的服务费，则构成了福利事业的重要经费来源；还有社会募捐等。这些筹资方式虽然并非法律强制性的筹资方式，但同样可以对社会保障基金起到重要的补充作用。

第三节　社会保障基金的使用和运营

一、社会保障基金的给付

社会保障基金支付是与社会保障基金筹集相对应的范畴，是指按法律、法规和规章的规定，由社会保障机构按一定的标准和方式将资金支付给符合条件的保障对象，以保障其基本生活需要的行为。这是社会保障基金管理的最终环节，也是国民社会保障权益实现的标志。社会保障基金给付是社会保障目的和功能得以真正实现和发挥的关键环节。

(一) 社会保障基金支付的范围

社会保障基金的支付范围概括起来主要包括：社会保险基金支付、社会救助基金支付和社会福利基金支付。

社会保险基金支付通常涉及养老保险、医疗保险、失业保险、工伤保险和生育保险等保险项目的支出，以保障劳动者遇到各种劳动风险时的基本生活需要。国际上的社会保险基金支付通常划分为五个方面：①养老、残障、死亡；②疾病、生育、医疗护理；③失业；④家庭津贴；⑤工伤及其他。

社会救助基金支付主要表现为国家和社会为因各种原因而不能维持最低生活需要的社会成员提供物质帮助。社会救助主要分为灾害救助和贫困救助，社会救助基金在待遇支付上也表现出不同的特征。在灾害救助方面，因取决于灾害的发生及其危害程度，救助待遇给付表现出临时应急性特征，强调快捷有效，以真正解决灾民的生活困境为最高目标；在贫困救助方面，则表现出稳定性、长期性等特点，济贫待遇常常低于政府确定的最低生活保障线或贫困线。

社会福利基金支付主要表现为政府通过为社会成员提供设施和服务或者直接提供货币津贴等形式提高人们的生活质量。政府为社会成员提供设施和服务是社会福利基金支付的最主要形式。

(二) 社会保障基金支付的原则

社会保障基金支付涉及社会保障待遇支付水平。社会保障待遇支付水平主要是指社会保障的受益人领取的各项社会保障的待遇和获得经济保障的水平。它反映一个国家的社会保障水平和政策目标。确定合适的社会保障待遇支付水平要遵循以下原则。

1. 保障受保障者基本生活需要的原则

人的生活需要可以分为生存的需要、发展的需要和享受的需要。社会保障的一个基本功能就是在社会成员生存受到威胁时保障其基本生活需要。在不同的时期，基本生活需要的内容和水平并不完全相同。在确定社会保障待遇给付水平时就要有一个基准，使之能够与社会经济发展水平相适应。保障基本生活需要要求社会保障支付水平标准既不能过高，给经济、财政带来沉重的负担；也不能过低，以致无法实现社会保障功能。

2. 随物价上涨提高待遇水平的原则

社会保障的基本目标就是保障社会成员的基本生活水平。社会成员的基本生活水平取决于一定的收入水平和消费水平，其生活状态直接决定于物价水平。在通货膨胀期间，物价上涨会使受保障者的购买力水平减弱，意味着受保障者的生活水平会下降。因此，社会保障基金支付的标准需要随物价的变动而调整，其目的还是在于保障社会成员的基本生活需求，不至于因物价上涨而导致生活水平下降。

我国社会保障水平稳步提高。企业退休人员基本养老金自 2005 年到 2018 年连续 14 年上调，待遇水平稳步提高，如云南省 2018 年已提高至月人均 2 629 元。城乡居民养老保险基础养老金最低标准持续提高，2018 年 1 月 1 日起全国从 70 元提高到 88 元（每人每月），其中，云南省由 85 元提高至 103 元，广东省从 120 元提高到 148 元。职工医保和居民医保基金最高支付限额分别为当地职工年平均工资和当地居民年人均可支配收入的 6 倍，政策范围内住院医疗费用报销比例分别达到 80% 和 70% 左右。居民医保财政补助标准从 2007 年的人均 40 元增长到 2018 年的 490 元。大病保险实现城乡居民医保参保人员全覆盖，政策范围内费用报销比例超过 50%，有效缓解了大病患者和困难群体的医疗费用负担。全国月人均失业保险金水平已达 1 228 元，工伤保险待遇稳步提高，生育待遇水平提高到人均 1.81 万元。社会保障待遇水平的稳步提高，保障了参保人员的基本生活，让人民群众合理分享了经济社会发展的成果㊀。

我国各省区市人力资源与社会保障部门将定期根据本地区社会经济发展、物价水平和职工工资水平的增长情况调整与收入分配及社会保障水平密切相关的月最低工资标准及非全日制工作小时最低工资标准。以月最低工资标准的调整为例，自 2018 年 10 月至 2019 年 3 月，河南、重庆、海南、安徽等 4 个省区市调整并执行了新的月最低工资标准，依次按 1 至 3 类区月最低工资标准对 31 个省区市排序的结果如表 5-1 所示，其中，上海、深圳、北京、广东均在 2018 年执行了新标准，依次以每月 2 420 元、2 200、2 120 元和 2 100 元位居前四位。

3. 共享经济增长成果的原则

社会保障制度本身就是维护社会公平的制度，符合条件的每一个社会成员都应当平等地享受社会保障待遇。退出劳动领域的老年人、不能参与社会劳动的残疾人以及缺乏劳动能力的未成年人等，如果没有社会保障制度安排，是没有机会参与分享经济发展成果的。因此社会保障待遇支付还应当尽可能地通过扩大制度的覆盖面来使全体国民不同程度地得到保障，让全体国民分享经济发展的成果，并随着经济的不断发展及时提高全体社会成员的社会保障待遇支付水平。

（三）社会保障基金支付的方式

社会保障基金支付方式主要有三种，即货币支付、实物支付和服务支付。

1. 货币支付

货币支付是直接向受保对象发放货币资金，以发放现金为主。社会救济金、养老金、失业保险金、生育保险津贴等，都是以现金形式支付给受保对象。现金支付是社会保障基金支付的基本形式和主要形式，尤其是在社会保险基金、贫困救助基金支付中使用最为普遍。在社会福利基金支付中，有时也体现为货币支付形式，如在 2008 年全球金融危机时，为了刺激消费，一些国家和地区为社会成员普遍发放代金券、购物券等。

2. 实物支付

实物支付是向受保对象发放特定物资。实物支付是社会保障基金支付的重要形式。实物支付在社会福利和灾害救助中常被使用。在地震等自然灾害救助过程中，国家常常会直接向灾民提供生活所需的物资，如帐篷、食品等。

㊀ 人力资源和社会保障部党组. 让改革发展成果更多更公平惠及全体人民：改革开放 40 年社会保障体系建设的显著成就及其宝贵经验［DB/OL］. 人社部新闻中心. 2018-10-08. http://www.mohrss.gov.cn/SYrlzyhshbzb/dongtaixinwen/buneiyaowen/201810/t20181008_302536.html.

表 5-1　全国各地区最低工资标准情况及其排名表（截至 2019 年 3 月）

序号	地区	标准执行日期	月最低工资标准（单位：元）				
			1 类区	2 类区	3 类区	4 类区	5 类区
1	上海	2018.4.1	2 420				
2	北京	2018.9.1	2 120				
3	广东	2018.7.1	2 100	1 720	1 550	1 410	
4	天津	2017.7.1	2 050				
5	江苏	2018.8.1	2 020	1 830	1 620		
6	浙江	2017.12.1	2 010	1 800	1 660	1 500	
7	山东	2018.6.1	1 910	1 730	1 550		
8	河南	2018.10.1	1 900	1 700	1 500		
9	新疆	2018.1.1	1 820	1 620	1 540	1 460	
10	重庆	2019.1.1	1 800	1 700			
11	吉林	2017.10.1	1 780	1 680	1 580	1 480	
12	四川	2018.7.1	1 780	1 650	1 550		
13	内蒙古	2017.8.1	1 760	1 660	1 560	1 460	
14	湖北	2017.11.1	1 750	1 500	1 380	1 250	
15	福建	2017.7.1	1 700	1 650	1 500	1 380	1 280
16	山西	2017.10.1	1 700	1 600	1 500	1 400	
17	陕西	2017.5.1	1 680	1 580	1 480	1 380	
18	江西	2018.1.1	1 680	1 580	1 470		
19	贵州	2017.7.1	1 680	1 570	1 470		
20	广西	2018.2.1	1 680	1 450	1 300		
21	黑龙江	2017.10.1	1 680	1 450	1 270		
22	海南	2018.12.1	1 670	1 570	1 520		
23	云南	2018.5.1	1 670	1 500	1 350		
24	宁夏	2017.10.1	1 660	1 560	1 480		
25	河北	2016.7.1	1 650	1 590	1 480	1 380	
26	西藏	2018.1.1	1 650				
27	甘肃	2017.6.1	1 620	1 570	1 520	1 470	
28	辽宁	2018.1.1	1 620	1 420	1 300	1 120	
29	湖南	2017.7.1	1 580	1 430	1 280	1 130	
30	安徽	2018.11.1	1 550	1 380	1 280	1 180	
31	青海	2017.5.1	1 500				

资料来源：人社部定期发布的数据，依次按 1 至 3 类区工资标准排序，其中，广东深圳 1 类区为 2 200 元

3. 服务支付

服务支付是向社会成员提供服务及服务设施,是一种特殊的社会保障基金支付方式。服务支付是以购买服务手段和服务人员的劳动力,并将其转化为社会保障服务,进而实现社会保障基金支付的方式,是社会保障基金支付的辅助形式。社会福利基金以服务支付为主,如兴建敬老院、福利院、幼儿园,为公众免费体检等。

二、社会保障基金的运营

社会保障基金的运营,是指社会保障的管理机构或受其委托的机构,为增强社会保障基金的给付能力,提高社会保障的水平。对大量现成的社会保障储备基金通过高效安全的运营方式,使之保值和不断增值的过程。社会保障基金的运营就是将社会保障基金投入经济活动中以取得相应的收益,也就是社会保障基金的投资活动。在确定了社会保障基金筹集模式后,社会保障基金的运营就成为社会保障制度得以顺利运行的关键。

(一) 社会保障基金的投资原则

1. 安全性原则

安全性原则是社会保障基金投资的首要原则。它指的是社会保障基金投资必须首先保证在不承担过高风险的情况下,投资的本金能够按期全部收回,并取得一定的投资收益。这一原则是由社会保障基金的经济属性及其基本职能所决定的。社会保障基金是对被保险人未来给付的负债,是用来支付被保险人最基本生活费用的活命钱。如果社会保障基金投资不讲求安全性,预期的投资收益不能获取,甚至连投资的本金都无法收回,那么一旦保险事故发生,就无力支付社会保障金,从而影响被保险人的基本生活,甚至影响整个社会的稳定。因此,社会保障基金投资应把规避风险作为首要目标考虑。

2. 流动性原则

流动性原则是指社会保障基金运行的连续性、充分性并能及时地支付保险。流动性是安全性的保证。一方面,风险较小的投资品种,由于没有充足的现金、资产或者现有资产无法实现,必然白白地丧失投资机会;另一方面,当风险来临时,基金资产的流动性可以促成基金资产的优化组合,从而转移和规避风险。

3. 收益性原则

社会保障基金的收益性原则是指在符合安全性原则的前提下,尽可能使投资收益最大化。没有收益是谈不上保值增值和安全的。盈利是投资行为本身决定的,也是社会保障基金支出刚性增长的需要。如果社会保障基金投资能取得较大收益,则可以为社会保障基金支出提供可靠的资金来源,也有利于减轻国家、企业和个人的经济负担,在更高层次上实现对经济增长的推进。因此,收益性原则是社会保障基金运用的重要原则。如果说安全性是社会保障基金运用的根本,流动性原则是其保证,那么收益性原则显然可以认为是社会保障基金投资运营的核心。

4. 社会性原则

社会保障基金投资不能只讲经济效益,而应该兼顾投资的经济效益和社会效益,并以好的社会效益作为前提。投资活动必须与政府的政策目标相一致,根据国家的社会发展战略来确定社会保障基金的投资项目,这样既能实现社会保障基金的经济效应,又能与国家的宏观经济政策、策略相吻合,对社会经济的发展起到促进作用。

5. 分散化原则

投资都存在风险,为了使社会保险基金的投资风险最小,最有效的办法是采取分散化的方式,即将基金按不同比例同时向多条渠道投资。这样,可以形成以高比例的低风险项目配合低比例的高风险项目;以高比例的稳定收益配合低比例的高收益格局,既可以降低基金风险,又可以取得满意的回报。

(二) 社会保障基金的投资工具

许多国家或地区在决定社会保障基金的运作工具时,都遵循多样化原则,其目的是在避免高风险的同时,能够取得较高的收益。在遵循安全性等原则的基础上,各国根据本国社会保障基金的规模、资本市场完善程度及投资收益率等情况,对投资运营做出不同规定。各种运作工具所占的比例在各国之间差异很大,这与该国或地区社会保障的基本理念、资本市场的完善程度及社会保障基金的监管体制有着密切关系。

可供社会保障基金投资选择的投资工具,可以划分为金融投资和实业投资两类。其中,金融投资工具包括银行存款、债券、股票、投资基金、抵押贷款、期货等;实业投资主要包括投资兴办企业和投资不动产。社会保障基金可以投资新建企业进行独资经营,也可以与其他法人合资经营,还可以收购企业股权参与企业生产经营管理。社会保障基金投资不动产,如投资房地产和基础设施建设。不动产投资在经济持续发展的情况下可以保证有较高的收益率,但一般投资规模巨大且周期长、流动性不强。因此,绝大多数国家将社会保障基金用于不动产投资的比重都比较低。

1. 银行存款

通过银行存款可以获得稳定的利息收入,广义上讲,银行储蓄也是一种投资方式,而且是最安全的投资途径,一般认为这种投资是无风险的。在物价比较稳定的情况下,投资于银行存款既安全又保值。但在通货膨胀情况下,银行实际利率低,甚至是负值,基金就无法实现保值增值。虽然收益率较低,但银行活期存款可随时存取,短期定期存款方式也比较灵活,因此除期限较长的存款外,银行存款几乎具有完全的流动性。社会保障基金中的应急准备金和其他暂时不用的资金,都可以选择活期存款或短期定期存款的方式存入银行。为了体现对社会保险事业的支持和资助,许多国家对存入银行的社会保障基金给予优惠利率,特别是在通货膨胀水平比较高的情况下,对存入银行的社会保障基金给予保值补贴。总的来说,虽然银行储蓄的利率偏低,但从资金运用的安全性和流动性角度考虑,银行储蓄是可行的;而从收益性考虑,银行储蓄不能成为社会保障基金投资的主要形式。

2. 债券

债券是表明债权债务关系的一种凭证,是一种要求借款人按预先规定的时间和方式向投资者支付利息和偿还本金的债务合同。按发行主体的不同,债券可以分为政府债券、金融债券和企业债券三种。

政府债券包括中央政府发行的国债和地方政府发行的地方政府债券。从投资角度来看,由于政府债券有国家信用作担保,安全性高,流动性强,被称为"金边债券";与此同时，利率也比同期银行存款高，免除利息所得税，因此被认为是一种风险小、收益相对较高的投资工具。所以，社会保障基金的资产结构中必须保持相当一部分比例的国债资产，以此来保证社会保障基金投资的流动性和安全性，但政府债券的利率比公司债券低。

金融债券和企业债券投资的安全性比国债低。银行发行金融债券的目的是为效益好的贷款项目融资，因而它的利率较高；企业债券的种类、期限不同，其利率也不一样，但企业债券的利率一般都高于同期银行储蓄存款利率。这些债券的流动性状况与证券市场的发达程度有关，证券市场交易越活跃，市场规模越大，管理越规范，流动性就越好。一般而言，公司债券风险较大，利率较高；金融债券的利率往往高于政府债券而低于公司债券。目前我国证券市场还不完善，债券交易还受到发行债券的企业和银行经营状况以及国债利率过高的影响，市场对企业债券和银行债券的供给和需求都不大，债券的流动性还不是很高。因此，在我国社会保障基金的资产结构中，这两种债券的比例都不宜过高。

3. 股票

股票是股份有限公司发给股东，以证明其向公司投资并拥有所有者权益的凭证。根据股票的交易方式不同，社会保障基金可投资于一级市场和二级市场。股票的首要特点是具有较高的收益，以及较高的流动性。一般认为，股票是最能够减小通货膨胀时资产贬值影响的主要投资方式之一。这是因为，一方面股票代表的是对股票发行单位资产的所有权，随着公司的经营壮大，股票所代表的资产的实际价值也在增长，这是它能够使资产保值增值的主要原因；另一方面投资股票的定期收入不像债券利息那样是预先就确定了的，而是随着公司的经营状况不断变化，在存在通货膨胀的情况下，股票的红利也会增加，这样红利在一定程度上也能抵消通货膨胀的影响。当然，股票同时也具有较高的风险性和投机性。股票具有不可返还性，投资者一旦购买了股票，在公司的存续期内，就不能直接向公司要求退还股本，只能在二级市场上交易转让。股票的价格不仅取决于公司的经营状况和发展前景、经济、政治、社会等诸多因素的影响，还受到市场供求关系的影响，因此，股票价格的波动较为剧烈，具有更大的风险。因此，进行股票投资对投资者的运营水平要求较高，社会保障基金投资股市要更加审慎，以免使资金陷入危险的境地。许多国家都对社会保障基金购买国内外股票做了最高限额规定。

4. 投资基金

投资基金是一种社会化信托投资工具。它是公众化的证券投资方式，是由专门的投资机构通过发行受益人的入股凭证（基金单位），将分散的资金集中起来，再在证券市场上分散投资于股票、债券等特定的金融商品或其他行业。投资者按基金证券的份额分享基金的增值收益。投资基金作为一种全新的投资工具，其最大的优势在于专家理财、组合投资、规避风险、流通性强、效益较高且稳定。随着世界各国信托投资业务的发展，国际资本流动的速度也越来越快，投资基金已经成为社会保障基金投资的一个重要工具。自1999年10月以来，我国已经允许商业保险资金通过购买封闭式证券投资基金，间接进入证券市场。社会保障基金进入资本市场，也可以考虑将一部分资金投资于证券投资基金，在风险较小的条件下，谋求与股票市场大致相当的收益。

5. 不动产投资

不动产是指土地、住宅、厂房、办公楼等财产。投资不动产的收益也主要来自两个方面：一是通过地租获取租金；二是获取买卖不动产时的增额价差。投资于不动产一般需要巨额资金，同时，它的流动性比较差，但出现通货膨胀时，不动产的价格也将随之上升。因此，不动产投资也可以使资产价值免受通货膨胀的影响。我国社会保障基金对不动产的投资应以住宅建设投资为主。投资不动产，直接取得经营权以获取收益，也是社会保障基金投资的一种方式。

6. 抵押贷款

抵押贷款是指银行在发放贷款时，要求借款人以自己的资产作为抵押。一方面，借方有财产抵押，风险比较小；另一方面，收益相对较高，因此，抵押贷款可作为社会保障基金投资的一种方式。将社会保障基金用于发放抵押贷款在有些国家很普遍，例如，许多拉美国家把社会保障基金用于住房贷款，把社会保障政策和住房贷款政策结合起来。这样，中低收入者通过贷款购得住房，社会保障基金找到了投资方向。还有一些国家，如土耳其、埃及等，将社会保障基金用于国有企业的投资信贷，支持国有企业的发展，实现基金的保值增值。目前，在西方国家中，瑞典和丹麦的养老保险基金资产中抵押贷款的比重较大。

7. 风险投资

风险投资是指向有发展潜力的私营企业，特别是向开发高新技术或促使其产业化的中小企业提供股权资本，通过股权转让（交易）来收回投资并获取投资收益的行为。风险投资可以是直接投资，也可以合伙投资，或通过风险投资基金间接投资。风险投资与股票投资一样，也是生产性投资，因而具有内在的投资价值。但作为一种有创意的投资方式，与股票投资相比，风险投资的企业往往处于起步或成长阶段，这就决定了风险投资更具有高风险、高回报的特性。高科技产业的高成长性吸引了养老基金等机构投资者参与其中，以获得长期的高收益。

8. 衍生金融工具

所谓金融衍生产品，是指建立在传统金融产品（如股票等）基础上的新型金融产品。相对原生金融产品，衍生金融产品实行交易保证金制度，即只要支付一定比例的保证金即可进行金融交易，因而它的交易具有杠杆效应，保证金越低，杠杆效应越大，相应的风险也就越高。

随着经济全球化和跨国公司的增多，以及金融市场的不断完善，利率期货、股指期权等金融衍生工具已被用来减轻社会保障基金投资收益的波动性。但金融衍生产品自身的巨大风险还是限制了它在社会保障基金投资中的大规模应用，目前还只局限于进行投资组合的止损保险。

9. 海外投资

随着经济全球化和世界金融一体化进程的不断加快，各国资本市场在世界范围内形成了一个更广阔意义上的大市场。进行全球化投资组合管理，一方面，可以充分利用全球资本市场资源，扩大投资范围、优化投资组合、促使资产的国际多样化；另一方面，可以充分分散风险，有效地规避和控制投资组合风险，特别是系统性风险，规避国内股市变动对社会保障基金的冲击。当然，进入海外市场也要考虑可能遇到的汇率、信息不对称等问题，社会保障基金海外投资应循序渐进。海外投资范围可包括银行存款、外国政府债券、国际金融组织债券、外国机构债券、外国公司债券、中国政府或企业在境外发行的债券、银行票据、大额可转让存单、股票、证券投资基金等金融工具。

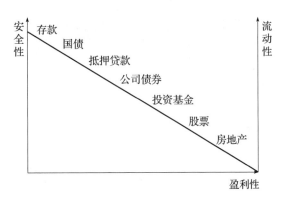

图 5-3　社会保障基金投资组合及投资三原则

各国社会保障基金投资实践证明，对基金投资进行多种资产的组合，不仅有利于分散风险，而且可以提高基金投资收益率。不同资产的安全性、赢利性和流动性有所不同，社会保障基金投资组合及投资三原则关系如图 5-3 所示。一般而言，流动性越强的投资变现能力越强，其安全性就越高，但赢利性就越低；反之，流动性越弱、安全性越低的投资风险性越大，就要求较高的赢利性作为高风险的补偿。

我国国务院批准的《全国社会保障基金投资管理暂行办法》规定，社保基金的投资范围限于银行存款、买卖国债和其他具有良好流动性的金融工具，包括上市流通的证券投资基金、股票和信用等级在投资级以上的企业债、金融债等有价证券。划入全国社保基金的货币资产的投资，按成本计算，银行存款和国债投资的比例不得低于 50%，其中银行存款的比例不得低于 10%，企业债、金融债投资的比例不得高于 10%，证券投资基金、股票投资的比例不得高于 40%。其中，由全国社保基金理事会直接运作的全国社保基金的投资范围限于银行存款、在一级市场购买国债，其他投资需委托社保基金投资管理人管理和运作，并委托全国社保基金托管人托管。社保基金委托单个社保基金投资管理人进行管理的资产不得超过年度社保基金委托总资产的 20%。

（三）社会保障基金投资的运作机构

社会保障基金是依法强制筹集的，但这并不意味着基金一定要由政府直接管理。世界各国的经验表明，政府直接管理基金的情况很少，大多数国家是将基金委托给专门机构管理。社会保障基金的管理机构不仅要有资本市场基金投资的经验，而且要有充分的社会保障各项业务的管理经验。同时，对社会保障基金的管理机构还应当建立相应的监察和监督机构，要防范风险于未然。发达国家的经验表明，对于企业补充保险形成的基金，其管理方式更为灵活，不同基金管理机构之间还可以开展服务竞争，以优质的服务和优厚的回报吸引更多的客户。同时，这些国家从政策上对机构运行的补充保障基金的监管以及法律规范也更加严格，这些方法都值得我们借鉴。

三、社会保障基金投资的政策调控

政府虽然不直接管理基金，但是，由于社会保障基金直接关系到社会的安定，所以，各国政府会针对不同的国内外宏观经济形势，采取各种有效措施确保社会保障基金的安全性和保值增值。

从发达国家的经验看，为了增强基金的安全性，政府往往规定在一定时期内基金不同投向的比重或比重区间，以指导基金管理机构避开风险大的区域。在外界形势变化时，政府指导的基金投向也相应变化。这样做的道理在于，政府往往比基金管理机构掌握更多的宏观经济状况的信息，比较容易做出正确的判断和指导。当然，这种指导是有弹性的，基金管理的具体责任还在于管理机构本身。同时，政府还通过再保险机构对基金实行保险，增加其安全性。为了保证社会保障基金的保值增值能力，有些国家还给予基金的投资收益以税收优惠，以增强基金的实力。

第四节　社会保障基金的管理

一、社会保障基金管理的必要性

由于社会保障基金的特殊性，各个国家都设立法律，对其筹集、投资、偿付等运营过程进行全方位的监督、管理，以确保其安全性。

第一，社会保障基金管理是弥补市场机制失灵的需要。市场经济不是完全可以依赖自身调节的完善机制，在外部性、信息不对称、报酬递减的情况下，市场机制就不是完全有效的，会发生市场失灵，这时就需要政府机制对其进行弥补。

第二，社会保障基金管理可以维护广大人民群众的切身利益。社会保障基金不同于一般的投资基金，是政府通过强制手段筹集起来的专项基金，用来保障广大人民的基本生活，属于社会公共后备基金，若出现管理缺陷或投资失败，公众利益将受到极大伤害，也会对社会安全稳定造成威胁，因此需要对其加以管理。

第三，社会保障基金管理是保证基金保值增值的需要。规模巨大的社会保障基金需要进入资本市场投资运营以保值增值，但进入资本市场就要承担市场风险，如果管理不力，投资运营不规范，造成社会保障基金的投资失败，就违背了社保基金投资的初衷。因此，通过有效地管理，减小社会保障基金的投资风险，是实现社会保障基金保值、增值的基本保证。

二、社会保障基金的管理机构

纵向上，社会保障基金的管理机构可以按权限分为三个层次，即高层管理机构、中层管理机构和基层管理机构。高层管理机构负责社会保障的全面立法，制定社会保障政策，实施监督，属于领导和决策层。中层管理机构负责具体贯彻落实社会保障的立法和政策，制定地方性实施细则和补充规定，属于辅助和传递层次。基层管理机构的职责是执行国家法令和上级机关的要求，属于社会保障的执行层次。在我国，全国人大及其常委会、人社部、民政部、财政部等相关中央机关为高层管理机构，省、自治区、直辖市的人力资源与社会保障厅（局）、民政厅（局）等机关属于中层管理机构，区（县）的人社局、民政局等机关属于基层管理机构。

横向上，社会保障基金的管理机构可分为社会保障主管机构、社会保障经办机构、社会保障基金运营机构及社会保障监督机构。社会保障主管机构负责社会保障政策的制定和协调管理，经办机构负责社会保障费的征缴和发放，运营机构负责社会保障基金的投资运营和保值、增值，监督机构负责对社会保障事业实施全面的监督管理。

社会保障基金的管理形式主要有两种，即政府部门直接管理的独立机构以及在政府监督之下的各种自治性协会和受政府委托管理社会保险业务的工会组织。

第一种形式通常由政府内的一个或几个部门管理和监督社会保障政策的实施，社会保障业务由政府部门直接管理的独立机构承担。例如，我国社会保障基金的管理体制可以包含分类管理和分散管理两个特征。所谓分类管理，是指我国社会保障基金基本上是按照社会保障项目的分类进行管理的，即分为社会救助基金、社会保险基金、社会福利基金、慈善基金等进行管理。所谓分散管理，是指我国社会保障基金由不同部门进行管理，如社会救助基金和社会福利基金主要由民政部部门负责管理和监督，社会保险基金由人社部部门进行管理和监督。

第二种形式通常由政府指定的部门进行监督，社会保障业务的具体经办由自治性的各种协会进行管理。法国、德国是这种形式的典型代表。法国由社会事务部颁布社会保险法规，并进行一般监督，由全国社会养老保险基金会管理养老保险，由全国医疗保险基金会管理伤残、医疗保险，由劳资双方组成的就业组织理事会负责管理失业保险。而社会救助和社会福利基金来源于政府的税收，则由政府直接管理。

三、社会保障基金管理模式

（一）政府集中型管理模式

政府除了承担立法、监督责任之外，还要负责社会保障的业务管理。政府集中型管理模式下，一般是由政府的社会保障主管部门和财政部门承担基金的全部管理职责。例如，日本的厚生年金和国民年金由厚生省的资金运营部门管理；美国的社会救济、社会保险基金在财政部设立专户，由财政部长、劳工部长、卫生和社会保障署署长以及总统指定的公众代表组成理事会进行管理；新加坡采取政府强制雇主、雇员双方缴费、建立个人账户，由统一的中央公积金局对基金进行运营和管理的方式。一般情况下，强制性社会保障基金都是由政府管理的，政府有关部门在安全的前提下也可以委托金融机构运营少量资金，以求获得较高的增值率。

（二）私营竞争型管理模式

私人多样化管理模式下，主要通过基金会的形式委托商业金融机构，如商业银行、基金管理公司、信托公司、保险公司等对社会保障基金分别进行托管和投资运营管理活动，自愿性社会保障基金绝大多数进行市场化管理，职业保险和个人储蓄性保险一般被划分在商业保险范畴中。法国、瑞士、澳大利亚的职业保险是强制性的，但仍属于个人基金，所以都由商业金融机构承办。英国政府的社会保险可以与私营金融机构竞争管理职业养老金。智利的养老保险基金实行政府强制雇员单方缴费，个人账户完全积累，全部由商业性金融管理公司经营基金的方式。

四、社会保障基金管理的内容

社会保障基金进入资本市场，政府必然且必须对社会保险基金的管理和运营实行严格的管制措施，这就需要制定一整套与之相关的管制规则，以确保社保基金的安全。管理的具体内容包括征缴管理、支付管理和投资管理。

（一）征缴管理

征缴管理是对社会保障税或社会保障费的征缴环节进行管理，是对缴费单位或个人与社会保障经办机构的征缴活动进行管理。

（二）支付管理

支付管理就是对经办机构是否按照规定支付进行监督和管理，包括经办机构是否按照规定的项目和标准支付，有无虚列支出挪用基金的，支付凭证和用款手续是否合乎规定，是否有骗取保费等行为。

（三）投资管理

投资管理就是对社会保障基金结余部分和投资进行管理，主要是检查是否挤占挪用结余资金和存放是否合乎规定，投资方面包括投资机构准入管理和投资运营的实施管理。

五、我国社会保障基金管理存在的问题

1. 基金监管有待进一步加强

社会保障基金的监管是由司法、行政机关依法对社会保障基金管理部门的基金运行过程的监督。但事实上，司法和行政部门由于缺乏法律依据，监管力度有限，对一些征缴困难及基金流失的问题难以采取强制性措施。

首先，基金收缴率下降，各地欠缴、拒缴现象难以有效遏制。以养老保险为例，1993—1997 年，全国欠缴养老基金分别为 33.5 亿元、56.6 亿元、66.1 亿元、87.18 亿元和 302.2 亿元。可见，养老基金欠缴数额呈逐年上升趋势。这是由于在高缴费率和低效益的压力下，企业拒缴、拖缴、少缴的现象时有发生，而有关监督部门不具有法律支持的强制收缴手段，造成基金欠缴现象难以遏制。

其次，由于政事不分等因素，已收缴的基金被挪用的事件不断发生。1995 年和 1996 年，全国被挪用的基金分别达至 1.159 亿元和 68.5 亿元。基金挪用不仅造成资金流失，基金支付能力下降甚至入不敷出，而且滋生了腐败行为。由于没有一个系统的法律、法规对地方社保进行规范，加之全国社保对地方社保不存在监管与隶属关系，一些地方社保资金突破国家所规定的投资范围，涉足高收益投资领域，不可避免地带来高风险，屡屡遭受重大损失。例如，2006 年震惊全国的上海社保案浮出水面，上海市年金发展中心先后将 34.5 亿元的资金通过委托资金运营的方式拆借给一家民营企业，用于收购高速公路等资产。

2. 统筹层次过低

尽管 2010 年颁行的《社会保险法》第六十四条规定：基本养老保险基金逐步实行全国统筹，其他社会保险基金逐步实行省级统筹。但是直至 2018 年 7 月才正式实施养老保险基金中央调剂制度，可见提高社保基金统筹层次面临不少困难。提高统筹层次的困难，主要在于经济较发达地区担心实现统筹之后本地居民养老保险待遇水平会降低，不愿将盈余资金上缴。由于统筹层次低，社会保障基金的互济功能被大大削弱；一些贫困地区或老城市统筹层次低，因无法调剂资金，导致基金缺口扩大。在人口老龄化压力下，这些地区不得不提高缴费率，使得企业负担沉重，苦不堪言。

为了解决费率失控问题，国家规定企业缴纳基本养老保险费一般不得超过工资总额的20%。然而在"统账结合"制度下，由于现阶段统筹资金与个人账户基金实际上仍采用混合管理办法，为应付巨大的开支，地方政府不得不动用个人账户积累，使个人账户成为实际上的空账。在一些城市，即使动用全部个人账户基金也不足以填补统筹基金缺口。而在一些新兴城市或经济较发达城市，基金出现年度盈余。这种盈余与亏损同时存在的局面，使提高社会保障基金统筹层次的要求越来越迫切。中共十九大报告指出要加快基本养老保险金全国统筹，国务院2017年11月和2018年6月分别发布并已相继实施的《划转部分国有资本充实社保基金的实施方案》《关于建立企业职工基本养老保险基金中央调剂制度的通知》，即是促进企业职工基本养老保险制度可持续发展的现实举措（详见第七章第三节）。

3. 缴费率过高

一方面，长期以来，劳动力收入未被全部以工资形式变现出来。劳动力收入中相当一部分，甚至大部分以企业福利方式隐藏起来；另一方面，现有的分部门建立和管理基金的体制，不仅分散了资金，而且也使各项基金难以实现综合平衡和统筹规划，管理成本加大。这些因素都增大了基金的实际缴费率。据统计，我国2015年企业职工五项社会保险总费率为企业职工工资总额的39.25%，在173个国家地区中列第13位，接近法国、德国、意大利等欧洲福利国家40%的缴费门槛，分别比美国、日本和韩国社保缴费率高出23.2、14.01和24.12个百分点，约为菲律宾的3.04倍、泰国的3.84倍和墨西哥的4.76倍。再加上各地10%到24%的住房公积金缴费，五险一金名义费率已经达到60%左右○。过高的缴费率不仅使企业不堪重负，而且加大了劳动力成本，削弱了企业的市场竞争力。对拥有大量城市劳动力的国有企业来说，沉重的缴费负担成为国有企业改革的重大包袱和障碍。从而使降低企业社保缴费比例成为降低企业人工成本的有力举措。下调社保缴费率政策每年可为企业减负1 000亿元以上，下调企业住房公积金缴存比例每年可以为企业减负400亿元左右，各项措施综合减负效应在1 500亿元左右，从而大幅降低企业用工成本，为企业的减负和松绑起到了积极作用，并有利于助推企业转型升级和创新发展。

在社会保障金的关系链条上，缴费率高是由于基金收入少、支出大引起的，是政府为了消化新旧制度交替时的转制成本而采取的政策性措施。然而，高缴费率带来的收入终会因投保人的逆向行为而减少。因此，一些学者建议将降低缴费率作为解决基金收支不平衡的突破口。从考虑企业负担和缴费能力出发，确定低缴费率，再配合诸如劳动力收入货币化、工资化等改革措施，最终会带来社会保障基金的增长。党中央、国务院高度重视降低社保费率、减轻企业缴费负担工作。2015年3月至2019年4月先后5次降低或阶段性降低社保费率，涉及企业职工基本养老保险、失业保险、工伤保险和生育保险，预计2015年至2019年4月30日现行阶段性降费率政策执行期满，共可减轻企业社保缴费负担近5 000亿元。国务院办公厅2019年4月1日印发的《降低社会保险费率综合方案》（国办发〔2019〕13号）实施到位后，预计2019年全年可减轻社保缴费负担3 000多亿元。○

○ 关博. 降低"五险一金"缴费率、合理降低企业人工成本. 国家发展与改革委员会网站（2016-8-29）. http://www.sdpc.gov.cn/xwzx/xwfb/201608/t20160829_816065.html.

○ 人力资源社会保障部、财政部、税务总局、国家医保局有关负责人就《降低社会保险费率综合方案》答记者问 [EB/OL]. 人社部官网, 2019-04-10, http://www.mohrss.gov.cn/yanglaobxs/YLBXSgongzuodongtai/201904/t20190410_314340.html

本章小结

1. 社会保障基金及其分类

（1）社会保障基金是根据国家有关法律法规和政策的规定，为实施社会保障制度而建立的专款专用的资金。社会保障基金是社会保障制度的物质基础与核心内容。一个国家的社会保障制度实际上就是围绕社会保障基金的筹集、投资运营和给付等全过程而设计和制定的。

（2）社会保障基金实质上是一种在国民收入的初次分配和再分配过程中形成的消费性社会后备基金；社会保障基金具有必要劳动和剩余劳动双重属性。

（3）按社会保障基金的不同用途，可将其分为社会保险基金、社会救助基金、社会福利基金、社会优抚基金；以社会保障基金来源为依据，社会保障基金可以分为财政拨款形成的社会保障基金、强制性征缴形成的社会保障基金和多元组合形成的社会保障基金；按资金调剂范围与基金积累的角度，社会保障基金派生出现收现付、完全积累、部分积累三种模式。

（4）社会保障基金具有的相互影响的显著特征主要包括法律强制性、基金统筹互济性、储备性、专用性。

（5）社会保障基金的功能主要表现在两方面：一方面，是源于作为社会保障制度本身所发挥的功能——增强抵御风险的能力，保证社会的安定；发挥保险互济的作用，增强社会的凝聚力；发挥基金的经济功能，促进经济的发展；另一方面，是作为积累基金所发挥的独特额外功能。

2. 社会保障基金的筹集

（1）主要遵循适度、公平、效率、依法筹集原则。

（2）一般来说，社会保障基金由国家、企业和个人三方负担，以社会保障税或社会保障费的形式征集。

（3）主要负担方式为单位缴纳、劳动者个人缴纳、国家财政、社会捐赠、福利彩票、基金运营收入。

（4）世界各国的社会保障筹资方式主要有征税、征费和强制储蓄三种方式。

3. 社会保障基金的支付与运营

（1）社会保障基金支付是与社会保障基金筹集相对应的范畴，是指按法律、法规和规章的规定，由社会保障机构按一定的标准和方式将资金支付给符合条件的保障对象，以保障其基本生活需要的行为。

（2）社会保障基金的支付范围概括起来主要包括：社会保险基金支付、社会救助基金支付和社会福利基金支付。

（3）社会保障待遇支付水平主要是指社会保障的受益人领取的各项社会保障的待遇、获得经济保障的水平，它反映一个国家的社会保障水平和政策目标。确定合适的社会保障待遇支付水平要遵循：保障受保障者基本生活需要、随物价上涨提高待遇水平、共享经济增长成果的原则。

（4）社会保障基金的支付主要有货币、实物和服务三种支付方式。

（5）社会保障基金的运营，是指社会保障的管理机构或受其委托的机构，为增强社会保障基金的给付能力，提高社会保障的水平。社会保障基金的投资应遵循安全性、流动性、收益性、社会性、分散化原则。

（6）可供社会保障基金投资选择的投资工具，可以划分为金融投资和实业投资两类。其中，金融投资工具包括银行存款、债券、股票、投资基金、抵押贷款、期货等；实业投资主要包括投资兴办企业和投资不动产。

（7）大多数国家是将基金委托给专门机构管理，同时，对社会保障基金的管理机构还应当建立相应的监察和监督机构，将风险防范于未然。

（8）政府虽然不直接管理基金，但是，由于社会保险基金直接关系到社会的安定，所以，各国政府针对不同的国内外宏观经济形势，采取各种有效措施确保社会保险基金的安全性和保值增值。

4. 社会保障基金的管理

（1）由于社会保障基金的特殊性，各个国家都设立法律，对其筹集、投资、偿付等运营过程进行全方位的监督、管理，以确保其安全性。

（2）从纵向看，社会保障基金的管理机构可以按权限分为高层、中层和基层管理机构三个层次。从横向看，社会保障基金的管理机构可分为社会保障主管机构、社会保障经办机构、社会保障基金运营机构及社会保障监督机构。

（3）社会保障基金的管理形式主要有两种，即政府部门直接管理的独立机构以及在政府监督之下的自治性的各种协会和受政府委托管理社会保险业务的工会组织。

（4）社会保障基金有政府集中型、私营竞争型两种管理模式，管理的具体内容包括征缴管理、支付管理和投资管理。

（5）我国社会保障基金的管理仍存在基金监管不严、统筹层次过低、缴费率过高等主要问题。

课后练习与思考

1. 社会保障基金财务运行方式有哪些？各有哪些优缺点？
2. 简述我国社会保障基金的构成。
3. 社会保障基金投资决策中应考虑哪些因素？
4. 政府集中管理和私营分散管理各有哪些优缺点？
5. 社会保障基金监管包括哪些内容？

动手练

通过我国财政部预算司网站定期发布的全国社会保障基金决算表及说明，收集整理近五年分项社会保险收支结余数据，并参照图 5-1 等图形分析方法，运用 Excel 等电子表格软件进行相应的视觉分析与探索。

第六章
CHAPTER 6

社会保障制度的重大改革

§ 知识结构与学习目标

章节知识结构		学习目标
发达国家社会保障制度的改革	发达国家社会保障制度改革的原因及背景 发达国家社会保障制度改革的思路 发达国家社会保障制度改革的措施	○ 了解不同的发达国家社会保障制度改革的原因 ○ 理解发达国家社会保障制度改革的方向和措施 ○ 掌握发展中国家的养老保险制度的改革 ○ 掌握发展中国家的医疗保障制度改革 ○ 理解经济体制转型国家社会保障制度的改革措施
发展中国家社会保障制度的改革	发展中国家经济结构调整对社会保障的影响 发展中国家的养老保险制度的改革 发展中国家的医疗保障制度的改革	
经济体制转型国家社会保障制度的改革	建立市场经济下的社会保障体系 改革社会保险制度 改进社会保障制度的缴费及给付标准 提高社会保险基金的运营与监督水平 积极创建失业保险制度 发展农村社会保障制度	

§ 导入案例

重庆社会保障标准与物价挂钩

人民日报重庆 2016 年 10 月 26 日电（记者蒋云龙）日前记者获悉：今后，当重庆市居民消费价格指数（CPI）单月同比涨幅达到 3.5%，或 CPI 中的食品价格单月同比涨幅达到 6%，重庆市就将启动社会救助和保障标准与物价上涨挂钩的联动机制，保障城乡低收入困难群众基本生活水平不因物价上涨而降低。

按照国家有关规定和补贴标准不低于物价上涨对困难群众生活影响的原则，价格临时补贴实行"按月测算、按月发放"。达到启动条件时，在锚定价格指数发布后及时启动联动机制，并在指数发布后 20 个工作日内完成价格临时补贴发放。经测算，月补贴标准低于 15 元的,按 15 元发放。当月所有启动条件均不满足时,即中止联动机制,停止发放价格临时补贴。

保障对象包括享受国家定期抚恤补助的优抚对象、城乡低保对象、特困人员、孤儿、领取失业保险金人员。

案例思考

结合图 3-1 和表 5-1,请思考社会保障适度水平的衡量指标是否应该剔除价格变动因素的影响?如何剔除价格变动的影响?政府实施社会保障管理时是怎样做到的?

资料来源:蒋云龙. 重庆社会保障标准与物价挂钩[N]. 人民日报,2016-10-27.

第一节 发达国家社会保障制度的改革

一、发达国家社会保障制度改革的原因及背景

现代社会保障制度是 19 世纪首先在工业化国家开始实施的。虽然各国社会保障的概念不同,制度也不尽一致,但是,一个多世纪以来,社会保障制度通过对老年人、失业者、病患者、穷人和弱者提供物质支持,在保障社会稳定、提高社会凝聚力、促进经济发展、改善人民生活方面起到了十分积极的作用。[一]然而,从 20 世纪 70 年代开始,由于发达国家经济发展状况、人口社会结构等发生了转变,二战后形成的慷慨的社会保障制度逐渐捉襟见肘,社会保障制度的可持续性受到挑战,促使各国纷纷进行社会保障制度改革。

(一) 经济发展对社会保障制度的影响

在 20 世纪 70 年代以前,发达国家经历了 20 年的经济高速增长,此后增长速度有所放缓。以西方七国为例,1991—2000 年间,年平均经济增长速度为 2.6%,而 2001—2010 年间则下降到 1.3%。经济发展速度放缓使政府财政收入和雇员工资增长趋缓,同时也使失业更为严重。失业者不仅不能为社会保障体系缴费,还需要从社会保障体系中获得一定的给付,加重了社会保障制度的财务压力。

同时,较高的社会保障水平也削弱了企业的市场竞争力,降低了经济效率。法国、德国、日本等国的社会保障费用超过了雇员平均工资的 20%。随着世界经济一体化进程的不断深入,市场竞争日趋激烈,过高的社会保障可能使雇主对劳动力的需求降低,进而对社会稳定产生不利影响,同时还会造成国内资本向劳动力成本低的国家转移,进一步影响本国投资和经济增长。

(二) 社会人口结构对社会保障制度的影响

二战结束之初,发达国家的人口平均年龄和人口平均预期寿命不高,在人口结构中,65 岁以上的老年人所占比重为 7% 左右。随着经济的持续发展和医疗技术水平的提高,人口的预期寿命提高很快,发达国家 65 岁以上的老年人在人口中的比重在 2000 年超过了 15%,这一比率还将以每年 0.2% 的速率持续上升,到 2020 年将超过 20%。人口老龄化导致老年赡养比不断上升,1990 年发达国家老年赡养比为 0.19,2010 年为 0.24,而 2020 年将上升到 0.29。老年赡养比不断上升使社会保障制度不堪重负。这也是目前各国社会保障

㊀ 谢元态. 社会保障学[M]. 江西:江西出版集团,2007:190-199.

制度改革的主要原因。与工业化相伴，20世纪70年代以来，发达国家的社会问题也有所增加，单亲家庭数量上升，这也增加了社会保障制度的给付压力。

(三) 社会保障制度自身存在的问题

社会保障制度自身存在的问题主要是"福利病"。过于完善的社会保障制度使得从摇篮到坟墓都有国家照顾，削减了国民的奋斗精神，部分人更愿意做不付费搭便车（少工作少交税多拿福利）的懒人，勤奋工作的人却不得不负担较重的社会保障费用。这使得劳动者对社会保障制度产生不满，导致他们的劳动积极性下降，更多的人依赖于社会保障。这不仅加深了劳动者与依靠社会保障生活的人之间的对立情绪，而且对整个经济的发展也产生了非常消极的影响。

社会保障制度发展中出现的另一个普遍问题是管理效率低下。在发达国家，随着现代科技水平和管理能力的提高，人们对社会事务管理的要求日趋提升，对社会事务的管理也提出了更高的要求。在许多资本主义国家，对社会保障往往采取政府集中管理模式。一方面，随着社会保障项目的增加和社会保障实施范围的扩大，参与社会保障管理的人数不断增多，社会保障管理机构的规模也日趋扩大，造成了用于社会保障管理的费用迅速增长。另一方面，社会保障管理效率逐步下降，社会保障管理人员的服务质量也日趋恶劣。这种国家财政在社会保障管理上投入增加和服务质量下降的情况，导致了整个社会的不满，人们要求改革社会保障管理体制的呼声日趋高涨。另外，70年代兴起的金融自由化浪潮使各类私营保险和投资基金发展迅速，也加剧了人民对社会保障体制的批判。

(四) 新自由主义推动社会保障制度改革

除了客观经济社会条件的变化和社会保障制度自身存在的问题外，新自由主义思想对社会保障制度改革也起到了很大的推动作用。20世纪50年代和60年代是凯恩斯学派鼎盛时期，新自由主义思想影响不大。70年代经济出现滞胀，新自由主义兴盛起来。它带有明显的反凯恩斯主义色彩，信赖市场机制的自发作用，反对国家干预经济，认为社会保障制度破坏了市场机制的功能，严重影响了自由竞争的市场秩序，因而反对福利国家，主张社会保障的市场化、私人化、多元化，这些主张或多或少成为各发达国家改革的重要思路。

长期以来，发达国家社会保障的对象主要以职业稳定的工薪劳动者为主，随着劳动力市场发生变化，劳动力流动性增加，非全时就业和非正规部门就业的人数有所上升，在原有社会保障制度下，这些就业者难以获得必要保障。

二、发达国家社会保障制度改革的思路

各国对社会保障制度的改革存在两种不同的思路，一是较为平缓的渐进式改革，二是较为彻底的结构性改革。渐进式改革也被称为社会保障的参量改革，即在保持原有制度结构和内容基本不变的情况下，对一些关键影响因素，如给付条件、缴费水平、给付水平等指标进行调整，提高社会保障制度的财务可持续性。彻底的结构性改革不再局限于调整若干影响因素，而是从社会保障制度的保障理念、财务安排、给付方式、管理运营方式等影响重大的领域进行改革，从而消除现有制度存在的弊端。

从各国社会保障制度改革的实践来看，由于渐进式改革中的政策调整比较平缓，不易

引发较大波动，因而更受发达国家青睐。目前，渐进式改革主要有以下三种方式。

（一）改革缴费制度，增加社会保障收入

解决目前社会保险基金的入不敷出问题，改革缴费制度首先可以增加社会保障缴费收入。近年来，一些发达国家提高了社会保险基金缴费率，日本从2004年开始提高缴费率，从雇员收入的13.58%逐年上调，最终提高到18.30%；德国、法国也在20世纪90年代提高了社会保险缴费率。此外，挪威、爱尔兰等国家通过对资源课税等方式建立国家储备基金，以缓解社会保险基金的筹资压力。

（二）改进计发办法，节约社会保障支出

在养老金方面的节支措施有提高法定退休年龄、试行弹性退休制度、降低养老金的给付水平、严格养老金给付条件以及提高养老金的最低缴费年限等方法。例如，德国立法规定，从2012年到2029年，将逐渐把退休年龄从65岁提高到70岁；法国从2012年开始，将公共部门全额领取养老金的缴费年限从37.5年提高到40年。在失业保险方面，各国多以缩短领取失业保险金的时间，严格控制给付条件，延长领取失业保险金的等待期等方式减少支出。在医疗保险方面，通过改进医疗保险的付费方式，采取按病种收费的方式来降低医疗费用支出。美国通过管理式医疗组织参与医疗保险市场，控制医疗保险费用。

（三）增加社会保障制度的层次性

20世纪80年代以前，由于政府负责社会保障机构的管理和运营，社会保障的个人责任被忽视，致使个人萌生"搭便车"的念头，形成了一些国家的"福利病"。80年代后，在新自由主义的影响下，发达国家的社会保障理念开始由"福利型"向"保障型"回归，承认政府在社会保障中的有限责任，增加个人在社会保障中的参与度。在养老保障方面，世界银行于1994年提出了包括基本养老金、职业养老金和私人储蓄养老金在内的三支柱方案。2005年，世界银行又将三支柱方案延展为包括非缴费的国民养老金的零支柱和家庭养老的四支柱，形成了五支柱的养老保障格局。

社会保障的多支柱减轻了政府在社会保障制度中的财务负担，加强了个人在社会保障中的责任，同时使社会保障制度的内容更趋丰富，制度的保障作用更加完善。

三、发达国家社会保障制度改革的措施

（一）养老保险制度的改革

养老保险制度是最重要的社会保障制度之一，也是社会保障制度进一步深化改革的重点。完善养老保险制度是保障老年生活、调节收入分配、维护公平正义的重大举措。随着人口老龄化的加剧，世界各国养老保险制度都不同程度地遇到困难和危机，在此背景下，发达国家养老保险制度改革和措施主要有以下三个方面。

1. 推行多支柱的养老金体系

推行多支柱的养老金体系是近年来发达国家养老金制度改革中最明显的特征之一。改革中，更多国家意识到，单一由政府管理的养老金体系并不是最优的养老保障制度。在世界银行以及诸多经济学家的倡导下，一些国家开始降低政府管理的公共养老金的给付水

平。同时，以税收优惠、资金支持等方式鼓励发展职业年金和个人储蓄型养老金。德国在1999年将公共养老金的给付水平由此前相当于雇员收入净值的70%下降到64%，在2001年的改革方案中，对养老储蓄直接进行补贴，并规定了每年的免税储蓄额，鼓励居民为养老进行储蓄。美国在养老金改革计划上，一方面提高社会保障税的税率和缴费工资上限，1980年美国社会保障税的税率为10.16%，缴费工资上限为29 700美元，2008年社会保障税的税率提高到12.4%，缴费工资上限提高到102 000美元；另一方面，美国的职业年金计划在养老金体系中的作用越发重要，政府通过给予税收优惠鼓励职业年金的发展，其中，401（k）计划主要适用于企业，403（b）计划主要适用于教师、医护人员以及非营利组织雇员，而457计划适用于州和地方政府的雇员。

多支柱的养老金制度也改变了原有的养老金财务模式，即由现收现付制向基金积累制转变。上述转变使其给付模式由给付确定型向缴费确定型转变。所谓给付确定型是指雇员未来领取的养老金的待遇标准是事前已经确定的，如事先规定雇员退休后所能领取的退休金为确定的金额或退休前工资的一定比率。而缴费确定型是指雇员退休后所能领取的退休金取决于工作期间的缴费额及其增值情况。养老金积累是一种长期的资金积累，缴费确定型养老金制度在此过程中可能面临资金贬值，使得雇员退休后生活无法保证的风险。因此，发达国家寄希望于通过养老金基金在资本市场的运营获得保值增值，应对上述风险。

2. 实现养老保险基金的保值增值

养老保险基金实现保值增值的方式是通过建立投资基金理事会或以信托投资方式参与金融市场，而私营部门作为基金的受托人、投资管理人和账户管理人，参与到养老保险基金的投资运营活动中。养老保险金进入金融市场投资，也增加了缴费者对基金投资决策能力的关注，一些国家的职业年金政策允许年金管理委员会选择不同的受托机构进行管理，形成相互竞争，以提高基金投资收益和安全性。在此过程中，政府则致力于改善养老金的治理结构，加强对养老金投资运营的监督和控制，以确保其安全性。澳大利亚政府为了保障政府年金与超级年金制度顺利实施和基金安全有效运营，由家庭和社区服务部门负责政府年金计划和支付管理；由审慎监管局负责监督管理超级年金信托机构，并确保超级年金和个人自愿储蓄养老基金的安全；由证券投资委员会负责维护缴费者利益，并确保市场公平竞争；由税务局负责确保雇主按时、按税法规定足额缴费，并监管小型基金。各部门各司其职，又相互配合，组成养老保险监管系统，以规范的制度确保养老金运营的安全。

3. 解决养老金可携带性问题

养老金特别是职业养老金的可携带性，一直以来都是养老金制度中难以解决的问题。随着劳动力市场流动性的提高，这一矛盾变得更加突出。当雇员发生职业转换时，原企业承诺的养老金是取消还是保留？雇主往往认为，职业年金主要用以吸引员工和留住员工，如果员工离职，则意味着他们自动放弃职业年金计划。而员工认为，职业年金是其劳动报酬的组成部分，不能因为职业流动而遭受损失。因此，一些国家规定了员工获得职业年金的资格。例如，为雇主工作一定时期才可得到一定比例或金额的职业年金权益。近年来，许多国家更倾向于取消这种限制，提高养老金的可携带性。

（二）医疗保障制度的改革

医疗市场是信息不对称最为严重的市场之一，因而更易产生逆向选择和道德风险行为。近年来，随着医疗科技水平的提高，医疗费用也不断攀升，成为威胁各国医疗保障制度可持续性的主要挑战。保证医疗保障制度的可持续性和医疗服务的公平性是医疗保障制度改革的主要目标。

1. 提高医疗保障制度的筹资能力

提高医疗保障制度的筹资能力：一，放松原有缴费基数上限规定，增加高收入人群缴费量，增强制度筹资能力；二，实行资金征缴责任中央化，中央政府直属系统负责筹资，提高医疗保障制度的公信力，减少征缴过程中的损耗，提高筹资能力；三，改变筹资结构，部分国家增加医疗保障筹资中社会医疗保险费所占份额，缓解经济发展放缓可能带来的筹资能力不足问题。例如，中东欧国家，中央财政提高对医疗保障的补贴力度，增强对医疗保障制度的扶持；荷兰、立陶宛等国都对医疗保障体系进行补贴。同时，强化私营医疗保险的保障作用，拓宽私人筹资在医疗保障中的比重。

2. 整合分散的基金结构

各国纷纷改变了原有条块分割、高度碎片化的基金结构，试图实现更大范围内的互助共济，提高基金的使用效率和待遇的公平性。爱沙尼亚和波兰分别于2001年和2003年将分散的基金整合为一个全国基金。荷兰和德国等国也在市场竞争条件下逐步提高疾病基金市场的集中度，同时建立全国范围内的调剂金制度。

3. 扩大覆盖范围

为了保证全体居民能够享有疾病的医疗保障服务，大多数国家都致力于扩大其医疗保障制度的覆盖范围。低收入国家在各类国际组织的帮助下，努力为其全体国民提供基本的初级卫生保健服务；中等收入国家则在覆盖正式就业人群的基础上，将医疗保障制度向非正式就业人口和农业人口扩展；高收入国家致力于通过社会安全网计划为社会弱势人群提供免费的医疗保障服务。

4. 医保机构从被动补偿走向战略购买

2000年世界卫生组织报告认为走向战略购买是医疗保障制度走出困境的关键。在改革实践方面，一是购买者和服务提供者相分离，如英国、丹麦、芬兰、爱尔兰等国的医疗保障内部市场运动；二是基于需求和风险预估的战略性资源分配；三是购买者之间的竞争，通常是赋予参保者自由选择基金的权利，使医疗保险基金市场竞争化，如德国、荷兰、捷克等国。

（三）失业保险制度的改革

20世纪90年代以来，发达国家的失业率居高不下，以西方七国为例，1991—1999年间平均失业率为6.6%，个别国家如法国、意大利在此期间的平均失业率高达10%以上。严峻的就业形势给社会保障制度带来了巨大的压力。非全时就业和各种灵活就业模式出现，这些新的就业模式的出现使这部分劳动者被排除在原有的社会保障体系之外，也迫使国家对社会保障制度进行必要的改革。失业保险的改革集中在以下三个方面。

1. 扩大失业保险的覆盖面

针对劳动力市场流动性提高和新的就业模式的出现，一些国家修改立法，以使更多的就业者纳入失业保险的范围。例如，德国在1993年立法规定，不得将临时雇员排除在社会保障体系之外。

2. 实施主动的失业保险政策

庞大的失业队伍对原有的失业保险体系形成了巨大挑战，发达国家纷纷改进原有的救助式、被动的失业保障。日本将失业保险改为就业保险，强调以就业支持减少失业。德国将失业保险与职业介绍绑定，不接受职业介绍者，就不能申请失业保险。而一些国家则通过政府支持的公共就业服务，帮助失业者进行培训和职业介绍，通过失业者的再就业来减少失业。加拿大通过建立信息化的求职数据库，帮助失业者更为快捷地搜寻就业信息，并采取就业"一站式服务"以提高效率。此外，政府还可以采取对雇主补贴和降低雇主雇用失业者所需缴纳的社会保险金等方式，吸引雇主雇用更多的失业人员。

3. 实行灵活的失业保险政策，鼓励企业减少解雇的行为

一些国家对失业保险进行差别费率，对解雇率较低的雇主实行较低的失业保险费率；反之，则实行较高的费率，以激励雇主尽量保持较低的解雇率。一些国家在经济萧条期对雇主进行补贴，使雇主减少解雇。

虽然发达国家的社会保障体系在二战后发展到了较高的水平，但20世纪70年代以来的人口老龄化等客观因素的出现，使之受到挑战而走向改革——增加缴费收入，节约开支，改变单一由政府管理的模式，通过明确政府、雇主、个人在社会保障体系中的角色和责任，实现多层次、多方参与的社会保障制度，实现社会保障制度的可持续性。而这些参与者在制度中发挥的作用如何，则取决于具体的国情。

第二节　发展中国家社会保障制度的改革

20世纪90年代以来，发展中国家的社会保障制度得到了很大发展，特别是新兴工业化国家，社会保障的覆盖面不断扩大，社会保障的项目不断完善，社会保障待遇水平持续提高，有些学者将这种现象称为社会保障的全球化趋势。

在发展中国家，社会保障制度的改革呈多样化趋势，并注意避免发达国家社会保障制度走过的弯路。对此，一些国家和地区进行了尝试。例如，在医疗保障方面，许多发展中国家以扩大覆盖面为主，努力实现"人人享有健康"的目标。在养老方面，智利在1980年进行了养老保险制度的改革，把现收现付的统筹制改为个人账户的积累制。斯里兰卡对农民和渔民实行了自愿养老年金计划。印度尼西亚将储蓄性养老保险扩大到所有工薪劳动者。[一]

一、发展中国家经济结构调整对社会保障的影响

20世纪80年代初石油价格上涨造成经济增长停滞、失业上升、人民生活水平下降，由此发展中国家开始进行经济结构的调整。一些国际组织对发展中国家提出了改革建议，其中一些建议对社会保障产生了不利的影响。以坦桑尼亚为例，国际货币基金组织货币贬值的建议造成了该国通货膨胀，社会保障基金随之贬值。1986年，坦桑尼亚的国民储蓄基金按当时的汇率相当于2亿美元，到1993年只值800万美元，再加上国债利率远远低于市场利率，更加重了基金的负担。当时通货膨胀率为20%，储蓄基金投资利率为25%～30%，而国债利率仅为7.5%，导致基金无力为其账户计入11%的年利率。最终，

[一] 吴宏洛. 社会保障基础[M]. 北京：中央广播电视大学出版社，2013：14.

在世界上其他国家将个人账户引入社会保险的大趋势下，坦桑尼亚却不得不将个人账户体系回归到社会统筹之中。与此同时，国际组织还提出了经济结构调整中的一系列紧缩政策，包括解雇冗员、降低工资等，结果使失业进一步上升。一方面导致了社会保障中缴费工资总额的下降，另一方面又使社会保障中失业津贴支出增加，加重了社会保障制度的负担。

二、发展中国家的养老保险制度的改革

20世纪80年代以来，智利、秘鲁等拉美国家由于不堪原有现收现付制社会保险制度的财务给付压力，对本国的养老保险体系进行了改革。改革的目标是建立起完全个人账户制的积累型养老金体系。其中，最具代表性、影响最深远的是智利的养老金私有化改革。

自20世纪50年代起，养老金体系面临的危机已成为智利历届政府最关注的问题之一。原有的制度因为三个原因而失败：一，人口和劳动力年龄结构的变化，从1960年的11个在职职工供养1个退休人员变为1980年2.5个在职职工供养1个退休人员。二，资金匮乏，管理成本高，使现收现付制入不敷出。三，原制度实际上提倡早退休，更加剧了养老保险的负担。

智利在1980年决定对原有的养老保险制度进行改革。1980年11月4日，在军政府的强力推动下，养老金制度改革法案予以公布，废除了原来的现收现付制，引入了个人账户养老金计划，从1981年5月起正式实施。改革的基本内容为：①为每个雇员建立养老金个人账户，养老金缴费全部由雇员承担，缴费率为缴费工资的10%。②成立单一经营目标的养老金管理公司，负责对账户养老基金进行管理。③雇员自由选择养老金管理公司，退休时养老金给付由账户积累资产转化为年金或按计划领取。④成立养老基金监管局，负责对养老金管理公司进行监管，并且由政府对最低养老金进行担保。同时，规定新参加工作的员工必须参加新制度，老职工则可以选择留在旧制度中或是加入新制度。智利成立了12个基金管理机构供参保者选择，管理机构之间展开竞争。政府通过发行"认可债券"的方式解决制度转型的成本问题。与这一改革相配套，智利政府在1986年批准养老基金可投资于股票，1994年批准养老基金可投资于国外。

在1981年之前，世界几乎所有国家实行的是传统的DB型现收现付制社会保障制度。1981年智利模式的诞生在世界各国改革中产生了深远影响，标志着社保制度改革的一个新纪元。在世界银行等国际组织大力推荐下，加上新自由主义的推动，智利模式被很多国家借鉴，拉美和加勒比地区的一些国家率先跟进，秘鲁在1993年学习智利的办法，将养老金计划完全由私营计划替代。⊖还有很多国家养老保险制度改革都引入了完全积累的个人账户为特征的新支柱。

作为新生事物，智利模式受到了普遍关注，但是经过了30多年的发展，人们对它的认识更趋客观，评价存在着很多争议。总的看来，智利模式已在世界范围内得到了很大程度的认可，尤其是私营管理的养老基金总体收益率较高，不但积累了规模巨大的养老基金资产，而且对资本市场乃至宏观经济发展都起到了一定的推动作用。与此同时，批评之声也是非常广泛的，突出的问题主要集中在参保覆盖面窄、管理费用高、监管过度、市场竞争不充分、政府财政负担加重等方面，而且随着近年智利经济增长速度回落，收益回报也下降，更让很多人对其产生质疑。

⊖ 孟连崑，佟宝贵. 劳动和社会保障工作理论与实践探索（上卷）[M]. 北京：华龄出版社，2004：408.

巴西、阿根廷、哥斯达黎加等国建立普惠的、非缴费型国民养老金制度。这种非缴费、低水平的养老保障拓宽了保障覆盖面，极大改善了非正规就业居民的穷困状况；养老保障资金的充裕也使这些居民有能力支付更昂贵的医疗费用，改善了他们的健康状况；因为老年人的退休金基本都用来消费，这一举措缩小了不同社会阶层的收入差距，支持了当地经济的振兴。

三、发展中国家的医疗保障制度改革

发展中国家医疗制度改革的内容与发达国家有很大的不同，主要是以扩大医疗保险覆盖面、确保居民享受基本医疗保健为主，以实现世界卫生组织提出的"人人享有基本健康保健"的目标。一，强调初级卫生保健。发展中国家限于经济水平难以提供内容广泛的医疗服务保障，只能以初级卫生保健为主，提高资金的使用效率。例如，中亚国家都在努力建设基于乡镇和社区的初级卫生服务网络。二，努力扩大医疗保障制度覆盖面，提供全面普遍享有的医疗保障服务。部分国家不断扩大妇幼保健等初级医疗保健服务的覆盖范围，努力尝试将农村及偏远地区居民纳入覆盖；部分国家在保障正规就业劳动者的同时，通过扩面等方式尝试将非正规就业人群纳入保障；巴西则建立了国民卫生服务制度，为全体国民提供免费服务。三，推行质优价廉的治疗方法和手段。大部分发展中国家都建立了基本药物制度，使用世界卫生组织推荐的质优价廉的药品治疗疾病。

中国作为世界上最大的发展中国家，经过长期努力，进入了中国特色社会主义新时代，社会主要矛盾已经转化为人民日益增长的美好生活需要和不平衡不充分的发展之间的矛盾，人民群众期盼享有更加可靠的社会保障。当前和今后一个时期，社会保障工作仍然面临不少困难和挑战，也面临着难得的历史机遇和有利条件。中共十九大提出，按照兜底线、织密网、建机制的要求，全面建成覆盖全民、城乡统筹、权责清晰、保障适度、可持续的多层次社会保障体系。扎实做好各项社会保障工作，让改革发展成果更多更公平惠及全体人民，不断促进人的全面发展、全体人民共同富裕，使社会主义制度优越性得到充分体现。

第三节　经济体制转型国家社会保障制度的改革

20世纪90年代初，苏联和东欧国家的经济体制开始由计划经济向市场经济转轨，这些国家习惯上被称为经济转型国家。由于经济体制发生了根本性的变化，这些国家的社会保障制度也随之进行了改革。

在计划经济体制下，原苏联和东欧国家实行的是与计划经济高度统一的国家保障制度，劳动者的保障待遇由国家统一规定，与企业的经营业绩无关，企业和劳动者也没有自由选择的权利。这些国家的社会保障制度一般采取现收现付的财务安排，费用都由国家支付，符合计划经济体制本身的要求。由于在计划经济体制下不存在失业，劳动者的保障待遇与个人劳动贡献基本无关，社会保障制度以"平均享受"为其主要特点。这种强调公平的社会保障制度，其成本和负担越来越重，最终难以为继。

90年代后，随着这些国家政治、经济形式的变化，经济转型国家在借鉴发达国家社会保障制度的实践经验，并吸收有关国际组织建议的基础上，按照市场经济的要求，对本国的社会保障制度进行了根本性的变革。

一、建立市场经济下的社会保障体系

在经济转型过程中，这些国家大多经历了长达数年的经济衰退，失业率上升，生活水平下降。因此，原来以国家保障为核心的较高水平的社会保障制度难以为继，需要重新建立和完善。由于养老保险制度和医疗保险制度居于社会保障的核心位置，而且原来计划经济体制下由国家提供的养老保障制度不复存在，此外，长期严重的失业对经济转型国家提出建立失业保险的迫切要求，因此20世纪90年代后，经济转型国家的社会保障制度以养老保险、医疗保险和失业保险体系为核心进行了重建和完善。

二、改革社会保险制度

在借鉴发达国家社会保障制度实践经验的基础上，经济转型国家对社会保险体系进行了改革，建立了多层次的社会保险体系，包括由政府提供的用以保障最低生活水平的社会救助、强制性缴费的社会保险以及自愿购买的商业保险。经济转型国家的社会保险体系调整最大的是养老保险领域。哈萨克斯坦按照多支柱社会保障体系的改革思路，重新构建了本国的养老保险体系，1998年1月1日生效的哈萨克斯坦养老金体系为三支柱方案：社会统筹为第一支柱，仍是现收现付制，由企业缴纳15%的法定工资税构成；作为第二支柱的强制性个人账户由在职职工缴纳的工资总额的10%资金构成；第三支柱由职工自愿缴纳的养老金构成。新的哈萨克斯坦养老金制度形成了以社会统筹和个人账户为主体，以自愿储蓄为补充的完备的养老金体系。而拉脱维亚、吉尔吉斯斯坦、波兰和蒙古国等经济转型国家则建立了名义账户制的养老保险体系。

名义账户制是继智利模式之后养老保险模式的又一次制度创新，它最早出现于20世纪90年代。拉脱维亚、波兰、吉尔吉斯、蒙古、俄罗斯在实行名义账户制改革前，旧的养老保险制度采取的均为苏联模式，养老金待遇设计慷慨，部分群体的养老金特权明显，参保者提前退休现象严重，制度赡养率高，财务不可持续问题突出。再加上向市场经济转型给劳动力市场带来的冲击，各国旧有养老金制度的财务不可持续问题更加突出。在选择何种改革方案与改革路径上，上述五国都不同程度地接受了世界银行关于建立多支柱养老金体系的建议，也受到了其他国家改革经验的影响（其中，包括瑞典引入的名义账户制改革），纷纷引入名义账户养老金制度。该制度模式打破了传统的待遇确定型（DB型）现收现付制的制度框架，又不同于智利等国引入的缴费确定型（DC型）完全积累制模式。从本质上讲，名义账户制是上述两种模式的混合：在资金筹集上，名义账户制实行现收现付模式；而在待遇计发上，名义账户制则遵从缴费确定型原则。截至目前，世界上实行名义账户制养老金制度的国家有欧洲的瑞典、意大利、波兰、拉脱维亚、俄罗斯和中亚的蒙古、吉尔吉斯斯坦等。上述七国引入名义账户制的时间多在20世纪90年代，俄罗斯最晚，为2002年。而瑞典则是引入名义账户制最早的国家之一，制度设计也最为典型和精准，同时是迄今运行最为成功的国家。

以波兰改革为例，1999年1月1日波兰养老保险改革正式实施，改革方案将传统的待遇确定型现收现付制改革为三支柱模式：第一支柱为建立在现收现付基础上的名义账户制，缴费由企业和个人各占一半，总缴费比例的62.5%划入到第一支柱；第二支柱为强制性的个人账户，划入养老金缴费总额的37.5%，由私营养老金公司运营管理；第三支柱为非强制性的个人储蓄账户，是由雇主自愿缴费建立的补充养老保险制度，实行完全积累，通过雇员养老金计划或个人养老金。除了待遇计发办法不同，新旧制度之间的另一个重要区别是，新制度对提前退休和领取特殊待遇养老金的情况规定得更加严格。立法规定，参保者提前退休将受到限制，相反，延迟退休年龄则得到鼓励；同时，新制度并未规定领取特殊待遇养老金的条件。波兰的名义账户制改革成效显著，制度激励因素增加，养老金待遇领取者的实际退休年龄延长，财务可持续性也不断增强。但是，改革也存在一些不足，诸如特殊养老金待遇的死灰复燃让新制度的公平性受到质疑，改革之前经办管理系统准备不足使得改革效果打了折扣，这些教训值得后续改革国家借鉴。

三、改进社会保障制度的缴费及给付标准

经济转型国家改革后的经济衰退和大范围的失业进一步加重了社会保障制度的财务压力，因而在新的改革中，各国均不同程度地提高了社会保险缴费率。波兰的养老金缴费率从1981年的15%提高至1990年的20%，并一直保持到养老金体制改革后；哈萨克斯坦的养老金体系缴费率为25%，俄罗斯为28%。与发达国家类似，经济转型国家普遍通过严格给付条件的方式降低社会保险支出。匈牙利在2012年把领取养老金的年龄从62岁提高到65岁；波兰则将计算养老金待遇的基准收入期，从原来工作时间的最后20年，扩展到整个工作期间。

四、提高社会保险基金的运营与监督水平

效仿发达国家，经济转型国家也将社会保险基金投入金融市场，并采取措施提高其运营和监管水平。哈萨克斯坦成立了15家养老基金公司和7家养老基金资产管理公司，对养老金体系中的个人账户部分进行运营管理，养老基金公司负责个人账户的管理，资产管理公司把积累的养老基金投资于各种证券。同时，政府通过专门机构对基金投资和运营加强监管。

五、积极创建失业保险制度

经济转型期间，转型国家面对严峻的失业局面，采取积极的就业促进措施，帮助失业者实现再就业；完善失业保障制度，减轻大范围失业对社会保障体系的压力。匈牙利失业率居高不下，1991—1994年间平均失业率在11%左右。政府从1990年开办了越来越多的职业中介机构，为失业人员发放失业救济金和提供求职服务，尤其注重对低学历失业者的求职支持，并对民办中介机构制定了非常宽松的准入条件，出台了一系列有利于私人机构发展的政策，激励私立机构在劳务中介中发挥积极作用。俄罗斯的失业保险管理机构与职业介绍机构是合一的，将失业保险管理与就业促进联系起来，通过建立培训中心，开展免费的职业介绍，帮助长期失业者再就业。

六、发展农村社会保障制度

部分经济转型国家的经济体系中，仍保留有较为庞大的农业部门。在经济体制改革之前，原有的社会保障制度覆盖农村居民，农民享有与城市居民一样的社会保障，但随着改革的推进，这项福利已成为历史。经济转型以来，在农业生产不景气的情况下，农民也不

可能像城市居民那样按月缴纳保险费，农民的保障出现了问题。匈牙利政府推出了以土地换年金政策，国家通过法定合同收回土地并发给土地所有者年金，以解决年迈放弃耕作的农业人口的养老问题。而波兰则采取了农民缴费、政府补贴的社会保险方式，实现农村居民的社会保障。

经济转型国家社会保障制度的改革存在很多困难。社会保障制度改革需要以经济的发展为后盾，而经济转型国家的经济实力都不强，稍有不慎，改革不仅无助于解决现有的问题，而且有可能拖累经济发展。因此，经济转型国家的社会保障制度改革更为复杂。

本章小结

1. 发达国家社会保障制度改革的原因

发达国家社会保障制度改革的主要原因是社会保障成本高，社会保障管理效率低，社会保障影响经济效率，社会保障制度未能随社会保障对象的变化进行调整。

2. 发达国家社会保障制度改革的主要措施

发达国家社会保障制度改革的措施主要是改革缴费和给付制度，增收节支。①增收，主要是调整缴费率和取消原有缴费最高限额。②节支，在养老保险方面的措施主要是：提高领取养老金的年龄；改革养老金计发办法，降低支付水平；改革养老金调整办法；由给付确定制向缴费确定制的转变。在失业保险方面主要是：限制领取失业保险的期限；延长领取失业保险的等待期等。在医疗保险方面主要是：引入竞争机制；改革住院医疗费；改革药品付费制度，节省医疗保险费开支；扩大保险覆盖范围等。

3. 经济体制转型国家社会保障制度的改革

建立社会保险和社会救济相互补充的保障体系；建立多层次的社会保险体系；增加缴费主体，提高缴费率；提高退休年龄，降低养老金待遇。

4. 发展中国家社会保障制度的改革

发展中国家经济结构调整对社会保障的影响主要是负面影响；扩大社会保障覆盖范围；智利、秘鲁的养老保险制度的改革；以扩大医疗保险覆盖面为主的医疗保险制度的改革。

课后练习与思考

1. 简述西方社会保障制度调整改革的背景及启示？
2. 简述我国社会保障制度发展历程及其特点？
3. 我国社会保障制度改革的主要措施是什么？
4. 我国计划经济时期社会保障制度存在的问题有哪些？

动手练

通过访问世界银行（The World Bank，WB）等国际金融机构和我国人社部等政府机关网站，查阅 WB 发布的社会安全网报告（如 The State of Social Safety Nets 2018）、最近三年《人力资源和社会保障事业发展统计公报》和"回首我国社会保险 40 年变迁"的系列报道，翻译 WB 社会安全网报告的目录和前言，以了解世界各国，特别是我国社会保障事业的发展概况与趋势。

第七章 CHAPTER 7

基本养老保险制度

§ 知识结构与学习目标

章节知识结构		学习目标
社会养老保险概述	社会养老保险的概念和特征 社会养老保险制度的历史沿革 养老保险的影响因素	○ 了解社会养老保险的概念和特征 ○ 了解现代社会养老保险的建立与发展 ○ 掌握养老保险的影响因素
养老保险模式与内容	养老保险的模式 养老保险的内容	○ 掌握养老保险责任承担模式、养老保险财务模式、养老保险基金运行模式、养老保险给付模式 ○ 了解养老保险覆盖范围、基金来源与筹资方式、待遇支付、基金运营、管理体制
我国社会基本养老保险制度	我国社会基本养老保险制度的沿革 我国现行社会基本养老保险制度概况 城镇企业职工基本养老保险制度 机关事业单位基本养老保险制度 城乡居民基本养老保险制度 我国社会基本养老保险制度面临的主要问题与应对举措	○ 掌握我国现行社会基本养老保险制度构成、特征、总体发展状况 ○ 了解城镇企业职工基本养老保险制度、机关事业单位基本养老保险制度、城乡居民基本养老保险制度

§ 导入案例

智慧养老项目落户武汉

人民日报武汉 2017 年 2 月 26 日电（记者程远州）记者从武汉市民政局获悉：一项大型养老公私合营（PPP）项目落户武汉市福利院，项目总投资约 1.23 亿元，设计床位 1 077 张，计划于 2017 年 10 月前完工向社会全面开放，接受社会代养老人。

武汉市民政局有关负责人介绍，该项目的实施方案在传统机构养老服务模式基础上，将开创智慧养老、互联网＋、养老电商平台、辐射周边 5 公里范围居家养老的多元化服务模式，力争建成一个环境优美、居住舒适、功能齐全、设施完备、管理科学、服务一流的民心工程和德政工程，使之成为武汉全市老年人颐养天年的乐园、福利事业发展的标杆、文明和谐武汉的标志。

该负责人告诉记者，通过PPP（政府和社会资本合作）模式引进社会资本进入养老行业，利用社会资本在养老行业方面的资金、技术、管理和运营优势，不仅有利于解决政府在养老行业中面临的财政支出、政府职能转换等诸多问题，而且能加强投资主体的多元化，提高养老行业服务的质量和效率。

案例思考
结合第三章阐明的政府社会保障职能，思考政府在社会养老保险中的职能定位。

资料来源：程远州. 智慧养老项目落户武汉［N］. 人民日报，2017-02-27.

第一节 社会养老保险概述

一、社会养老保险的概念和特征

（一）社会养老保险的概念

社会养老保险是指受保者达到法定退休年龄后，国家和社会依据相关法律和法规为其提供一定的物质帮助，以满足其老年阶段基本生活需要的制度，是最重要的社会保险项目。社会养老保险的概念包含三层含义：

第一，社会养老保险是国家依法强制执行的一种社会保险制度，受保者年轻时需要根据国家有关规定向社会保险机构缴纳保险费用是其履行的法定义务，这是决定其能否受益的先决条件。亦即社会为日后提供养老服务统筹资金，是以社会保险为手段来达到老年保障的目的。

第二，社会养老保险的给付对象是达到法定退休年龄的老年人。退休年龄是养老保险受益的首要条件，也是对制度影响很大的政策因素。

第三，养老保险的目的是为老年人提供基本生活需求，保障老年人晚年能获得稳定的生活来源。

（二）社会养老保险的特征

与劳动者面临的失业、疾病、工伤及其他社会风险相比，老年风险的特性显著，因此社会养老保险的特征也十分明显，主要体现在以下四个方面：

1. 需求普遍

生老病死是人生不可避免的自然规律，相对于失业、疾病、工伤等不确定事件而言，年老是可以明确预见的。但不同人的能力和家庭条件不同，对老年收入锐减、身体衰弱等的承受能力也不同，任何人都不能保证自己的老年没有风险。这就决定了如果想要安享晚年，都需要有相应的养老保险，人们对养老保险的普遍需求，决定了养老风险的普遍性。

从参保后待遇享受的视角，医疗保险待遇只有生病者在生病期间才能享受，失业保险待遇只有失业者在失业期间才能享受，工伤保险待遇只有劳动者在遭遇职业伤害的受伤害期间才能享受，生育保险待遇只有生育期间的女职工才能享受，只有养老保险不仅对化解老年风险具有普遍性，而且在享受权益方面也能够满足普遍需求。

2. 地位特殊

一方面，老年风险的普遍性决定了这种风险的影响面和波及层的广度和深度，在人均预期寿命不断延长的条件下更是如此；另一方面，养老保险因待遇较高（需要保障老年人的基本生活）、领取养老金时间长（自退休起到死亡，甚至受保者死亡后还继续惠及其家属）、基金收入规模庞大，决定了养老保险是最重要的社会保险项目，在各国社会保障体系中均占有着举足轻重的地位。各国养老保险制度的实践充分证明了这一制度在现代社会保障体系中占有的特殊地位。

3. 长期积累

养老保险通常都是参保者在工作时参加，达到法定退休年龄办理退休手续后再领取，养老保险的基本特征之一是长期累积。缴费时间长达数年，甚至数十年，退休后领取养老金直到参保人死亡，有的养老保险还惠及参保者需要抚养的家属，领取养老金的时间也长达十多年到数十年不等。因此，无论是采取何种制度模式建立的养老保险，均伴随着劳动者自走上劳动岗位直到死亡，这种长期积累性是养老保险固有的特性。

4. 管理复杂

养老保险管理的复杂性，不仅在于长期积累性带来了制度设计与管理的难度，基金规模庞大且其保值增值的任务也十分艰巨，需要专门的机构和专业人员进行高效的基金运营和风险管控，其他社会保险项目则没有如此大的压力。此外，基本养老保险和满足个性化需求的补充养老保险形成的多层次养老保险体系的协调和管理难度也远高于其他单一层次社会保险项目。

二、社会养老保险制度的历史沿革

（一）年老风险与家庭养老保障

劳动者在经历了一生的辛劳进入老年之后，其劳动能力已经基本丧失，即使个人预留储蓄，仍可能导致晚年因储蓄不足而令生活陷入困境。在正式的社会养老保险制度出现之前，赡养老人基本都是由家庭承担的。因为古代社会是以自给自足的自然经济为经济基础，一个人从生到死完全依靠家庭，无论是以父子关系为核心的东方家庭，还是以夫妻关系为核心的西方家庭，都承担着抚育儿童、赡养老人及抵御家庭成员社会风险的功能，尤其是在东方国家，老人和孩子居住在一个大家庭里，家庭中所有社会成员都会各尽其能——做工、做家务和照顾老人、孩子。这个时期，一般社会风险是通过"养儿防老、积谷防饥"的方式实现的。"养老防老"其实就是和养老保险制度类似的代际转移支付，只不过这种代际转移的组织者是家庭而不是政府，内容是实物和服务而不是货币。家庭养老具有成本低、灵活度高、适应性强的优点，即使不是一种社会保障制度，它也使传统社会的人们达到了效应的最大化。直到今天，包括我国在内的很多国家和地区，家庭在老年人生活保障中仍然发挥着重要的作用，是不可忽视的重要力量。

这一时期，国家和社会虽然没有直接承担老年保障的功能，但也存在一定的社会养老成分。例如，通过法律和社会伦理规范使家庭养老方式得到保证和延续；通过举办敬老礼仪或慈善活动，直接为某些德高望重或孤苦无依的老年人提供物质帮助等。在我国古代，除了通过法律规定亲属的赡养义务和保障老年人在财产分配上的权利以巩固家庭养老的作

用外，还在官吏中实行了退休制度。○

（二）现代社会养老保险的建立与发展

工业革命瓦解了自给自足的自然经济，并且带来了政治、法律、社会环境和人口结构分布的巨大变化。在经济上，以城市为基础的工业和服务业发展起来了，农业人口逐渐减少，大量人口流向城市；在政治上，社会贫富差距的扩大造成了社会的不稳定；在法律上，遗产税和继承法的产生，使老年人通过控制财产激励年轻一代赡养的手段出现了危机；在社会环境方面，人口流动的普遍性造成了家庭养老困难；在人口结构方面，出生率下降，家庭规模缩小。以上这些原因，促使老年保障社会化养老保险的出现，并逐渐取代家庭养老的功能。

早在1669年，法国政府就制定了《年金法典》，对不能从事工作的海员发放养老金，奥地利和比利时也分别于1854年和1868年实施了矿山劳动者养老金制度。但现代意义上的社会养老保险制度的产生是以1889年德国的俾斯麦政府颁布的《老年和残障社会保险法》为标志。这项法律规定：对工人和普通官员一律实行老年和残疾社会保险；保险资金的来源由国家、企业主和工人三方负担，企业主和工人各缴纳保险费用的一半，国家提供一定的补贴；凡年满71岁、缴纳保险费30年以上者即有权享受退休金待遇；退休金收入根据其在职时的工资收入等级而定。从中可以看出，这项制度已经具备了现代养老保险制度的基本特征。

继德国之后，丹麦、挪威、奥地利、英国等西欧和北欧资本主义国家也先后建立了社会养老保险制度。例如，具有济贫传统的英国在1908年颁布了《老年人养老金法》，建立现代意义的养老保险制度，这一制度同时也部分继承了过去的济贫传统，反映了当时各派政治力量妥协的结果。严格来说，这是一个养老社会救助制度，由政府财政筹资，个人无需缴费，政府通过财富审查来为那些收入低于一定水平的老人发放养老金。与德国不同，美国最早建立的老年社会保障是职业或行业年金制度，到1935年美国政府颁布的《社会保障法》时才建立养老保险制度，而职业年金制度（美国称为私人养老金制度）也一直保持了它在美国养老保障体系中的支柱性作用。第二次世界大战战前欧美国家基本上以德国或英国的模式为蓝本来建立本国的养老保险制度。

第二次世界大战之后，许多西方国家（如北欧国家）纷纷效仿英国福利国家模式，建立了统一缴费（有的国家是由财政负担）、统一待遇、全民享受的具有福利色彩的社会养老保险制度。而其他一些工业化国家则继续坚持德国模式，实行雇主和雇员共同缴费、养老金待遇与收入挂钩的养老保险制度。与此同时，许多发展中国家也开始建立各自的养老保险制度，其中大多数都是以德国模式为制度样板的，但其中也出现了新加坡中央公积金制度这样独树一帜的创新。

二战后的几十年中，养老保险制度进入了快速发展时期。首先，表现为养老保险的覆盖范围逐步扩大。从西方发达国家的情况看，各个国家都逐步将养老保险覆盖面扩大到全体社会成员；即使是那些没有就业、没有缴费的人口也被纳入进来，并由国家财政单独出资对他们进行养老救助。而在新近建立养老保险制度的发展中国家，养老保险也由最初的覆盖国家公职人员逐步扩大到其他正规部门就业的雇员，少数国家也扩大至非正规就业人员。另外，养老保险的受益者也从缴费者扩大到他们的遗属。其次，养老保险的待遇标准

○ 孙光德，董克用. 社会保障制概论［M］. 5版. 北京：中国人民大学出版社，2016：107-108.

也在逐步提高。总体而言，战前各国养老保险制度的待遇标准都比较低，常常不能满足老年人的基本生活需要。随着战后社会经济的持续快速增长和养老保障制度的不断改善，各国也逐步提高了养老金的待遇标准。到20世纪80年代，大多数西方国家的基本养老金替代率达到了40%～50%，加上职业年金，替代率可达到70%～75%。同时，为了使养老金能够免受通货膨胀的影响，许多国家还建立了养老金的正常调整机制。当然，随着待遇水平的提高，养老保险缴费水平也不断上升，如美国的养老保险税率就从1937年的1%增加到1983年的6.7%。①

（三）养老保险制度的改革

维持养老保险制度正常运转的基础是稳定的经济发展速度和相对稳定的人口结构。从20世纪70年代末期开始，西方工业化国家开始长期经济滞胀，失业率居高不下，再加上放松了对提前退休条款的限制，人口老龄化进一步加剧了这些国家的养老制度压力，不得不对养老保险制度进行改革。发展中国家，由于二元经济结构，养老保险制度主要为占全国人口较小比例的城镇劳动者提供保障，对占人口绝大多数的广大农村劳动者，则因种种原因尚未在保障之列，养老保险体制的改革与重塑困难重重。经济转轨国家在实施以市场为导向的改革过程中，必将导致不同程度的社会震荡，加快社会保障制度改革成为减轻社会震荡的必然选择。但这些国家在社会保障制度改革、改革措施的影响力度、内外部制约因素以及与整个经济转轨的协调配套方面，均面临许多困境。

20世纪70年代以来，世界各国普遍加快了对养老保险制度的改革。尽管改革方案存在较大的差异，但总体来说都是对现行基本养老保险制度进行较小的调整。小调整的具体方法多种多样，包括改变享受养老金待遇的资格条件、缴费结构、待遇结构、调整缴费率或者对上述几个方面进行综合性调整。小调整式改革虽然不足以解决基本养老保险制度中存在的根本性问题，但它成功地推迟了现行养老制度的财务危机。

也有部分国家对养老保险制度实行了较大改革。其一，从现收现付制向基金积累制的转轨，主要集中在20世纪70年代到90年代中期，在新自由主义者和世界银行等组织的推崇和引导下，很多国家的养老保险改革都将废除或削弱现收现付制公共养老金制度，建立和鼓励私人基金积累制养老金作为改革的主导趋势。这一改革的领导者是智利。其二，从单一支柱（政府）模式向多支柱模式转轨。从20世纪90年代中期开始，在世界银行、国际劳工组织、国际货币基金组织、经济合作与发展组织等国际组织的倡导下，许多国家开始实行多支柱养老保险制度改革。世界银行在其1994年出版的《防止老龄危机——保护老年人及促进增长的政策》中首次提出公共养老金计划、职业养老保险计划和个人储蓄计划多支柱的概念。2005年又在总结各国实践的基础上，在《21世纪的老年收入保障——养老金制度改革国际比较》中，将三支柱扩展为五支柱，即①非缴费型养老金的零支柱，就是定额式养老金的国民养老金或社会养老金。②缴费型养老金制度，这是第一支柱，它与本人的收入水平不同程度地挂钩。③强制性的个人储蓄账户，这是第二支柱。④灵活多样的自愿型保险，这是第三支柱。⑤非正规的保障形式，这是第四支柱，即家庭成员之间或代际之间对老年人在经济或非经济方面的援助。很多国家都在这些样板基础上，结合本国实际，建立起各具特色的多支柱养老保障体系，养老制度的多样化发展特征愈加明显。

---

① 洪进，杨辉. 社会保障制导论［M］. 合肥：中国科学技术大学出版社，2006：133-134.

三、养老保险的影响因素

从总体上考察社会保障的发展史,可以发现影响其进程及状态的因素包括经济因素、道德因素、政治因素、社会因素乃至历史文化因素等。养老保险制度亦不例外,它在产生与发展进程中同样受到多种因素的影响。

(一) 文化传统、家庭结构和功能影响养老保险的价值取向

一项制度的价值取向决定着这项制度的目标设定、路径选择甚至具体的实现方式。例如,养老保险的覆盖对象包括哪些人、养老保险基金由谁供给、养老保险金水平如何确定、申领资格以及国家在养老保险中承担的责任和扮演的角色等,这在很大程度上都源于这项制度的价值取向。在价值取向明确的基础上,各种规定都是围绕这个中心和根基展开。

养老本来是完全由家庭承担的一项职责,随着家庭结构的变化及其保障功能的降低,养老保险制度作为弥补家庭保障不足的一种补充机制出现,应该发挥多大作用,取决于家庭养老保障与完整的老年保障之间的差距有多大,所以家庭结构和功能的变化是影响养老保险价值选择的一个重要因素。

另一个重要因素是文化和传统观念。养老保险作为一项社会政策,不可避免地要在一定程度上遵循世代传承的文化观念,如"老吾老以及人之老,幼吾幼以及人之幼"以及中国传统的孝文化等,它们同样会影响到养老保险的价值取向。

(二) 人口类型和人口政策影响养老保险的模式选择

人口类型直接反映出整个社会的养老负担,也从一个侧面反映出现行养老制度面临的压力,并直接影响着制度模式的选择。自 20 世纪下半叶以来,世界范围内的老龄化趋势加剧,它使现收现付式的传统养老保险模式受到了前所未有的挑战,部分积累制或完全积累制在许多国家受到推崇,成为养老保险改革的国际趋势。

人口政策影响未来的人口结构类型,也是影响养老保险模式选择的重要因素。应在满足现有需求、解决目前负担和压力的基础上,预测未来一些重要相关因素的变迁,兼顾到制度未来的持续发展。因此,养老保险制度模式选择不能不考虑到人口政策及其带来的中长期效应。

(三) 劳动就业制度和人均预期寿命影响养老保险制度的具体规定

劳动就业制度中对劳动者的退休年龄、工作最低年限等的规定,直接影响着养老保险对申领人领取资格的确定;人均预期寿命决定了对老年年龄界限的规定,随着人均预期寿命的增长,对老年的界定也已发生了变化,进而引起退休年龄的调整。与此同时,将劳动就业制度和人均预期寿命相结合,直接决定养老保险对受保者的负担年限,在需要劳动者供款的制度中,还决定着养老保险的收入数量和规模,进而影响着养老保险对保险金待遇水平的设定。

2006 年英国政府公布了养老系统改革白皮书,计划到 2020 年提高女性退休年龄,以实现男女同龄退休;到 2024 年把所有公民的退休年龄提高到 66 岁;到 2044 年最终提高到 68 岁。2012 年 7 月,时任人社部社会保障研究所所长何平提出,我国应逐步延龄退休,建议到 2045 年不论男女,退休年龄均为 65 岁。

按照中国共产党第十八届三中全会和五中全会要求,我国研究制定渐进式延迟退休年

龄政策的具体方案还在逐步酝酿之中。人社部对政协十三届全国委员会第一次会议第3825号提案的答复（人社提字〔2018〕12号）做出回应：应在立足我国国情并借鉴国外经验的基础上，结合我国养老保险制度的不断改革完善和就业形势的发展变化，综合考虑我国劳动力结构情况、社会的接受程度，对渐进式延迟退休年龄问题进行深入研究论证。总体考虑四项因素：一，根据我国人口老龄化的趋势和劳动力的状况，把握调整的节点和节奏，遵循先易后难的原则。二，"小步慢提、渐进到位"，每年只延长几个月，用较长的时间逐步提高退休年龄。三，区别对待，分步实施，根据不同群体现行退休年龄的实际情况，有计划、分阶段实施，体现一定的差异性。四，预先公示，提前公布，在政策出台和启动实施之间预留准备期，便于参保人员合理确定职业规划和安排生活。

（四）管理体制和组织模式影响养老保险的实施效果

相对于其他社会保险而言，管理体制和组织模式对养老保险的影响最大。因为养老保险基金规模量大、累积时间长，保值增值的问题十分突出，因此在确定养老保险制度的管理体制和组织模式时，既要考虑养老保险要达到的目标、覆盖面、水平设定、负担和压力、筹资渠道等情况，又要考虑国家整个的公共管理机制，包括公共管理组织和公共管理理念及政府的公共职能等。

第二节　养老保险的模式与内容

经历了从家庭养老保障到国家养老保障，再到社会养老保险等不同历史阶段的演化，目前世界各国的养老保险制度多样化与多支柱化的特征越来越明显。在养老保险基本类型和模式的划分中，最常见的方式是根据各国在养老保障方面的典型做法将其划分为自保公助型（社会保险型）、福利国家型、国家保险型和强制储蓄型四种类型。而且，由于养老保险在社会保障体系中的特殊地位，这也常常被作为社会保障类型或模式的划分办法。

一、养老保险的模式

养老风险的普遍性、复杂性、多因素影响性以及各国国情的差异都决定了养老保险制度的多样化。但我们可以在总结各国养老保险制度实践的基础上，按照一定标准将养老保险做一定的归类，形成不同角度的养老保险模式区分。

（一）养老保险的责任承担模式

根据养老保险的责任承担机制，可以将养老保险划分为政府负责型、责任分担型、个人承担型和混合责任型四种模式。

1. 政府负责型

政府负责型是指企业与个人承担社会保障的纳税义务，政府通过预算来为国民提供养老金，政府对养老保险事务实行直接管理并严格监督的养老保险制度。这种模式最大的特征是，发放对象通常包括所有老年公民，强调政府责任，但因为人口老龄化会给财政带来较大负担。一般而言，福利国家型国家因普遍实施国民年金，通常属于这种模式，也有部分国家实行双层或多层次养老保险制度，其中基础层次的养老保险亦采取政府负责的国民年金形式。另外，国家保险型国家也是由国家财政充当社会保障制度的后盾和经济基础，退休金支出全部由政府和企业承担，个人不用缴纳保险费，因此也可以纳入政府负责型养老保险模式。

2. 责任分担型

由政府、单位或雇主、个人等多方分担养老保险责任，是养老保险制度发展的主流趋势。这种模式是基于责任分担或责任共担的原则确立的，它体现了权利和义务相统一的社会保险原则，有利于风险分散和财务稳定，更有利于养老保险制度的可持续发展，因此是大多数国家选择的制度模式。在实践中，具体责任分担方式有政府、单位或雇主、个人三方分担型，也有单位或雇主与个人分担型，工薪劳动者以外的其他参保对象由于没有单位或雇主，所以大多采用政府和个人分担。

3. 个人责任型

在制度化的保障机制中，也有个别国家的养老金完全由个人负责。这种模式的代表是智利自20世纪80年代后推行的养老金私有化改革，在新制度中，政府与雇主均不承担缴费义务，完全由劳动者个人缴费并计入个人账户，通过市场机制实现有偿运营，退休后领取自己账户中的养老金用于养老。这种模式强调个人自我负责，将政府责任最小化，缺乏互助共济和风险分散功能，也不具备促进公平的作用，虽然有利于提高储蓄率刺激经济发展，对个人也有一定激励效果，但从某种意义上说并不是严格意义上的社会养老保险制度。

4. 混合责任型

实际上，很多国家在构建养老保险制度时往往有多重目标的考虑，在肯定责任分担机制的同时，也想兼顾国民老年福利的公平性，同时让个人责任适当回归，从而出现了多层次的养老保险结构，既有政府负责的层次，又有两方或三方分责的层次，可能还有个人责任的层次，为养老保险制度发展提供了更多的选择。

（二）养老保险的财务模式

养老保险是社会保障体系中开支最大的项目，其财务状况往往决定了社会保险乃至整个社会保障制度的运行情况。因此，养老保险财务模式（又被称为筹资模式或收支平衡模式）是养老保险制度中最重要、最受重视的部分。养老保险财务模式有现收现付式、完全积累式和部分积累式三种（详见第五章第一节）。

（三）养老保险基金运行模式

养老保险基金运行模式是指养老保险基金筹集后的管理方式，它主要有公共账户模式、个人账户模式以及公共账户和个人账户相结合模式三种。

1. 公共账户模式

公共账户模式，在我国又被称为社会统筹模式，指通过养老保险筹资渠道筹集到的养老保险基金全部进入公共账户，由相关部门根据社会需要，统筹考虑养老保险基金的使用问题。该模式的最大特点是高度社会化，最大限度地发挥了社会保险互助共济、风险共担的功能，将"大数法则"利用到极致，也可以在收支中实现收入再分配。但由于其属于公共产品，会存在"搭便车"行为，对参保者的缴费缺乏激励。在具体制度中，公共账户模式多数情况是和现收现付的财务模式联系在一起的，但这并不是必然的。

2. 个人账户模式

与公共账户模式相对应，个人账户模式是指征缴的养老保险费全部计入个人账户，当参保者步入老年、失去劳动能力、离开劳动力市场后，再按照个人账户积累的金额（本金+运营收入），领取自己的养老金。这种模式由于待遇直接和供款挂钩，所以对参保者有更强的激励作用，但是并没有体现"大数法则"，没有互助共济和风险分担功能，也不具有收入再分配的作用。在具体制度中，个人账户模式多数情况是和完全积累的财务模式联系在一起的，但这同样也不是必然的联系。

3. 公共账户和个人账户相结合模式

公共账户和个人账户相结合，我国称之为社会统筹与个人账户相结合，是我国首创的一种新型社会养老保险基金运行模式。社会统筹部分现收现付与个人账户部分完全积累并存。国家、企业和个人三方筹集的养老保险基金分别计入社会统筹账户（公共账户）和个人账户，计发时实现结构性组合。由于该模式在我国的实践时间并不长，其实施效果还有待进一步检验，尤其是两种账户的关系，以及各自的运行规则与监管机制等，还有待完善。

（四）养老保险给付模式

养老保险给付模式包括给付既定模式和缴费既定模式。

1. 给付既定模式

给付既定模式又被称为待遇既定模式，简称 DB 模式。这种模式是先设定养老保险金为保障一定的生活水平需要达到的替代率，以此确定养老保险金的给付标准，再结合相关影响因素进行测算，来确定养老保险费的征缴比例。因此，这种模式是一种"以支定收"模式，由于有确定的给付标准，所以实质上表明给付责任和风险是由制度或者制度的提供者（国家和政府）来承担的。由于待遇和缴费之间不是直接关联，所以参保者的缴费积极性相对较低。

2. 缴费既定模式

缴费既定模式又被称为供款既定模式，简称 DC 模式。这种模式是结合未来养老负担、基金的保值增值、通货膨胀、企业的合理负担、工资水平等因素，经预测确定一个相当长时间内比较稳定的缴费比例或标准，再根据这个缴费标准来筹集养老保险基金并计入个人名下，在劳动者失去劳动能力后领取的养老金完全取决于自己缴纳和长期运营收入的基金总额。因此，这种模式是一种"以收定支"的模式，由于制度没有承诺的待遇标准，个人的养老金收入完全由缴费多少决定，所以对缴费有较强的激励作用，但实质上制度给付的责任和风险也是由个人来承担的。

由于养老保险给付模式本质上体现了责任和风险的归属问题，所以又被称为养老保险的责任模式。

二、养老保险的内容

养老保险制度通常包括以下基本内容：制度的覆盖范围，养老保险的基金来源与筹资方式,养老保险金的享受条件和待遇支付标准,养老保险的基金运营和管理机制等。

(一)覆盖范围

养老保险的覆盖范围,是指法定的适用对象和适用人群。各国因经济社会发展水平不一和制度规定的差异,其覆盖范围往往宽窄有别。有的国家和地区,养老保险已经覆盖了全体国民,如西欧、北欧的福利国家大多都属于这种普遍保障模式;有些国家的养老保险却只是覆盖劳动者,属于选择性保障模式,如德国、美国等。一般而言,养老保险覆盖面的大小取决于各国的具体国情,直接的影响因素包括:经济发展水平、人口类型、人口政策、职业结构、历史文化传统等。

(二)基金来源与筹资方式

养老保险基金是养老保险制度生存和发展的基础。基金来源不仅与国家和企业的财政状况、经济状况相关,也体现了制度的政策取向,关系到受保障者的切身利益。现代社会保障制度的发展越来越强调责任分担,其实责任分担的核心和重要内容就是各方责任主体如何公平、合理地分担社会保障费用的问题。具体到各国养老保险的实践,费用分摊的方式不外乎以下四种:

第一,由国家、雇主和雇员三方共同承担。这是最普遍的承担方式,英国、德国、意大利等均属于这种方式,我国目前实施的城镇职工基本养老保险也属于这种方式。

第二,由雇主和雇员双方承担,包括法国、荷兰、葡萄牙、新加坡等。其中新加坡中央公积金制度的费用就是由雇主和雇员各承担50%,政府只是负责管理和运用公积金。

第三,由雇主和国家分担费用,如瑞典2000年以前采取的就是这种方式。

第四,完全由雇员个人负担,只有少数国家和地区使用这种方式,如智利的强制性私营养老保险制度的基金就只是来自雇员个人缴费。

总的来说,第一种方式属于多方分担,其资金来源渠道多,更可靠,因此得到最多国家和地区的青睐。另外,需要注意的是,即使是采用同一分摊方式的国家和地区,具体的费用分担比例也会有相当大的差异,这也是各国国情不同决定的。

在现收现付、完全积累和部分积累三种筹资模式中,各国选择的筹资模式通常与本国的养老保险制度直接相关。从欧洲各国的养老保险的实践看,一般都是起始于积累方式,但随着时代的变迁,积累制逐渐向现收现付制演变,之后又因为人口老龄化与养老保险基金支付的压力,再次向完全积累或部分积累制回归。

(三)享受条件

每个建立养老保险制度的国家都会对养老保险金的申领资格做出明确的规定,并且绝大多数国家规定的给予条件都是复合型的,满足以下两个或者两个以上条件就能享受养老保险金。

(1)年龄条件。通常是达到法定的退休年龄即可享受领取养老金权益,不过由于人均预期寿命的差异等,各国的退休年龄并不一样,发展中国家的退休年龄通常较低,并且存在着男女退休年龄不一致的现象。发达国家的退休年龄多为65岁甚至更高,而且男女之间的退休年龄相同;另外,还有一些国家和地区为了满足个体差异带来的不同需求,实施了弹性的退休制度,允许参保者在一定年龄范围内自愿选择提前退休或延迟退休,并在养老金待遇上有些许差别。但总体来说,随着人口平均寿命的延长,提高退休年龄已经成为许多国家在劳动就业和社会保障方面的重要调整举措。

（2）缴费条件（或工龄），即参加养老保险的年限和缴纳养老保险税费的年限。只有那些参保缴费达到最低年限的人，才能在退休后领取退休金，这也保证了养老保险基金的基本收支平衡，不出现收不抵支的状况。例如，我国基本养老保险规定的最低缴费年限为15年，不然就不能享受完整的养老金待遇。在个人不缴费的养老保险计划中则会规定工龄，其原理也相同，虽然表面不缴费，但劳动者工薪的一部分也会按月以税收或其他形式扣除，只有扣除达到最低月数，养老保险基金收支才会平衡。

（3）其他条件，如居留条件等。一般养老保险中包括普惠式国民年金的国家和地区，规定在该国居住达一定年限就可以获得国民年金，如丹麦规定国民年金的享受条件为年满67岁之前连续5年居住在丹麦并且具有公民权。○

（四）待遇支付标准

在满足了领取养老金的各项条件后，养老保险的利益最终就应该落实在养老金支付上。从世界范围来看，制定养老待遇支付的基本原则有：

（1）普惠制养老金，即养老金支付以居住或年龄年限为依据，达到一定年龄的人，无论其过去就业年限长短和收入高低，都可以获得一份数量相同的养老金，一般被称作国民年金或基础养老金。

（2）就业关联养老金，即养老金支付以就业年限为依据，就业年限越长，养老金越多。

（3）收入关联养老金，即养老金与退休前收入多少有关，过去收入越高，养老金越多。

（4）缴费关联养老金，即养老金以缴纳的保险费为依据，所缴纳保险费用越高，养老金就越多。缴费多少往往与收入高低和就业高低有关联，所以"缴费关联"在一定意义上就是"就业收入关联"。○

养老保险的待遇水平通常受通货膨胀、社会经济发展水平等宏观因素的限制，也取决于最低生活费用和工作年限等具体因素。通常我们用于衡量和比较养老金水平高低的指标主要是养老金收入替代率，即养老金占退休前工资收入的百分比。一般认为，介于70%～80%的养老金收入替代率可以让退休者保持与退休前大致相同的生活水平，当然，这可以通过基本养老保险制度和其他补充性制度共同实现。我国目前实施的企业职工基本养老保险制度设计的目标替代率为58.5%。

（五）基金运营

由于受人口老龄化的冲击，现收现付制养老保险制度面临危机，从而掀起了全球范围内的养老保险制度改革，改革的大致方向就是建立累积式养老保险基金。但在基金制条件下，规模巨大的养老保险基金保值增值负担异常沉重。因此，有效运营与养老保险基金安全逐渐成为保证养老保险制度健康发展的必要条件。

养老保险基金的保值增值问题虽然受到许多国家关注，但是要取得良好效果却绝非易事。许多国家的经验表明，养老保险基金的投资需要慎重对待。由于养老保险基金的债务期长，因此在养老保险基金的投资组合中，可以降低流动性资产的比例；在实务资本方面，养老保险基金大多数都集中在房地产行业；在金融领域，养老保险基金的主要投资方向是

○ 曹信邦. 社会保障学［M］. 北京：科学出版社，2007：188.
○ 潘锦堂. 社会保险原理与实务［M］. 北京：中国人民大学出版社，2011：33.

股票、债券和贷款。为了提高养老保险基金整体上的安全性，许多国家通过立法或制定法规对养老保险基金用于各项投资的比例做出上限规定。

（六）管理体制

管理体制的选择对养老保险制度的运行有着非常重要的作用。管理体制的确定和一个国家公共组织的发展状况和政府行政构架、公共管理机制、市场健全与否相关，但不论哪一种模式，政府都要对养老保险运营进行控制与监督。从目前世界各国的实践看，主要有下列三种管理模式：

（1）由政府部门直接管理，典型国家有日本、加拿大、美国、中国、瑞士等。具体又可分为两种：一是分权式管理的方式，如加拿大、美国和瑞士，地方机构在管理中均扮演着重要的角色；二是中央集权式的管理方式，如英国、日本等，相对来说更为强调中央集权化，统一化程度较高。

（2）政府监督下的自治机构管理，典型国家有新加坡、德国、瑞典等。政府承担的主要是监督责任，这三国分别由中央公积金局、各保险协会、就业委员会等机构管理养老保险。

（3）由私营基金公司进行管理，典型国家有智利、法国等。

第三节　我国的社会基本养老保险制度

一、我国社会基本养老保险制度的沿革

我国 60 多年社会基本养老保险制度的历史大致可以划分为三个时期：国家保险模式时期、"社会统筹和个人账户相结合"模式时期和基本养老保险普及时期。

（一）国家保险模式时期（1951—1986 年）

国家保险模式时期分为前后两个阶段，前一阶段是带有全国统筹互济性质的养老保险，后一阶段统筹互济性没有了，退化为各自为政的单位养老保险。但是，这两个阶段的养老保险制度都带有国家保险模式的共同特征，即现收现付制、个人不缴费、与就业及工资关联、企业与机关各成系统。

1. 统筹保险阶段（1951—1969 年）

中华人民共和国成立后通过的《劳动保险条例》是一个包括养老、疾病、工伤、生育等多方面内容的综合性的社会保险行政规定。其中关于养老保险的规定标志着新中国养老保险制度的初步建立。至 1969 年，我国城镇已经基本上建立了比较完整的养老保险体系，也奠定了我国计划经济时期养老保险的基本框架结构，其特征为个人不缴费、现收现付制、与就业及工资关联、企业与机关各成系统。这个阶段之所以称为统筹保险阶段，是因为在这个阶段，企业所提留的劳动保险金中有 30% 上缴全国总工会，用作统筹互济，但这项规定于 1969 年被取消，随后我国养老保险进入单位保险阶段。

2. 单位保险阶段（1969—1986 年）

1969 年 2 月，财政部发布了《关于国营企业财务工作中几项制度的改革意见（草案）》，要求"国营企业一律停止提取工会经费和劳动保险金""企业的退休职工、长期病

号工资和其他劳保开支,改在营业外开支"。从此,养老保险变成各企业内部的事情,开始计入各企业当期成本,丧失了社会统筹调剂功能,社会养老保险制度变成了单位养老保险制度。

20世纪80年代,由于经济转轨,政企分开,我国开始在全民所有制企业新职工中实行劳动合同制,单位养老保险模式行不通了。此外,随着计划生育政策的开展,我国老龄化时代到来,现收现付制捉襟见肘。我国养老保险制度模式亟待改变。

3. 国家养老保险模式时期我国养老保险的主要内容

以1951年《劳动保险条例》为根本,1958年和1978年的两次修改为补充,并综合国家和事业单位养老保险的一些重要条例,我国这一时期养老保险主要内容如下。

覆盖范围:有工人职工100人以上的国营、公私合营、私营及合作社经营的企业及其职工;全民所有制、集体所有制企业及其职工;机关事业单位员工。

经费来源:企业负责、政府担保、个人不缴费(当时未单独规定养老保险费率)。

领取条件:①达到法定退休年龄:工人,男性60周岁,女性50周岁;干部(机关事业单位),男性60周岁,女性55周岁;特殊行业或特殊工种退休年龄可以提前,高级官员和专家教授等退休年龄可以延后。②工龄满10年。

保险待遇:养老金与工龄和工资挂钩。一般情况下,企业工人连续工龄满20年,最高养老金收入替代率为75%;机关事业单位干部,工龄满35年,最高养老金收入替代率为88%;工龄20年或35年以下的,养老金收入替代率相应递减。

(二)"社会统筹和个人账户相结合"模式时期(1986—2006年)

为了配合经济转轨,适应市场经济体制的需要,改革开放后的养老保险制度发展首先将重建完善城镇企业职工基本养老保险制度作为首要任务,并在吸收借鉴国际经验、立足我国国情的基础上,逐步确定了"社会统筹和个人账户相结合"的制度特征。

1. 统账结合模式酝酿与准备阶段(20世纪80年代至90年代中期)

1984年10月,党的十二届三中全会发布《关于经济体制改革的决定》,我国经济体制改革在城市铺开,企业脱离政府包办,独立核算,自负盈亏,因此企业保险负担的问题以及企业之间养老费用不均等问题马上显现出来。1984年,广东东莞、江门进行养老保险社会统筹试点,成为养老保险统筹的萌芽。1986年7月12日,国务院颁布了《国有企业实行劳动合同制暂行规定》,规定国有企业新招工人一律实行劳动合同制,并首先在合同制工人中实行养老保险个人缴费制度。规定企业缴纳的退休养老基金的数额为劳动合同制工人工资总额的15%左右,劳动合同制工人缴纳的退休养老基金数额为不超过本人标准工资的3%。

1991年6月,国务院颁布了《关于企业职工养老保险制度改革的决定》,正式宣告以《劳动保险条例》为基础的"国家养老保险模式"时代结束,要求"逐步建立起基本养老保险与企业补充养老保险和职工个人储蓄性养老保险相结合的制度。改变养老保险完全由国家、企业包下来的办法,实行国家、企业、个人三方共同负担,职工个人也要缴纳一定的费用。"从此,所有企业职工个人开始缴纳养老保险费。

1993年,党的十四届三中全会通过了《关于建立社会主义市场经济体制若干问题的决定》:"城镇职工养老和医疗保险金由单位和个人共同负担,实行社会统筹和个人账户相结合。"正式提出"统账结合"的养老保险模式。1995年3月,国务院发布了《关于深化企业职工养老保险制度改革的通知》，在全国范围内开始试行"社会统筹和个人账户相结合"的基本养老保险制度。在此后的两年多时间里，全国各地根据当地情况试行方案，积累了经验，也暴露了问题。

2. 统账结合模式建立与完善阶段（20世纪90年代中后期至2006年）

1997年7月，通过总结各地试行经验，国务院颁布了《关于建立统一的企业职工基本养老保险制度的决定》，正式向全国推广"社会统筹和个人账户相结合"的养老保险模式。在我国社会保障史上，这个文件具有划时代意义，标志着我国的社会保障制度发生了革命性的变化。

2000年12月25日，国务院发布了《关于完善城镇社会保障体系的试点方案》，调整了两个账户的比例，企业缴费全部进入社会统筹账户，不再划入个人账户。2001年7月，辽宁省首先开始进行试点，以后又逐步扩大到其他省（自治区、直辖市）确定的部分地区。

2005年12月，国务院颁布了《关于完善企业职工基本养老保险制度的决定》，其中有三项重要变化：一是对养老金计发办法进行了调整，更加注重与缴费挂钩；二是正式确认2000年《关于完善城镇社会保障体系的试点方案》对两个账户规模的调整，即企业按缴费工资20%左右进入统筹账户，个人按缴费工资8%进入个人账户；三是个体工商户和灵活就业人员开始纳入养老保险范围。

至此，我国以"社会统筹和个人账户相结合"为特征的城镇企业职工基本养老保险制度框架内容基本确立，并成为我国社会基本养老保险制度的主干，为下一步基本养老保险向其他人群普及奠定了基础。

（三）基本养老保险普及时期（2006年至今）

2006年后，我国逐步通过建立新型农村社会养老保险和城镇居民养老保险制度将基本养老保险的覆盖范围向全民普及，并通过推进机关事业单位养老保险制度改革缩小不同人群间养老保险的差距，以期在未来更好地对养老保险制度进行完善与整合。

2009年9月，国务院下发《关于开展新型农村社会养老保险试点的指导意见》，新农保试点在全国范围展开，2010年3月，时任总理温家宝在政府工作报告中进一步提出2010年将新农保试点扩大到23%的县（市、区、旗）。2012年上半年，国务院决定在全国所有县级行政区全面开展新型农村社会养老保险。新农保的建立是中央继免除农业税、实行农村直补和新型农村合作医疗之后的又一重大惠农政策，是我国建立覆盖城乡居民的社会保障体系的一大突破。

2011年全国人民代表大会通过的"十二五"规划纲要提出要求"完善实施城镇职工和居民养老保险制度"，同年，国务院决定从2011年7月1日起开展城镇居民社会养老保险试点，并印发了《国务院关于开展城镇居民社会养老保险试点的指导意见》，从颁布之日起启动试点工作。到2012年，我国已经实现养老保险制度全覆盖。2014年，根据《国务院关于建立统一的城乡居民基本养老保险制度的意见》，人社部、财政部印发《城乡养老保险制度衔接暂行办法》。在总结新型农村社会养老保险和城镇居民社会养老保险试点经验的基础上，国务院决定将新型农村社会养老保险和城镇居民社会养老保险两项制度合并实施，在全国范围内建立统一的城乡居民基本养老保险制度。

长期以来，机关事业单位与企业职工一直实行养老"双轨制"，缴费方式不一样，替代率差距较大,并轨的呼声很早就有。2008 年国务院通过了《事业单位工作人员养老保险制度改革试点方案》,确定在山西、上海、浙江、广东、重庆 5 省市先期开展试点,与事业单位分类改革配套推进,但试点进展不大。2015 年 1 月 14 日国务院发布《关于机关事业单位工作人员养老保险制度改革的决定》,由此,机关事业单位养老保险改革正式全面推开,我国基本养老保险制度向普及、公平和统一又迈进了一步。为避免赘述,具体改革内容及步骤详见本节第四部分。

二、我国现行社会基本养老保险制度概况

(一) 我国基本养老保险制度的构成

1997 年我国正式建立了第一项基本养老保险制度——城镇企业职工基本养老保险制度,经过 20 多年的发展和建设,我国基本养老保险制度已经从最初的覆盖部分劳动者逐步向"人人享有基本养老保险"的目标迈进。从我国的具体国情出发,基本养老保险制度的建立、改革与完善经历了先针对不同人群建立不同的基本养老保险制度、再逐步整合的发展路径。目前我国基本养老保险制度主要由以下三项具体制度构成:

(1) 城镇企业职工基本养老保险制度,主要覆盖城镇各类企业、个体工商户和灵活就业人员等非公共部门劳动者,1997 年正式建立。

(2) 机关事业单位基本养老保险制度,主要覆盖城镇公共部门劳动者。2015 年我国正式开始推进机关事业单位养老保险制度改革,改革后已普遍实施的机关事业单位养老保险制度与城镇职工养老保险相同,实行社会统筹和个人账户相结合缴费模式。

(3) 城乡居民基本养老保险制度,主要覆盖城乡非就业人口。该制度的前身是分别从 2009 年和 2011 年开始试点并逐步推广的新型农村社会养老保险和城镇居民养老保险制度,由于内容基本一致,从 2014 年开始将这两项制度合并实施,在全国范围内建立统一的城乡居民基本养老保险制度。

(二) 我国基本养老保险制度的特征

我国现行的基本养老保险制度的主要特征是统账结合。统账结合是社会统筹和个人账户相结合的简称,社会统筹部分实行现收现付制,个人账户实行完全积累制,总体达到类似部分积累制的效果,养老金待遇支付由社会统筹养老金和个人账户养老金两部分加总。但我国统账结合的基本养老保险制度在具体内容上又不同于一般的部分积累制:第一,部分积累制一般采用征税方式,我国的基本养老保险采用收费的方式。第二,部分积累制基金部分的来源是社会保障税收收入用于支付当前养老金后的余额,而我国个人账户部分的资金来源是个人直接缴费。第三,部分积累制的基金部分的资金是以信托基金方式运作,而我国个人账户的资金按照制度设计本来应该与社会统筹部分相独立,但由于制度转换形成的转制成本难以消化,实际个人账户资金也被用于当前的养老金支付,形成了个人账户"空账"问题。

《中华人民共和国社会保险法》第六十四条规定:基本养老保险基金逐步实行全国统筹,其他社会保险基金逐步实行省级统筹,具体时间、步骤由国务院规定。截至 2012 年 8 月,

全国 31 个省、自治区、直辖市出台了基本养老保险省级统筹⊖的办法，基本养老保险已经基本实现了省级统筹。国务院 2018 年 6 月发布《关于建立企业职工基本养老保险基金中央调剂制度的通知》，明确自当年 7 月 1 日起实施养老保险基金中央调剂制度，迈出全国统筹的关键一步。2019 年 4 月国务院办公厅发布《降低社会保险费率综合方案》（国办发〔2019〕13 号）要求加快推进企业职工基本养老保险省级统筹，逐步统一养老保险参保缴费、单位及个人缴费基数核定办法等政策，2020 年年底前实现企业职工基本养老保险基金省级统收统支。

（三）我国基本养老保险制度总体发展状况

根据《2017 年度人力资源和社会保障事业发展统计公报》和《2018 年人力资源和社会保障统计快报数据》显示：①截至 2017 年年末，全国参加基本养老保险人数为 91 548 万人，比上年末增加 2 771 万人。全年基本养老保险基金收入 46 614 亿元，比上年增长 22.7%，全年基本养老保险基金支出 40 424 亿元，比上年增长 18.9%，年末基本养老保险基金累计结存 50 202 亿元。②截至 2018 年年末，全国参加基本养老保险人数为 94 240 万人，全年基本养老保险基金收入 53 953.4 亿元，全年基本养老保险基金支出 47 081.9 亿元，基金当年结余 6 871.5 亿元。

在城镇职工基本养老保险覆盖范围与基金收支结余方面：①截至 2017 年年末，全国参加城镇职工基本养老保险人数为 40 293 万人，比上年末增加 2 364 万人。其中，参保职工 29 268 万人，参保离退休人员 11 026 万人，分别比上年末增加 1 441 万人和 922 万人。年末参加城镇职工基本养老保险的农民工人数为 6 202 万人，比上年末增加 262 万人。年末城镇职工基本养老保险执行企业制度参保人数为 35 317 万人，比上年末增加 1 053 万人。② 2017 年全年城镇职工基本养老保险基金总收入 43 310 亿元，比上年增长 23.5%，其中征缴收入 33 403 亿元，比上年增长 24.8%。各级财政补贴基本养老保险基金 8 004 亿元。全年基金总支出 38 052 亿元，比上年增长 19.5%。年末城镇职工基本养老保险基金累计结存 43 885 亿元。③截至 2018 年年末，全国参加城镇职工基本养老保险人数为 52 392 万人。④ 2018 年全年城镇职工基本养老保险基金总收入 50 144.79 亿元，全年基金总支出 44 162.44 亿元，基金当年结余 5 982.35 亿元。

在城乡居民基本养老保险覆盖范围与基金收支结余方面：①截至 2017 年年末，全国城乡居民基本养老保险参保人数 51 255 万人，比上年末增加 408 万人。其中，实际领取待遇人数 15 598 万人。② 2017 年全年城乡居民基本养老保险基金收入 3 304 亿元，比上年增长 12.6%，其中，个人缴费 810 亿元。基金支出 2 372 亿元，比上年增长 10.3%。基金累计结存 6 318 亿元。③截至 2018 年年末，全国城乡居民基本养老保险参保人数 52 392 万人。④ 2018 年全年城乡居民基本养老保险基金总收入 3 808.6 亿元，全年基金总支出 2 919.5 亿元，基金当年结余 889.1 亿元。

三、城镇企业职工基本养老保险制度

我国城镇企业职工基本养老保险制度框架主要依据国务院颁布的《关于建立统一的企

⊖ 省级统筹，即在全省（自治区、直辖市）范围内，统一确定缴纳基本养老保险费的比例和基本养老保险待遇支付标准。

业职工基本养老保险制度的决定》(国发〔1997〕26 号),但具体内容已在 2005 年后有了很大调整。目前城镇企业职工基本养老保险制度以《关于完善企业职工基本养老保险制度的决定》(国发〔2005〕38 号)和《中华人民共和国社会保险法》《降低社会保险费率综合方案的通知》(国发办〔2019〕13 号)等为主要法律依据。

(一) 覆盖范围

国发〔2005〕38 号文件规定:"城镇各类企业职工、个体工商户和灵活就业人员都要参加企业职工基本养老保险。当前及今后一个时期,要以非公有制企业、城镇个体工商户和灵活就业人员参保工作为重点,扩大基本养老保险覆盖范围。"

《中华人民共和国社会保险法》第十条规定:"职工应当参加基本养老保险,由用人单位和职工共同缴纳基本养老保险费。无雇工的个体工商户、未在用人单位参加基本养老保险的非全日制从业人员以及其他灵活就业人员可以参加基本养老保险,由个人缴纳基本养老保险费。公务员和参照公务员法管理的工作人员养老保险的办法由国务院规定。"

因此,目前我国企业职工基本养老保险制度主要覆盖城镇各类企业职工、个体工商户和灵活就业人员。其中,企业职工为强制参保;个体工商户和灵活就业人员为鼓励自愿参保,且缴费方式等与企业职工不同;公务员和事业单位等参照公务员法管理的工作人员目前不纳入该制度,参加机关事业单位基本养老保险制度。

(二) 缴费及账户分配

如前所述,我国基本养老保险实行社会统筹与个人账户相结合。基本养老保险基金由用人单位和个人缴费以及政府补贴等组成。其中,城镇各类企业及其职工与个体工商户和灵活就业人员的缴费办法有所不同。

1. 城镇各类企业及其职工的缴费办法

基本养老保险实行省级统筹,企业缴纳基本养老保险费的比例,一般不得超过企业工资总额的 20%,具体比例由省、市、自治区、直辖市人民政府确定。由于各地经济发展水平和缴费职工对退休人员抚养比不一样,各地缴费比例相差比较大。例如,截至 2012 年 8 月,深圳就业人口多,退休人员少,用人单位的缴费比例为职工缴费工资总额的 10%;浙江用人单位缴费比例为全部工资总额的 16%;辽宁由于是老工业基地,退休人员比较多,又做实个人账户,用人单位缴费比例超过 20%。截至 2016 年 4 月,上海为 21%、山东和福建为 18%、广东和浙江为 14%,其他省份都为 20%。

为降低企业成本,增强企业活力,国务院同意人社部等相关部委降低单位缴费比例的系列举措:① 2016 年 4 月人社部、财政部通知(人社部发〔2016〕36 号):2016 年 5 月 1 日起单位缴费比例超过 20% 的降至 20%,单位缴费比例为 20% 且满足基金累计结余条件的可实施暂行两年阶段性降低 1%。② 2018 年 4 月人社部、财政部通知(人社部发〔2018〕25 号):2018 年 5 月 1 日起单位缴费比例超过 19% 的省(区、市)以及按照(人社部发〔2016〕36 号)单位缴费比例降至 19% 的省(区、市),基金累计结余可支付月数高于 9 个月的,可暂行一年阶段性执行 19%。③ 2019 年 4 月国务院办公厅关于印发《降低社会保险费率综合方案》(国办发〔2019〕13 号)规定:2019 年 5 月 1 日起降低城镇职工基本养老保险(包括企业和机关事业单位基本养老保险)单位缴费比例,单位缴费比例高于 16% 的可降至 16%;低于 16% 的要研究提出过渡办法。

企业缴纳养老保险费所参照的费基是企业工资总额，以上月列入成本和费用的全部工资总额为计算基数。而职工个人一般以本人上年度实际月平均工资为缴费基数。月平均工资按国家统计局规定列入工资总额的项目计算，包括工资、奖金、津贴、补贴等收入。另外，职工个人的缴费工资还有上、下限的规定：本人月平均工资低于当地职工月平均工资60%的，按当地职工月平均工资60%计入；高于当地职工月平均工资300%，按当地职工月平均工资300%缴费，超过部分不计入缴费工资基数，也不记入计发养老金的基数。国办发〔2019〕13号文件规定：调整就业人员平均工资计算口径为全口径城镇单位就业人员平均工资，即各省应以本省城镇非私营单位就业人员平均工资和城镇私营单位就业人员平均工资加权计算的全口径城镇单位就业人员平均工资，核定社保个人缴费基数上下限，合理降低部分参保人员和企业的社保缴费基数。调整就业人员平均工资计算口径后，各省要制定基本养老金计发办法的过渡措施，确保退休人员待遇水平平稳衔接。

2. 个体工商户和灵活就业人员的缴费办法

以当地上年度在岗职工平均工资为缴费基数，缴费比例为20%，全部由个人缴费，其中8%计入个人账户，其余计入社会统筹账户。国办发〔2019〕13号文件规定：完善个体工商户和灵活就业人员缴费基数政策。个体工商户和灵活就业人员参加企业职工基本养老保险，可以在本省全口径城镇单位就业人员平均工资的60%～300%选择适当的缴费基数。

个人账户储存额只用于养老，不得提前支取，每年按照国家统一公布的记账利率计算利息，免征利息税。参保人员死亡的，个人账户余额可以依法继承。

（三）享受养老金的条件

参保人享受养老保险待遇需要同时具备以下条件：

（1）退休年龄：我国目前法定的退休年龄是男年满60周岁，女干部年满55周岁，女工人年满50岁；从事井下、高空、高温、特别繁重体力劳动或者其他有害身体健康的工作，退休年龄为男年满55周岁、女年满45周岁；因病或非因工致残，经医院证明，并经劳动鉴定委员会确认完全丧失劳动能力的退休年龄为男年满50周岁，女年满45周岁。

（2）缴费年限：达到法定退休年龄时累计缴费满15年（含视同缴费年限，即正式建立制度1997年以前，被旧保险制度所覆盖职工的工作年限）的才可按月领取基本养老金。

按照相关规定，参加企业职工基本养老保险的个人达到法定退休年龄时，累计缴费年限不满15年的，有以下几种选择：可以延长缴费至满15年；延长缴费5年后仍不足15年的，可以一次性缴费至满15年；累计缴费不足15年，可以申请转入户籍所在地新型农村社会养老保险或者城镇居民社会养老保险，享受相应的养老保险待遇；累计缴费不足15年，且未转入新型农村社会养老保险或者城镇居民社会养老保险的，个人可以书面申请终止其职工基本养老保险关系，并将个人账户储存额一次性支付给本人，不发给基础养老金。

（四）养老金计发办法

企业职工基本养老保险待遇主要包括：第一，按月领取规定计发的基本养老金，直至死亡，参保人死亡之后，个人账户的资金如有余额可以依法继承。第二，享受基本养老金的正常调整待遇，如为了抵消物价上涨压力，并让企业退休人员分享经济发展成果，截至

2018年1月,我国政府已连续14次较大幅度调整企业退休人员基本养老金水平。第三,死亡待遇,参加基本养老保险的个人,因病或者非因工死亡的,其遗属可以领取丧葬补助金和抚恤金,在未达到法定退休年龄时因病或者非因工致残完全丧失劳动能力的,可以领取病残津贴,所需资金从基本养老保险基金中支付。第四,对企业退休人员实行社会化管理服务,养老金实行社会化发放,人员移交城市街道和社区实行属地管理,由社区服务组织提供相应的管理服务。

由于我国原来采用完全现收现付模式的养老保险,而现在已经转化为部分积累的统账结合模式,这就不可避免地要处理两种制度的转轨过渡问题。为此,根据1997年国务院颁布的《关于建立统一的企业职工基本养老保险制度的决定》和2005年国发38号文,对"新人""老人""中人"养老金规定了不同的待遇给付办法。

1. "老人"老办法

所谓"老人",即《关于建立统一的企业职工基本养老保险制度的决定》实施前已经离退休的人员,新制度实施后将仍按其退休时核定的养老金进行给付,一般为其退休时标准工资的一定百分比,并随以后基本养老金调整而增加养老保险待遇(见式7-1)。

$$\text{"老人"养老金} = \text{旧制度的退休金} + \text{调整养老金} \quad (7\text{-}1)$$

2. "新人"新办法

所谓"新人",即《关于建立统一的企业职工基本养老保险制度的决定》实施以后才参加工作的参保人员,其缴费年限累计满15年,退休后将按月发放基本养老金。其基本养老金(见式7-2)由基础养老金(也被称为统筹养老金)和个人账户养老金两部分组成。退休时的基础养老金月标准以当地上年度在岗职工月平均工资和本人指数化月平均缴费工资的平均值为基数,缴费每满一年发给1%(见式7-3)。个人账户养老金月标准为个人账户储存额除以实际退休年龄对应的计发月数(见式7-4),计发月数根据职工退休时城镇人口平均预期寿命、本人退休年龄、利息等因素确定(详见表7-1中个人养老金计发月数)。

$$\text{"新人"养老金} = \text{基础养老金} + \text{个人账户养老金} \quad (7\text{-}2)$$

$$\text{基础养老金} = \frac{(\text{退休时当地上年度在岗职工月平均工资} + \text{本人指数化平均缴费工资})}{2} \times \text{累积缴费年限} \times 1\% \quad (7\text{-}3)$$

$$\text{个人账户养老金} = \text{个人账户总额} \div \text{计发月数} \quad (7\text{-}4)$$

表7-1 个人账户养老金计发月数表

退休年龄	40	41	42	43	44	45	46	47	48	49
计发月数	233	230	226	223	220	216	212	208	204	199
退休年龄	50	51	52	53	54	55	56	57	58	59
计发月数	195	190	185	180	175	170	164	158	152	145
退休年龄	60	61	62	63	64	65	66	67	68	69
计发月数	139	132	125	117	109	101	93	84	75	65
退休年龄	70									
计发月数	56									

资料来源:《关于建立统一的企业职工基本养老保险制度的决定》《关于完善企业职工基本养老保险制度的决定》(国发〔2005〕38号)、《中华人民共和国社会保险法》等整理所得。

指数化月平均缴费工资（见式7-5）是指职工退休时上年度职工平均工资与该职工的平均缴费工资指数的乘积。其中，缴费工资指数是指职工本人工资（a）与当地在岗职工平均工资（A）的比值（a/A）。职工本人平均工资指数是本参保职工缴费年限内历年缴费工资指数的平均值。

$$本人平均缴费工资指数 = (a_1/A_1 + a_2/A_2 + \cdots\cdots a_n/A_n) \div N \tag{7-5}$$

式7-5中，a_1，a_2，…，a_n 为参保人员退休前1年，2年…，n年的本人缴费工资额；A_1，A_2，…，A_n 为参保人员退休年1年，2年…，n年的当地在岗职工平均工资，N为参保企业和职工实际缴纳基本养老保险费的年限。本人平均缴费工资指数能够比较全面、准确地反映一个职工在社会经济生活中的相对位置。若其值大于1，说明该职工在整个缴费年限或连续计算的若干缴费年限的缴费工资高于相同年限的职工平均工资；等于1，则说明两者相等；小于1，则说明个人平均缴费工资低于职工平均工资。

3."中人"中办法

所谓"中人"，即《关于建立统一的企业职工基本养老保险制度的决定》实施前已参加工作，实施后才退休的参保人员。由于他们在新制度实施前个人账户无积累，因此退休后的养老金（见式7-6）是在发给其基础养老金和个人账户养老金的基础上，国家再发给过渡性养老金（见式7-7）。

$$"中人"养老金 = 基础养老金 + 个人账户养老金 + 过渡性养老金 \tag{7-6}$$

式7-6中的基础养老金和个人账户养老金计算办法与"新人"相同。

$$过渡性养老金 = 指数化月平均缴费工资 \times R \times 视同缴费年限 \tag{7-7}$$

式7-7中R为计发系数，由各统筹地区政府决定，多在1%～1.4%。

（五）养老关系转续办法

2010年1月1日起实施的《城镇企业职工基本养老保险关系转移接续暂行办法》明确规定了跨省流动就业的养老保险关系转移接续政策。《中华人民共和国社会保险法》第19条也规定："个人跨统筹地区就业的，其基本养老保险关系随本人转移，缴费年限累计计算。个人达到法定退休年龄时，基本养老金分段计算、统一支付。具体办法由国务院规定。"

1. 转移资金计算

个人账户储存额1998年1月1日之前按个人缴费累计本息计算转移，1998年1月1日后按计入个人账户的全部储存额计算转移；统筹基金（单位缴费）以本人1998年1月1日后各年度实际缴费工资为基数，按12%的总和转移，参保缴费不足1年的，按实际缴费月数计算转移。

2. 待遇领取地确定办法

参保人员养老保险关系在户籍所在地的，达到国家规定的退休条件时，由户籍所在地负责办理退休手续。养老保险关系不在户籍所在地且在养老保险关系所在地累计实际缴费满10年的，在该地办理退休手续；实际缴费不满10年的，将其养老保险关系转回上一个参保缴费满10年以上的原参保地办理退休手续，享受养老保险待遇；没有满10年以上原参保地的，转回户籍所在地，由户籍所在地按规定办理退休手续，享受养老保险待遇。

3. 待遇计算办法

参保人员转移接续基本养老保险关系后，符合待遇领取条件的，在核定养老保险待遇时，以本人在各参保地的各年度缴费工资和最后办理退休地对应的各年度在岗职工平均工资计算其缴费工资指数。

4. 办理程序

参保人员跨省流动就业的，原就业地社保机构应为其开具参保缴费凭证；在新就业地按规定建立养老保险关系并缴费后，由用人单位或参保人员本人向新就业地社保机构出示参保缴费凭证，提出养老保险关系转移接续申请，由两地社会保险经办机构负责办理养老保险关系和资金的转移接续手续。办理过程原则不超过 45 天。

四、机关事业单位基本养老保险制度

(一) 国家机关和事业单位简介

国家机关是指从事国家管理和行使国家权力的机关，包括国家元首、权力机关、行政机关、监察机关、审判机关、检察机关和军事机关，其工作人员称为公务员。事业单位是国家设置的、带有一定公益性质的机构，国家会对事业单位予以财政补助，宗旨是为社会服务，参与社会事务管理，履行管理和服务职能，主要从事教育、科技、文化、卫生等活动。事业单位的上级部门多为政府行政主管部门或者政府职能部门。

(二) 改革前的机关事业单位养老保险制度

我国机关及非企业化管理事业单位职工养老保险制度的改革与企业相比明显滞后，2015 年才开始全面推开。之前执行的是经过多次补充和修改的从 1955 年开始实行的离退休制度。该制度原来由人事部管理，1998 年国务院机构改革后并入劳动和社会保障部管理，之后由人社部管理。

1. 覆盖范围

该制度主要覆盖三类人员：第一类是在中央和地方各级国家机关就职的人员，即公务员；第二类是在党的机关、权力机关、法律和检察机关及部分社会组织就职的人员；第三类是在未实行企业化管理的科技、教育、文化、卫生、体育等事业机构或组织就职的人员。

2. 资金来源

个人不缴费，全部依靠财政拨款。

3. 资格条件

达到法定退休条件、经批准后的退休人员可领取国家规定的养老金。在 1949 年 10 月 1 日前参加革命工作并符合法定条件的人员可享受离职休养待遇（简称离休）。

国家机关员工退休条件为：男年满 60 周岁，女年满 55 周岁；或完全丧失工作能力。《中华人民共和国公务员法》(2018 年 12 月 29 日第十三届全国人大常委会第七次会议修订) 第九十三条规定：工作年限满 30 年的或距国家规定的退休年龄不足 5 年，且工作年限满 20 年的，本人自愿提出申请，经任免机关批准，可以提前退休。

事业单位员工退休条件为：男年满 60 周岁，女干部年满 55 周岁，女工人年满 50 周岁，工作年限满 10 年；男年满 50 周岁，女年满 45 周岁，工作年限满 10 年，经过医院证明完全丧失工作能力的；因公致残、经医院证明完全丧失工作能力。

4. 待遇水平

如表 7-2 所示，实行养老金待遇水平与工龄长短和工资高低挂钩，即"就业工资关联"支付原则。国家机关员工的工资包括四项：基础工资、工龄工资、职务工资和级别工资。事业单位员工工资包括两项：基础工资和岗位工资。国家机关员工和事业单位员工的养老金构成不同，待遇也有所区别。国家机关员工退休后，养老金构成除了其退休前基础工资和工龄工资的 100%，还有其职务工资和级别工资总和的一定比例；事业单位员工退休后，按照其基础工资与岗位工资总和的一定比例给付养老金。

表 7-2　事业单位员工养老金给付比例

工作年限	国家机关员工	事业单位员工
满 35 年	退休时基础工资和工龄工资的 100%，职务工资和级别工资之和的 88%	退休时基础工资和岗位工资之和的 90%
满 30 年不满 35 年	退休时基础工资和工龄工资的 100%，职务工资和级别工资之和的 82%	退休时基础工资和岗位工资之和的 85%
满 20 年不满 30 年	退休时基础工资和工龄工资的 100%，职务工资和级别工资之和的 75%	退休时基础工资和岗位工资之和的 80%
满 10 年不满 20 年	退休时基础工资和工龄工资的 100%，职务工资和级别工资之和的 60%	退休时基础工资和岗位工资之和的 70%
不满 10 年	退休时基础工资和工龄工资的 100%，职务工资和级别工资之和的 40%	不发给退休金，按退职处理。退职生活费为退职时原工资的 50%
离休金	离休时工资的 100%	离休时工资的 100%

资料来源：《关于建立统一的企业职工基本养老保险制度的决定》《关于完善企业职工基本养老保险制度的决定》（国发〔2005〕38 号）《中华人民共和国社会保险法》等整理所得。

（三）机关事业单位基本养老保险制度改革

2015 年 1 月 14 日国务院发布《关于机关事业单位工作人员养老保险制度改革的决定》（国发〔2015〕2 号），并于 2014 年 10 月 1 日起实施，标志我国机关事业单位养老保险制度改革全面推开。这次改革的主要内容如下：

1. 改革的目标和基本原则

本次改革的主要目标是改革现行机关事业单位工作人员退休保障制度，逐步建立独立于机关事业单位之外、资金来源多渠道、保障方式多层次、管理服务社会化的养老保险体系。

改革的基本原则：公平与效率相结合、权利与义务相对应、保障水平与经济发展水平相适应、改革前与改革后待遇水平相衔接、解决突出矛盾与保证可持续发展相促进。

2. 改革的范围

适用于按照公务员法管理的单位、参照公务员法管理的机关（单位）、事业单位及其编制内的工作人员。

3. 改革缴费方式

新的机关事业单位基本养老保险制度，将参照企业职工基本养老保险制度实行社会统筹与个人账户相结合的基本养老保险制度。基本养老保险费由单位和个人共同负担。单位缴费的比例为本单位工资总额的20%，个人缴费的比例为本人缴费工资的8%，由单位代扣。按本人缴费工资8%的数额建立基本养老保险个人账户，全部由个人缴费形成。个人工资超过当地上年度在岗职工平均工资300%以上的部分，不计入个人缴费工资基数；低于当地上年度在岗职工平均工资60%的，按当地在岗职工平均工资的60%计算个人缴费工资基数。

4. 改革养老金计发办法

改革后机关事业单位人员的基本养老金由基础养老金和个人账户养老金组成。退休时的基础养老金月标准以当地上年度在岗职工月平均工资和本人指数化月平均缴费工资的平均值为基数，缴费每满1年发给1%。个人账户养老金月标准为个人账户储存额除以计发月数，计发月数根据本人退休时城镇人口平均预期寿命、本人退休年龄、利息等因素确定。可见，新的计发办法也实现了与企业职工的统一。

5. 改革前后的过渡

改革实施前已经退休的人员，继续按照国家规定的原待遇标准发放基本养老金，同时执行基本养老金调整办法。改革实施后参加工作、个人缴费年限累计满15年的人员，退休后按月发给基础养老金和个人账户养老金。改革实施前参加工作、实施后退休且缴费年限（含视同缴费年限）累计满15年的人员，按照合理衔接、平稳过渡的原则，在发给基础养老金和个人账户养老金的基础上，再依据缴费年限长短发给过渡性养老金，具体办法由人力资源和社会保障部会同有关部门制定并指导实施；改革实施后达到退休年龄但个人缴费年限累计不满15年的人员，其基本养老保险关系处理和基本养老金计发比照企业职工情况处理。

6. 建立职业年金制度

机关事业单位在参加基本养老保险的基础上，应当为其工作人员建立职业年金。单位按本单位工资总额的8%缴费，个人按本人缴费工资的4%缴费。工作人员退休时，依据其职业年金积累情况和相关约定，按月领取职业年金待遇。这有利于构建多层次养老保险体系，优化机关事业单位退休人员养老待遇结构，并与目前我国正在大力推行的企业年金制度相对应，两者共同形成我国未来养老保障体系的第二支柱。

7. 其他相关政策及后续改革措施与成效

第一，在基金管理和监督方面，具备条件的省（区、市）可以从改革一开始就实行省级统筹；暂不具备条件的，可先实行省级基金调剂制度，并积极创造条件，加快向省级统筹过渡。机关事业单位养老保险基金单独建账，与企业职工基本养老保险基金分别管理使用。基金纳入社会保障基金财政专户，实行收支两条线管理，专款专用，确保安全。第二，建立基本养老金正常调整机制，统筹安排机关事业单位和企业退休人员的基本养老金调整。第三，提高机关事业单位社会保险社会化管理服务水平，普遍发放全国统一的社会保障卡，实行基本养老金社会化发放。第四，为进一步完善与健全机关事业单位工作人员养老保险制度，2015年3月国务院办公厅发布了《关于印发机关事业单位职业年金办法的通知》（国办发〔2015〕18号）。2017年1月人社部联合财政部发布了《机关事业单位基本养老保险关系和职业年金转移接续问题的通知》（人社部规〔2017〕1号）。第五，各地稳步推进机关事业单位养老保险制度改革工作，2016年年末全国参保人数达到3 666万人，职业年金正随着机关事业单位养老保险制度改革逐步建立。第六，国务院办公厅关于印发《降低社会保险费率综合方案的通知》（国办发〔2019〕13号）规定自2019年5月1日起，降低城镇职工基本养老保险单位缴费比例（高于16%的，可降至16%；低于16%的，要研究提出过渡办法），包括企业和机关事业单位基本养老保险。

五、城乡居民基本养老保险制度

从2009年开始试点推广的新型农村社会养老保险和从2011年开始试点推广的城镇居民养老保险制度是城乡居民基本养老保险制度的前身，这两项制度虽然实施时间有先后，但是因为它们覆盖人群均属于非从业人口，统一的制度内容符合城乡社会保障一体化发展的目标，所以制度内容基本一致。2014年，根据《国务院关于建立统一的城乡居民基本养老保险制度的意见》，正式开始两项制度的合并工作，主要内容如下。

（一）覆盖范围

年满16周岁（不含在校学生），非国家机关和事业单位工作人员及不属于企业职工基本养老保险制度覆盖范围的城乡居民，可以在户籍地参加城乡居民养老保险。与企业职工基本养老保险制度明显不同的是，企业职工基本养老保险制度是强制参保，而城乡居民基本养老保险制度目前采用的还是自愿参保的原则。

（二）资金筹集

城乡居民养老保险基金由个人缴费、集体补助、政府补贴构成。

1. 个人缴费

参加城乡居民养老保险的人员应当按规定缴纳养老保险费。缴费标准目前设为12个档次：每年100元、200元、300元、400元、500元、600元、700元、800元、900元、1 000元、1 500元、2 000元，省（区、市）人民政府可以根据实际情况增设缴费档次，最高缴费档次标准原则上不超过当地灵活就业人员参加职工基本养老保险的年缴费额，并报人力资源和社会保障部备案。人力资源和社会保障部会同财政部依据城乡居民收入增长等情况适时调整缴费档次标准。参保人自主选择档次缴费，多缴多得。

2. 集体补助

有条件的村集体经济组织应当由村民委员会召开村民会议，民主确定补助标准，对参保人缴费给予补助，鼓励有条件的社区将集体补助纳入社区公益事业资金筹集范围，鼓励其他社会经济组织、公益慈善组织、个人为参保人缴费提供资助。补助、资助金额不超过当地设定的最高缴费档次标准。

3. 政府补贴

由于城乡居民养老保险覆盖的是非从业人员，除个人缴费外，政府补贴是其经费的另一可靠来源，这是与企业职工养老保险的另一明显差异。政府对符合领取城乡居民养老保险待遇条件的参保人全额支付基础养老金，其中，中央财政对中西部地区按中央确定的基础养老金标准给予全额补助，对东部地区给予50%的补助。地方人民政府应当对参保人缴费给予补贴，对选择最低档次标准缴费的，补贴标准不低于每人每年30元；对选择较高档次标准缴费的,适当增加补贴金额;对选择 500 元及以上档次标准缴费的,补贴标准不低于每人每年 60 元,具体标准和办法由省(区、市)人民政府确定。对重度残疾人等缴费困难群体,地方人民政府为其代缴部分或全部最低标准的养老保险费。

(三) 建立个人账户

由于城乡居民养老保险资金主要来源于个人缴费和政府补贴,政府补贴部分直接纳入各级财政预算,不需要建立社会统筹基金,所以该制度仅为每个参保人员建立终身记录的养老保险个人账户。个人缴费、地方人民政府对参保人的缴费补贴、集体补助及其他社会经济组织、公益慈善组织、个人对参保人的缴费资助,全部记入个人账户。个人账户储存额按国家规定计息。

(四) 享受养老金的条件

在享受条件方面,城乡居民养老保险与职工养老保险基本相似,都需要同时满足年龄条件和缴费条件。

1. 年龄条件

不再区分性别,以年满 60 周岁作为统一领取年龄,并且,制度实施时已年满 60 周岁且未领取国家规定的基本养老保障待遇的,自实施之月起,可以按月领取城乡居民养老保险基础养老金,这可以看作是政府对 60 岁以上老人的直接补贴。

2. 缴费条件

缴费条件与职工养老保险的基本要求一致,累计缴费满 15 年,才可以按月领取城乡居民养老保险待遇。城乡居民养老保险待遇领取人员死亡的,从次月起停止支付其养老金。

(五) 养老保险待遇及调整

城乡居民养老保险待遇同样由基础养老金和个人账户养老金构成,支付终身。但由于基础养老金的来源是政府补贴,而不是企业缴费形成的社会统筹基金,因此,基础养老金的待遇标准与职工养老保险的待遇标准差别很大,而个人账户养老金则基本沿用了职工养老保险的计算办法。

1. 基础养老金

中央确定基础养老金最低标准,建立基础养老金最低标准正常调整机制,根据经济发展和物价变动等情况,适时调整全国基础养老金最低标准。地方人民政府可以根据实际情况适当提高基础养老金标准;对长期缴费的,可适当加发基础养老金,提高和加发部分的资金由地方人民政府支出,具体办法由省(区、市)人民政府规定,并报人力资源和社会保障部备案。

2. 个人账户养老金

个人账户养老金的月计发标准,目前为个人账户全部储存额除以 139(与现行职工基本养老保险个人账户养老金计发系数相同)。参保人死亡,个人账户资金余额可以依法继承。

(六) 转移接续与制度衔接

参加城乡居民养老保险的人员,在缴费期间户籍迁移、需要跨地区转移城乡居民养老保险关系的，可在迁入地申请转移养老保险关系，一次性转移个人账户全部储存额，并按迁入地规定继续参保缴费，缴费年限累计计算；已经按规定领取城乡居民养老保险待遇的，无论户籍是否迁移，其养老保险关系不转移。

六、我国社会基本养老保险制度面临的主要问题与应对举措

（一）隐性债务的责任未能落实

养老保险隐性债务是指在现收现付制度下，参保人员积累下来的未来领取养老金的权利，是养老保险由"现收现付制"向"积累制"转轨过程中，由于已经工作和退休的人员没有过去的积累，而他们又必须按新制度领取养老金，那么他们应得的、实际又没有积累部分就被称作养老金隐性债务，或隐性养老金债务。与隐性债务相关联的债务是通货膨胀和工资增长所增长的养老金，也称为隐性附带债务。

养老金隐性债务是现收现付制度固有的。如果不进行制度转变，隐性债务将永远存在下去。现收现付制度下的债务与制度转变后的债务在偿还方式上不同。制度转变实际上中断了现收现付制债务的延续，使债务显性化了。因此，有人称其为"隐性养老金债务变为显性债务"。但是，当现收现付制向部分基金积累制转变时，隐性债务只有部分显性化了，成为转制的成本。因为我国的养老金制度改革并不是转为完全的个人账户基金积累制，债务并没有完全显性化。在新制度中，"老人"的养老金、"中人"的基础养老金和过渡养老金、"新人"的基础养老金并没有成为显性债务，仍然按隐性债务的方式运行着。但是，巨大的资金债务问题，凭着国家和社会，在短时间内不可能解决，而新制度又必须执行下去。问题在于新制度实行时，没有明确过去历史所形成的隐性债务以及政府应当如何去承担责任，以致责任不清、监督不力。

（二）个人账户基金"空账"运转问题

中国养老保险试行改革后的新制度，按照制度设计，对于已经退休人员发放的养老金通过社会统筹资金来解决。但是，由于现在的退休者没有（或很少有）个人账户资金，养老金又要按标准发放，社会统筹的资金远远不够支付庞大的退休群体的需要。为了解决这个问题，国家规定企业的缴费率平均维持在20%，统筹资金不够支付时，可以向个人账户透支。实际上，这是用新收缴的和借用积累的个人账户的资金发退休金（就发下去的资金而言，实行的仍然是现收现付制）。因为社会统筹资金和个人账户资金是放在一起管理的，这就为混用提供了方便，而这又是不得已而为之。个人账户基金虽然有一定的剩余和积累，但是其中很大一部分只是名义上的账户，实际资金已被用掉了。1998年年末，全国养老保险个人账户的名义记账额达1 036.26亿元，而当年账面实际滚存节余是587.41亿元，出现空账余额448.85亿元，1999年此数字超过1 000亿元。2005年空账规模达到8 000亿元，2010年为13 000亿元。近年来个人账户的"空账"额更是以每年数千万的速度快速增长，2016年，中国养老金空账达到3.6万亿元。

从债务关系来说，养老金的空账运作是现在向未来的透支，是老一代向年青一代的透支。改革要解决的养老金危机实际上并没有完全解决，长此下去必然隐含巨大的资金风险，也会降低改革后新制度的信誉，动摇新制度的根基。

做实个人账户的工作正在探索中进行。从2001年开始，国家在辽宁省进行了社会保

障进一步改革试点，地方财政负担25%，中央财政负担75%，按8%的规模做实，2002年做实个人账户试点扩大到吉林省和辽宁，按5%的规模做实。2006年，天津、上海、山西、山东、河南、湖北、湖南和新疆等8个省、自治区、直辖市开始试点，按8%的规模做实。2008年，浙江省、江苏省启动了自费做实个人账户试点工作，全国做实的省、自治区、直辖市达到13个。但从试点情况看，如果要继续推开，除了所需资金巨大，对中央和地方财政都会形成压力外，更重要的是如何实现做实后的个人账户基金保值增值，这是亟待解决的问题。

（三）养老金资金缺口问题

养老金制度改革的中心是资金来源问题，上面所说的两个问题根本上也是资金问题。随着中国人口老龄化加速，退休人员增加迅猛，养老金支出压力日益严重，而且还存在较大的地区差异。新的基本养老保险制度运行以来，社会统筹资金缺口问题已经显现。国家财政每年都要拨一部分资金来补足各地养老金的缺口。若将每年的缺口资金纳入预算，大约占比为当年一般公共预算收入的5%。在资金来源方面，引起政府部门不安的是新的资金收缴机制不能顺利执行，阻力较大。

以2017年为例，企业职工养老保险的参保人数为3.53亿人，其中在职参保人数2.59亿人，领取待遇的退休人员9 460万人。全国总抚养比为2.73∶1，但不同省、自治区、直辖市之间差异较大，有的抚养比是4∶1，有的抚养比不到2∶1。全国累计结余可以支付17.4个月，有些省、自治区、直辖市可以支付到40至50个月，但有些省、自治区、直辖市已经出现了当期的收不抵支，个别省、自治区、直辖市甚至出现累计结余用完的情况。2017年各级财政补贴基本养老保险基金8 004亿元。

1. 企业欠费问题

新的养老保险制度建立以来，各地不断出现拖欠养老保险费的问题，企业基本养老保险基金收支形势比较严峻。虽然各地不断加大清理回收企业欠缴基本养老保险费工作的力度，但是仍有一些具备缴费能力而以各种借口和办法拒缴社会保险费的企业。

2. 个人承担养老保险的投保能力低

国家统计局发布的《2017年国民经济和社会发展统计公报》显示，绝大多数职工收入有限。2017年全国居民人均可支配收入为25 974元，全国居民人均消费支出18 322元，收支相抵后所剩不多，再平均到每个月则所剩无几，若再扣除医疗、住房等开支，收支相抵很难再有多少剩余，个人投保的条件比较有限。

3. 覆盖面问题

目前我国基本养老保险的覆盖面不高。原因是，在企业转制、岗位转换过程中，某些国有企业和集体企业参保人员流失，中断缴费和保险关系；制度本身的遗漏，很多国有、集体企业使用的农民工，建制镇以上的各种所有制企业及其职工，城镇个体工商户及其雇工，城镇自由职业者等并未按要求参加企业职工养老保险；城乡居民养老保险由于采用自愿参保原则，尽管通过各种渠道积极宣传引导，但由于养老保险参保周期长，仍有很多居民对制度信心不足，没有参保。

4. 基本养老保险基金增值问题

影响养老保险制度建设的一个重要问题，是我国还没建立起养老保险基金保值增值的正常机制。如果基本养老保险中的个人账户基金按照制度设计进行完全积累，那么几项制度合计，经过一定时间的积累必然形成一笔巨额基金，其管理和保值增值的工作十分受人关注。

（四）养老保险基金管理的安全问题

2017年年末，企业职工基本养老保险基金和城乡居民养老保险基金累计结余合计达到50 202亿元。这样一笔巨大资金的管理工作是十分纷繁复杂的。在制度或法制不健全的情况下，基金管理和运营容易出现问题。国家明确规定："基本养老保险基金实行收支两条线管理，要保证专款专用，全部用于职工养老保险，严禁挤占挪用和挥霍浪费。基金结余额，除预留相当于2个月的支付费用外，应全部购买国家债券和存入专户，严格禁止投入其他金融和经营性行业。要建立健全社会保险基金监督机构，财政、审计部门要依法加强监督，确保基金的安全。"但是，各地在执行过程中，对资金挤占挪用等违纪违规行为时有发生。2007年上海市违规拆借32亿元社保基金就是一个典型案例。

（五）促进企业职工基本养老保险制度可持续发展的现实举措

为弥补养老金缺口，以促进企业职工基本养老保险制度可持续发展，国务院2017年11月颁布了《划转部分国有资本充实社保基金的实施方案》，其中规定中央和地方国有及国有控股大中型金融机构纳入划转范围，划转比例为国有股权的10%，旨在确保企业离退休人员基本养老金按时足额发放，以弥补企业职工基本养老保险基金缺口，这是人民享受国有企业发展成果的集中体现。

国务院2018年6月发布《关于建立企业职工基本养老保险基金中央调剂制度的通知》，明确自当年7月1日起实施养老保险基金中央调剂制度。各省份按照本地区职工平均工资的90%和在职应参保人数作为计算上解中央的基数，上解比例从3%起步，逐步提高。以此用于弥补一些省份养老金可能会发生的不足。国发办〔2019〕13号通知规定，2019年中央调剂比例提高至3.5%。

本章小结

1. 社会养老保险

社会养老保险是指受保者达到法定退休年龄并从事某种工作达到法定年限后，国家和社会根据一定法律和法规为其提供一定物质帮助，以满足其老年阶段基本生活需要的制度，是最重要的社会保险项目。

养老保险受以下因素的影响：①文化传统、家庭结构和功能影响着养老保险的价值取向。②人口类型和人口政策影响养老保险的模式选择。③劳动就业制度和人均预期寿命影响养老保险的具体规定。④管理体制和组织模式影响养老保险的实施效果。

2. 中国现行基本养老保险制度

中国现行基本养老保险制度：①覆盖范围。中国现行养老保险制度的覆盖范围是：国有企业、城镇集体企业、外商投资企业、城镇私营企业和其他城镇企业及其职工，实现企业化管理的事业单位及其职工。同时，省、自治区、直辖市人民政府可以根据当地实际情况，将城镇个体工商户纳入基本养老保险范围。②基金来源。企业缴纳和个人缴纳。③筹资方式。企业缴费全部记入社会统筹基金，个人缴费全部记入个人账户，前者充当社会统筹基金的来源，后者属于职工个人所有，当职工或退休人员死亡，个人账户中的个人缴费部分可以继承。④基金运营。养老保险基金主要是由社会保险经办机构管理的社会统筹基金与个人账户基金，这两部分基金均可以开展相应的投资营运，但还缺乏完整的政策规范。另一部分，基金已经开展实质性的投资运营试验。⑤享受资格。根据现行制度，享受基本养老保险需要具备的条件：一是达到国家法定的退休年龄；二是在基本养老保险覆盖范围并且参加保险缴费期限满15年。⑥待遇水平。退休时的基础养老金月标准为省、自治区、直辖市或地（市）上年度职工月平均工资的20%，个人账户养老金月标准为本人账户储存额除以120。⑦管理监督。中国养老保险的管理和监督职责主要是劳动和社会保障行政部门，但财政部门、审计部门等亦从自己的职责出发，对养老保险基金进行监督。

◆ 课后练习与思考

1. 试述基本养老保险、企业补充养老保险、个人储蓄性养老保险区别。
2. 试述我国个人账户空账是如何形成的。
3. 机关事业单位养老保险制度的改革应遵循什么思路？
4. 我国当前机关事业单位养老保险制度的特点是什么？
5. 影响养老保险的因素是什么？
6. 中国养老保险的改革历程是什么？

│动手练│

在前六章动手练基础上，通过访问我国人社部网站，查阅并补齐最近十年《人力资源和社会保障事业发展统计公报》，对社会保险中两类基本养老保险的参保人数、实际领取待遇人数与基金的收入、支出和结存数据进行整理，并与 World Social Protection Report（2017-19）(ILO，2017) 中第4部分（对老年人的保护：通过养老金制度与贫困做斗争）对比分析，旨在加深对世界各国特别是我国社会养老保险发展现况与趋势的了解。

第八章

CHAPTER 8

基本医疗保险制度

§ 知识结构与学习目标

	章节知识结构	学习目标
社会医疗保险制度概述	社会基本医疗保险的概念和特征 医疗领域的市场失灵与政府干预 医疗保险的历史回顾	○ 掌握医疗保险的概念和特征 ○ 了解早期的医疗保险萌芽和现代社会医疗保险制度的产生与发展
社会医疗保险模式	国家卫生服务模式 社会医疗保险模式 商业医疗保险模式 储蓄医疗保险模式	○ 理解各种医疗保险模式及其特点 ○ 了解医疗保险相关人员的关系 ○ 掌握医疗保险的资金筹集、给付条件及费用支付、分担方式
社会医疗保险的内容	医疗保险的当事人及其关系 医疗保险的对象 医疗保险基金的筹集 医疗保险的给付条件 医疗保险费用支付 医疗保险费用分担	○ 了解我国医疗保险的历史及其构成等 ○ 掌握我国城镇职工基本医疗保险制度的覆盖范围、资金筹集及账户分配、资格条件、待遇支付水平、相关人员政策
我国社会医疗保险制度	我国社会医疗保险制度的历史 我国现行基本医疗保险制度概况 城镇职工基本医疗保险制度 城乡居民基本医疗保险制度 我国基本医疗保险制度未来发展需解决的重点问题	○ 掌握我国城镇居民基本医疗保险的覆盖范围、资金筹集、待遇支付、医疗保险管理 ○ 了解并掌握我国基本医疗保险制度未来发展需解决的重点问题 ○ 掌握生育保险的概念、特点、作用以及内容
生育保险制度	生育保险的概念、特点与作用 生育保险的内容 我国的生育保险制度 我国生育保险制度未来的发展	○ 理解我国的生育保险制度 ○ 了解并掌握我国生育保险制度未来的发展

§ 导入案例

国家医保局及其职能

2018年3月13日,国务院机构改革方案公布,该改革方案提出,将人社部的城镇职工和城镇居民基本医疗保险、生育保险职责,国家卫生健康委员会的新型农村合作医疗职责,国家发展和改革委员会的药品和医疗服务价格管理职责,民政部的医疗救助职责整合,组建国家医疗保障局(简称国家医保局),作为国务院直属机构(如图8-1所示)。2018年5月31日,国家医保局挂牌,胡静林任局长,施子海、陈金甫、李滔任副局长。

国家医保局的主要职责是:拟订医疗保险、生育保险、医疗救助等医疗保障制度的法律法规草案、政策、规划和标准,制定部门规章并组织实施。监督管理相关医疗保障基金,完善国家异地就医管理和费用结算平台,组织制定和调整药品、医疗服务价格和收费标准,制定药品和医用耗材的招标采购政策并监督实施,监督管理纳入医保范围内的医疗机构相关服务行为和医疗费用等。同时,为提高医保资金的征管效率,将基本医疗保险费、生育保险费交由税务部门统一征收。

将三种基本医保统一到一个部门管理,业界期盼已久。专家普遍认为,这有利于促进公平,让每个人都在同一制度下享受保障。中国社会保障学会会长郑功成说:"我国医疗保障改革与制度建设将自此由部门分割、政策分割、经办分割、资源分割、信息分割的旧格局,进入统筹规划、集权管理、资源整合、信息一体、统一实施的新阶段。"

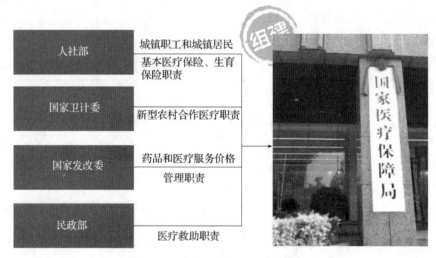

图 8-1 国家医疗保障局及其职能

资料来源:胡观世事. 2018-06-06. https://mp.weixin.qq.com/s/KqUeWSzf7GmWlRzyeVx15g.

案例思考

国家医保局、退役军人事务部等部门在新一轮国家机构改革中陆续挂牌成立,这对政府更好履行社会保障管理职能的有利之处何在?

资料来源:中国政府网. http://www.gov.cn/zhengce/2018-06/01/content_5295242.htm.

第一节　社会医疗保险制度概述

一、社会基本医疗保险的概念和特征

(一) 社会医疗保险的概念

由于医疗保险在各国间的运作模式、内涵和外延均有不同，名称也不尽相同，有的称为疾病保险，有的称为医疗保险，还有的称为健康保险，国内外学术界尚无统一的医疗保险概念和定义。本章所称的医疗保险是将其作为社会保险制度的一个项目来定义的，专指社会基本医疗保险，它是由国家立法规范并运用强制手段筹集资金，向法定范围内的劳动者及其他社会成员提供必要疾病医疗服务和经济补偿的一种社会化保险机制。

这一概念的界定，包括以下五层含义：

第一，医疗保险是由国家立法强制实施的。从1883年世界上第一部社会保险法律《疾病保险法》在德国诞生，到如今全世界100多个国家建立自己的社会医疗保险制度，立法规范和强制实施构成了各国医疗保险的共同特点。法律不仅规范了主体各方的权利和义务，进而对保险对象范围、医疗保险待遇及其强制实施的程序等做出明确规范，体现了社会医疗保险与自愿参加的商业医疗保险的区别。

第二，医疗保险的对象通常是劳动者及其家属，尤其是工薪劳动者。这与其他社会保险类似，均是从保护劳动力和解除劳动者后顾之忧的角度出发的。但由于疾病风险的普遍性，很多国家已经将其他社会成员逐步纳入保障范围，将其覆盖面扩大到全体公民。

第三，医疗保险强调权利义务相结合和互助共济。对每一个人来说，其生病和受伤的概率是不可预测的，而对于一个群体来说，则可以通过大数法则预测。因此医疗保险通过保险精算，确定被保险人的缴费（税）义务和获取医疗服务或补偿医疗费用的权利，履行义务构成获得医疗保险权利的前提条件。同时，由于每个参与者是否患病或何时患病都具有不确定性，真正享受医疗保险待遇的人及受益多少也是不确定的，大数法则与互助共济功能才在医疗保险中得到充分体现。

第四，医疗保险保障的内容主要是疾病。劳动者面临的风险很多，与身体直接相关的事件既有疾病，也有职业伤害、生育等，但社会医疗保险保障的主要是疾病事件，而职业伤害事件由工伤保险制度来承担，生育事件由生育保险制度承担。不过，在一些国家也将女性的生育行为纳入医疗保险管理，或另有普惠性质的生育津贴来保障。

第五，医疗保险必须社会化。与其他保障制度相比，医疗保险服务更强调社会化，因为医疗服务必须也只能由第三方（即医疗机构）来提供，使得这一保障制度不能由社会保险机构直接实施，而只能由众多的医疗机构来承担组织实施任务，而非供给者与受益者的直接对应行为。

(二) 社会医疗保险的特征

与其他社会保险相比，医疗保险具有社会保险制度所具有的共同特征，但由于疾病风险和医疗服务需求的特殊性，又使医疗保险在实践中表现出自身固有的一些特征。

1. 待遇支付形式为非定额的费用补偿

众所周知，养老保险的补偿是发放现金，工伤保险既发放现金也提供医疗服务，失业保险既发放现金还提供诸如培训、职业介绍等服务，三者基本上是一种收入保障机制。而医疗保险则是一种医疗费用补偿机制，它通过为参加保险的人员提供相应的医疗服务来达到帮助患者恢复健康的目的。在实践中，这种并非现金的医疗费用补偿待遇通常并不直接支付给个人，而是通过医疗保险机构与医疗服务机构直接进行结算来兑现。同时，这种费用补偿待遇亦非定额补偿，它与缴费多少无关，而是取决于病情、疾病发生的频率以及实际需要。因此，医疗保险的待遇不同于养老、失业保险那样实行标准性支付，而是依据每个患者疾病的实际情况确定补偿。

2. 补偿期短但受益时间长

由于疾病的发生具有随机性和不可预测性，医疗保险提供的补偿也具有不确定性，一次疾病时间通常不会太长，从而每次的补偿期也较短。但是，由于人的一生中不可避免要生病，医疗保险也就会伴随参保人员的一生，这一点显然与其他社会保险有很大区别，如养老保险是参保者退休后才能享受，失业保险、工伤保险只有在就业年龄期间发生失业或工伤事件后才能享受，生育保险更是特殊时段的保险。从这个意义上讲，医疗保险不仅惠及所有参加保险人员，而且自其参加保险之日起将伴随一生，可以说是受益时间最长的社会保险项目。

3. 涉及关系比较复杂

医疗保险涉及政府、用人单位、医疗机构、社会保险机构、医药机构和患者个人等多方之间复杂的权利义务关系，要处理好这样复杂的关系，必然需要兼顾各方利益并对利益主体形成一种制衡机制。因此，医疗保险制度的有效性不仅取决于其本身的科学、合理性，同时还与公共卫生资源的合理配置、医疗卫生体制、医疗流通体制等紧密相关，如果医疗卫生体制、医药流通体制不能同时改革，医疗保险改革便不可能独自成功。医疗保险制度的复杂性还表现在医疗方与患者之间的信息不对称，再加上医疗保险机构第三方付费，这就存在着先天的约束不足。医疗保险的复杂性决定了制度实践的难度很大。

4. 医疗服务消费具有不确定性和被动性

医疗保险的费用控制是一个世界性的难题，同养老、失业等其他社会保险相比，患病时每个人实际花费的医疗费用无法事先确定，支出多少也不仅取决于疾病的实际情况，医疗处置手段、医药服务提供者的行为甚至可能的道德风险等，都有可能对医疗费用产生影响。在医疗服务消费中，医疗服务提供者始终处于主动地位，其服务供给也处于相对的垄断地位，而患者的医疗消费却是被动性的，患者很难真正通过市场来选择医疗服务的内容和数量，也没有足够的动机去主动控制医疗费用的支出。因此，医疗保险的管理也有别于养老、失业等其他社会保险，它不仅需要对医疗保险基金的收支进行管理，而且需要对医疗服务提供者以及医药服务项目、内容等进行管理。

二、医疗领域的市场失灵与政府干预

纵观各国的社会经济政策，可以看出政府对医疗领域的干预和介入是普遍的。在医疗领域中，医疗服务市场和医疗保险市场是两个相互关联的市场。医疗服务市场与一般的市场相比有许多特殊性，这些特殊性决定了随着社会经济的发展，医疗费用的快速上涨成为一种必然趋势。为了转移医疗费用的风险，出现了商业医疗保险制度，但医疗保险市场依然存在种种失灵的问题，因而需要政府的干预。

(一) 医疗服务市场的特殊性及市场失灵

医疗服务市场是患者对医疗服务需求和医生、医院等提供相关服务的载体，简单说是医疗服务交易的场所。医疗服务市场有许多特殊性，从经济的角度看，这些特殊性的共同作用会使医疗费用快速增长，超过居民的负担能力，降低了居民对医疗服务的可及性，负面影响人们的健康水平。

医疗服务市场主要的特点有：第一，医疗服务与一般商品相比，其价格的需求弹性和供给弹性都较小，即医疗服务的需求量与供给量对于医疗服务价格的变动并不灵敏。第二，医疗服务需求的收入弹性较大，这就意味着消费者收入的增加会明显增加其对医疗服务的需求。第三，医疗服务市场存在供方信息垄断，通常情况下，医生因为比病人知道更多关于治疗方案、风险、副作用以及费用方面的信息而具有信息优势。第四，由于对疾病的评价既有客观性成分又有主观性成分，因而医疗服务的需求量易受人们心理作用的影响。第五，医疗服务具有不可分割性的特点，即医疗服务的生产过程（医生替患者治病）与消费过程（患者接受治疗）是同时进行的。第六，医疗服务具有异质性，因人而异，不可能标准化，这使得医疗服务之间的比较变得非常困难。此外，一些社会经济因素，诸如人口年龄结构的变化与医疗技术的发展，对于医疗服务的需求有重要影响。

医疗服务市场的特殊性在没有约束的条件下，可能进一步演化为医疗服务市场的失灵。由于供需（医患）双方存在严重的信息不对称问题，医生可能依靠信息上的优势诱导需求，鼓励病人过度消费。医疗服务的异质性、医疗服务需求（供给）缺乏弹性以及医疗服务受主观心理影响强烈等原因，又不可避免地加剧这种诱导需求的程度，从而决定了医疗服务费用的刚性特征。当医疗保险以第三方以"后补偿"机制出现在医疗服务市场时，供方诱导需方推动费用上涨的情形将加剧。当然，在推动医疗费用上升的因素中，有合理的成分，也有不合理的成分。例如，由于收入的增加、人口老龄化等引发的医疗服务需求量增加，进而促使医疗费用上升，这是合理的。而信息偏在医疗服务供方，当医疗服务的激励机制鼓励医疗服务的提供者诱导需求，这种由市场失灵引发的医疗费用攀升则是不合理和需要控制的。

(二) 医疗保险市场的特殊性及市场失灵

当人们不能承担医疗费用时，可能选择风险转移。保险是最为重要的风险转移方法。通过购买保险，投保人将可能发生的费用损失风险转移给保险人来承担；保险人通过集合风险，使个体风险在参加保险的群体中分担，达到共同抵御风险的目的。

医疗保险市场具有保险市场的一般性特征，又具有一般保险市场不具备的特殊性。保险市场一般都存在广泛的信息不对称问题，而医疗保险市场除了信息不对称问题外，它还与医疗服务市场相连，在某种意义上，医疗保险市场能否有效运行取决于医疗服务市场是否有效。

医疗保险市场的重要特点是广泛存在信息不对称问题，这一问题导致市场失灵。首先，在医疗保险产品的设计环节，保险公司具有信息优势，因而往往设计对自己有利的条款，最突出的表现是进行风险选择。在投保前，保险人通过各项条款的设计进行"撇脂"，即吸纳健康状况良好的人群，拒绝健康状况差的人群。进而排除被认为是高风险的消费者的服务，而提供服务可以吸引低风险消费者。其次，在医疗保险产品的交易环节，作为需求方的被保险人将利用关于自身健康状况的信息优势进行逆向选择，即根据平均风险所确定的保险费率使高风险人群愿意购买保险，而低风险的健康人群则不愿购买保险。逆向选择使得购买保险的人群中高风险人群的比例较高，保险公司就会出现亏损。为了保证收支平衡，保险公司将进一步提高费率，这样一来，更多的低风险人群将退出保险，投保人结构具有更大的风险偏向，费率提得更高，导致了恶性循环。最后，在理赔的环节，信息又偏向保险公司，保险公司常常利用最终解释权利减轻甚至逃避其赔付责任。因此，信息不对称存在于商业保险市场的各个环节，这就决定了医疗保险市场不能出清：大量低风险者不愿投保、高风险者没有能力或被限制参保，导致医疗保险覆盖面无法扩大，医疗费用损失的风险无法分散。此时，医疗保险市场失灵。

然而，医疗保险市场又有别于一般的保险市场，它与医疗服务市场相连，并与医疗服务市场互动。当医疗保险机构作为第三方偿付机制出场时，医疗服务的异质性、医疗服务价格缺乏弹性、医疗服务的供方垄断、医疗诱导需求引起的医疗费用刚性又不可避免地加剧医疗保险费的上涨，即出现医疗服务市场与商业医疗保险市场失灵的互动。如此一来，越来越多的人将买不起保险，市场供需匹配情况进一步恶化，医疗保险市场越发不能出清。

健康的重要性、医疗服务市场和医疗保险市场的失灵使得政府的干预成为必要。社会医疗保险就是政府干预医疗领域的重要方式之一。

三、医疗保险的历史回顾

（一）早期的医疗保险萌芽

最早的医疗保险萌芽是行会内部劳工间的互助活动。基尔特制度盛行于13、14世纪乃至16世纪的欧洲，最初存在于日耳曼民族，而后普及至欧洲国家。它主要是指职业相同的人以互助精神组成团体，其存在的宗旨是保护会员的共同职业利益，此外还对会员发生的意外灾难（如疾病、死亡、被窃、火灾等）共同出资以相互救济、分担风险。从18世纪60年代到19世纪中期，工业革命在世界各地如火如荼地进行，伴随着社会化大生产和大工厂雇佣制度的出现，一系列社会问题也悄然产生，尤其是失业、工伤致残、职业病等，已成为社会问题。为了降低这些问题带来的风险，除了劳动力一无所有的工人阶级纷纷自发组织起来。基金会、友谊社等早期互助组织，采取自愿参加的原则，通过会员定期缴纳会费形成基金，会员遇有工伤、疾病、死亡等重大困难时，通过基金为其提供帮助。这些组织还为会员提供医疗服务，只要有救济金的组织就会联系医生给成员看病，有些组织还定期与医生签订合同，或者组建自己的医疗机构，保证成员获得医疗服务。另外，西欧社会还形成了以教会医疗为主体、政府救济为辅、民间诊治为补充的医疗救治体系，教会在修道院周围修建医院，将医学作为一种慈善事业，必要时还登门为病人提供日常医疗服务，尤其在黑死病期间，这一体系起到了十分重要的作用。

（二）现代社会医疗保险制度的产生与发展

现代医疗保险制度的产生与发展归功于19世纪的第二次工业革命。随着工业化的进程和社会化大生产的发展，社会财富逐步积累到少数人手中，广大劳动者的生活日益贫困，阶级矛盾日益加剧。为了缓解劳资矛盾，维护资产阶级的统治，1883年，德国首先颁布了《疾病社会保险法》，标志着世界上第一个强制性医疗保险制度的诞生。1887年，德国政府又将生育保险纳入《疾病社会保险法》。此后,奥地利、比利时、荷兰、匈牙利等欧洲国家先后出台了有关医疗保险的法案。1922年,日本在亚洲首先通过了《健康保险法案》。1924年,医疗保险进一步扩大到南美的智利、秘鲁等国。

进入20世纪30年代,国家不干预的自由经济理论逐步被以凯恩斯理论为基础的国家干预经济所替代,主张通过建立高水平的社会保障制度,消除国民的后顾之忧,拉动经济增长。特别是在第二次世界大战后,西方发达国家较大规模地推行健康保险或医疗保险制度,使之成为社会保障体系中的重要组成部分。发达国家的医疗保险制度中,最具代表性的有三种形式:第一种是英国、瑞典等国家实施的国家卫生服务制度,通过税收,国民直接享受国家提供的低廉的卫生服务或几乎免费的基本医疗服务。第二种是德国、法国等国家实施的社会保险制度,通过医疗保险费的社会统筹,保障大部分国民的基本医疗。第三种是美国实施的多元的、非组织化的医疗保险制度,即参保人主要通过参加私人医疗保险保障国民健康,但政府对部分特殊人群,如穷人、老人等,实施政府的医疗保险制度[⊖]。

(三) 医疗保险制度的改革

20世纪70年代以后,资本主义国家又一次经历了范围广、程度深的经济危机,通货膨胀、失业问题严重阻碍经济的发展,加之人口老龄化问题的凸显、医疗成本的提高等一系列问题,使医疗保险制度面临严峻挑战。随着社会的发展,人们对医疗保险的需求不断增加,各国政府不得不迎合这些需求扩大医疗保险范围、提高医疗保险水平,医疗支出费用不断膨胀。而各国停滞不前的经济状况导致政府无力承担医疗费用,潜在的社会医疗保险危机浮出水面。因此,各国普遍对医疗保险制度进行了改革。

医疗保险制度改革涉及的内容主要有:第一,提高保费的筹资比例。第二,从单一主体提供向多元主体提供过渡,从国家包揽改为国家、企业、个人共同负担,尤其是扩大、鼓励商业医疗保险,分担基本医疗保险的责任。第三,增加个人承担份额。第四,改变医疗费用支付方式。医疗保障制度改革是一个公认的世界性难题,其固有的福利刚性特征让医疗费用的控制变得更加困难。尽管各国都殚精竭虑筹谋对策,如尝试了多种费用支付方式改革,但成果依然有待检验。因此,该项改革依然是各国政府推进的方向和研究的重要课题。

第二节 社会医疗保险模式

从世界范围看,各国根据其政治、经济、文化的不同,形成了各具特色的社会医疗保险制度。我们可以将其进行分类,第一类是政府直接提供医疗服务,即国家卫生服务模式,一些高福利国家采用的是这一种模式。第二类是主要通过保险的方式提供医疗保险,具体又可分为商业保险模式和社会保险模式两种。第三类是储蓄医疗保险模式。为了适应不同人群的医疗保健需求以及制度本身的发展和完善,每个国家还会在一个基本的或主体的制度安排下,辅之以其他制度,形成多种制度、多层次组合的医疗保障体系。

一、国家卫生服务模式

国家卫生服务模式又称为国家医疗保险、全民医疗保险或国民健康保障等,是指医疗

⊖ 丛春霞,刘晓梅. 社会保障概论[M]. 2版. 大连:东北财经大学出版社. 2011.

保险资金主要来自普通税收,政府通过预算分配方式,将由税收筹集的资金有计划地拨给医疗保险部门或直接拨给医疗机构,向居民直接提供免费或低收费的服务,以保障本国居民公平获得医疗保健服务的一种医疗保险形式。英国、瑞典、丹麦、加拿大、苏联等国家都属于这种模式。另外,在以其他社会保险模式为主体制度的国家中,这种国家卫生服务制度往往只覆盖部分特定人群,如美国的联邦雇员、军人和土著享受的医疗制度,以及我国传统的公费医疗制度就属于这种情况。

国家卫生服务模式具有以下特点:第一,提供的主体是政府,医疗保险资金主要来自税收。第二,医疗服务提供具有国家垄断性,基本上由国家开办医院,政府卫生部门直接参与医疗机构的建设与管理。第三,全民性,其覆盖对象通常是本国的全体公民。第四,卫生资源的配置具有较强的计划性,市场机制对其基本不起调节作用。国家卫生服务模式的特点是公平性好,宏观效率高,解决了穷人看不起病的问题,能够全面保障全体国民的身体健康,满足多方面的医疗保险需求。但是,国家卫生服务模式对于经济发展水平和政府财政支持力度要求很高,而且容易产生医疗机构微观主体缺乏活力、卫生资源配置效率低下等问题。

英国是世界上第一个实行国家卫生服务制度的国家,也是国家卫生服务模式中最具有代表性的国家。英国于 1948 年通过并颁布了《国家卫生服务法》,建立起由政府提供卫生服务经费、由国家统一管理卫生保健事业的国家卫生服务制度,医疗机构实行国有化,医疗机构的工作人员是国家公职人员。NHS 覆盖所有国民,规定范围内的医疗服务一律免费,药店按照医生处方提供免费药品,仅对每个处方收取一定的手续费。目前英国国家卫生服务基金主要来自四个方面:一是国家财政拨款,占基金的绝大部分。二是雇主缴纳的社会保险费中用于医疗保险开支的部分,约占基金总额的 10%。三是患者自付费用的部分,包括门诊挂号费以及一些特殊医疗服务项目,如镶牙、配眼镜等的付费。四是其他收入。

英国国家卫生服务制度注重公平性,解决了贫困人口看不起病的难题,对改善英国人民的健康状况起到了非常积极的作用。而且,英国对卫生费用的控制较为有效,属于发达国家中医疗费用水平较低的国家。但是,英国的国家卫生服务制度同样存在着一些问题,如卫生资源配置无法精准反映病人需求的变化;由于缺乏竞争使得医疗服务体系效率低下,门诊及住院服务耗费的时间较长;医疗服务的有效供给不足;免费医疗造成患者过度利用医疗服务的现象。

为了解决这些问题,20 世纪 80 年代以来,英国政府采取了一系列措施对原有的制度进行改革,其实质是引入竞争机制,提高效率。例如,建立 NHS 内部市场,分离社会医疗保险管理机构和医疗服务提供机构;创建全科医生资金持有制度;放松投资准入管制,引入私人资本,允许个人自由选择全科医生;鼓励公立医院与私立医院竞争等。

二、社会医疗保险模式

社会医疗保险模式是指国家通过立法形式强制实施,由雇主和雇员按一定比例缴纳医疗保险费,政府酌情补助,多渠道筹集资金建立医疗保险基金,参保人及家属因患病、受伤或生育而需要医治时,由社会医疗保险制度给予医疗服务和物质帮助的一种医疗保险形式。社会医疗保险模式是实行医疗保险制度的国家和地区中应用最广泛的一种模式。从 1883 年德国第一个建立社会医疗保险制度以来,采用这种制度模式的国家逐渐扩展到欧洲大部分国家,并在第二次世界大战前后扩展到亚洲、非洲和美洲的很多国家。典型国家有德国、日本、法国、韩国、奥地利、墨西哥、西班牙、菲律宾、比利时、埃及等。

尽管各国具体推行的医疗保险制度不尽相同，但都具有以下共同特征：通过国家立法强制公民参保和筹集医疗保险基金；强调权利与义务相对应，医疗保险基金来源于雇主和雇员的缴费。国家一般不承担费用，但国家财政承担医疗保险基金的最终财务责任；社会医疗保险基金由依法设立的医疗保险机构作为第三方支付组织统一筹集和管理，并按规定向合同医疗机构支付医疗费用。基金管理的原则是"以收定支、收支平衡"，并实行专款专用；社会医疗保险与就业和收入相关联，保障的人群在大多数情况下是从部分产业工人开始，逐步扩大到全体社会成员；社会医疗保险的待遇水平根据医疗保险基金的支付能力确定，一般都能保证参保人得到较好的医疗服务。目前，许多国家逐步将预防、免疫、疾病的早期诊断、保健、老年护理和康复等项目也纳入了社会医疗保险的范围；社会医疗保险所提供的医疗服务通常不是全部免费，被保险人需自付一部分医疗费用，这样可以通过增加个人的费用意识来约束医疗服务需方的就医行为。同时，还通过对医疗服务提供者采取不同的支付方式来调节其行为，以达到控制医疗费用的目的。

德国是现代社会保障制度的发源地，也是世界上第一个建立社会医疗保险制度的国家。1883年德国颁布《疾病保险法》，建立了强制性医疗保险制度，经过100多年的发展，至今已经拥有了比较完善的医疗保险体系。目前，德国的社会医疗保险的保险对象包括税前收入低于法定标准的雇员以及无固定收入的雇员家属、退休人员、失业者、农民、大学生等。收入超过法定标准的就业者、公务员、自由职业者、律师、军人等是自由保险者，可以选择加入或不加入社会医疗保险。德国的医疗保险费由雇主和雇员各承担50%，雇员的子女和无工作的配偶不缴纳保险费也可以享受医疗保险待遇，发生医疗风险时可享受包括门诊、用药、换牙、手术和必要的住院及理疗等待遇。德国的社会医疗保险约覆盖80%的人口，商业医疗保险覆盖约10%的人口。

德国的社会医疗保险实行分散管理和自治原则。政府主要负责制定政策与监督、协调工作，不参与法定医疗保险的具体操作。社会医疗保险由分散的医疗保险经办机构管理。全国约有1300个按不同地区、不同行业、不同企业建立的医疗保险经办机构，也称为疾病基金会。疾病基金会一般由雇主和雇员代表组成董事会实行自治。由于医疗保险实行分散管理，全国没有统一的医疗保险缴费率。此外，医疗保险签约医生及其联合会以及州医院协会均为自治机构。医疗保险机构和医疗服务机构之间是相互合作的伙伴关系。投保人可以选择不同的医疗保险机构和医疗服务机构，并且实行医药分业经营。病人享受医疗服务，需自付一定比例的费用。

德国社会医疗保险模式的优点在于体现了风险分担、互助共济的原则，能够在年老与年轻、患病与未患病人群之间进行收入再分配，更好地促进社会公平。德国社会医疗保险的问题在于：第一，由于对医疗服务供方监督不力，增加了医疗服务滥用的可能，加上老龄化等因素的影响，导致医疗费用增长过快，医疗保险负担沉重。第二，不同医疗保险组织之间存在着缴费和待遇水平的差异。针对这些问题，德国从20世纪70年代起采取了一系列节制开支的措施，主要是通过对医疗服务提供者实现强有力的预算控制措施以及对药品价格进行控制。与此同时，引入竞争机制，强化各基金会的责任。1997年后按照《健康结构法》规定，个人可自主选择其法定保险的各类基金会，已经参加保险的每年有一次转换疾病基金会的权利。促进了基金会通过加强自身管理、降低管理成本、减少医疗保险基金的开支来吸引参保人，也强化了参保人的费用分担机制，个人将支付更多的费用。这些措施的实施对德国医疗费用的增长起到了明显的抑制作用。

三、商业医疗保险模式

商业医疗保险模式是指以商业医疗保险作为本国多层次医疗保险体系的主体制度的一种医疗保险模式。如前所述，任何一个国家的医疗保险制度都不是单一的，而是由多种医疗保险制度共同构成的混合制度。而商业医疗保险在世界各国的医疗保险体系中都发挥着作用。即便是实行国家卫生服务制度的英国，商业医疗保险同样具有一定的地位。但纵观世界各国，实行商业医疗保险模式，把商业医疗保险作为基本制度的国家并不多，美国是这一模式的典型代表。

商业医疗保险是把医疗保险作为一种特殊商品，按市场法则自由经营的医疗保险模式。商业医疗保险的资金来源于参保者个人及其雇主所缴纳的保险费，缴费水平通常取决于个人的年龄、性别与健康状况，呈现出差别费率的特点。医疗服务的提供和医疗服务的价格是通过市场竞争和市场调节来决定的，政府干预较少。商业医疗保险的主要特征有以下五点：第一，医疗保险是在自愿的基础上，由保险人和被保险人签订保险合同，缔结契约关系，双方履行权利和义务。与社会医疗保险一样，是通过风险转移来化解由疾病给个人带来的经济损失，遵循互助共济的保险原则。第二，医疗保险作为一种特殊商品，其供求关系由市场进行调节，保险机构根据市场的不同需求开展业务。第三，政府的责任是制定与医疗保险监管相关的法律法规，从制度上规范医疗保险市场和医疗服务市场的行为，保护保险人和被保险人的利益，一般不承担商业医疗保险的经济责任，也不干预商业医疗保险本身的经营行为。第四，商业医疗保险一般也采用第三方支付机制，参保人发生的除自付外的其他医疗费用由保险机构向医疗服务提供方支付。第五，商业医疗保险机构大部分是以盈利为目的的保险企业，也有少数非营利性的保险组织。

作为商业医疗保险模式的代表，美国形成了以商业医疗保险为主，包括商业医疗保险、社会医疗保险、社会医疗救助和少数民族免费医疗在内的多元化医疗保障体系。社会保险性质的医疗照顾制度，分为住院保险和补充医疗保险两部分，仅对 65 岁以上老人、残疾人及严重肾病患者等提供医疗保险，制度的资金来源于雇主和雇员的社会保险供款，截至 2011 年，受益人数为 4 691 万人。美国还实施了医疗救助制度，由联邦政府和州政府共同出资，对贫困人口及其他符合条件的缺医少药者给予医疗救助，到 2011 年，受益人数约为 5 080 万人。[1]美国大部分居民在 65 岁以前是没有公共医疗保险项目的，主要参加各种营利和非营利机构举办的、市场化运行的私人医疗保险计划，它构成了美国医疗保险制度的主体。大多数企业为雇员向商业保险公司购买医疗保险，资金由雇主支付，对医疗保险费政府免除所得税和社会保险税。在医疗待遇上，商业医疗保险是由许多不同的产品构成的，可归纳为五大类：基本住院费用险、基本外科费用险、基本医疗服务费用险、主要医疗费用险和综合医疗险。大多采用费用分摊的共同保险方式，以降低保险费率。雇主会根据自身情况为雇员购买医疗保险产品，一般情况下，大型企业会购买待遇标准高的产品。

美国商业医疗保险模式的优势在于：通过竞争能够促进医疗技术水平的提高和服务质量的改善，促进保险品种的优化，更好地满足社会成员多样的医疗需求。而其缺点则表现为：人们享受医疗保险的水平取决于自身收入水平，社会公平性差；医疗和保险机构追求盈利最大化，争相购进高、新仪器设备，出现供方诱导需求等行为，导致医疗费用的过度

---

[1] 邓大松. 社会保险[M]. 3 版. 北京：中国劳动社会保障出版社，2015：277.

膨胀，政府和社会负担沉重。美国人均医疗费用支出水平位居世界第一，但仍有15.7%的人没有任何医疗保险。20世纪70年代以来，美国开始对医疗保险制度进行改革，管理型医疗保险模式逐步发展起来，从最初注重提高医疗服务质量，并提供预防保健服务，后来发展成为一种集医疗服务提供和经费管理于一体、以控制医疗费用为主要目的的医疗保险模式。采用这种模式的医疗保险机构大量涌现，健康维护组织（HMO）、重点服务计划（POS）、优先医疗服务提供者组织（PPO）、专项服务提供者组织（EPO）等，甚至部分政府提供的老人医疗照顾计划和穷人的医疗救助计划也采用了管理型医疗保险模式。到2008年，管理式医疗在美国健康保险市场中所占的市场份额已超过60%。[①]此外，美国也不断为提高医保覆盖面而努力，但改革之路并不平坦。1974年，尼克松试图建立全民医保，解决部分人缺乏保障问题，但最终失败；1993年，克林顿也提出了知名的"克林顿健康计划"，试图建立覆盖全民的医疗保障计划，但也以失败告终；2004年，小布什为竞选连任，签署了《老年人医疗照顾改进和现代化及处方药使用法案》，完善了老年人和残疾人的处方药使用计划；2009年1月，奥巴马对州立儿童保险计划进行修订，扩大了计划的覆盖面；同时为了兑现竞选承诺，奥巴马提出了一整套医改方案，并提交参、众两院审核，2010年3月21日，计划最终获得通过，但从其在各州的落实与实施情况看，仍然阻力重重。

四、储蓄医疗保险模式

储蓄医疗保险模式是依据法律规定，强制性要求雇主和雇员缴费，以雇员的名义建立保健储蓄账户，通过纵向积累，以解决家庭成员患病所需的医疗费用的医疗保险制度。这种模式以新加坡为典型代表，是中央公积金制度的一部分。

储蓄医疗保险模式具有以下特征：第一，医疗保险基金的筹集采用的是法律强制性储蓄的方式，要求每个有收入的国民在年轻时就要为其终生医疗需求储蓄资金。第二，医疗保险基金强调纵向积累，突出个人的自我保障意识和责任，个人储蓄账户只能用于个人和家庭成员的医疗消费。第三，患者可根据自己的经济支付能力自主选择医疗服务的项目，发生的医疗费用从储蓄账户中按规定支付，享受的医疗服务水平越高，个人自付的费用就越高，有利于控制医疗费用的过度利用。第四，储蓄医疗保险制度一般要辅以其他的医疗保险制度，共同保障全体社会成员的医疗问题。

新加坡的医疗保险制度可分为三个部分：第一部分是保健储蓄计划。1984年，新加坡在原有中央公积金制度的基础上，在全国范围内推行了强制性的保健储蓄计划，该制度覆盖所有在职人员，由雇主、雇员双方按照工资的6%～8%供款建立保健储蓄基金，形成个人保健储蓄账户，用于支付投保人及其家庭成员的住院费用和昂贵的门诊治疗费用。保健储蓄基金可以获得平均利息率，可以免缴所得税，也可以作为遗产继承。第二部分是健保双全计划和增值健保双全计划，分别建立于1990年和1994年。作为保健储蓄制度的补充，这两个计划旨在帮助解决参保者患大病或慢性病的医疗费用。它们带有社会统筹性质，由中央公积金局从参加这项保险计划的会员账户中提取少量费用进行社会统筹，但采用自由参加原则。第三部分是保健基金计划，于1993年4月实施，向无力支付住院费用的病人给予资助，自实施以来，约有3%的B级和C级病房病人申请并得

[①] 胡爱平，王明叶. 管理式医疗：美国的医疗服务与医疗保险 [M]. 北京：高等教育出版社，2010.

到保健基金的帮助,表明 97% 的病人利用保健储蓄和健保双全计划足以支付医疗费用。[1] 新加坡医疗保险的三项制度均由政府机构管理实施,政府直接开办医院,并对病人医疗费用给予补贴。医疗机构分诊所和医院两级,住院医疗服务的 80% 由国立医院承担,门诊与初级医疗保健的 25% 由国立诊所提供。病人门诊医疗需自付现金,但仅需支付 50% 的费用,其余由政府补贴。国立医院病房分三等四级,患者利用不同等级的病房可以享受 0～80% 等不同比例的政府补贴,等级越低,补助比例越高,享受最高等级的病房,政府不给补贴。

新加坡储蓄医疗保险模式是以家庭为单位的纵向筹资,是一种个人不同生命周期的风险分散方式,有利于控制需方的道德风险行为造成的医疗资源的浪费,提高资金使用效率。而且,可以更好地应对人口老龄化趋势下医疗需求增加的问题。该制度的缺点在于,以强调个人责任为基础,家庭之间缺乏互助共济,制度风险分散能力和公平性都较差。而且,新加坡作为实施储蓄医疗保险模式的一个成功案例,与该国人口较少、年龄结构相对年轻、经济稳定增长、劳动力就业充分以及社会分配差距不大等社会经济环境密不可分。特别是政府信誉较高,有足够的能力保证基金的保值增值。因此,储蓄医疗保险模式的实施条件是比较高的。到目前为止,还没有第二个成功实施这一模式的国家,但这一模式中的个人医疗账户制度被一些国家在设计医疗保险制度过程中借鉴,例如,美国于 2003 年建立了此种类型的健康储蓄账户。中国基本医疗保险制度的设计也是受到了新加坡制度的启发,引入了个人账户制度,实现医疗保险基金的部分积累,以应对人口老龄化问题。

第三节 社会医疗保险的内容

一、医疗保险的当事人及其关系[2]

(一)社会医疗保险当事人

社会医疗保险的当事人,主要包括政府(国家的行政机关)、医疗保险机构(买单人)、医疗服务提供者、被保险人或患者(医疗服务的需求者)和雇主(投保人)。

1. 政府

在社会医疗保险中,政府负有的责任主要包括:第一,推动医疗保险立法,并制定相应的政策,为医疗保险的运行提供依据。第二,规划和构建医疗保险体系,包括改善公共卫生资源配置、推进医疗卫生与医药体制改革、确定医疗保险规划等。第三,监督医疗保险的运行,确保医疗保险在规范的轨道上健康发展。第四,必要时对医疗保险给予相应的财政支持。因此,尽管政府不再包办医疗保险,但在大多数国家政府确实承担着医疗保险的主导责任,并运用公共权力与公共资源不同程度地干预医疗保险。

2. 医疗保险机构

医疗保险机构是具体经办医疗保险事务并管理医疗保险基金的机构,通常依法代表国家专门负责医疗保险费(税)的预算、征缴、分配、管理和监督检查。

---

[1] 邓大松. 社会保险 [M]. 3 版. 北京:中国劳动社会保障出版社,2015:228.
[2] 郑功成. 社会保障概论 [M]. 上海:复旦大学出版社,2005.

3. 医疗服务供给者

医疗服务供给者包括医院、医生和药店等。医院通过资源配置和合同方式与患者建立医疗服务关系，与医疗机构建立服务费关系。医生则具有掌握患者病情的信息优势，是决定医治手段、费用支出的关键因素。药店也是通过医疗保险服务合同方式与患者建立药品购销关系。医院、医生和药店承担着为医疗保险对象提供医疗服务的义务，同时拥有对医疗保险机构依据法律或合同所发生的接受服务付费的权利。

4. 医疗服务需求者

医疗服务需求者亦可称为被保险人，在医疗保险中，被保险人既是享受医疗服务的权利主体，通常也是承担缴纳医疗保险费的义务主体（除非法律规定医疗保险费均由单位或雇主缴纳，否则个人需要分担缴费义务）。

5. 雇主

雇主是医疗保险的缴费方之一，在医疗保险关系中是单纯的义务主体，在不同国家，雇主和劳动者个人双方分担医疗保险的供款责任是一般的做法，而政府则视情形加入其中。

（二）医、患、保三方关系及第三方支付问题

在传统的医疗服务中，医疗服务的供给者和患者直接发生经济交换关系（或买卖关系），即医院和医生提供医疗服务，患者向医生和医院支付医疗费用。当人们发现由个体或家庭承担医疗费用损失的风险自留方式有很大弊端时，就产生了风险转移的医疗保险制度。传统的医患双边关系（如图 8-2 所示），在医疗保险介入后，就形成了医疗服务提供者、患者和医疗保险之间的特殊的三边关系（如图 8-3 所示）。患者通过参加医疗保险，和雇主一起承担相应的缴费义务，将医疗费用损失风险转移给了医疗保险机构，而医疗费用的支付方式也便由患者偿付医方，转变为由保险机构（作为第三方）支付费用给医疗服务提供方，由此产生了第三方支付问题。

图 8-2 传统的医患双边关系

第三方支付是指医疗服务市场发生的医疗费用不再由患者直接支付给医疗服务的供给方（要求自付的部分除外），而是由医疗保险机构全部或部分支付费用给医疗服务的供给者。在第三方付费机制下由于医疗服务的需方远离了医疗费用的偿付活动，费用意识淡薄，容易产生过度利用医疗服务的行为，加上医疗服务的供给者利用信息优势诱导需求，极易出现医疗费用和保险费用的不合理增长、医疗资源被严重浪费等现象。

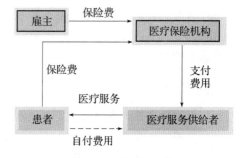

图 8-3 医患保三边关系

为了控制医疗服务市场供需双方由道德风险带来的医疗资源浪费等问题，作为第三方的医疗保险机构通常会采取相应手段对供需双方的行为进行约束，从而达到控制医疗费用过快增长的目的。控制需方道德风险的主要手段是医疗保险的费用分担机制，而控制供方

道德风险的主要手段是优化医疗费用的支付方式，本节后面的内容中将具体介绍。由于医疗服务供给者相对于需方处于明显的信息优势，需方的道德风险往往也要通过供方的道德风险才能起作用，因此，对医疗服务供给者的控制才是抑制医疗费用不合理攀升、促进卫生资源有效配置的关键。

二、医疗保险的对象

医疗保险的对象是指医疗保险制度中依法必须参与医疗保险并享受医疗保险待遇的自然人。医疗保险覆盖范围的大小，通常是衡量一个国家或地区社会保障水平与社会发展程度的重要指标。

目前各国的社会保险制度大部分都不是以个人的自由选择来实施的，而是通过法律的强制性，目的是防止逆向选择的出现，并保证不同收入和不同健康状况的人员能够在同等条件下参加保险。根据大数法则，参加医疗保险的人越多，医疗保险基金也越是具有足够的抵抗风险和互济的能力。因此，医疗保险发展的理想状态其实是覆盖全民的医疗保险。然而，由于各国的政治、经济发展不平衡，文化各异，"全民皆保险"只在有限的国家中得以实现。

法定医疗保险的覆盖率一般与经济发展水平有关，覆盖率高的国家和地区通常有较高的经济发展水平作为支撑，但也与一个国家和地区国民的价值取向与政策选择直接相关，如美国是世界第一大经济强国，但迄今仍有数千万人不能享受国家提供的医疗保险，在克林顿任总统期间，曾经提出过完善美国医疗保险体系的法案，但未获得国会通过，之后奥巴马的医改方案虽然获得艰难通过，但其目标也只是想让所有公民都能享受法定医疗保险或商业医疗保险，而并非让法定医疗保险覆盖全民，很显然，美国医疗保险制度的缺漏并不是经济因素影响的结果。

在许多发达国家和发展中国家，医疗保险一般适用于一定规模或一定地区的工商企业的职工。至于其发展情况，国与国之间的差异较大。收入低于一定水平的大多数工人是法律规定强制参保的，而独立劳动者、自雇者通常允许自愿参加。农村居民、农业劳动者一般是最后纳入医疗保险体系的。

三、医疗保险基金的筹集

医疗保险基金是医疗保险制度的物质基础，它是医疗保险机构依法通过对法定范围内的单位和人群征收医疗保险费（税）来筹集的。在筹集的过程中，体现出强制性、费用共担及收支平衡的原则。但各国在具体的筹资方式上，仍然有所差异。

（一）筹资渠道

医疗保险基金的筹资渠道主要有政府专门税收、雇主与雇员缴费、公共财政补贴，以及如利息、滞纳金等其他方面收入。不过多数国家和地区采取由雇主与雇员分担缴费责任或政府、雇主和雇员三方分担缴费责任的做法。

（二）筹资模式

与养老保险的筹资模式类似，医疗保险的筹资模式也可以分为现收现付制、积累制和混合制三种情况。不过，大多数国家和地区均选择现收现付制，而新加坡的保健储蓄计划则是积累制的典型代表。我国现行的社会统筹与个人账户相结合的城镇职工基本医疗保险制度，其筹资模式则属于混合制，需指出的是，这种筹资模式不可能片面地综合现收现付制和积累制的优点，它亦有着自己的先天不足并需要继续考量。

（三）缴费方式

世界各国医疗保险费的缴纳方式，归纳起来有以下几种：一是固定保险费金额，即确定一个固定的额度向承担缴费义务者征集医疗保险费；二是与工资或收入挂钩，即按照被保险人的工资或收入的一定比率征集医疗保险费；此外，还有按区域或职业缴费的做法。不过，较为通常的做法是采取与工资或收入挂钩的缴费方式。

具体的费率结构，有的国家较为简单，有的国家却较为复杂。例如在德国，法定医疗保险就规定了7种不同的费率，包括一般费率、提升费率、减免费率、适用于服兵役或民役人员的减免费率、适用于大学生和实习生的费率、适用于养老金人员的费率以及适用于其他收入的费率。在中国，基本医疗保险的费率较为简单，只是因统筹层次不高而存在着地区差异，但在同一地区适用统一费率。

四、医疗保险的给付条件

医疗保险给付条件，即法定参保对象在获得医疗保险待遇时需要满足的前提和条件。总体来说，医疗保险的给付条件一般有以下三个方面：

（一）按时、足额缴纳保险费

医疗保险与其他社会保险一样遵循权利和义务相对应的基本原则，因此符合参保条件的个人和其所在单位需要依照法律法规履行了缴费的义务后才能享受医疗保险的待遇。不属于医疗保险覆盖范围，或属于覆盖范围但是没有参保，或参加医疗保险但没有按时、足额缴纳保险费的，均没有理由和权利享受医疗保险费用补偿。这是医疗保险给付中最基本的条件。

（二）符合医疗保险保障范围内发生的费用

医疗保险的补偿以参保人实际所发生或支出的医疗费用为限。而在参保人患病就医所发生的各种费用中，多数国家医疗保险偿付仅限于直接医疗费，即疾病直接造成的费用，而就医过程中发生的差旅费、伙食费等不在补偿范围内。而在直接医疗费用中，由于医疗服务的形式、内容和层次均很复杂，而基本医疗保险通常只满足对基本医疗服务的需求。因此，一般来说各国医疗保险给付项目主要包括各种治疗性服务、辅助性服务（如X光、化验等实验室检查）和基本药物等，而为达到个人安逸的医疗服务、美容性质的医疗服务、特殊需求的医疗服务、滋补药品等都不在基本医疗保险的保障范围之内。

（三）按规定履行手续或程序

很多国家为了医疗卫生资源利用的合理性，采用了逐级转诊制，除急诊等特殊情况外，参保人首先要到低等级的医疗机构中就诊，如无法治疗才会被转诊到更高一级的医院。还有一些国家和地区规定享受医疗保险待遇必须定点就医或定点取药等。

五、医疗保险费用支付

医疗保险费用支付，也称为医疗保险费用偿付或结算，指医疗保险机构对被保险人因病就医时所花费的医疗费进行补偿的行为。医疗保险费用支付是医疗保险制度运行中的一个重要环节，是医疗保险功能最终得以实现的基本途径。医疗保险费用的支付方式影响着医疗费用的水平、医疗资源的流向和制度的保障效果，是医疗保险管理和改革的重点和难点。

从支付对象看，医疗保险费用支付方式一般可分为两种：一种是对医疗服务供方的支付，即医疗保险机构直接向医疗机构支付费用；一种是对医疗服务需方的支付，即被保险人就诊时先垫付费用，然后凭就医的费用凭证向医疗保险机构进行结算。这里主要讨论对医疗服务供方的支付方式。

从支付的时间看，可分为后付制和预付制两种。后付制是指在医疗服务发生之后根据医疗服务发生的数量和支付标准进行支付的方式，这是一种最传统、应用最广泛的支付方式，按项目服务是典型的后付制。预付制是指在医疗服务发生之前，就按照预定的支付标准，向医疗服务提供者拨付医疗费用的方式，包括按病种付费、按人头付费、总额预算制等。

（一）按服务项目付费

按服务项目付费是指医疗保险机构根据医疗机构提供的医疗服务项目和服务量，按照规定的每项医疗服务的付费标准对医疗机构做出费用补偿的方法。在具体操作上，可以由医疗保险机构直接向医疗机构偿付，或者由病人先垫付，再由医疗保险机构对病人给予补偿。按项目付费的好处是操作简便易行，适用范围广泛。缺点是由于医疗机构的收入同提供服务的多少有关，因而医疗供方客观上具有过度提供医疗服务的动机，容易产生过度检查、过度用药的行为。而且，由于医疗费用由第三方医疗保险机构支付，导致被保险人对医疗费用不关心，甚至与医疗机构合谋欺骗保险机构，结果导致医疗费用的过度上涨和浪费。

（二）按服务人次付费

按服务人次付费又称等额付费，即制定每一门诊人次或者每一住院人次的费用偿付标准，医疗保险机构根据医疗机构实际提供的服务人次，按照每一人次的费用补偿标准向医疗机构付费。按服务人次付费支付标准单一，管理成本相对较低，也在一定程度上促使医疗服务提供者降低服务成本，遏制了过度医疗现象。但由于医疗服务供方的收入和服务次数相关，促使医院采用诱导需求和分解服务人次增加收入。另外医疗机构出于控制医疗成本的需要，可能出现推诿重病人，多收轻病人现象，导致服务质量下降，医患矛盾增加。

（三）按人头付费

按人头付费是指医疗保险机构按合同规定的时间（如 1 年），根据被保险人的人数和每个人的支付定额标准，预先支付医疗服务供方一笔固定的医疗费用，在此期间医院提供合同范围内的医疗服务均不再另行收费的方式。特点是医疗机构收费的多少与提供医疗服务的数量和种类无关，只与合同约定的被保险人人数有关。被保险人人数越多，获得付费数量越大。实际上是一定时期、一定人数的医疗费用包干制，属于预付制的一种。按人头付费的优点是将医疗费用超支的风险转移给医疗供方，从而刺激医生和医院努力降低医疗费用,能够有效控制供给诱导需求行为,减少费用开支水平,并且医疗机构为了获得更多的医疗费用结余,会积极开展预防保健工作,这对增强人们的健康保健意识,提高全民身体素质有重要作用。缺点是医疗供方可能会通过减少必要的医疗保健服务来节约费用,对医疗服务的质量带来不利影响。

(四) 按病种付费

按病种付费也称按疾病诊断分类定额支付,是根据国际疾病分类法,将住院病人的疾病按诊断结果、年龄、性别等分为若干组,每组又根据疾病轻重程度、有无并发症等分成不同的级别,对每一级别制度相应的价格标准进行支付。按病种付费方式是由美国耶鲁大学卫生研究中心米尔等人提出,1986年开始在美国老年医疗照顾计划中应用。这种方式的特点是医疗费用支付与诊断的病种相关联,而与病人实际花费的医疗费用无关,从而刺激医院降低成本,减少诱导需求行为,在一定程度上控制不合理的医疗费用。但采用按病种付费最大的困难在于如何恰当地制定病种分类和付费标准,对技术水平和管理水平要求高,管理成本高。而且,医疗供方可能推诿高费用病人或者减少对患者的必要服务,从而影响医疗服务质量和患者利益。

(五) 总额预算制

总额预算制又称总额预付制,是由医疗保险机构与医院事先协商确定年度医疗费用预算总额。医院必须为参加医疗保险的患者提供规定的医疗服务,医院的医疗费用全部在总额中支付,"结余留用,超支不补"。年度总额预算的确定,往往需要考虑医院等级与规模、医疗设施水平、医疗服务质量、上年度医疗费用情况、参保人数多少、疾病谱、患病率、通货膨胀等多种因素,预算总额一般每年协商调整一次。总额预算制的优点在于能够较好地控制医疗费用总量,促使医院降低服务成本,提高资源的利用效率,费用结算简单,管理费用少。缺点是合理确定预算总额困难,而且可能影响医疗供方的积极性,出现服务强度和服务质量下降的情况。

(六) 工资制

工资制是对医生的支付方式,指医疗保险机构根据医务人员所提供的服务,向其支付工资的方式。工资水平的确定通常要考虑医生的技术级别、工作年限等,而不考虑所提供服务的数量多少与质量高低。实行工资制的优点是能够有效控制医务人员开支水平,保障医务人员收入,消除医务人员诱导需求的动机。缺点是缺乏对医生的激励机制,可能会导致服务态度和质量的下降,不利于提高医生的工作积极性和工作效率。由于医生的收入是稳定的,为了节省医院的成本,医院可能会推诿重症患者,影响医疗服务的公平性。

实际上,医疗保险的费用支付方式远不止以上几种,这些支付方式各有利弊,对于医疗费用水平、医疗服务质量等方面的影响也各有不同。每个国家和地区都应该根据各自的国情、医疗保险和医疗服务体系的特征选择合理的单一支付方式或组合方式。

六、医疗保险费用分担

医疗保险的费用分担主要是指被保险方在医疗保险过程中分担一部分医疗费用的方法。世界各国医疗保险制度的实践证明,医疗保险偿付被保险人全部医疗费用,尽管有体现公平性的一面，却由于道德风险引发了卫生服务的过度利用、卫生费用的过快上涨和卫生资源的无谓浪费。为了避免上述现象发生，不同国家都已逐步采用各种费用分担的办法来取代全额偿付。常见的医疗保险费用分担方式有起付线、按比例分担、封顶线和混合支付四种。

（一）起付线

起付线方式又称为扣除保险，它是由保险机构规定医疗保险费用偿付的最低标准，低于起付线以下的医疗费用全部由病人自己负担或由病人与其他单位分担，超过起付线以上的费用由医疗保险机构偿付，这个自付额度标准称为起付线。起付线可以分为三种类型：一是年度累计起付线法；二是单次就诊费用起付线法；三是单项目（一般为特殊医疗项目）费用起付线法。起付线法在医疗费用控制中能够节约部分医疗费用，同时限制部分非必需医疗需求的发生。

（二）按比例分担

按比例分担又称为共付保险，即医疗保险机构和被保险人按一定比例共同偿付医疗费用，这一比例又称共同负担率或共同付费率。按比例分担可以是固定比例分担，也可以是变动比例分担。这种方式简单直观，易于操作，但自付比例的高低直接影响被保险人的就医行为，不同人群和不同收入状况采用统一自付比例，也可能出现卫生服务的不公平现象。

（三）封顶线

封顶线也叫限额保险，是与起付线相反的费用分担方式，该方法先规定一个费用封顶线，医疗保险机构只偿付封顶线以内的费用，超出封顶线以外的费用，由被保险人自付或由被保险人与单位共同分担。这种偿付方式能够较好地控制医疗费用支出，但对于大病、重病患者不能发挥减轻医疗负担的作用，而大病、重病是所有疾病风险中最符合保险原理、最需要保障的部分。

（四）混合支付

由于上述三种偿付方式各有利弊，因此在医疗保险费用分担方法的设计中，常常将上述两种以上的分担办法结合起来应用，形成优势互补，更有效地满足被保险人的合理需求，控制医疗费用的过度增长。例如，我国现行的几项基本医疗保险制度中，均采用对低费用实行起付线、对高费用实行封顶线、对中间段费用实行按比例给付的分担方式。

第四节　我国的社会医疗保险制度

一、我国社会医疗保险制度的历史

我国的社会医疗保险制度是在中华人民共和国成立后逐步建立起来的。与中国经济发展相适应，医疗保险制度经历了两个明显不同的发展阶段。

（一）计划经济体制下的医疗保险制度

1949 年中华人民共和国成立，由于长期的战乱破坏，中国的发展缺乏一个和平稳定的外部环境。在这样的情况下，中国借鉴苏联的经验，建立起高度集中的计划经济体制，城乡二元经济格局也在这个阶段逐步形成和固化。在这样的背景下，我国计划经济时期的医疗保险制度体系初步形成。

1. 城镇医疗保险制度

计划经济时期，城镇医疗保险制度主要由覆盖企业职工的劳保医疗制度和覆盖机关事业单位的公费医疗制度两部分构成。

（1）劳保医疗制度

劳保医疗制度以1951年颁布的《中华人民共和国劳动保险条例》为实施依据，开始覆盖工人职员100人以上的国营、公私合营、私营及合作社经营的工厂、矿场及其附属单位，后经过1953年的修订，全民所有制工厂、矿场、铁路、航运、邮电等产业及其供养直系亲属均可享受劳保医疗制度，县以上集体企业职工参照执行。自此，我国正式建立起覆盖城镇企业职工及其亲属的劳保医疗制度。

（2）公费医疗制度

1952年我国发布《关于全国各级人民政府、党派、团体及其所属事业单位的国家工作人员实行公费医疗预防的指示》，决定将公费医疗的范围自1952年7月起分期推广，从而在全国广泛地建立公费医疗制度。其保障对象是全国各级人民政府、党派、工青妇等团体，各种工作队以及文化、教育、卫生、经济建设等事业单位的国家工作人员和荣誉军人，费用由各级人民政府领导的卫生机构，按照各单位编制人数比例分配，统收统支，不能分给个人。门诊、住院所需的诊疗费、手术费、住院费、门诊或住院中经医师处方的药费，由医疗费拨付，主要的膳食费、就医路费由个人承担。

2. 农村合作医疗制度

中华人民共和国成立后，伴随农村合作社的建立，不少地区探索建立了在农村合作社基础上的农村合作医疗制度。1959年12月《关于全国农村卫生工作山西稷山现场会议情况的报告》提出根据农村生产力发展水平和群众觉悟等实际情况，以实行人民公社设有集体保险医疗制度为宜，标志着农村合作医疗制度开始在全国范围内推广。1960年5月18日《健康报》在社论《积极推行基本保健医疗制度》中将这种集资医疗保健制度概括为："社员每年缴纳一定的保健费，看病只交挂号费或医药费，另从公社大队的公益金中补贴一部分。"到1960年，全国农业生产大队创办合作医疗制度的达到了40%。1976年，农村合作医疗覆盖了85%的农村人口。

20世纪80年代初，世界银行和国际卫生组织都曾派专家组来我国考察农村卫生，考察组的报告特别强调指出，"中国农村实行的合作医疗制度是发展中国家群体解决卫生经费的唯一范例。"可以说，农村合作医疗制度在很长一段时间较好发挥了我国农村医疗保障的作用，促进了"中国卫生状况的显著改善和居民期望寿命的显著增加"，享有"卫生革命"之誉。合作医疗与合作社的保健站，以及数量巨大的赤脚医生队伍，被称为解决我国广大农村缺医少药问题的三件法宝。

（二）改革开放后医疗保险制度的发展

1978年，党的十一届三中全会做出了实行改革开放的伟大决策，40余年来，我国经济、社会环境发生了重大变化，从高度集中的计划经济转向了社会主义市场经济体制，从相对封闭的社会转向了全方位开放的社会，人民生活也从温饱走向基本小康。但随着社会主义市场经济体制的建立和农业社会向工业社会转型的不断加快，原有各项医疗保险制度多失去其依存的制度或组织基础，出现失灵情况，难以解决相应群体的基本医疗保障问题。在这样的宏观背景下，我国对以往的医疗保险制度进行了改革，探索出了具有中国特色的医疗保障体系。

1. 城镇职工基本医疗保险制度

从20世纪80年代开始，在中央有关部委的制度安排下，地方政府首先介入医疗保险制度改革的探索，主要做法是通过统筹方式对费用进行控制，总体呈现由公费医疗向适度自费制度的过渡。

1993年11月14日，中共十四届三中全会通过的《中共中央关于建立社会主义市场经济体制若干问题的决定》提出建立医疗保险制度。1994年，国家体改委[一]、财政部、劳动部、卫生部共同制定了《关于职工医疗制度改革的试点意见》，经国务院批准，在江苏省镇江市、江西省九江市进行试点，即著名的"两江试点"。"两江试点"初步建立了医疗保险统账结合模式。在此基础上，1996年进一步扩大了试点范围，探索出了更多的统账结合模式。

1998年12月，国务院发布《关于建立城镇职工基本医疗保险制度的决定》，在全国范围内建立覆盖全体城镇职工的基本医疗保险制度，以此为标志，我国城镇职工基本医疗保险制度进入全面发展阶段。此后，完善这一制度的步伐不断加快，覆盖范围不断扩大，逐步纳入了城镇灵活就业人员、混合所有制企业和非公有制经济组织从业人员和农民工群体。除此之外，相关部委还先后出台了《城镇职工基本医疗保险定点零售药店管理暂行办法》《城镇职工基本医疗保险定点医疗机构管理暂行办法》《城镇职工基本医疗保险定点用药范围管理暂行办法》《城镇职工基本医疗保险业务管理暂行办法》等规章，规范其具体管理。

2. 新型农村合作医疗制度

20世纪80年代，农村开始实行家庭联产承包责任制，集体经济在多数地区日渐式微，以集体经济为依托的合作医疗制度失去了主要的资金来源，加之合作医疗制度在运行过程中存在着管理不善、监督不力等问题，导致合作医疗大面积解体。20世纪90年代，我国进入建立社会主义市场经济体制阶段，"如何建立新时期的农村医疗保障"不可回避地摆在了面前。中共中央、国务院及其有关部门不断发文要求恢复和重建农村合作医疗制度，但总体情况并不理想，据卫生部第三次卫生服务调查，2002年，我国农村合作医疗制度的覆盖率仅为9.5%。

2002年10月，国务院颁布了《关于进一步加强农村卫生工作的决定》，明确指出要"逐步建立以大病统筹为主的新型农村合作医疗制度"。2003年1月16日，国务院转发卫生部、财政部和农业部所发《关于建立新型农村合作医疗制度的意见》，要求从2003年起，各省、自治区、直辖市至少要选择2至3个县（市）先行试点，取得经验后逐步推开，到2010年实现在全国建立基本覆盖农村居民的新型农村合作医疗制度的目标，减轻农民因疾病带来的经济负担，提高农民健康水平。2006年1月，七部委联合下发《关于加快推进新型农村合作医疗制度试点工作的通知》，对新农合给予了充分肯定，要求进一步扩大试点，加大财政投入力度。此后，各级财政对新农合的补助标准不断提高，到2016年已达到每人每年420元，政策范围内的报销比例已经提高到75%左右，最高支付限额也已经达到了8万元以上。

[一] 全称为"中华人民共和国国家经济体制改革委员会"，于1997年9月终止运行。

3. 城镇居民基本医疗保险制度

城镇职工医疗保险制度实施以来，原本可从公费和劳保医疗中获得保障的家属和子女失去保障；同时，很多非正规就业人员也难以参加进去，形成了众多未被医疗保险覆盖的人群，参保和未参保的保障福利差距越来越大，社会不公平性日益显著。鉴于此，我国从 2004 年下半年起开始探讨建立城镇居民医疗保险制度，并在 2005 年进行了为期一年多的方案研究设计工作，同时一些由地方主导的试点也在陆续开展。

2007 年 7 月 10 日，国务院颁布《关于开展城镇居民基本医疗保险试点的指导意见》决定开展城镇居民基本医疗保险制度试点，并明确 2007 年要在有条件的省份选择 2 至 3 个城市，进行建立以大病统筹为主的城镇居民基本医疗保险制度试点，试点从 2007 年下半年正式启动，2008 年总结试点经验，继续推广，到 2009 年全国所有城市都已全面开展城镇居民基本医疗保险。此外，《城镇居民基本养老保险经办管理服务工作意见》《城镇居民基本养老保险医疗服务管理的意见》等相关配套文件的出台，促进该制度的进一步完善。

二、我国现行基本医疗保险制度概况

（一）我国基本医疗保险制度的构成

我国基本医疗保险制度经过约 20 年的发展和建设，已经逐步实现对全部地区和人群的制度覆盖。目前，我国基本医疗保险主要由城镇职工基本医疗保险、城镇居民基本医疗保险和新型农村合作医疗三项制度。在此基础上，近年很多地区都整合了城乡居民的基本医疗保险制度，到 2015 年年底全国有 8 个省级地区，还有其他省区的 35 个地级地区以及几十个县，已经实现了"三保合一"，国务院于 2016 年 1 月 3 日印发了《关于整合城乡居民基本医疗保险制度的意见》，就整合城镇居民基本医疗保险和新型农村合作医疗两项制度，逐步在全国范围内建立起统一的城乡居民基本医疗保险制度。

（二）我国医疗保险制度总体发展状况

2009 年后，新一轮医疗卫生体制改革启动，提出"有效减轻居民就医费用负担，切实缓解看病难、看病贵"的近期目标。在基本医疗保险方面，一方面近年各级财政对新型农村合作医疗制度和城镇居民基本医疗保险制度的补贴额度逐渐提高，2003 年各级财政对新型农村合作医疗制度的补贴仅为不低于每人 20 元，而到 2016 年对两项制度的补贴已经提高到不低于每人 420 元，城乡基本医保制度筹资水平差距进一步缩小；另一方面，各项制度封顶线、补偿比例等均逐步提高，2014 年城镇职工基本医疗保险政策范围内住院费用基金支付比例为 82.1%，城镇（城乡）居民基本医疗保险二级及以下医疗机构政策范围内住院费用基金支付比例为 70.9%，2015 年新型农村合作医疗制度目标将政策范围内门诊和住院费用报销比例分别提高到 50% 和 75% 左右。

据《2018 年医疗保障事业发展统计快报》显示：①参保人员情况：截至 2018 年年末，全国参加基本医疗保险人数为 134 452 万人，参保覆盖面稳定在 95% 以上。其中，参加职工基本医疗保险人数 31 673 万人，比上年末增加 1 351 万人，增长 4.5%；参加城乡居民基本医疗保险人数 89 741 万人，比上年末增加 2 382 万人，增长 2.7%；新型农村合作医疗参保人数 13 038 万人。在职工基本医疗保险参保人员中，在职职工 23 300 万人，退休人员 8 373 万人，分别比上年末增加 1 012 万人和 339 万人。②基金收支情况，①全年基本医疗保险基金总收入 21 090.11 亿元，总支出 17 607.65 亿元。截至 2018 年年末，基本医疗保险累计结存 23 233.74 亿元。其中，职工基本医疗保险个人账户积累 7 144.42 亿元。②全年职工基本医疗保险基金收入 13 259.28 亿元，增长 8.7%；基金支出 10 504.92 亿元，增长 11.5%。年末累计结存 18 605.38 亿元，其中统筹基金累计结存 11 460.96 亿元。③全年城乡居民基本医疗保险基金收入 6 973.94 亿元，增长 27.1%；支出 6 284.51 亿元，增长 28.9%。年末累计结存 4 332.94 亿元。④全年新型农村合作医疗保险基金收入 856.89 亿元，支出 818.22 亿元，年末累计结存 295.42 亿元。

三、城镇职工基本医疗保险制度

我国现行城镇职工基本医疗保险制度的法律基础是 1998 年颁布的《关于建立城镇职工基本医疗保险制度的决定》和 2010 年颁布的《中华人民共和国社会保险法》及其相关配套文件。

（一）覆盖范围

城镇职工基本医疗保险主要覆盖城镇从业人员。城镇所有用人单位，包括企业（国有企业、集体企业、外商投资企业、私营企业等）、机关、事业单位、社会团体、民办非企业单位及其职工，都要参加城镇职工基本医疗保险。随着改革的推进逐步将灵活就业人员、农民工等纳入覆盖范围，随着城乡居民基本医疗保险制度的建立和普及，给这部分人员参加基本医疗保险提供了另一种选择。

（二）资金筹集及账户分配

城镇职工基本医疗保险的资金来源主要是用人单位和职工个人共同缴费，用人单位缴费率控制在职工工资总额的 6% 左右，职工个人缴费率为本人工资收入的 2% 左右。随着经济发展，用人单位和职工个人缴费率可做相应调整。其中，由于我国地区间存在的医疗差异，用人单位缴费率要根据当地财政和企业实际承受能力确定，有条件的地区可在 2% 的基础上适当提高个人缴费比例。个人缴费的基数确定及其上、下限规定与城镇企业职工基本养老保险制度基本相同。

我国城镇职工基本医疗保险试行社会统筹和个人账户相结合的模式，统筹基金和个人账户要划定各自的支付范围，分别核算，不得互相挤占。所筹资金的账户分配办法为：职工个人缴纳的基本医疗保险费，全部计入个人账户；用人单位缴纳的基本医疗保险费分为两部分，一部分用于建立统筹基金，一部分划入个人账户；划入个人账户的比例一般为用人单位缴费的 30% 左右，具体比例由统筹地区根据个人账户的支付范围和职工年龄等因素确定。例如，昆明市城镇职工基本医疗保险中单位缴费划入个人账户的具体办法为：35 周岁以下的按本人缴费工资的 1.5% 划入；满 35 周岁至 50 周岁以下的按 2% 划入；满 50 周岁至退休的按 2.5% 划入；退休人员按本人上年度养老金或退休金总额的 4.5% 划入个人医疗账户。

（三）资格条件

享受城镇职工基本医疗保险待遇的条件，除了必须参保缴费外，还必须符合"两定点、三目录"的规定，转诊和转院还必须符合相关转诊制度的规定。

1. 两定点

两定点，即定点医疗机构和定点药店。我国各统筹地区根据《关于印发城镇职工基本医疗保险定点医疗机构管理暂行办法的通知》和《关于印发城镇职工基本医疗保险定点零售药店管理暂行办法的通知》，结合实际情况审查和确定本地区定点医疗机构和定点药店。

2. 三目录

"三目录"，即药品目录、诊疗目录和医疗服务设置范围及支付标准目录。我国各统筹地区根据《关于印发城镇职工基本医疗保险用药范围管理暂行办法》和《关于印发城镇职工基本医疗保险诊疗项目管理、医疗服务设置范围和支付标准意见的通知》的要求，详细规定了本地区"三目录"的具体内容。

药品目录主要包括西药、中成药和中药饮片（含民族药），其中前两种又分为甲类目录和乙类目录。药品目录是医疗保险机构支付参保人员药品费用和制约过度用药的依据，甲类目录药品可全额计入医疗保险报销范围，而乙类药品一般需要参保人自负一定比例后才可进入报销范围。参保人员使用目录外的药品不予报销。

制定诊疗目录是为了制约医疗机构和患者过度使用昂贵的医疗服务、医疗器械等。参保人员使用目录外的诊疗手段不予报销。

制定医疗服务设置范围及支付标准目录也是为了制约医疗机构和患者过度使用昂贵的医疗服务、医疗器械等。在有关医疗服务设施的规定中，基本医疗保险给予支付的费用主要包括住院床位费及门（急）诊留观床位费。基本医疗保险基金不予支付的生活服务项目和服务设施主要包括：(转)诊交通费、急救车费、空调费、电视费、电话费、婴儿保温箱费、食品保温箱费、电炉费、电冰箱费及损坏公物赔偿费、陪护费、护工费、洗理费、门诊煎药费、膳食费、文娱活动费及其他特需生活服务费用。

（四）待遇支付水平

由于城镇职工基本医疗保险采用统账结合模式，因此统筹账户和个人账户的支付范围各不相同。个人账户主要用于支付门诊费或小病（小额）医疗费，住院费或大病（大额）医疗费从统筹账户中支付。根据制度前期统账结合模式在各地试点的情况差异，具体操作办法又可划分为"板块式""通道式"等。

统筹基金实行费用分担政策，并设立起付标准和最高支付限额（封顶线），起付标准以下的医疗费用，从个人账户中支付或由个人自付。起付标准以上、最高支付限额以下的医疗费用，主要从统筹基金中支付，个人也要负担一定比例。超过最高支付限额的医疗费用，可以通过大病补充保险、商业医疗保险等途径解决。统筹基金的具体起付标准、最高支付限额以及在起付标准以上和最高支付限额以下医疗费用的个人负担比例，由统筹地区根据以收定支、收支平衡的原则确定。1998年制度正式建立时规定的起付标准原则上控制在当地职工年平均工资的10%左右，最高支付限额原则上控制在当地职工年平均工资的4倍左右。但随着制度在各地的具体落实和不断完善，实际标准已有明显变化。

以昆明市目前实施情况为例，每次住院起付标准为：一级及其以下医疗机构200元；二级医疗机构500元；三级医疗机构1 200元。最高支付限额为5.9万元，超出后另设重特病医疗统筹，最高支付限额为20万元。个人自付比例为：起付标准以上1万元以下（含1万元）在职人员15%，退休人员10%；1万元以上2.5万元以下（含2.5万元）在职人员15%，退休人员10%；1万元以上2.5万元以下（含2.5万元）在职人员12%，退休人员

8%；2.5万元以上最高支付限额以下（含最高限额）在职人员10%，退休人员6%；在此基础上，自付比例根据住院医院等级，一级及其以下医疗机构减少三个百分点，二级和专科医疗机构不变，三级医疗机构增加三个百分点。

（五）相关人员政策

1. 退休人员

1998年《关于建立城镇职工基本医疗保险制度的决定》规定："退休人员参加基本医疗保险，个人不缴纳基本医疗保险费。对退休人员个人账户的计入金额和个人负担医疗费的比例给予适当照顾。"但在2010年的《社会保险法》第27条中增加了关于退休人员享受医保待遇的累积缴费年限条件限定："参加职工基本医疗保险的个人，达到法定退休年龄时累计缴费达到国家规定年限的，退休后不再缴纳基本医疗保险费，按照国家规定享受基本医疗保险待遇；未达到国家规定年限的，可以缴费至国家规定年限。"虽然此后国家并未颁布关于具体年限的统一政策，但部分地区已经以此为依据出台了具体办法。从各地出台的累计缴费政策来看，一般设定20～30年不等的累计缴费年限。

2. 机关事业单位人员

1998年《关于建立城镇职工基本医疗保险制度的决定》规定："国家公务员在参加基本医疗保险的基础上，享受医疗补助政策。具体办法另行制定。"在此基础上，各地都出台了针对机关事业单位人员的医疗补助政策，一般为在职工医疗保险筹资之外专门筹集公务员医疗补助资金，用于补贴机关事业单位人员医保个人账户、门诊统筹、补偿住院自付费用等。

四、城乡居民基本医疗保险制度[①]

城乡居民基本医疗保险制度由2003年开始实施的新型农村合作医疗制度和2007年实施的城镇居民基本医疗制度整合而来。因此，目前它的实施依据主要为2003年《关于建立新型农村合作医疗制度的意见》、2007年《关于开展城镇居民基本医疗保险试点的指导意见》以及2016年《关于整合城乡居民基本医疗保险制度的意见》等相关政策。

（一）覆盖范围

城乡居民医保制度覆盖范围包括现有城镇居民医疗保险和新农合所有应参保（合）人员，即覆盖除职工基本医疗保险应参保人员以外的其他所有城乡居民。农民工和灵活就业人员依法参加职工基本医疗保险，有困难的可按照当地规定参加城乡居民基本医疗保险。

（二）资金筹集

城乡居民基本医疗保险实行个人缴费与政府补助相结合为主的筹资方式，同时鼓励集体、单位或其他社会经济组织给予扶持或资助。现有城镇居民医疗保险和新农合个人缴费标准差距较大的地区，可采取差别缴费的办法，利用2～3年时间逐步过渡。

政府补助一直是新农合和城镇居民医疗保险两项制度最主要的资金来源和快速发展的重要保障，各级财政补贴标准已由2003年的人均20元增加到了2016年的420元，而个

[①] 国务院法制办公室. 中华人民共和国新法规汇编2016（第2辑）[M]. 北京：中国法制出版社，2016.

人缴费仅从2003年的人均10元增加到2016年的人均120元。未来的城乡居民基本医疗保险制度，将逐步建立个人缴费标准与城乡居民人均可支配收入相衔接的机制，合理划分政府与个人的筹资责任，在提高政府补助标准的同时，适当提高个人缴费比重。

（三）待遇支付

城乡居民基本医疗保险基金主要用于支付参保人员发生的住院和门诊医药费用，在具体支付时仍然沿用了起付标准、支付比例和最高支付限额的费用分担方式，具体标准由各地根据实际情况制定。以2012年颁布的《昆明市城乡居民基本医疗保险实施办法》为例：一级及其以下医疗机构（包括基层医疗卫生服务机构）起付标准为100元，报销比例为85%；二级医疗机构起付标准为300元，报销比例为75%；三级医院起付标准为600元，报销比例为60%。在一个自然年度内，最高支付限额为6万元。一个自然年度内，参保人第二次住院的起付标准为就诊医疗机构级别起付标准的30%，第三次住院不设起付标准。

从各地的制度实施情况看，门诊统筹已经成为完善该制度的重点。以昆明市为例，"参保人在社区卫生服务中心站、乡镇卫生院和村卫生室等基层医疗卫生机构就医的门诊医疗费及其诊疗费，由统筹基金支付50%，一个自然年度内最高支付限额为400元。参保人在门诊抢救发生的门诊医疗费或实行门诊手术治疗的手术当次门诊医疗费，按住院医疗费用进行结算"。城乡居民基本医疗保险制度将稳定住院保障水平，政策范围内住院费用支付比例保持在75%左右，并进一步完善门诊统筹，逐步提高门诊保障水平。

（四）医疗保险管理

1. 医保目录

在现有城镇居民医疗保险和新型农村合作医疗目录的基础上，统一城乡居民基本医疗保险药品目录和医疗服务项目目录，明确药品和医疗服务支付范围，完善医保目录管理办法，实行分级管理、动态调整。

2. 定点管理

统一城乡居民基本医疗保险定点机构管理办法，强化定点服务协议管理，建立健全考核评价机制和动态的准入退出机制。对非公立医疗机构与公立医疗机构实行同等的定点管理政策。原则上由统筹地区管理机构负责定点机构的准入、退出和监管，省级管理机构负责制定定点机构的准入原则和管理办法，并重点加强对统筹区域外的省、市级定点医疗机构的指导与监督。

3. 基金管理

城乡居民基本医疗保险执行国家统一的基金财务制度、会计制度和基金预决算管理制度。基本医疗保险基金纳入财政专户，实行"收支两条线"管理。基金独立核算、专户管理，任何单位和个人不得挤占挪用。

4. 支付方式

城乡居民基本医疗保险将系统推进按人头付费、按病种付费、按床日付费、总额预付等多种付费方式相结合的复合支付方式改革，建立健全医保经办机构与医疗机构及药品供应商的谈判协商机制和风险分担机制，推动形成合理的医保支付标准，引导定点医疗机构规范服务行为，控制医疗费用不合理增长。通过支持参保居民与基层医疗机构及全科医师开展签约服务、制定差别化的支付政策等措施，推进分级诊疗制度建设，逐步形成基层首诊、双向转诊、急慢分治、上下联动的就医新秩序。

五、我国基本医疗保险制度未来发展需解决的重点问题

（一）保障基本医疗保险可持续发展

随着我国基本医疗保险覆盖面的不断扩大，待遇水平不断提高，基金支出压力迅速增大。同时，制度设计上存在的一系列问题，最终将影响基本医疗保险基金的平衡。因此，未来应该通过强化三个方面的工作，保障基本医疗保险基金的可持续性。

1. 提高基本医疗保险统筹层次

我国三项基本医疗保险起步时基本都是县级统筹，通过多年努力现在基本实现了州市级统筹，部分省份实现了省级统筹，但总体统筹层次依然较低。条块分割的基金统筹状态，导致单个基金互助共济范围有限，不同基金间"苦乐不均"，赤字和结余并存，基金抗风险能力差，资金使用效率有限。以 2013 年为例，全国城镇职工医保基金当年收支结余 1206 亿元，但全国有 225 个统筹地区的城镇职工基本医疗保险基金收不抵支，占全国城镇职工统筹地区的 32%，其中 22 个统筹地区将历年累计结存全部花完。同时，这种较低的统筹层次状态，也导致异地就医行为的大量出现，最终形成异地就医难的问题。因此，提高基本医疗保险的统筹层次，在州市级统筹的基础上，逐步探索省级统筹，并最终实现全国统筹，成为提高基金使用效率、促进社会公平的有效途径。

2. 强化对医药费用的控制

目前，我国基本医疗保险对医药费用的成本控制机制并未完全建立，医疗保险对医疗服务机构的监督和制约作用需要进一步发挥。从国际经验看，合理的医疗费用支付方式是保证医疗资源有效利用、控制医疗费用不合理增长的关键。从我国基本医疗保险实践看，对医疗服务机构付费的主流方式仍是按服务项目付费，只有少部分地区的少数医疗机构在探索实行单病种付费等付费方式。按服务项目付费是我国医疗服务机构存在严重诱导消费行为的重要原因，也是我国基本医疗保险经办机构难以有效扮演第三方付费角色，难以控制医疗费用的重要原因。因此，借鉴国际经验，依托我国国情，引进先进的付费方式，控制医疗费用是促进基本医疗保险制度可持续发展的重要手段。2009 年 1 月，国务院常务会议通过《关于深化医药卫生体制改革的意见》，新一轮医改方案正式出台。在本次医改中，医保支付方式改革被看作是推进公立医院改革和解决"以药补医"的重要举措，从而成为新医改工作重心之一。人社部在 2011 年也连续发布了《关于进一步推进医疗保险付费方式改革的意见》等文件，要求医保探索总额预付、门诊统筹按人头付费、住院及门诊大病按病种付费相结合的付费制度；还确定将北京、天津、东莞等 40 个城市作为首批医保付费改革重点城市。

3. 提高基金使用效率

我国基本医疗保险制度被人诟病的问题之一是基金结余过多、使用效率过低，为此《2009—2011 年深化医药卫生体制改革实施方案》要求"合理控制城镇职工医保基金、城镇居民医保基金的年度结余和累积结余，结余过多的地方要采取提高保障水平等方法，把结余逐步降低到合理水平"。同时，卫生部针对新型农村合作医疗存在结余基金过多的现

象，通过实施二次补偿和体检的方式予以消化，促进农村居民健康和待遇水平的提高。另外，医保基金中规模巨大但却封闭管理的个人账户资金很可能会成为下一步医保改革的突破口。很多专家认为，个人账户既不能有效分散医疗费用风险，使用效率低下，又容易导致账户滥用，迫切需要改革。近年来，各地纷纷探索个人账户管理模式改革，总体来看主要做法有：拓展个人账户使用范围和对象，提高其效率，比如广东、江苏等省的部分地市率先将其家庭化，参保人直系亲属、配偶也可以使用这笔钱去门诊看病、药店购药；用门诊统筹来弥补个人账户共济作用小的缺陷，目前全国大部分地区开展了门诊统筹，主要用于慢性病、特殊病种的补偿；将个人账户资金用于新的用途，如购买补充商业保险，广东、上海、云南等地均已明确规定可用于购买商业健康保险；也可投入预防环节，如浙江、宁波规定可将个人账户资金用于支付家人购买疫苗的费用等。

（二）提高医疗保险待遇水平

1. 建立门诊统筹，扩展覆盖范围

我国基本医疗保险制度在设计之初，限于当时的经济发展水平、基金筹资能力和制度管理水平，为保障基金安全，仅对医疗费用支出较大的住院医疗部分给予报销，即只保大病。虽然随着经济的发展，部分地区开始扩大医保报销范围，正在探索建立门诊统筹，但是门诊费用支出仍主要由个人自负担，个人就医负担仍较重。因此，随着经济发展水平的提高、制度筹资能力不断增强、基本医疗保险经办能力不断提高，制度的保障范围应从保大病逐步向大病小病同保拓展。2009 年《关于深化医药卫生体制改革的意见》提出"坚持广覆盖、保基本、可持续的原则，从重点保障大病起步，逐步向门诊小病延伸，不断提高保障水平"，随后颁布的《关于印发医药卫生体制五项重点改革 2009 年工作安排的通知》要求 30% 的统筹地区开展城镇居民医保门诊费用统筹试点，1/3 的统筹地区新农合门诊统筹得到巩固完善。《关于印发医药卫生体制五项重点改革 2010 年工作安排的通知》中进一步要求加快推进门诊统筹，城镇居民医保门诊统筹扩大到 60% 的统筹地区，新农合门诊统筹达到 50% 的统筹地区，城镇职工医保在有条件的地区先行探索。2011 年 5 月，人社部颁布《关于普遍开展城镇居民基本医疗保险门诊统筹有关问题的意见》，城镇居民医保门诊统筹工作全面推开。近年，各地也在稳步推进职工医疗保险门诊统筹的试点工作。因此，建立基本医疗保险门诊统筹已经是未来发展的必然方向。

2. 提高报销比例，切实减轻群众负担

2009 年年底我国基本医疗保险制度实现了制度上的全覆盖，但是遵循"保基本、广覆盖"的基本原则，现有医疗保险待遇水平并不高，个人医疗费用负担仍较重。为了减轻个人医疗费用负担，随着经济发展，我国基本医疗保险将逐步提高费用报销比例。《2009—2011 年深化医药卫生体制改革实施方案》明确提出基本医疗保险在政策范围内费用报销比例逐步提高，逐步扩大和提高门诊费用保险范围和比例。将城镇职工基本医疗保险、城镇居民基本医疗保险最高支付限额分别提高到当地职工年平均工资和居民可支配收入的 6 倍左右，新型农村合作医疗最高支付限额提高到当地农民人均纯收入的 6 倍以上。2016 年 12 月，国务院《关于印发"十三五"深化医药卫生体制改革规划的通知》中提出："到 2020 年，普遍建立比较完善的公共卫生服务体系和医疗服务体系、比较健全的医疗保障体系、比较规范的药品供应保障体系和综合监管体系、比较科学的医疗卫生机构管理体制和运行机制。经过持续努力，基本建立覆盖城乡居民的基本医疗卫生制度，实现人人享有基

本医疗卫生服务，基本适应人民群众多层次的医疗卫生需求，主要健康指标居于中高收入国家前列，个人卫生支出占卫生总费用的比重下降到28%左右。"

（三）提高医疗保险制度对人口流动的适应性

1. 完善医疗保险关系转移接续制度

随着我国经济的快速发展，人口迁移日益常态化，由于我国基本医疗保险制度遵循自下而上的改革路线，各项制度统筹层次都还较低，一方面导致异地就医问题突出，另一方面也不利于保障流动劳动者的医疗保障权益。因此2009年《关于深化医药卫生体制改革的意见》要求制定基本医疗保险关系转移接续办法，解决农民工等流动就业人员基本医疗保险关系跨制度、跨地区转移接续问题。2009年12月，人社部、财政部、卫生部联合发布《流动就业人员基本医疗保障关系转移接续暂行办法》，对流动就业人员基本医疗保障关系的转移接续问题分类作了规定。2016年7月，人社部印发《流动就业人员基本医疗保险关系转移接续业务经办规程》，进一步补充完善这项制度。然而，从当前情况看，由于跨区域接续给转入地地方政府带来的财政压力，这项制度的实际落实还面临很多困难。

2. 完善异地就医管理服务机制

从理论上看，异地就医问题的根源在于制度统筹层次水平低，缺乏有效的医保关系转移接续制度，导致跨统筹区域流动的参保人员无法通过携带关系的方式获得医疗保障。自我国基本医疗保险制度建立以来，异地就医直接结算的问题就是老百姓反映最突出的问题之一。2009年《关于深化医药卫生体制改革的意见》提出："以异地安置的退休人员为重点改进异地就医结算服务。"针对当时的情况，人社部提出三步走的思路：第一，实行市级统筹，通过实行市级统筹，60%以上异地就医的问题得到了解决，目前该目标已经基本实现。第二，解决省内异地就医问题。2016年已有30个省市实现了省内异地就医联网，其中有27个省市能够实现省内异地就医住院费用的直接结算。第三，解决剩下10%的问题——跨省异地就医的问题。这个问题涉及的参保人员虽然只占10%，但也是大家反映最强烈、同时也是解决难度最大的问题。为了做好这项工作，人社部提出在2016年要实现异地安置退休人员住院费用的直接结算，到2017年能够基本实现符合转诊条件的参保人员异地就医住院费用的直接结算。据《2018年医疗保障事业发展统计快报》显示：截至2018年年末，跨省异地就医定点医疗机构数量为15 411家。基层医疗机构覆盖范围持续扩大，二级及以下定点医疗机构12 803家。2018年全年跨省异地就医直接结算131.8万人次，医疗费用319.4亿元，基金支付188.5亿元。日均直接结算3 612人次，次均住院费用2.4万元，次均基金支付1.4万元。

第五节　生育保险制度

一、生育保险的概念、特点与作用

（一）生育保险的概念

生育保险制度是在女性生育期间对生育责任承担者给予收入补偿、医疗服务和生育休假的社会保险制度。其中，生育责任的承担者既包括女性，也包括男性，但生育保险待遇享受以女性为主。

(二) 生育保险的特点

生育保险制度除了具有社会保险制度的共有特点外，还有一些自身的特点：

1. 保障范围小

生育保险的主要保障对象是已婚女性劳动者及其所生育的子女和家庭，覆盖范围有限。例如，我国现行法律规定，不符合年龄规定、非婚和不服从国家计划生育政策的女性劳动者，无权享受生育保险待遇。虽然很多国家已经将生育保险的范围扩大到所有女性，但是相比较其他社会保险项目保障所有劳动者甚至全体国民，生育保险的范围是比较有限的。

2. 实行"产前产后都享受"原则

生育保险是根据事前与事后保障相结合的方式建立的，生育保险给付的假期及医疗服务等，均从生育之前的孕期开始。其他社会保险项目均属于事后补救、补偿保障，如失业保险只是在失业发生之后才提供失业津贴；医疗保险也是在疾病发生之后才提供医疗费用补偿。唯有生育保险为了更好地保护产妇和婴儿健康，实行产前、产后都享受原则。

3. 生育保险提供的医疗服务以保健、咨询和检查为主

生育期间暂时不能劳动，属于正常的生理改变，并非疾病、伤残等非正常的生理变化。因此，生育医疗保险提供的医疗服务一般不需要特殊治疗，而是侧重于休养和营养活动，医疗服务以保健、咨询和检查为主，而不是以治疗为主。

4. 生育保险与医疗保险密切相关

因为生育过程本身涉及检查、手术、住院等医疗保健服务，生育保险给付涉及医疗服务和津贴等，这与医疗保险很相似。因此许多国家将生育保险纳入医疗保险实施，不单独设立生育保险项目，这样也有利于提高生育保险基金的抗风险能力。

(三) 生育保险的作用

1. 保证母婴健康和劳动力再生产

生育关系到人类自身的繁衍，国家在其中承担主要角色。生育往往给母婴健康甚至生命造成损害，不少女性会死于生产过程或分娩并发症。享受生育保险，由社会保险机构支付生产就医费用，能使妇女毫无顾虑地去正规医院生产，从而大大降低产妇和婴儿死亡率。同时也能使妇女及时休养，不会出于经济原因而在产后急于工作，影响身体健康。而且，母亲在怀孕及哺乳期，保证一定的营养和保健，新生的婴儿就有健康的体魄，正常的智力，这就为提高劳动力素质奠定了基础。

2. 保障女性公平就业权

目前，对女性劳动者的就业歧视问题依然存在，而且比较严重。其中一个主要原因就是女性劳动者在生育过程中必然会由于行动不便或者为了哺育新生儿而不能全身心投入工作，并且包括孕期、产期及哺乳期在内的整个产假期比较长，必然会影响到企业正常的生产经营。完善的生育保险制度能够实现生育社会补偿，将劳动力市场对女性劳动者的歧视

减到最低,充分保障女性公平就业的权利。

3. 有利于国家人口政策的顺利贯彻实施

目前,西方一些发达国家人口出生率很低,甚至出现了负增长。为了鼓励生育,许多国家制定了一系列政策,其中包括生育保险政策,保证其人口政策的顺利实施。在我国,实施计划生育政策、控制人口数量、提高人口素质是一项长期基本国策,生育保险能够促进计划生育和优生优育这一国策的落实。但随着 2015 年年底《中华人民共和国人口与计划生育法》的修订和 2016 年全面二孩政策的正式实施,生育保险制度也面临改革与调整,与新的人口政策相适应。

二、生育保险的内容

(一) 覆盖范围和享受资格

世界各国对于生育保险的覆盖范围和享受资格规定各有不同,大体可分为五种:第一,没有规定限制条件,只要符合国家公民资格和财产调查手续的妇女,均可享受生育保险待遇。第二,只对居住权有一定要求,必须在该国居住达到一定时间才能享受生育保险。第三,必须从事受保职业,有的国家还对妇女从事受保职业的时间做了规定。第四,要求缴纳一定时间的保险费。第五,享受生育保险待遇的资格条件是就业、缴费等多种形式的组合。

(二) 资金来源

世界上大多数国家没有单列生育保险,在管理上往往生育保险与医疗保险等融为一体,合并收费,只有少数国家,比如中国,有单独的生育保险缴费。因此这里所说的生育保险资金来源,一般指包括生育保险缴费在内的多险种合并缴费。生育保险的资金来源主要有以下五种组合:第一,由政府财政全额负担。第二,由受保人、雇主和政府三方共同负担。第三,由受保人和雇主共同负担。第四,由雇主全额负担。第五,由雇主和政府负担。

(三) 保险待遇

生育社会保险的待遇受各国政治、经济和人口政策等诸多因素影响,其项目和保障水平各有不同。一般而言,主要包括以下三个部分:

1. 产假

为了保护生育妇女健康,并使初生婴儿得到照顾和哺育,各国在其生育保险制度中有关生育保险待遇款项都明确规定了生育产假。1952 年国际劳工组织修订的《生育保护公约》(C103)提出,产假应不少于 12 周。2000 年再次修订的《生育保护公约》(C183)中进一步规定,产假应不少于 14 周。目前,大多数国家都采纳了国际劳工组织的建议。从世界范围看,近些年来几乎所有国家规定的生育假期都有延长的趋势,不仅如此,在一些国家,父育假政策也开始推广。

2. 生育津贴

生育津贴是对生育妇女的收入补偿。这种收入补偿应该足以维持产妇和产儿的身体健康,因此,生育保险的给付水平是所有社会保险中较高的,这是由生育的社会价值决定的。

1952年国际劳工组织通过的《生育保护公约》（C103）中规定，生育津贴为原工资的2/3，同时提出的《生育保护建议书》(R095)建议生育津贴应该等于该妇女生育之前的全部收入。目前，多数国家的给付都超过了原工资的2/3这一标准，许多国家的给付水平达到了原工资的100%。

3. 医疗服务

医疗保险服务包括妇女怀孕后提供定期的保健、体检服务，分娩时的手术、住院、检测服务，以及与生育相关的其他医疗服务。定期对孕妇进行体检，并提供从怀孕到分娩的一系列医疗服务，对于保证妇女以及婴儿的身体健康，提高人口质量具有重要意义，相关费用由生育保险基金支付。

三、我国的生育保险制度

与其他社会保险项目的发展过程类似，我国生育保险制度发展同样经历了国民经济恢复和社会主义改造时期的初步建立、停滞与倒退以及改革开放后的恢复与重建三个主要时期。我国现行的生育保险制度的法律依据主要有三项：1995年1月1日起试行的《企业职工生育保险试行办法》、2011年7月1日起施行的《中华人民共和国社会保险法》和2012年4月28日起施行的《女职工劳动保护特别规定》。此外，2012年年底人社部曾经发布《生育保险办法（征求意见稿）》，向社会公开征求意见，拟替代《企业职工生育保险试行办法》，但之后该办法并没有正式实施。我国现行生育保险制度的主要内容如下：

（一）覆盖范围

根据相关法律法规，我国现行生育保险制度主要覆盖城镇企业及其职工、职工未就业配偶。

中华人民共和国成立初期，生育保险曾经覆盖职工未就业配偶，之后一段时间城镇女性普遍就业，大部分家庭都是双职工家庭，这条规定不再被强调。经济转轨时期，生育保险模式发生转变，有关规定多次更新，包括《企业职工生育保险试行办法》在内的规定中都没有纳入职工未就业配偶。直到2010年10月通过的《中华人民共和国社会保险法》才重新明确职工未就业配偶享受生育保险待遇。《社会保险法》第54条规定："用人单位已经缴纳生育保险费的，其职工享受生育保险待遇，职工未就业配偶按照国家规定享受生育医疗费用待遇。所需资金从生育保险基金中支付。"

另外，虽然现行全国性法律法规中没有将机关事业单位纳入生育保险的覆盖范围，但从近年各地出台的地方性政策看，已有很多地区将生育保险的参保范围扩大到了机关事业单位。

（二）资金筹集

我国生育保险根据"以支定收，收支基本平衡"的原则筹集资金，由企业按照其工资总额的一定比例向社会保险经办机构缴纳生育保险费，建立生育保险基金。职工个人不缴纳生育保险费。

生育保险费的提取比例由当地人民政府根据计划内生育人数和生育津贴、生育医疗费等项费用确定，并可根据费用支出情况适时调整，但最高不得超过工资总额的1%。

2015年7月人社部、财政部印发《关于适当降低生育保险费率的通知》，要求从2015

年 10 月 1 日起生育保险基金累计结余超过 9 个月的统筹地区，应将生育保险基金费率调整到用人单位职工工资总额的 0.5% 以内，具体费率根据近年来生育保险基金的收支和结余情况确定。

（三）资格条件

我国现行生育保险待遇享受的资格条件为：企业参保缴费，职工遵守计划生育规定。女职工违反国家有关计划生育规定的，按照国家有关计划生育规定办理，不享受上述各项待遇。

（四）待遇标准

1. 产假

根据 2012 年《女职工劳动保护特别规定》："女职工生育享受 98 天产假，其中产前可以休假 15 天；难产的，增加产假 15 天；生育多胞胎的，每多生育 1 个婴儿，增加产假 15 天。女职工怀孕未满 4 个月流产的，享受 15 天产假；怀孕满 4 个月流产的，享受 42 天产假。"2015 年年底修订的《中华人民共和国人口与计划生育法》第 25 条规定："符合法律、法规规定生育子女的夫妻，可以获得延长生育假的奖励或者其他福利待遇。"在此后各地出台的新计划生育政策中，基本都在 98 天基础上延长了产假，大部分地方还增设了男职工的陪产假或护理假。

2. 生育津贴

根据相关法律法规，女职工享受产假或计划生育手术休假期间可以按规定享受生育津贴，生育津贴按照本企业上年度职工月平均工资计发，由生育保险基金支付。职工未就业配偶一般只享受生育医疗费津贴，支付标准尚未统一。

3. 生育医疗费用

女职工生育的检查费、接生费、手术费、住院费和药费由生育保险基金支付。超出规定的医疗服务费和药费（含自费药品和营养药品的药费）由职工个人负担。女职工生育出院后，因生育引起疾病的医疗费，由生育保险基金支付；其他疾病的医疗费，按照医疗保险待遇的规定办理。女职工产假期满后，因病需要休息治疗的，按照有关病假待遇和医疗保险待遇规定办理。此外，在《社会保险法》中还增加了计划生育的医疗费用。

据《2018 年医疗保障事业发展统计快报》显示，截至 2018 年年末生育保险情况，①参保人员：全年全国参保人数为 20 435 万人，比上年末增加 1135 万人，增长 5.9%。②生育保险基金：全年生育保险基金收入 756.02 亿元，增长 16.4%。基金支出 738.25 亿元，下降 3.2%。年末生育保险基金累计结存 574.29 亿元。

四、我国生育保险制度的发展趋势

从现行生育保险制度正式实施以来，内容并没有大的变动，但制度参保人数和实际享受人数依然十分有限。目前该制度的外部环境和相关政策已经有了巨大变化，各地也在积极探索地方性生育保险制度的调整和改革。总体而言，我国生育保险制度未来发展将呈现以下趋势：

(一) 与基本医疗保险合并实施

2016年4月人社部与财政部发出《关于阶段性降低社会保险费率的通知》，要求生育保险和基本医疗保险合并工作，待国务院制定出台相关规定后统一组织实施。2016年7月，人社部公布了《人力资源和社会保障事业发展"十三五"规划纲要》，再次提出将生育保险和基本医疗保险合并实施，要求"完善生育保险政策，实行生育保险与基本医疗保险参保人员登记、缴费、管理、经办、信息系统统一"。生育保险与基本医疗保险合并实施，是我国"五险一金"精简归并的举措之一。我国生育保险待遇支付主要包括生育医疗费用和生育津贴，由于生育保险中的生育医疗费用发生在医院，这一部分与基本医疗保险的运营相似，若合并经办，有利于节省管理经费和成本，进一步提高社保经办效率。2017年1月19日，国务院办公厅印发了《生育保险和职工基本医疗保险合并实施试点方案》。试点方案明确提出："遵循保留险种、保险待遇、统一管理、降低成本的总体思路，推进两项保险合并实施。" 2017年2月24日，人社部举行生育保险和基本医疗保险合并实施试点工作会议，计划于7月前在邯郸等12个试点地区启动两险合并工作。根据2018年12月29日第十三届全国人民代表大会常务委员会第七次会议《关于修改〈中华人民共和国社会保险法〉的决定》的规定：将第六十四条第一款中的"各项社会保险基金按照社会保险险种分别建账，分账核算，执行国家统一的会计制度"修改为"除基本医疗保险基金与生育保险基金合并建账及核算外，其他各项社会保险基金按照社会保险险种分别建账，分账核算。社会保险基金执行国家统一的会计制度"。将第六十六条中的"社会保险基金预算按照社会保险项目分别编制"修改为"除基本医疗保险基金与生育保险基金预算合并编制外，其他社会保险基金预算按照社会保险项目分别编制"。这就为生育保险和职工基本医疗保险合并实施提供了充分的法律依据。

(二) 与我国新人口政策相适应

近年来，我国的人口形势发生了转折性变化，人口总量增长的势头减弱，人口结构性问题突出，劳动年龄人口开始减少，老龄化程度加深，出生人口性别比居高不下，人口均衡发展的压力增大。为了适应这种变化趋势，我国人口和计划生育政策多次调整，2002年实施"双独二胎"，2013年实施"单独二胎"，随着2015年年底《中华人民共和国人口与计划生育法》的修订，2016年全面二孩政策正式实施。在新的人口形势和计划生育政策变化的背景下，无疑要求未来的生育保险制度必须与之相适应，一方面要为人口政策的顺利实施创造更好的条件，另一方面也要预见到新政策对制度收支产生的影响，尽早做出调整应对。从2016年各地出台的地方性人口与计划生育政策中，已经可以看出延长生育休假、增设陪产假、二孩也可享受生育保险待遇等未来走向。

(三) 向全民生育保障发展

全面生育保障就是全部城乡居民在特定时间段里人人享有生育福利。目前我国生育保险主要覆盖城镇企业职工，机关事业单位虽未覆盖但可享受生育待遇，但其他城乡居民能够享受的生育福利还很有限。由于生育保险费用由用人单位缴纳，个人没有资格缴纳，导致非正规就业以及就业单位不愿为其缴费的妇女，都享受不到生育保险待遇。目前，占农民工总量33.6%的女性农民工，生育保险更是几乎完全没有覆盖。除了节约管理成本外，生育保险和基本医疗保险合并的另一个重要意义在于：生育保障将成为医保制度的一个组成部分，医保成为主险，而生育保障类似其中的一个强制性附加险。各类人群只要参加了医保，就自然而然地获得了生育保障的相关权利，可以让所有参加基本医疗保险的人员都享受到生育保险待遇。从目前各地实施的城乡居民基本医疗保险制度内容看，已经开始将生育待遇纳入补偿范围，例如《昆明市城乡居民基本医疗保险实施办法》中规定："计划生育政策规定分娩生育发生的住院医疗费用，纳入城乡居民基本医疗保险基金支付范围，采取定额补贴的方式进行报销。补贴标准为：顺产600元；难产1000元；剖宫产1500元；多胎生育的在以上基础上每胎增加500元。"因此，随着生育保险与医疗保险的合并及基本医疗保险参保率的进一步提高，我国也将向全民医疗保障的目标迈进。

本章小结

1. 社会医疗保险制度

社会医疗保险制度指的是由国家立法规范并运用强制手段筹集资金，向法定范围内的劳动者及其他社会成员提供必要疾病医疗服务和经济补偿的一种社会化保险机制。社会医疗保险的待遇支付形式为非定额的费用补偿，通过为参加保险的人员提供相应的医疗服务来达到恢复患者健康的目的，并与缴费多少无关，而是取决于病情、疾病发生的频率以及实际需要；补偿期短但受益时间长；医疗保险涉及政府、用人单位、医疗机构、社会保险机构、医药机构和患者个人等多方之间的复杂的权利义务关系；医疗服务消费具有不确定性和被动性。

我国的社会医疗保险制度是在中华人民共和国成立后逐步建立起来的，与中国经济发展相适应，医疗保险制度经历了计划经济体制下的医疗保险制度和改革开放后医疗保险制度的发展两个明显不同的发展阶段。我国基本医疗保险制度经过约20年的发展和建设，已经逐步实现对全部地区和人群的制度覆盖。

2. 医疗保险模式

医疗保险模式主要有：国家卫生服务模式、社会医疗保险模式、商业医疗保险模式和储蓄医疗保险模式等。

3. 医疗保险的内容

医疗保险的内容包括：医疗保险的当事人、医疗保险的对象、医疗保险基金的筹集、医疗保险给付条件、医疗保险费用支付及医疗保险的费用分担机制等。

4. 生育保险制度

生育保险制度是在女性生育期间对生育责任承担者给予收入补偿、医疗服务和生育休假的社会保险制度。其特点是保障范围小，实行"产前产后都享受"原则，提供的医疗服务以保健、咨询和检查为主，与医疗保险密切相关。其作用是保证母婴健康和劳动力再生产、保障女性公平就业权、有利于国家人口政策的顺利贯彻实施。我国生育保险基金已经与基本医疗保险基金合并建账及核算、基金预算合并编制，以适应我国新的人口政策，向全民生育保障方向发展。

课后练习与思考

1. 社会医疗保险有哪些性质和特征？
2. 医疗保险有多少种模式，各个模式的特点是什么？
3. 医疗保险付费方式有多少种？各有什么优点和缺陷？
4. 简述商业医疗保险模式及其特点。
5. 我国城镇职工基本医疗保险和城镇居民基本医疗保险的制度设计有何异同点？

6. 与传统合作医疗相比,新农合制度的特点是什么?
7. 简要概括生育保险的特点及其作用。
8. 从我国计划经济时期到经济体制改革时期基本医疗保险制度的建立与发展历程中,我国基本医疗保险制度的特征和根本性变化有哪些?

:动手练:

在前七章"动手练"基础上,通过访问我国人社部、医疗保障局网站,对社会保险中我国近十年两类基本医疗保险涉及的参保人数(含农民工)、基金的收入、支出和结存数据进行收集整理,并与 World Social Protection Report(2017-19)(ILO,2017)中第5部分(实现全民健康覆盖)进行对比,旨在加深对世界各国(特别是我国)社会医疗保险发展现况与趋势的了解。

第九章
CHAPTER 9

失业保险制度

§ 知识结构与学习目标

章节知识结构		学习目标
失业保险制度概述	失业保险及制度 失业保险制度的建立与发展 失业保险制度的基本特征 失业保险制度的基本框架	○ 了解世界各国失业保险制度的基本类型及其模式 ○ 理解失业保险制度的建立与发展 ○ 理解并掌握失业保险制度特点 ○ 掌握失业保险制度的功能作用等 ○ 了解我国失业保险的建立与发展并掌握其待遇 ○ 理解并掌握发达国家的失业保险制度
主要发达国家的失业保险制度简介	日本的失业保险制度 德国的失业保险制度 美国的失业保险制度	
我国的失业保险制度	我国失业保险的建立与发展 我国失业保险的待遇	

§ 导入案例

失业保险如何更保险
——来自广西一线的改革与探索

广西南宁市民陆女士 2017 年失业了。她从 2004 年起一直缴纳失业保险，失业后每个月会领到 1 344 元失业保险金。

防失业、保生活、促就业，失业保险对于每一位劳动者来说都非常重要。《失业保险条例》自 1999 年施行以来，在维护就业稳定、服务经济社会方面，发挥了巨大的作用。据统计，2017 年年底全国失业保险参保人数达到 18 784 万人，458 万名失业人员领到了不同期限的失业保险金。随着经济社会的发展和有关法律政策的调整，《失业保险条例》在实施中也出现了一些亟待解决的问题。2018 年，人社部将推动修订、出台和落实《失业保险条例》。

此前《失业保险条例（修订草案征求意见稿）》（以下简称征求意见稿）曾向社会公开征求意见，扩大覆盖范围、降低缴费费率、增加基金支出项目、提高失业保障水平，回应了不少人们最关心、最直接的现实问题。百姓有哪些新期望？失业保险将有哪些新亮点？《人民日报》记者在广西就相关问题进行了走访。

陆女士为了不中断养老保险，听取社保局工作人员的建议，以个人名义继续缴纳养老保险。尽管选择了最低档位，她每月仍需缴纳约 560 元，这笔金额对于失业人员来说还是比较大的。而在医疗保险方面，按现行条例规定，失业人员在领取失业保险金期间患病就医的，可以按照规定申请领取医疗补助金。

针对保障水平怎么提升的问题，"失业人员应当缴纳的基本养老保险费和基本医疗保险费从失业保险基金中支付，个人不缴纳基本养老保险费和基本医疗保险费"是征求意见稿的一大亮点，如能落地实施，将保障失业人员领取失业保险金期间不中断养老保险关系，更好地实现老有所养。考虑到《社会保险法》已明确规定，失业人员在领取失业保险金期间，参加职工基本医疗保险，其应当缴纳的基本医疗费从失业保险基金中支付，个人不缴费，征求意见稿的相应条款也做了修订。

对于之前失业的人，有没有可能享受到修改后的政策，重新续上养老保险？广西人社厅失业保险处的领导介绍："政策正式实施之日起，领取失业保险金的失业人员，只要符合条件，都可以享受到新的政策福利。"广西社保局待遇核定处工作人员介绍，目前广西的失业保险基金帮助每名失业人员缴纳每月 472.38 元的医疗保险以及每年 90 元的大病医疗统筹。

案例思考

《失业保险条例》征求意见稿针对提高失业人员社会保障水平的举措有哪些？

资料来源：人民日报. 2018-6-5（2）（编者摘录其中部分内容）。

第一节　失业保险制度概述

一、失业保险及制度

失业保险是指依法参加社会保险的劳动者，因失业导致经济收入受到影响时，按规定在法定时间内补贴其因失业而损失的部分经济收入，从而保障其基本生活的社会保险项目。失业保险制度是指依法筹集失业社会保险基金，对因失业而暂时中断劳动、失去劳动报酬的劳动者给予帮助的社会保险制度。其目的是通过建立社会保险基金的办法，使员工在失业期间获得必要的经济帮助，保证其基本生活，并通过专业训练、职业介绍等手段，为他们重新实现就业创造条件。

失业保险是社会保障体系的重要组成部分，是社会保险的重要项目之一。失业保险具有保障基本生活和促进再就业的双重职能。纵观失业保险制度发展过程，其功能逐步由单纯保生活向促就业、防失业、保生活并重转变。失业保险主要有两大基本功能：一是为失业者提供基本的生活保障；二是促进失业者再就业。失业保险的主要作用体现在以下三个方面：第一，保障失业者在失业期间的基本生活需求，从而维护社会的稳定。第二，通过对劳动力的保护和改善，促进社会再生产的进行。第三，与其他经济社会政策相配套，促进经济体制的改革。

在中国，失业保险累计缴费时间满 1 年不满 5 年的，最长可领取 12 个月的失业保险金；累计缴费时间满 5 年不满 10 年的，领取失业保险金的期限为 18 个月；累计缴费时间满 10 年以上的，领取失业保险金的期限为 24 个月。失业保险制度是国家通过立法强制实施，由社会集中建立失业保险基金，对非因本人意愿中断就业失去工资收入的劳动者提供一定时期的物质帮助及再就业服务的一项社会保险制度。

（一）失业保险制度类型

世界各国的失业保险大致分为三种不同的制度类型。

1. 国家立法强制实施的失业保险制度

这是目前采用国家最多的失业保障形式。强制失业保险由政府直接管理或委托一个机构负责管理，凡属失业保险法覆盖范围的用工单位及劳动者都必须依法参加，雇主和个人没有选择的自由。

2. 非强制性失业保险制度

这种类型的失业保险允许劳动者自愿选择是否参加保险。失业保险由工会组织建立，政府提供资金支持，失业保险的管理一般由失业基金会负责。

3. 失业救济制度

这一类型的具体方式有多种：第一，由政府或雇主支付一次性失业救济金或一次性解雇费。第二，对不具备享受失业保险条件的失业者提供标准较低的失业救济。第三，不具备领取失业保险金（失业津贴）条件的失业者可以申请失业救济，但是须接受家庭经济状况调查，符合救济条件者才可以领取。

（二）失业保险制度的基本模式

失业保险制度以上述三种类型为基础，在实施中又组合出三种不同的模式。

1. 非强制性失业保险制度和失业救济制度并行

例如在瑞典，失业保险有两条主要途径：第一，工人可以自愿加入由工会建立的失业保险社，一旦失业并且符合规定条件即可获得失业保险金。第二，未参加失业保险社或参加时间不足一年的失业者，由政府提供数额和期限均低于前者的失业救济，瑞典称之为"劳动市场救济"。

2. 强制性失业保险制度和失业救济制度并行

例如在德国，超过失业保险金的给付期限仍没有找到工作和没有领取失业保险金资格的失业人员，可以领取失业救济金。失业救济所需资金由联邦政府负责筹集，主要来自联邦政府的税收收入。

3. 强制性失业保险制度和非强制性失业保险制度相结合

例如在日本，政府规定强制性失业保险制度覆盖除了农业、林业、水产业之外的一切行业和所有规模的企事业单位，只有农业、林业、水产业暂时可以自愿参加。

二、失业保险制度的建立与发展

失业保险起源于欧洲。19世纪中叶，欧洲各国工人在工会的领导下成立了互助会，自己团结起来开展救济失业、保障就业的活动。与此同时，各国政府开始关注失业问题。1901年比利时出现了政府资助的失业保险，即地方财政提供资助、工会互助会负责管理资金、自愿参加的失业保险形式。1905年，法国建立了失业保险制度。随后，挪威和丹麦两国也分别在 1906 年和 1907 年相继立法建立了非强制性失业保险制度。

1911 年英国颁布《国民保险法》，率先建立起强制性失业保险制度。继英国之后，意大利、奥地利、瑞士、保加利亚、德国、西班牙等纷纷效仿，陆续建立了强制性失业保险制度。由于失业保险在 20 世纪 30 年代的经济大萧条造成的大规模失业中发挥了保障生活、稳定社会的功能，获得了民众的广泛认可和肯定，经济大萧条过后，失业保险制度在欧洲、北美洲、大洋洲的工业化国家普遍建立起来。大多数发达国家的失业保险制度建立在第二次世界大战之前，发展中国家的失业保险制度则建立在 20 世纪五六十年代，甚至更晚。据统计，1940 年，世界上有 21 个国家或地区建立了失业保险制度，到 1995 年增加到 61 个国家或地区。

20 世纪 70 年代末以来，面临"滞涨"和居高不下的失业率，发达国家开始对失业保险制度进行改革，陆续修订失业保险法规，赋予其促进就业的功能。进入 20 世纪 90 年代，失业保险制度改革的定位更加清晰明朗，即建设"就业导向型"失业保险制度。

到 21 世纪初，有 76 个国家建立了失业保障制度，其中，欧洲国家 43 个、美洲国家 11 个、亚洲和太平洋地区的国家 18 个、非洲国家 4 个。

在失业保险制度建设过程中，国际劳工组织发挥了重要的作用。国际劳工组织制定的有关失业保险的公约和建议书主要有：1919 年在华盛顿举行的第一次国际劳工大会上通过的《失业公约》、1934 年的《失业津贴公约》和《失业补贴建议书》、1952 年的《社会保障最低公约》、1988 年的《促进就业和失业保护公约》和《促进就业和失业保护建议书》、1988 年的《促进就业和失业保护公约》。与此前失业保险方面的国际公约有很大不同，之前侧重强调为失业者提供生活保障，1988 年的公约则要求采取适当的步骤使失业保护制度同就业政策相协调，确保失业保护制度，尤其要使失业津贴的提供有利于促进充分的、生产性的和自由选择的就业。2001 年在国际劳工组织召开的全球就业论坛上通过的《全球就业议程》提出："就业问题涉及方方面面，各国要制定综合性的社会经济政策。"

联合国制定的许多国家公约中也涉及失业保险的内容，如第三届联合国大会通过的《世界人权宣言》第 23 条第 1 款规定：人人有权工作、自由选择职业、享受公正和合适的工作条件并享受免于失业的保障。

三、失业保险制度的基本特征

（一）普遍性

失业保险制度主要是为了保障有工资收入的劳动者失业后的基本生活而建立的，其覆盖范围包括劳动力队伍中的大部分成员。以我国为例，我国《失业保险条例》的适用范围不断扩大，从国营企业的四种人到国有企业的七类九种人和企、事业单位职工，参保单位不分部门和行业，不分所有制性质，其职工应不分用工形式，不分家居城镇、农村，解除或终止劳动关系后，只要本人符合条件，都有享受失业保险待遇的权利。

（二）强制性

失业保险是通过国家制定法律、法规来强制实施的。法律规定范围内的任何用人单位和社会成员，都必须参加失业保险。失业保险的强制性，主要体现在失业基金的征集方式上。世界各国对失业保险基金的征集都是通过法律或法令、法规实施的。根据有关规定，不履行缴费义务的单位和个人都应当承担相应的法律责任。

（三）互济性

失业保险制度的基本出发点是通过社会统筹失业保险基金来分散风险。基金主要来源于社会筹集，由单位、个人和国家三方共同负担，缴费比例、缴费方式相对稳定，筹集的失业保险费，不分来源渠道，不分缴费单位的性质，全部并入失业保险基金，在统筹地区内统一调度使用以发挥互济功能。

四、失业保险制度的基本框架

（一）失业保险的覆盖范围

一般来说，失业保险的覆盖范围取决于社会经济发展程度和失业保险的管理手段。从世界各国看，失业保险最初仅覆盖职业比较稳定的工薪阶层，把职业不稳定的季节工、临时工、家庭雇工、农业工人以及职业相当稳定的公务员和自我雇用的个体劳动者排除在外。随着社会经济的发展以及国际社会对失业理解的变化，其覆盖范围在逐步发展扩大。

目前，很多国家的失业保险覆盖范围逐步扩展到几乎所有劳动者。例如在荷兰、瑞士，失业保险是覆盖所有雇员的。但是，也有相当数量的国家没有把单位时间的工资收入或工作时间达不到规定标准的劳动者纳入失业保险的覆盖范围。例如，美国规定，员工4人以下的小企业雇员和每年工作少于20周的非营利机构的雇员，不在失业保障范围内。对失业保险覆盖范围的另一种规定方法是，制度覆盖下的劳动者分为强制参加和自愿参加两类。例如，日本规定失业保险覆盖一切行业和所有规范的企事业单位，但农、林、水产业暂时可以自愿加入。近年来，除了失业者外，就业不充分者也受到关注。一些国家把工作负荷和收入达不到一定标准的人员纳入失业保险保障范围，给予不同程度的帮助，如德国规定，每周工作不到18个小时的就可以按失业的有关规定享受保险。

在中国，最初的失业保险只适用于国有企业职工，而忽略了对非国有企业职工的保障。随着经济发展水平和保障能力的提高，中国在1999年《失业保险条例》中将适用范围界定为城镇企业事业单位及其职工，使得更多的劳动者能够参加失业保险，保障自己的权利。

（二）享受失业保险的资格条件

1. 必须是非自愿失业者

必须是非本人原因引起的失业，才有申请失业保险的资格，凡自动离职而无充分理由者或因本人过失而被革职者，都不属于非自愿失业。关于非自愿失业的类型，一般可以划分为以下5种，即摩擦性失业、季节性失业、技术失业、结构性失业及周期性失业。为了防止冒领失业津贴和有意制造非自愿失业的行为，一些国家在正式给付失业保险金之前都规定一定时间的等待期，给社会保险管理机构以调查情况、确认失业的时间，如美国。另外，有些国家还规定了"失业保险的封锁期"，即由于失业人员自身的过失造成失业的，在一段时间内，不能享受失业保险待遇，如德国。

2. 处在法定劳动年龄并具备工作能力

各国对劳动年龄的规定并不一致。未达到法定劳动年龄者，即使有过非法就业的经历，也无权享受失业保险待遇。超过法定就业年龄的劳动者，原则上也不再享有获得失业保险的权利，应该按照规定享受养老金或者其他形式的救济。而是否具备劳动能力则一般由职业介绍机构或失业保险经办机构根据申请人的体检报告来确定。

3. 有就业愿望

失业者到规定的失业管理部门登记失业并接受合适的就业安置和职业培训，被视为有就业愿望。但是合适的就业是一个很难界定的概念，操作起来难度很大，因此，关键是把握合适就业的度。国外的经验是，从失业者接受的教育培训、身体条件和工作经历三个方面来确定所介绍的工作是否合适，如果所安置的岗位与被安置者在这三方面都没有明显差距，就应视为合适就业。

4. 已履行被保险人的义务

依照法规或章程，已履行被保险人的义务包括投保或缴纳保险费时间达到规定最低期限，失业前有过就业经历并且就业时间达到规定下限。有些国家要求同时满足两个条件，有些则要求达到其中一个条件即可。

（三）失业保险的给付待遇及给付期限

1. 失业保险的给付待遇

狭义的失业保险待遇是指参加失业保险的劳动者因失业而暂时中断生活来源时，由失业保险基金提供的以现金为基本形式的帮助。广义的失业保险待遇还包括保险机构提供的职业介绍、职业培训等服务。失业保险待遇是失业保险制度的基本内容之一。

失业保险待遇主要看失业保险金的给付水平。各国失业保险的待遇给付一般遵循如下三个原则：一，失业保险金的给付水平能实现满足失业人员基本生活需要的要求。二，失业保险金的给付水平应保持在一个合理的范围之内，避免因为领取失业保险金过多而抑制了失业者的就业愿望。三，权利与义务相结合的原则。

确定失业保险金给付金额的方法主要有：工资比例法，即与失业者失业前的工资水平相联系；均等法，对所有符合条件的失业者支付同等水平的失业保险金；混合法，是工资比例法与均等法的结合。

2. 失业保险的给付期限

失业保险金的给付期限，主要包括等待期和给付期。失业的暂时性和阶段性，决定了失业保险不可能像养老、工伤保险那样进行无期限或长期限的支付，而是根据失业者的平均失业时间确定一个给付期限。失业保险金的给付期限包括等待期和最长给付期。

给付等待期是指失业者失业后必须等待一个时期，才能领取到失业保险金。等待期的长短取决于各国所实行的就业政策以及失业保险基金的规模和财政状况。不同国家规定的失业保险给付等待期长短不一，加拿大14天、澳大利亚7天、芬兰5天、英国3天等。而发展中国家由于刚刚建立失业保险，基本积累不足，往往规定较长的等待期，如阿根廷规定领取失业保险金的等待期长达120天。

最长给付期，有两种确定方法：一，将最长给付期与参加失业保险时间的长短对应起来，如西班牙规定，参加失业保险6～12个月，失业保险金的最长给付期为3个月；参保期为12～18个月，保险金最长给付期为6个月等。二，将最长给付期与失业的时间长短联系起来，如德国在20世纪70年代规定，失业期长达12个月的失业者，有权领取4个月的失业保险金；失业期为18、24、30和36个月的分别可以领取6、8、10和12个月的失业保险金。而我国是按照第一种方式来确定失业保险金的最长给付期的，现行制度的具体规定为：失业人员失业前所在单位和本人按照规定累计缴费时间满 1 年不足 5 年的，领取失业保险金的期限最长为 12 个月；累计缴费时间满 5 年不足 10 年的，领取失业保险金的期限最长为 18 个月；累计缴费时间 10 年以上的，领取失业保险金的期限最长为 24 个月。重新就业后，再次失业的，缴费时间重新计算。再次失业领取失业保险金的期限可以与前次失业应领取而尚未领取的失业保险金的期限合并计算，但是最长不得超过 24 个月。

(四) 失业保险基金的筹集

失业保险基金是在国家法律或政府行政强制的保证下，用于化解失业风险的资金。失业保险基金来源主要有三条渠道：雇主、雇员缴纳的失业保险费和政府的财政补贴。此外，失业保险基金的利息和依法纳入失业保险基金的其他资金是补充来源。现行筹集失业保险基金的方式，有雇主、雇员和政府三方共同承担的，也有其中一方或两方负担的，究竟采取何种方式以及负担的比例，取决于以下因素：政府、企业、劳动者个人对失业责任的认知；国家、企业以及劳动者个人的经济承受力；失业政策的指导思想和定位。

第二节 主要发达国家的失业保险制度简介

自第二次世界大战以来，失业在各个国家变成一个普遍的现象，因此不少经济学家和政治家对这个问题进行研究，并提出了相应的对策建议，各国也开始出台各种政策来缓解失业的压力。其中，失业保险制度就是各国政府就业政策的一个重要方面。本节以日本、德国、美国这三个比较有特色的发达国家为例，简要介绍发达国家的失业保险制度。

一、日本的失业保险制度

日本的社会保障体系比较完善，其中失业保险制度比较有特色，实行的是强制性社会保险和自愿性保险相结合的保险制度。其由失业保障和失业预防双层系统构成，突出了预防、保障、能力开发三大特点，发挥了强化就业、稳定生活、实现再就业三大功能。在日本民间失业共济活动推动、国际失业保险建立以及国内严峻的失业压力的共同影响下，日本在第二次世界大战后正式建立失业保险。

日本失业保险制度源于 20 世纪 20 年代在大阪、东京等地出现的民间性失业共济会，其标志是 1947 年 12 月由日本国会通过并颁布的《失业保险法》。建立初期称作失业保险，后因考虑到该名称在用词上有刺激失业者的可能，因此，1974 年 12 月国会又通过《雇佣保险法》，将其更名为雇佣保险，并一直沿用至今。日本雇佣保险制度由失业保障和失业预防两大系统构成，失业保障是从善后的角度对失业劳动者进行补助，包括登记失业、统计失业、调查失业、给付失业四大环节。其目的在于对劳动者遭遇失业风险后损失的工资收入给予一定程度的补偿，确保其基本的生活水平。失业预防包括安定雇佣和能力开发两项事业，是从雇主和雇员两方面来开发就业机会，增强雇主吸纳能力的同时，提高雇员职业技能，防止失业和重新就业后的再失业这一点也正是日本失业保险制度区别于其他国家的独到之处及成功秘诀㊀。

㊀ 李文琦. 日本失业保险制度的运行及对中国的借鉴 [J]. 陕西行政学院学报，2010（1）：32-34.

（一）失业保障系统

失业者给付是日本失业保障系统中的最主要内容，是制度运行中的第一大支柱。失业者给付包括一般失业给付、高龄失业者给付、短期就业失业者给付和日工失业者给付。失业保障系统中的失业给付虽说以失业期间的生活保障为主要目的，但也包含为重新就业做准备的部分内容。

1. 待遇给付来源

日本失业保险基金在使用上被分成两大系统，因而失业保险资金也分为两部分筹集，资金专款专用，不可相互调剂。用于失业补偿的资金由雇主、雇员和政府三方负担。日本并不实行全社会统一的失业保险费率，而是根据各行业的失业风险程度实行差别费率。一般行业的失业保险费是按工资总额的 1.15% 缴纳，用于失业补助。其中，雇主承担 0.75%，雇员承担 0.4%。而其他行业的失业保险费率各有不同，雇员用于个人缴纳的部分由雇主在每月发工资时代扣代缴。

2. 待遇给付条件与标准

（1）给付条件。最近 1 年内（疾病、伤害、生育等延长 2 年）投保半年，短期工需在失业前两年至少投保 1 年，日工需在失业前 2 个月内至少投保 28 天；在公共职业安定所进行失业登记；有能力并愿意工作；每月汇报一次寻找就业情况。自动离职或犯有严重错误的失业者以及拒绝接收工作或培训者，取消 1~3 个月保险金申领资格。

（2）给付程序。求职者取得由原就职企业、企业管制安定所和居住地职业安定所开具并认定的离职证明书和失业保险给付资格证后便可获得由地方公共职业安定所负责办理的保险待遇。

（3）给付天数与标准。一般求职者（有生理障碍和非因破产和解雇而离职的自愿失业者），依据投保期限最长为 180 天，而因破产或解雇离职的人员则依据投保期限和年龄，最长为 330 天，其中对 45~60 岁的离职者给付最长。失业给付标准约为被保险者离职前 6 个月平均工资的 60%~80%。

（二）失业预防系统

失业预防系统包括安定雇佣事业和能力开发事业。由于政府实施的各项预防措施的主要受益人为雇主，因而资金来自雇主单方面缴纳。按照规定，建筑业雇主缴纳 4%，其他行业雇主为 3%。

1. 安定雇佣事业

实施安定雇佣事业是为了预防失业、调整失业状态、扩大就业机会及加强雇佣的安定性。雇佣安定主要是通过向雇主提供雇佣资助进行的，主要包括：①对不景气或因产业结构变化而不得不缩小生产规模的企业给予补助，使其有能力对暂时闲置的劳动力进行职业培训、转业培训或发放工资。②用于安定高龄者雇佣的补助金。对雇佣应退休职工、残疾人、大龄青年的雇主给予补助。这样既能够发挥老年人的余热，减轻养老金压力，又能够防止社会边缘群体的形成，推动经济发展。③用于加强地方雇佣安定性的补助金。对身处就业条件差的地区的雇主给予补助，鼓励其开创新事业，为当地居民提供更多的就业机会，缩减地区差异。

2. 能力开发事业

能力开发事业是日本失业保险制度的第三大支柱，指为了保证工人在工作期间能够按照个人能力的适应性和希望,通过参加各种教育训练来挖掘自身潜力,政府制定的所有完善职业训练设施的政策总称。其内容包括:①设置、管理各种能力训练设施,供劳动者使用,开发他们的能力。②建立公共职业培训机构,加强失业人员的劳动技能培训。③资助经常举办现场讲座与技术训练的雇主,以及积极参加听讲和实训并取得相关资格的雇员。

二、德国的失业保险制度

在欧洲,最先实现比较全面的现代社会保险式保障体系的是俾斯麦执政时期的德国。失业保险作为社会保险体系的一个重要内容,在德国已经有相当长的存在历史了。1927年德国颁布了《失业保险法》后,失业保险制度开始建立。1969年,德国颁布《劳动促进法》和《职业培训法》,为失业保险增添了一项重要内容,通过一系列预防性措施试图避免失业的出现,降低失业率,被称为职业促进。这是一项新的社会政策,其根本目标是改善就业结构,减少产业结构变化带来就业方面的消极后果,使人们的职业与自己的专长相一致。这些以预防为主的措施取得了较好的社会效果,与此同时,传统的失业保险制度仍发挥着重要的作用。1974年的《失业救济条例》则使失业保障更加完善。1994年8月实施的《就业促进法》允许建立私营的职业介绍所来降低失业率。2002年,德国又一次修改了其失业保险制度并沿用至今。

在德国,失业保险属于国家性的强制保险。其保障的对象是所有雇员,包括家政人员、学徒工和接受培训的人员,在某种情况下,也包括其他群体(如参加职业培训计划的人),其范围相当广。但养老金领取者、自由职业者以及不能被解雇的公务员等,不在强制参加失业保险之列。

德国失业保险基金来源主要有四个方面:雇员缴纳的保险金;雇主缴纳的保险金;联邦财政补贴;其他方面筹集的资金。享受失业保险补偿的条件:①必须是失业人员且参加了义务失业保险。②已经失业且正在等待职业介绍。③取得保险资格。取得保险资格是指失业者在失业前三年缴纳了一年以上的保险金,即至少从事过360天义务缴纳社会保险费的工作。④已经在劳动局申报过失业。⑤正式提出申请保险金[一]。只要符合《就业促进法》规定的享受失业保险待遇的条件就可以领取失业保险金。失业保险金从失业者正式向劳动局申报失业之日开始支付,领取时间的长短根据失业者失业前的工作和失业者的年龄确定。

德国失业保险金的待遇给付:

(1)给付条件。按照德国《就业促进法》的规定,享受失业保险待遇的最基本条件有五条:第一,参加了强制性失业保险。第二,已经失业、正在等待职业介绍。第三,取得保险资格,失业者必须在失业前三年缴纳了一年以上的失业保险金。第四,已经在劳动局申报过失业,并正式提出申请失业保险费。第五,必须接受职业介绍。

(2)享受失业保险待遇的期限和标准。失业保险金从正式申报失业之日起开始支付,领取时限根据申请人保险费积累和自身年龄进行确定的(见表9-1),领取标准的确定主要考虑两个因素,一个是纯工资,另一个是有无孩子。

(3)额外收入的扣除。失业者在失业期间从事非全日制工作,仍可领取失业保险金,但工作时间不能超过每周18小时。总原则是失业保险金加上额外收入不得超过原工资的80%。

[一] 王冶英. 德国失业保险制度对我国的启示 [J]. 山西财经大学学报, 2011 (S1): 52-53.

表 9-1　德国失业保险金的领取期限对照表

保险费累积的最短时间（月）	失业者的年龄（岁）	失业保险金领取的最长时限（月）
12	—	6
16	—	8
20	—	10
24	—	12
30	50	15
36	55	18
48	58	24

资料来源：Federal Ministry of Labour and Social Affairs. SOCIAL SECURITY AT A GLANCE 2018-Employment promotion. 2018：38.

（4）享受失业保险待遇资格的取消。在以下四种情况下无法享受保险金：①享受工资或有权依法要求工资期间。②享受休假补助期间。③享受其他保险待遇期间，例如职业培训补助金、残疾人职业培训救济金、生育保险金、提前退休金等。④失业保险的封锁期。它是指在一定的时期内，由于失业者本身的过失，劳动局拒绝发给其应享受的失业保险待遇。

（5）享受失业保险和失业救济待遇期间的医疗、护理、事故和养老保险问题。如果失业者在失业期间受了伤，并到指定的医院检查治疗，其费用由劳动局负担。如果失业前失业者缴纳了养老费用，则失业期间劳动局依然要帮其缴纳养老费用。

德国失业保险法律制度的特点：①强调个人责任。实现责任与权利的对等，即失业者领取的失业保险金多少和期限长短与其缴纳失业保险费投保时间长短、工作时间长短、失业前工资水平等因素直接挂钩。②复合式失业保险制度。失业保险制度是失业保险与失业救济相结合的复合式失业保险制度，在德国，由于享受失业保险有较严格的资格条件审定和期限限制，使有些失业者根本无权享受失业保险或到期丧失失业保险。为了确保这部分人的基本生活需要，德国的失业保险制度中还辅之以在一定时期内可领取一定数额失业救济的规定，弥补失业保险之不足。这样实现了对失业者保护的广泛性和可连续性。③失业保险制度侧重于促进就业功能。失业保险制度中不仅有职业培训、职业咨询、职业介绍等服务的积极促进就业措施，而且在失业保险享受资格条件、领取标准和期限等都有对失业者积极寻找再就业的压力机制。

三、美国的失业保险制度

美国失业保险建立于 1935 年，其主要目的是为由于经济原因而非个人过失导致失业的个人提供必要的生活保障。与欧洲各国比较，其建立的时间比较短。美国的失业保险制度是从各个州逐渐推向全国的。失业保险的全国性计划是在 1935 年建立起来的。直到 1937 年，所有的州才都通过了失业补偿法。美国的社会保险制度不同于其他国家的社会保险制度，其是由州政府和联邦政府相互分工、协作的一种制度。联邦政府主要负责对州政府的管理进行监督，州政府则颁布各州的社会保险法，根据各州的经济发展水平、人口比例和就业状况确定各州保险税的税基、税率，领取保险金的资格、期限和金额等具体事项。

美国失业保险的覆盖范围和资金筹集：失业保险实施初期，享受失业保险的人员仅限于私营工商企业部门的雇员，1970年扩大到非营利部门的雇员，1976年扩大到农业工人、州和地方政府的雇员，1978年几乎扩大到所有工薪工作者。现在，美国失业保险的覆盖面占全美劳动力的90%。到1985年，联邦—州政府的失业保险计划已经覆盖了97%的工薪阶层。失业保险金的主要来源是雇主缴纳的失业保险税，只有少数几个州向职工征收失业保险税。按规定，失业保险税分为联邦税和地方税，联邦失业保险税为工资总额的1%，州失业保险税则视各州的具体情况而定，平均为工资总额的5%左右；雇主解雇多少工人，就要交多少税，纳税多少根据解雇者的技能浮动计算；失业保险金的发放范围不是无限制的，以前没有参加工作的失业者、被开除或自动离职的失业者、已经用尽失业保险金的失业者以及因劳动纠纷而失业者等都不能领取失业保险金。

美国失业保险的待遇给付：发放失业救济的金额在各州各不相同，失业津贴标准根据失业者失业以前的工资确定，有最高限额和最低限额，多数州的最高限额定为失业者以前平均工资的50%到66.6%，具体来说，每周救济金的最低起点为5美元至68美元（半数州为30美元以上），最高为96美元至423美元（半数州为170美元以上）。

美国失业保险金的领取条件：①失业者能够且愿意重新就业。②对失业者的就业和工资收入有要求，例如在领取保险金的前一年工作中至少工作半年，并且工资收入总额不低于每周失业保险金额的30倍或季度最高工资收入的1.5倍。③失业者在领取津贴前有一个等待期。

美国失业保险的领取期限：①基本领取期限，大部分州规定，每个合格的失业者都可以享受26州津贴，其余各州也都有最长领取期限规定。②附加领取期限，各州规定，在高失业率的情况下，超过基本领取期限的失业者还可以享受延长长期津贴，各州延长的期限不同。

美国的失业保险制度具有如下特点：①失业保险带有强制性。美国采取的是完全强制性的失业保险，即凡属于国家失业保险法所规定类别的雇员必须无条件地参加国家举办的失业保险。②多种渠道筹集失业保险资金。虽然企业是失业保险资金的主要负担者，失业保险金一般是通过州政府向企业收取，由企业按雇佣人数交纳的工资税构成，只有少数几个州向职工征收失业保险税。③失业保险基金通过国家设置的专门社会保险机构进行管理。失业保险由联邦劳工部全面监督，所属的人力管理总署下设失业保险局管理全国业务，州设职业保障部，管理失业保险金，具体业务通过地方职业介绍所管理。④增加和强化了失业预防、职业促进与开发的功能，将失业保险作为劳动就业制度、劳动市场体系的重要组成部分，侧重于通过有效的经济手段从扩大劳动力需求和改善劳动力供给两方面来改善劳动就业状况，达到促进就业的根本目的。

美国的实践经验表明，失业补贴对于解决摩擦性、季节性失业人员的生活困难是有效的，但对于解决结构性失业则显得力不从心，因而在失业保险制度中必须纳入积极主动的就业促进措施，才能切实发挥失业保险制度应有的作用。

第三节 我国的失业保险制度

一、我国失业保险的建立与发展

中华人民共和国成立之初，留下了400多万失业人员，问题严峻。为此，中央人民政府政务院发布了《救济失业工人暂行办法》，对失业人员进行了妥善安置。

进入计划经济时期，我国实行统包统配的劳动就业制度，劳动者免去了失业之忧，失业救济制度逐渐淡出。统包统配的劳动就业制度是一种特殊的就业保障方式，在中华人民共和国成立初期的经济环境下，对于社会秩序的稳定、经济的迅速恢复与发展起过积极作用，但是，随着社会经济的发展，其不适用的一面逐渐显露出来，并且负面效应日益显现。

20世纪70年代末，大批下乡知识青年返城，积蓄了多年的失业问题顷刻暴露出来，统包统配安置就业的政策受到挑战，传统的就业保障已经无法回避并且无力解决国内的失业问题。另外，随着城市经济体制改革的推进，企业迫切要求改革统包统配的固定用工制。这些促成了我国就业保障制度的改革、突破。

（一）出台新的就业方针

党的十一届三中全会后，我国推出了"在国家统筹规划和指导下，劳动部门介绍就业、自愿组织起来就业和自谋职业相结合"的就业方针。其积极效果表现在三个方面：就业主体由单一化向多元化转变；就业渠道拓宽，形成了多种所有制吸纳新增劳动力资源的格局；奠定了城市劳务市场的基础，竞争机制被引入就业领域。

（二）建立失业保险制度

1986年7月，国务院颁布了《国营企业实行劳动合同制暂行规定》和《国营企业职工待业保险暂行规定》，初步建立起我国的失业保险制度。1993年，国务院又颁布了《国有企业职工待业保险规定》，该规定有四个方面的调整：扩大了失业保险的覆盖范围，由四种人员扩大至七种人员；改变了失业救济金的计算办法，由按本人标准工资的一定比例给付改为按社会救济金的120%～150%计发；增加了救济的内容；增加了失业保险与在就业服务结合的内容。

1999年，《失业保险条例》颁布实施。与《国有企业职工待业保险规定》比较，《失业保险条例》有以下几方面的突破和变化：改"待业保险"为"失业保险"，与国际接轨；失业保险覆盖范围扩大到城镇企业事业单位的职工；失业保险基金由国家、企业事业单位、职工个人三方共同负担；失业保险的对象由原来的七种人员扩大到凡非自愿失业、办理了失业登记并有求职要求、按规定履行缴费义务的失业人员都可以申请享受失业保险待遇；调整了失业保险金的给付期限和计发办法；对违反《失业保险条例》规定的一系列行为，制定了惩罚条款；失业保险基金开支中增加了职业培训补贴和职业介绍补贴项目，发挥了促进就业的整体功能。

（三）构建新时期就业保障制度

深化国有企业改革面临着一个绕不开的难题，即分流安置企业内部富余人员和解决破产企业失业人员的再就业问题。针对企业下岗和失业人员大量增加的状况，政府从1995年推出了再就业工程，即充分发挥政府、企业、劳动者和社会各方面的积极性，综合运用政策扶持和就业服务手段，实行企业安置、个人自谋职业和社会帮扶安置就业相结合，重点帮助失业6个月以上的职工和生活困难的企业富余人员尽快实现再就业等。1998年6月22日，中共中央、国务院发出《关于切实做好国有企业下岗职工基本生活保障和再就业工作的通知》，进一步推动了我国的就业保障制度建设。同时，开始了我国失业预防制度的建设，建立失业预警体系、适度约束失业率、建立职业培训制度等工作都有序进行。通过这些措施逐步建立起了就业扶助制度。

建设失业保险制度的同时，我国全面展开了就业服务工作，包括职业介绍、提供就业信息、就业咨询指导、定期和不定期的人才市场等，为就业求职和人才交流牵线搭桥。

（四）推出积极就业政策，完善新时期就业保障制度

2002年，中共中央、国务院下发了《关于进一步做好下岗失业人员再就业工作的通知》，再次推出一系列强化失业预防和就业扶助、促进再就业的政策和配套措施，初步形成了有中国特色的、积极的就业政策框架。2006年，国务院下发了《关于进一步加强就业再就业工作的通知》，对原有的政策进一步延续、扩展、调整和充实，进一步充实完善了我国积极的就业政策。2018年1月1日，《中华人民共和国就业促进法》正式实施，其内容涉及促进就业的原则、方针和工作等方面，是我国就业保障制度建设的又一重大进步。

在制定使用失业保险基金支持产业结构调整、经济转型升级及企业稳定职工队伍的政策措施方面，2014年11月，按照党的十八届三中全会关于增强失业保险制度预防失业促进就业功能的精神，人力资源社会保障部会同有关部门印发了《关于失业保险支持企业稳定岗位有关问题的通知》（人社部发〔2014〕76号），对在兼并重组、化解产能过剩、淘汰落后产能中采取措施稳定职工队伍的企业，由失业保险基金给予稳岗补贴。2015年4月，国务院印发《国务院关于进一步做好新形势下就业创业工作的意见》（国发〔2015〕23号），将失业保险支持企业稳岗补贴政策实施范围扩大到所有符合条件的企业。在经济下行压力增大、企业面临转型升级，职工失业风险加大的情况下，发挥了失业保险预防失业、稳定就业岗位的政策导向作用。2015—2016年，全国向近54万户企业发放稳岗补贴364亿元，惠及职工6 561万人。这项政策使企业切实感受到政府的关心和支持，提高了企业履行稳定就业岗位社会责任的积极性，有力地促进了职工岗位稳定和社会稳定。

在降低企业成本、促进实体经济发展方面，我国《2015年政府工作报告》就明确提出"降低失业保险、工伤保险费率"的任务，国务院近5年来在降低失业保险费率方面的系列举措有：① 2015年2月，经国务院同意，人力资源社会保障部、财政部印发《关于调整失业保险费率有关问题的通知》（人社部发〔2015〕24号），明确从2015年3月1日起，失业保险费率暂由现行条例规定的3%降至2%，单位和个人缴费具体比例由各省、自治区、直辖市人民政府确定。② 2016年4月，人力资源社会保障部、财政部印发《关于阶段性降低社会保险费率的通知》（人社部发〔2016〕36号），决定从2016年5月1日起，失业保险总费率在2015年已降低1个百分点基础上可以阶段性降至1%～1.5%，其中个人费率不超过0.5%，降低费率的期限暂按两年执行。连续两次降费率，失业保险费率由3%降低到1%～1.5%，减幅超过50%。截至2016年年底，有22个省份（含新疆生产建设兵团）失业保险费率为1.5%，10个省份失业保险费率为1%。两年累计减收失业保险费为900亿元。③ 2017年2月，人力资源社会保障部、财政部印发《关于阶段性降低失业保险费率有关问题的通知》（人社部发〔2017〕14号），决定从2017年1月1日起，失业保险总费率为1.5%的省（区、市），可以将总费率降至1%，降低费率的期限执行至2018年4月30日。④ 2019年4月，国务院办公厅关于印发《降低社会保险费率综合方案》的通知（国办发〔2019〕13号）规定：自2019年5月1日起，实施失业保险总费率1%的省（区、市），延长阶段性降低失业保险费率的期限至2020年4月30日。

经过多年的社会主义市场经济体制建立进程中的逐步改革探索和实践，我国的失业预

防、失业保险和就业扶助三位一体的就业保障体系基本搭建成形,并逐步走向完善。与此同时,随着经济社会的发展和有关法律政策的调整,《失业保险条例》在实施中也出现了一些亟待解决的问题。

二、我国失业保险的待遇

我国《失业保险条例》规定,失业保险待遇包括:①领取失业保险金。②如果患病或生育,到指定的医院就诊,可以按规定申请70%的医疗费补贴。③失业人员在领取失业保险金期间开办私营企业、从事个体经营或自行组织起来就业的,可以一次性领取扶持生产资金。④失业人员在领取失业保险金期间死亡的,其家属可以申领丧葬补助金,供养直系亲属一次性抚恤金。⑤女性失业人员在领取失业保险金期间生育,符合国家计划生育规定的,可以申领3个月的生育补助金,标准与其领取的失业保险金计发标准相同。⑥免费接受职业指导、职业培训等就业服务。失业保险待遇中最主要的是失业保险金,失业人员只有在领取失业保险金期间才能享受到其他各项待遇。在失业保险待遇中,医疗补助金是失业人员患病就医时在失业保险经办机构领取的补助,标准是由各省、自治区、直辖市人民政府确定的,一般包括每月随失业保险金一同发放的门诊费和按规定比例报销的医疗费两部分。失业人员在领取失业保险金期间死亡的,其家属可以领取一次性丧葬补助金和抚恤金,标准参照当地在职职工的规定。职业培训和职业介绍补贴是为了鼓励和帮助失业人员尽快实现再就业而从失业保险基金中支付的费用,一般说来职业介绍的补贴支付给职业介绍机构,由他们为失业人员免费介绍职业,而职业培训的补贴支付办法则不同,有些是直接发给失业人员,有些则是失业人员培训后报销,还有的是对培训失业人员的培训机构进行补贴。

以四川省为例,从2018年7月1日起,调高失业保险金标准(即按全省月最低工资标准的80%执行),对应分别为1240元、1320元和1424元三个档次。就业人员按照规定参加失业保险,并且其所在单位和本人已按照规定履行缴费义务满1年,如果非因本人意愿失业且已办理失业登记,并有求职要求者,可以领取失业保险金。失业人员在领取失业保险金期间,按照规定同时享受其他失业保险待遇。如表9-2所示,失业人员领取失业保险金期限根据失业前累计缴费时间确定。失业人员重新就业后再次失业的,缴费时间重新计算,领取失业保险金的期限可以与前次失业应领取而未领取的失业保险金期限合并计算,但最长不得超过24个月。

表9-2 四川省失业人员领取失业保险金期限一览表

缴费时间(年)	领取失业待遇期限(月)	缴费时间(年)	领取失业待遇期限(月)
1~2	3	2~3	6
3~5	12	5~8	15
8~10	18	10以上	24

如表9-3所示,2017年年底全国失业保险参保人数达到18 784万人,年末全国领取失业保险金人数为220万人,458万名失业人员领到了不同期限的失业保险金,比上年减少26万人。失业保险金月均水平1 111元,比上年增长5.7%。全年共为领取失业保险金

人员代缴基本医疗保险费 85 亿元，同比增长 6.8%。2018 年全国月人均失业保险金水平已达 1 228 元。人社部 2018 年将推动修订出台和落实《失业保险条例》。

表 9-3 我国失业保险发展状况一览表

（2008—2018 年，人数单位：万人，基金收入或结存单位：亿元）

年份	2008	2009	2010	2011	2012	2013	2014	2015	2016	2017	2018
年末全国参加失业保险人数	12 400	12 715	13 376	14 317	15 225	16 417	17 043	17 326	18 089	18 784	19 643
年末全国领取失业保险金人数	261	235	209	197	204	197	207	227	230	220	—
全年失业保险基金收入	585	580	650	923	1 139	1 289	1 380	1 368	1 229	1 113	1 147
年末失业保险基金累计结存	1 310	1 524	1 750	2 240	2 929	3 686	4 451	5 083	5 333	5 552	—

资料来源：人社部发布的相应年度《人力资源和社会保障事业发展统计公报》和《2018 年人力资源和社会保障统计快报数据》，"—"表示尚未公布的单项明细数据。

本章小结

1. 失业保险的功能及制度

失业保险的功能逐步由单纯保生活向促就业、防失业、保生活并重转变。失业保险的制度包括：国家立法强制实施的失业保险制度；非强制性失业保险制度；失业救济制度。

2. 失业保险模式

失业保险模式包括：非强制性失业保险制度和失业救济制度并行；强制性失业保险制度和失业救济制度并行；强制性失业保险制度和非强制性失业保险制度相结合。

3. 失业保险制度的基本特点

（1）普遍性。它主要是为了保障有工资收入的劳动者失业后的基本生活而建立的，其覆盖范围包括劳动力队伍中的大部分成员。

（2）强制性。它是通过国家制定法律、法规来强制实施的。

（3）互济性。失业保险基金主要来源于社会筹集，由单位、个人和国家三方共同负担，缴费比例、缴费方式相对稳定，在统筹地区内统一调度使用以发挥互济功能，筹集的失业保险费。

4. 失业保险制度的基本框架

（1）覆盖范围应包括社会经济活动中的所有劳动者。

（2）资格条件包括非自愿失业、处在法定劳动年龄并具备工作能力、有就业愿望、依照法规或章程履行被保险人的义务。

（3）待遇及领取期限原则包括保障失业者及其家属的基本生活的原则、待遇水平必须低于失业者原工资水平的原则、权利与义务相结合的原则。

（4）基金筹集主要有三条渠道，雇主缴纳失业保险费、雇员缴纳失业保险费和政府财政补贴。此外，失业保险基金的利息和依法纳入失业保险基金的其他资金是补充来源。

5. 日本、德国、美国的失业保险制度及其特点

（1）日本失业保险制度由失业保障和失业预防双层系统构成，突出了预防、保

障、能力开发三大特点,发挥了强化就业、稳定生活、实现再就业三大功能。

(2)在德国,失业保险属于国家性的强制保险。其保障的对象基本采用国际标准,即凡是能够工作、可以工作,并且确实在寻找工作而不能得到适当职业,致使没有工资收入的人即可成为失业保险对象。其覆盖范围相当广。其特点包括强调个人责任、是失业保险与失业救济相结合的复合式失业保险制度、侧重于促进就业功能。

(3)美国的社会保障制度主要包括社会保险、社会救助和社会福利三大部分。失业保险制度是美国职业保障体系中最早、覆盖面最广的一项社会保障措施,是美国劳动就业制度、劳动市场体系的重要组成部分。其特点包括带有强制性、多种渠道筹集失业保险资金,但企业是失业保险资金的主要负担者,失业保险基金通过国家设置的专门社会保险机构进行管理,对于享受失业保险金规定了严格的资格条件,同时对于失业保险金的给付标准和期限也做了具体规定。除了对失业者进行基本生活保障外,增加和强化了失业预防、职业促进与开发的功能。

6. 我国的失业保险制度待遇内容

(1)领取失业保险金。

(2)如果患病或生育,到指定的医院就诊,可以按规定申请70%的医疗费补贴。

(3)失业人员在领取失业保险金期间开办私营企业、从事个体经营或自行组织起来就业的,可以一次性领取剩余期限的失业保险金(加上本次核定后已领取的月份,不能超过24个月),作为扶持生产资金。

(4)失业人员在领取失业保险金期间死亡的,其家属可以申领丧葬补助金、供养直系亲属一次性抚恤金。

(5)女性失业人员在领取失业保险金期间生育,符合国家计划生育规定的,可以申领3个月的生育补助金,标准与其领取的失业保险金计发标准相同。

(6)免费接受职业指导、职业培训等就业服务。

课后练习与思考

1. 失业保险是什么?
2. 简述失业保险的特点。
3. 我国失业保险制度的待遇有什么?
4. 日本、德国、美国的失业保险制度各有哪些共同点和区别?
5. 日本、德国、美国的失业保险制度对完善我国的失业保险制度有什么启示?
6. 简述2015年至2020年我国失业保险费率降低的历程。

动手练

在前八章"动手练"基础上,通过访问我国人社部网站,补齐社会保险中我国近十年失业保险、工伤保险的参保人数、基金的收入、支出和结存数据,参照图5-1绘制2017年全国失业(或工伤)保险基金收支结余环形图。与World Social Protection Report(2017-19)(ILO,2017)中第3部分(对工作年龄妇女和男性的社会保护)进行对比,旨在加深对世界各国特别是我国社会失业与工伤保险发展现况与趋势的了解。

第十章 CHAPTER 10

工伤保险制度

§ 知识结构与学习目标

章节知识结构		学习目标
工伤保险制度概述	工伤及工伤保险制度 工伤保险制度的内容	○ 掌握工伤及工伤保险的含义，理解保险制度内容 ○ 掌握工伤保险制度的原则、作用 ○ 理解工伤范围认定、工伤鉴定、工伤待遇的含义及内容 ○ 了解工伤保险基金和工伤预防及职业康复的基本内容 ○ 了解美国、日本工伤保险制度发展概况和基本内容 ○ 了解我国工伤保险制度发展历程，掌握我国的工伤保险制度基本内容
发达国家的工伤社会保险制度	美国工伤保险制度 日本工伤保险制度	
中国的工伤保险制度	我国工伤保险遵循的原则 我国工伤保险制度的主要内容 我国工伤保险制度建设的主要成就	

§ 导入案例

上海市工伤保险待遇标准的联动调整与衔接机制

《上海市工伤保险实施办法》规定："伤残津贴、供养亲属抚恤金、生活护理费的标准由市人力资源社会保障局根据全市职工平均工资和居民消费价格指数变化等情况适时调整。"由于上述两个参数发生变化，为保障工伤人员和因工死亡人员供养亲属的基本生活，增强其获得感，上海市按照市政府对民生保障待遇标准调整的统一安排，于2019年3月27日发布了政策问答通知，继续对2018年12月31日前发生工伤且致残一级至四级工伤人员的伤残津贴和生活不能自理工伤人员的生活护理费进行调整，并从2019年1月1日起开始实施。具体调整情况如下：

一、致残一级至四级工伤人员伤残津贴调整幅度及最低标准

2018年12月31日前发生工伤且致残一级至四级人员享受的伤残津贴在目前享受待遇

标准的基础上调整：致残一级增加 618 元／月，致残二级增加 563 元／月，致残三级增加 523 元／月，致残四级增加 491 元／月。

调整后的工伤人员伤残津贴最低标准为：致残一级 7 044 元／月、致残二级 6 599 元／月、致残三级 6 195 元／月、致残四级 5 810 元／月。

二、生活不能自理工伤人员生活护理费调整幅度及标准

生活不能自理工伤人员的生活护理费在目前享受待遇标准的基础上调整：生活完全不能自理的工伤人员增加 350 元／月；生活大部分不能自理的工伤人员增加 280 元／月；生活部分不能自理的工伤人员增加 210 元／月。调整后的生活护理费标准为：生活完全不能自理，3 916 元／月；生活大部分不能自理，3 133 元／月；生活部分不能自理，2 350 元／月。

三、因工死亡人员供养亲属抚恤金调整幅度及标准

因工死亡人员供养亲属抚恤金标准在目前享受待遇标准的基础上，增加 100 元／月。调整后的因工死亡人员供养亲属抚恤金标准为 1 440 元／月（孤老或孤儿为 1 526 元／月）。

四、伤残津贴和生活护理费调整后增加的费用由谁承担？

伤残津贴和生活护理费调整后增加的费用由工伤保险基金按照《上海市工伤保险实施办法》规定支付伤残津贴和生活护理费的工伤人员，其按规定调整后增加的费用由工伤保险基金支付。目前仍由用人单位按照《上海市工伤保险实施办法》规定支付伤残津贴和生活护理费的工伤人员，其按规定调整后增加的费用由用人单位支付。

五、达到法定退休年龄的致残一级至四级工伤人员如何享受待遇？

一级至四级工伤人员达到法定退休年龄并办理按月领取养老金手续后，停发伤残津贴，享受基本养老保险待遇。基本养老保险待遇低于规定的伤残津贴标准的，由工伤保险基金补足差额。工伤人员达到法定退休年龄又不符合按月领取养老金条件的，由工伤保险基金继续支付伤残津贴。

案例思考

为什么工伤保险待遇标准要进行实时的调整？为什么要做好工伤保险与基本养老保险的衔接？

资料来源：上海市人力资源和社会保障局，《有关调整本市工伤人员伤残津贴和生活护理费标准的通知》政策问答［EB/OL］．［2019-03-27］．http://www.12333sh.gov.cn/201712333/xxgk/zcjd/01/201904/t20190401_1295561.shtml．

第一节　工伤保险制度概述

一、工伤及工伤保险制度

（一）工伤

工伤，又称职业伤害、工作伤害，是指劳动者在从事职业活动或者与职业活动有关的活动时所遭受的不良因素的伤害和职业病伤害。工伤所造成的直接后果是伤害劳动者的健康及生命，使劳动者的健康权、生存权和劳动权受到影响、损害甚至被剥夺，并由此造成劳动者及其家庭成员的精神痛苦和经济损失。因此，在大多数国家的立法实践中，都明确规定劳动者应具有享受工伤保险的权利。

（二）工伤保险

工伤保险，也称职业伤害保险，是指劳动者在工作中或在规定的某些特殊情况下因遭

受意外伤害和患职业病导致暂时或永久丧失劳动能力以及死亡时，劳动者或其遗属从国家和社会获得物质帮助的一种社会保险制度。它包含了两层含义：第一层是劳动者本人因工伤而暂时或永久丧失劳动能力时，可以从国家和社会获得医疗救治、职业康复、经济补偿等物质帮助；第二层是劳动者本人因工伤死亡时，其遗属可以从国家和社会获得遗属抚恤、丧葬补助等物质帮助。

现代意义上的工伤保险最早产生于德国。19世纪80年代，德国颁布了世界上第一部工伤保险法——《工人灾害赔偿法》。目前在世界范围内，无论发达国家还是发展中国家，无论社会背景如何，都在不同程度上实行了工伤保险制度。据国际劳工组织统计，到20世纪末，世界上有近180个国家建立了工伤保险制度，约占国家总数的80%，是所有社会保险制度中最普及的一种社会保险制度。

二、工伤保险制度的内容

（一）工伤保险的原则

工伤保险是世界上产生最早的一项社会保险，也是各国立法较为普遍、发展较为完善的一种社会保险制度，各国工伤保险制度大致遵循以下七项原则。

1. 无过失补偿原则

无过失补偿原则亦称严格责任或绝对责任原则。它是指劳动者在工作过程中遭遇工伤事故或职业病，无论企业或雇主是否有过错，只要不是劳动者本人故意所为，均按照法律规定的标准支付给劳动者相应的工伤保险待遇。无过失补偿原则是工伤保险应遵循的首要原则。无过失补偿原则的确立，有利于劳动者在工伤发生后能够得到及时治疗和经济补偿。当然，实施无过失补偿原则，并不意味着不追究事故责任；相反，对于事故的发生必须认真调查，分析事故原因，查明事故责任，以便吸取教训，降低事故发生率。

2. 个人不缴费原则

工伤事故属于职业性伤害，是劳动者在生产劳动过程中为企业或雇主创造物质财富而付出的健康乃至生命的代价，因此，工伤保险待遇带有明显的"劳动力修复与再生产投入"性质，属于企业生产成本的特殊组成部分。根据无过失补偿原则及工伤事故的这种特殊性，决定了工伤保险的保险费只能由企业或雇主单方承担，这是工伤保险与其他社会保险项目的根本区别。

3. 补偿直接经济损失的原则

劳动者遭受工伤后，企业或雇主应给予经济补偿，但这种补偿只是对劳动者直接经济损失的补偿，不包括间接的经济损失。这种损失会直接影响到劳动者本人及其家庭的基本生活保障，也会影响到劳动力的再生产，因此，企业或雇主必须给予及时且较为优厚的直接经济补偿，即劳动者工资收入方面的损失补偿。间接经济损失是指劳动者除直接经济损失以外遭受的其他经济损失，包括兼职收入、业余劳动收入等。这部分收入并非人人都有，是不固定的收入，很难被准确核定，不具有普遍性。因此，这一部分收入一般不被列入经济补偿的范畴。

4. 因工伤残与非因工伤残区别对待原则

由于职业伤害与工作或职业有直接关系，因此，工伤保险待遇水平要明显高于因病或非因工伤亡的医疗待遇，也不受年龄、性别、缴费期限等条件的限制，对因工伤残和非因工伤残的区分是实施工伤保险的前提和出发点。

5. 补偿与预防、康复相结合的原则

工伤保险首要的任务是工伤补偿，因为劳动力是有价值的，劳动者因工伤残，甚至死亡时，会给劳动者及其家庭带来经济上的损失，理应得到赔偿，但这并不是工伤保险的唯一任务。工伤补偿、工伤预防与工伤康复三者是密切相关的，加强安全生产、减少事故发生和发生事故时及时进行抢救治疗，并采取有力措施帮助劳动者尽快恢复健康并重新走上工作岗位，比工伤补偿更有意义。把工伤补偿与工伤预防、职业康复有机结合起来，这是目前许多国家工伤社会保险制度所具有的一项重要内容。

6. 风险分担、互助互济原则

在保险费征收上，国家通过立法强制征收保险费，建立工伤保险基金，采取互助互济的办法分担风险。在待遇分配上，由社会保险机构对保险费用进行分配，这种基金的分配调剂了个人之间、地区之间以及行业之间的费用使用，不仅可以减轻部分行业、企业因工伤或者职业病的发生而产生的负担，缓解企业压力，同时也缓和了社会矛盾，体现了风险分担、互助互济等社会保险中的基本原则。

7. 集中管理原则

工伤保险属于社会保险，其保险基金的管理使用、医疗鉴定和事故调查，都需要由专门的、统一的非营利机构进行集中管理。一般有三种管理模式：①工伤保险管理独立于其他社会保险，由工伤保险基金独立管理。②虽然工伤保险基金独立管理工伤保险，但在行政管理、政策制定上又由同一个社会保险管理机构进行管理。③工伤保险制度是社会保险制度的一部分，不进行独立管理。

（二）工伤保险的作用

实行工伤保险是为了保障因工作遭受事故伤害或者患职业病的职工获得医疗救治和经济补偿，促进工伤预防和职业康复，其主要作用有维护劳动者基本权益、分散用人单位的工伤风险、建立工伤事故和职业危害防范机制，从而减少工伤事故的发生、减轻职业病的危害。

1. 工伤保险是维护劳动者基本权益的重要手段

生命与健康权是劳动者最基本的权益，而工伤事故或职业病作为从事职业工作时难以完全避免的劳动风险，威胁的正是广大劳动者的健康和生命，进而影响到他们的工作和生活乃至社会的稳定。尽管国家和用人单位采取各种措施和手段，预防工伤事故和职业病的发生，但工伤事故和职业病的发生仍难以避免。因此，工伤保险对于在社会化大机器生产条件下的劳动者而言，是维护劳动者最基本权益的必要手段。建立工伤保险制度有利于保障劳动者在发生工伤后能够得到及时救治，享受医疗康复和必要的经济补偿，保障其合法的权益。

2. 工伤保险是分散职业伤害风险，减轻行业或企业负担的重要措施

不同的行业或企业，工伤事故和职业病发生的概率也不同。一些从事危险行业生产的企业，其工伤事故和职业病较多，如果完全依靠企业自己解决，负担很重。实行工伤社会保险后，可以通过建立工伤保险基金，分散不同行业或企业的职业伤害风险，工伤保险的互济功能避免了企业一旦发生重大工伤事故而陷入困境，甚至破产的情况，有利于企业的正常经营和生产活动。

3. 工伤保险是建立工伤事故和职业危害防范机制的重要条件

工伤保险可以通过强化用人单位工伤保险缴费责任，实行行业差别费率和单位费率浮动机制，建立工伤保险费用与工伤发生率挂钩的预防机制，能促进企业改善劳动条件，注重安全生产，有效地防止工伤事故和职业病的发生。

（三）工伤保险制度的内容

1. 工伤责任的认定

工伤责任的认定，决定着工伤保险制度的产生与发展，以及劳动者遭遇工伤后可享有的法定权益。从早期工伤事件由劳动者个人负责到现代工伤保险制度确立的无过失责任，工伤责任认定走过了一个较长的，从有利于维护雇主利益到有利于维护劳动者权益的过程。根据工伤责任承担主体和方式的不同，大体上可以划分为劳动者个人责任、雇主过失责任、雇主无过失责任三个发展阶段。

（1）劳动者个人责任阶段。在资本主义早期，劳动者在工作中受到职业伤害的一切后果都由其本人承担，即劳动者个人责任原则。此原则的理论依据是"危险自负说"，这是18世纪英国著名经济学家亚当·斯密在风险承担理论中提出的观点：雇主与劳动者签订劳动合同后支付的工资，包含了对劳动者工作岗位的危险性补偿，因而发生工伤事故而蒙受的一切损失应由劳动者本人承担。这一理论风行于早期资本主义时代，成为雇主推卸工伤责任的理由。

（2）雇主过失责任阶段。伴随着资本主义工业化的发展进程，大机器所导致的工伤事故和职业病越来越多，给劳动者身心健康及其生活带来了严重的危害。劳动者为了获得工伤赔偿，纷纷起来抗争，要求雇主承担工伤赔偿责任，并取得了一定的胜利，即劳动者在受到职业伤害时，可以通过法律手段获得一定的赔偿。但这种赔偿是依据民事赔偿法律，通过法院的裁决实现的，劳动者只有证明工伤是由于雇主的过错造成的，法院才能判决雇主给予赔偿，否则后果自负，这就是所谓的"雇主过错赔偿"原则，它以雇主存在过错为赔偿前提。与此相适应，对工伤事件的保障进入了雇主过失责任保险阶段。例如，1884年英国通过的《雇主责任法》明确规定，劳动者只有在法庭上证明雇主有过失，才能获得赔偿。此后，许多国家也在《工厂法》有关劳动条件的条文中规定了工伤赔偿责任。与劳动者个人负责相比，雇主过失责任赔偿显然是一大进步。然而，实行雇主过失责任赔偿并不能真正解决劳动者遭受工伤后的赔偿问题，主要原因有：①劳动者很难提供证据证明工伤是由于雇主的过失造成的。②法律诉讼费用往往太高，劳动者难以承担。③劳动者起诉雇主，会带来被解雇的后果。因此，劳动者往往会放弃诉讼，最终得不到合理补偿。

（3）雇主无过失责任阶段。到了19世纪末，随着工人阶级斗争的胜利和社会文明的进步，德国、英国、法国等工业化国家普遍确认了"职业危险"原则，该原则认为：工业化给社会创造巨额财富的同时，也容易发生难以抗拒的工伤事故和职业病；凡是利用机器或雇佣体力劳动者从事积极活动的雇主或机构，均有可能造成雇员受到职业方面的伤害；而劳动者受到职业伤害，无论雇主是否存在过失，只要不是劳动者故意所为，雇主就应进行赔偿；雇主支付的职业伤害赔偿金是一笔"日常开销"，就像修理和维护设备的保养费和支付给工人的工资一样，是企业或雇主应负责的一部分管理费用。在这种"无过失补偿"原则指导下，保障工伤者权益的风险保障机制也开始由雇主责任保险进入到雇主无过失赔偿阶段。

2. 工伤范围认定

法律对工伤范围的认定包括工伤事故认定和职业病认定。

（1）工伤事故认定。工伤事故的范围最初只限于因工作原因直接造成的伤害，但后来在许多国家扩大到某些因工作原因间接造成的伤害，如上下班途中发生的事故等，也被列入了工伤的范围。国际劳工组织 1964 年第 121 号建议书《工伤事故和职业病津贴公约》第 5 条规定："每一会员国均应在规定的条件下将下列事故视为工伤事故：①不管什么原因，凡工作时间内在工作地点或工作地点附近，或在工人因工作需要而去的其他任何地方发生的事故。②上班前和下班后的一段合理时间内，当事人在搬运、清洗、准备、整理、维修、堆放或收拾其工具和工作服时发生的事故。③工人往返于工作地点和下列地方的直接途中发生的事故：主要住宅或别墅、通常用餐的地方、通常领取工资的地方。"此外，许多国家还把参与红十字会活动或营救、消防、治安、民防等公益活动中所发生的事故也列为工伤。

（2）职业病认定。职业病作为工伤的一大类别，是指劳动者在劳动过程中接触职业性有害因素所导致的疾病。它同劳动者所从事的特定职业密切联系，与劳动卫生相对应，属于职业性有害因素对劳动者健康的慢性伤害。因此，世界上实行工伤保险的国家通常把职业病列入工伤范围，对因工作原因接触职业性有害因素导致的职业病患者提供医疗救治、经济补偿、职业康复等物质资助，以帮助他们尽快恢复健康。1925 年，国际劳工组织将铅中毒、汞中毒和炭疽病感染列为职业病。1980 年国际劳工组织将职业病的范围扩大到 29 种。

3. 工伤鉴定

工伤鉴定是工伤保险的重要环节，工伤鉴定结果是决定劳动者遭受伤害后能否享受工伤待遇以及享受哪一等级待遇的直接依据。所谓工伤鉴定，是指劳动者因工伤事故或职业病导致伤残后，由国家法律规定的工伤鉴定机构对其丧失劳动能力的程度进行鉴定以确定伤残等级的法定检验与评价。在国际上，对工伤的鉴定通常有两种办法：①劳动能力鉴定，它是以同年龄、同性别的健康人群的平均劳动能力为对照标准，评价劳动者伤残后所具有的劳动能力大小，国际劳工组织一般把因工伤造成的劳动能力丧失分为永久完全丧失劳动能力、永久部分丧失劳动能力、暂时完全丧失劳动能力和暂时部分丧失劳动能力四类。我国一般把因工伤造成的劳动能力丧失分为完全丧失劳动能力、大部分丧失劳动能力和部分丧失劳动能力三类。②致残程度鉴定，它是按照器官损伤、功能障碍、医疗依赖三个方面将工伤、职业病伤残程度分解为相应等级的鉴定办法，它并不直接评价劳动者劳动能力的丧失程度，而是通过致残程度的相对严重性来间接反映劳动能力的损害程度。

4. 工伤保险待遇

与其他社会保障项目相比，工伤保险待遇无论在给付项目、给付标准还是给付期限上，均更为优厚。尽管各国的工伤保险待遇不尽相同，但归纳起来，大体包括以下三种。

（1）医疗待遇。医疗待遇是指劳动者因治疗工伤而发生的合理的医疗费用，主要包括挂号费、住院费、医疗费、药费、就医路费等，一般由国家或雇主负责支付，而不由劳动者本人负担。多数国家对工伤保险规定的医疗待遇远远优于普通医疗保险待遇，包括康复及交通费用。例如，美国的工伤医疗待遇规定，工伤人员不仅可以报销医疗费、住院费，而且可以获得医疗期间的收入补偿以及医疗交通补贴。也有些国家的医疗待遇等同于医疗保险或由医疗保险费用支付。

（2）伤残待遇。伤残待遇是指劳动者因工伤丧失劳动能力时，由工伤保险经办机构给予的现金津贴。工伤职工根据不同的伤残等级，享受一次性伤残补助金、伤残津贴、伤残就业补助金以及生活护理费等待遇。其中，既有一次性待遇，也有长期待遇。暂时伤残待遇又称工伤津贴，是对因工伤暂时丧失劳动能力的劳动者失去工资收入所给予的一种经济补偿。永久伤残待遇分为完全永久伤残待遇和部分永久伤残待遇。对经工伤鉴定为完全永久丧失劳动能力的劳动者支付的伤残抚恤金或伤残年金，属长期工伤待遇，对经工伤鉴定为部分永久丧失劳动能力的劳动者支付部分永久伤残待遇。

（3）死亡待遇。死亡待遇是指劳动者因工伤死亡后，支付给劳动者遗属的经济补偿，一般包括丧葬补助和遗属抚恤金两种。其中，丧葬补助是一次性支付的，只是支付标准不同，有的国家按一定的金额支付，如美国的一次性丧葬补助为700～6 000美元，有的国家按1～3月工资标准支付，如德国按1个月的工资支付丧葬补助，也有的国家按照最低工资标准支付，如智利按最低工资的3倍来支付。遗属抚恤金也称为遗属津贴，包括定期抚恤金和一次性抚恤金两种。

5. 工伤保险基金

工伤保险基金是为支付工伤保障待遇，开展工伤预防和职业康复等费用而专门设立的一项社会保险基金，它是工伤保险制度顺利实施的物质保证。建立工伤保险基金，能够使劳动者在因工作原因遭受意外伤害和职业病时，得到及时的医疗救助和基本的生活保障。

实行工伤社会保险的国家，在筹集工伤保险基金时，主要遵循两个原则。其一是企业或雇主缴费原则，劳动者个人不需要缴费。其二是按风险程度征收、调整保险费原则。各个国家在征收工伤保险费时，一般根据各个行业发生工伤事故和职业病的概率分别算定危险率，按照危险率不同，划分若干危险等级，对不同危险等级的行业实行不同的缴费标准。同时，定期按各个行业、企业实际发生工伤事故和职业病的情况，重新算定危险率并确定危险等级，据此调整缴费标准。在缴费费率的确定上，主要有差别费率、浮动费率和统一费率三种。

工伤保险基金的筹集方式主要有三种：当年平衡式，即当年筹集的费用与支付的费用平衡；阶段平衡式，即在满足支付即期费用的基础上，在企业可以承受的范围内，每年多筹集一部分资金作为储备；总体平衡式，即征集的费用与受保人在享受待遇期间所需要的费用平衡。

6. 工伤预防与职业康复

工伤预防是指事先防范工伤事故和职业病的发生，减少工伤事故和职业病的隐患，改善和创造有利于劳动者健康的、安全的生产环境和工作条件，保护劳动者在生产和工作环境中的健康与安全。工伤预防工作注重在生产工作全过程中对降低工伤事故、进行职业病的防范和降低其发生率，注重对已经发生的工伤事故与职业病加以总结和科学研究、分析。

工伤预防与工伤保险之间存在着既相区别又相联系的关系。两者的区别表现在：工伤预防侧重于对安全生产过程中工伤事故和职业病的事先防范，而工伤保险则侧重于对工伤事故和职业病的事后处理。两者的联系表现在：两者是同一事物的两个方面，工伤预防工作搞得好，措施得力，可以减少或避免工伤事故和职业病的发生率，从而减少工伤保险待遇的支付和与之相关的大量善后工作。工伤预防的具体措施主要包括：①通过缴费手段和费率机制将企业是否重视安全与本企业经济利益相联系。②通过工伤保险基金中的一小部分开展预防的研究工作。③通过各种手段，对工伤预防进行宣传教育和培训工作。

职业康复是指综合使用药物、器具、疗养、护理、就业咨询、职业能力测定、就业前的职业教育与训练、就业安置等多种手段，帮助因工伤残者基本恢复正常人所具备的工作、生活能力和心理状态的一项工作。世界上大多数国家现行的工伤保险制度都是预防、补偿和职业康复三位一体的结合。

第二节 发达国家的工伤社会保险制度

发达国家由于经济发展快,雇佣关系的发展较早且较快,工伤社会保险制度起步早,发展快,也比较完善。目前,发达国家的工伤体系较完善,覆盖范围较广,而且有较好的预防工作。

一、美国工伤保险制度

(一) 美国工伤保险制度概况

美国工伤保险立法,最早可以追溯到 1908 年的《美国联邦雇员伤害赔偿法》。该法覆盖一些联邦雇员,但尚未涉及工伤保险。从 1910 年开始,在随后的十年里大多数州陆续颁布了工伤保险法。最早立法的州是新泽西州和威斯康星州,1948 年密西西比州最后一个立法。现在,美国 50 个州和哥伦比亚特区都有工伤保险法。各州的工伤保险制度差异较大,1970 年美国国会成立了州工伤保险法国家委员会,规范各州的工伤保险制度。

经过修订后的各州工伤补偿制度具有以下相似特征:其一,强制参保,而不是选择性的,除了得克萨斯州和俄克拉何马州外,所有州的工伤补偿保险均强制雇主参加。其二,在待遇支付方面,医疗费从工伤开始即 100% 支付,现金补偿有 3～7 天的等待期。其三,雇主缴费,除华盛顿州外,工伤补偿保险均由雇主缴费。

(二) 美国工伤保险制度内容

1. 工伤保险待遇

美国工伤补偿给付包括医疗待遇给付与现金给付,从两类给付占缴费工资百分比来看,1980—2007 年,医疗待遇给付的水平低于现金给付,随着医疗待遇不断提高,近年来与现金给付占比接近相同。

针对领受现金补偿,美国各州的工伤保险法都规定了 3～7 天的等待期,即雇员在这期间康复,只能享受医疗待遇,不能领受现金给付,当超过了等待期,才能领受现金给付,这一规定主要是为了防止在工伤保险中出现道德风险,避免伤残雇工对工伤保险形成依赖。美国工伤保险待遇给付除了要根据时间长短来确定,还要根据伤残程度来确定。根据不同伤残情形,美国工伤补偿待遇可以细分为医疗待遇给付、暂时失能待遇给付、永久失能待遇给付、康复待遇给付与死亡待遇给付。

医疗待遇给付是最为常见的,由于多数工伤情况并不严重,伤残雇工经过等待期后都可以继续工作,雇主只需要支付医疗待遇给付。暂时失能给付包括暂时全部失能给付与暂时部分失能给付。暂时全部失能是指工伤者在一段时间内不能重返工作或再就业,这类现金给付申请量最大。暂时全部失能给付一般按周支付,支付标准约为伤前工资 2/3 左右。如果工伤者在未完全康复的情况下重返工作,由于身体原因,收入不能达到工伤前的水平,可以申请暂时部分失能给付。永久失能给付包括永久完全失能给付与永久部分失能给付。待遇给付水平具体要由工伤者治疗情况决定,在工伤补偿现金支付中,62% 以上花在永久部分失能上,7% 付给永久全部失能者。所有州都会在支付失能待遇给付时,提供身体康复服务,多数州同时提供职业康复服务。死亡待遇给付包括丧葬费用津贴和遗属现金给付。丧葬费用津贴一次性支付,且有最高限额,一般是 1 000～3 000 美元。遗属现金待遇按周给付,金额与家庭依赖死者收入的人数相关。没有支付上限,配偶现金待遇一般可以领到其死亡或再婚为止。

2. 保险模式

美国工伤保险遵循自由选择与风险保障的原则，各州自主推行工伤保险制度，没有通行全国的统一规定，因此各州可以选择一种工伤保险模式：①购买私营商业保险公司的保险，雇主依照不同的费率和免赔额数量支付保费，保险人直接负责于工人。②购买州营工伤保险，也称为州基金。③自保险，雇主可以选择自我保险。近年来，这种方式越来越普遍，一些规模大的企业往往在企业内部建立工伤赔偿基金，但是必须提交申请并提供可保的财力证明。④专项基金，若私营保险商或者自保雇主破产，则由州风险保证金为工伤者给付工伤待遇；当工伤者再次遭受职业伤害，由二次伤残基金补偿雇主或私营保险商，鼓励雇主雇用想重返工作的工伤者。⑤联邦项目，联邦政府建立的工伤保险制度主要针对两类人，即联邦雇员与一些高风险的企业工人（煤矿工人、码头工人、港湾工人、与政府签约的海外承包商下的工人、有害作业的能源工人、原子弹制造工人、伤残退伍军人）[1]。

纵观美国各种工伤保险模式的发展，私人保险公司提供的私营保险商是支付巨头，占到总待遇给付的一半左右；工伤保险第二大方式是自保险，一般占总给付的份额大于 1/4，州基金和联邦政府支付占 1/4 左右，雇主承担的份额（免赔额支付加上自保险）比例不断上升。

3. 费率制度

美国工伤补偿待遇由雇主直接提供，或者由保险商依据费率支付保费。保险费率有三个层次，分别是手册费率、经验费率和运用借贷手段做进一步调整的费率。雇主支付成本（自保或者投保缴费）占工资总额的 2% 以内。手册费率是根据雇员从事的工作而定的，主要使用的分类体系是由国家补偿保险委员会制定和管理的分类体系，共有 600 多个类别，每一个分类中的保险费率由保险公司确定；经验费率是由保险公司根据雇员从事工作的风险程度来确定的，通常是根据企业过去 3 年的工伤事故来确定的；运用借贷手段的费率是指当手册费率计算出来，通过经验费率调整，再用借贷手段进行调整，即在测算的保险费基础上打折，其判定标准较主观，各州有不同的规定。

二、日本工伤保险制度

（一）日本工伤保险制度概况

日本拥有 38 万平方公里的国土面积和超过 1.2 亿的人口，目前日本的就业人口约为 6 500 万，由于具有出色的工伤管理系统，工伤发生率非常低。

在日本，工伤称为劳动灾害，简称劳灾，日本的工伤保险制度称"劳灾保险"。日本的工伤补偿制度出现在 20 世纪初，日本政府颁布了《矿山法》和《工厂法》，主要以工厂及矿山的劳动者为主要补偿对象，但未能将一些危险性高的行业包含进去，其后，随着日本社会的发展，劳灾制度日益完善。1931 年，日本政府颁布了两项法律，将室外作业的职业种类包括在工伤保险范畴内，即《劳动灾害扶助法》和《劳动者灾害扶助保险法》。1947 年颁布的《劳动基准法》是日本劳动法律的基础。同年颁布的《工伤事故补偿保险法》（也称《劳动者灾害补偿保险法》）明确指出，对工人因业务上的事由或者因伤病造成负伤、生病、残疾或死亡者，予以迅速且公正的保护，实行必要的保险赔付。同时，谋求促进这

---

[1] 余飞跃. 美国工伤保险制度概述 [J]. 中国医疗保险, 2016 (1): 67-70.

些因业务上的事由或上班而病残的工人重返社会，救援该工人及其遗属，确保工人的劳动条件，致力于工人福利的改善。

20世纪60年代以后，日本政府对以上法律进行了一系列修订。1960年4月，日本建立了伤残和职业病长期待遇给付制度，同时建立了1～3级伤残补偿年金；1973年12月，日本完善了上下班途中伤害保险制度；1987年，日本开始对过劳死展开工伤认定，随后不断完善对过劳死问题的工伤补偿；1990年10月，日本确定了长期疗养职工补偿待遇；1996年4月，日本建立家庭护理赔偿支付制度等。目前，日本的工伤体系主要由三部法律构建，即《劳动基准法》《劳动者灾害补偿保险法》《劳动安全卫生法》。此外，日本还颁布了《雇佣保险法》《劳动保险审查官及劳动保险审查会法》《独立行政法人劳动者健康福利法》等一系列相关法律，形成了较为完善的工伤保险法律保障体系。

2001年，日本合并了厚生省与劳动省，成立厚生劳动省，对劳灾进行全面管理。日本建立了全国性的组织——中央劳灾预防协会，简称中灾防，专门管理工伤事故的预防工作，由厚生劳动省领导。

（二）日本劳灾补偿保险的内容

日本工伤保险制度具有国家强制性，由政府管理，覆盖面十分宽广，适用于几乎全部行业及雇工。雇员不足五人的农业、林业和渔业企业的雇员不在此范围内，可以自愿参加劳灾保险。同时，日本对海关和公务员实行特别制度。日本也有私营保险机构提供的工伤保险，包括雇主责任险和补充赔偿保险，是国家劳灾保险的补充。日本的工伤保险赔付包括业务灾害和通勤灾害。赔付业务灾害的费用由劳灾保险机构全额赔付，而对通勤灾害的赔付还需要工人承担一部分。

1. 业务灾害

业务灾害是雇工由于工作而受到的伤害，指在工作过程中发生的灾害。业务灾害的认定条件为：①工作过程中。②与工作相伴随的附带行为的过程中。③作业的准备过程中、事后处理过程中、待命过程中。④在企业设施休息的过程中（包括在企业食堂就餐等）。⑤发生天灾、火灾等不可抗力的紧急过程中。⑥因公司需要外出从事相关业务。⑦上班途中利用单位通勤专用交通工具过程中（此处与通勤灾害有区别）。⑧满足以下三个条件，原则上可认定职业病：劳动场所存在有害因素、暴露于可引起健康伤害的有害因素中、发病的经过及病态与有害因素相关。

2. 通勤灾害

通勤灾害是指起因于工人通勤过程中的伤病、疾病、伤残或死亡灾害。通勤是指工人为实现工作目的，按合理的路线和方法往返于住宅和工作地之间，如果不带有工作性质，偏离正常往返途径或中断该途径的，这种中断和偏离及其后的往返不视为通勤。

3. 劳灾保险的支付

当员工发生工伤事故后，费用一般全部由基金支付，雇主不再承担费用。但当雇主存在重大过错或雇主未购买劳灾保险时，需由雇主全额承担或部分承担相关费用。同时，日本还规定受伤工人可以要求劳灾补偿和提起诉讼，可以在指定的医疗机构就医，也可以自由就医和要求补偿医疗费。工伤保险的费用给付主要体现在两方面，即保险给付和劳动福利事业的给付。

日本对受伤工人的保险给付主要有以下几种形式[一]：①医疗补偿金，对受伤工人在指定医院进行实物支付，即直接由保险机构支付医疗康复费用，非指定医院进行现金支付，通过认定后将费用支付给工人，工人支付给医院。②病假补偿金，病假头三天由雇主支付原平均日工资60%，第4日起由保险支付原平均日工资的60%。③残疾补偿金，对1～7级残疾工人支付一定金额年金，对8～14级残疾工人支付一次性赔偿金，且每个等级享有一次性赔偿金。④遗属补偿金，须根据遗属人数支付。⑤丧葬补偿金，支付给遗属或在无遗属时，支付给举行葬礼者。⑥伤病补偿金，劳灾发生并治疗1年6个月后，针对持续伤病支付。⑦护理补偿金，根据伤残等级程度进行支付。⑧二次健康诊断金，在经过《劳动基准法》规定的健康检查后，劳动者提出的对脑血管病和心脏病进行检查所需的费用。

日本针对劳动福利事业的给付较为广泛，主要有：①设置并运营管理有关疗养、康复的设施，开展其他促进受伤工人顺利实现康复必需的事业。②对受伤工人的疗养生活、遗属升学、受伤工人及其遗属必需的资金借贷提供援助，开展对受伤工人及其遗属所提供的救援必需的事业。③对防止工作灾害的活动提供援助，设置并运营有关健康诊断设施，开展其他确保工人安全及卫生所必需的事业。④确保工资支付，对雇主进行有关劳动条件管理方面的指导和援助，开展其他确保合理劳动条件所必需的事业。

4. 劳灾保险基金的筹集与费率

日本的工伤保险基金由全国统一向行业、企业征集保险费，劳动者个人无须缴费，无实名制，国家每年拨出少量的财政补贴，用于基金的行政管理费用。基金入不敷出时由国库补贴，但已多年未出现入不敷出的现象。

工伤保险实行行业费率和费率浮动制度。日本实行行业差别费率，以支定收，全国统筹，费率划分细密，根据行业划分为8大产业、53个行业，最高如水电建设业为12.9%，最低如供水等为0.5%。行业费率是由厚生劳动省根据各行业参保人数、支付水平和事故发生情况确定的，每三年调整一次。在行业差别费率基础上，还有针对个别企业的确定缴费法，一种是对类似于工厂、商店等的"连续事业"，按工资总额的一定百分比缴费，另一种是对类似于工程等的"有期限事业"确定缴费绝对额。

日本政府还实行费率浮动制度。日本政府根据企业前三年支取保险金所占缴纳保险金的比例划档，收支率在75%以下的降低费率，75%～85%的不变，85%以上的要提高费率。同时，日本政府还规定降低和提高费率的最大幅度为40%。这种制度有效地减少了工伤事故的发生。

第三节　中国的工伤保险制度

中国的工伤保险制度发展大致可以分为三个阶段：中华人民共和国成立前，工伤保险经历了从无到有的探索过程；新中国成立后至改革开放前的30年间，我国实行的是由国家包办、企业负责为主的，与计划经济体制相适应的高度集中统一的工伤保险体制；改革开放后，随着市场经济体制的逐步推进，我国工伤保险制度进入了新时期的改革，逐渐趋于成熟与定型。2003年4月27日，国务院颁布《工伤保险条例》，并于2004年1月1日起施行，这是中国第一部专门的工伤保险行政法规，不仅标志着中国新型工伤保险制度的基本确立，而且对于解决工伤保险争议、推动工伤保险制度落实至关重要。2010年12月12日，国务院颁发586号令，对《工伤保险条例》若干条目进行了修改，并自2011年1

[一] 张盈盈，罗筱媛. 日本工伤保险制度概述［J］. 劳动保障世界，2011（9）：47-49.

月1日起施行。国务院2015年出台关于降低工伤保险平均费率0.25个百分点的相关文件，于2016年5月1日起开始实行。

在新时期的改革中，以人为本的观念与保障生命和健康的理念逐渐被认可，工伤保险制度也逐步向工伤预防、补偿、康复相结合转变，法制化程度提高，覆盖面不断扩大，待遇标准逐渐提高，工伤预防与康复工作得到重视，进入了全面发展时期，逐步建立起适应我国社会主义市场经济体制的法律体系。

一、我国工伤保险遵循的原则

我国工伤保险制度遵循以下原则：①无责任补偿（无过失补偿）原则。②国家立法、强制实施原则。③风险分担、互助互济原则。④个人不缴费原则。⑤区别因工与非因工原则。⑥经济赔偿与事故预防、职业病防治相结合原则。⑦一次性补偿与长期补偿相结合原则。⑧确定伤残和职业病等级原则。⑨区别直接经济损失与间接经济损失原则。⑩集中管理原则。

二、我国工伤保险制度的主要内容

1. 工伤范围

工伤是指职工在工作过程中因工作原因受到的事故伤害或者患职业病。根据《工伤保险条例》第十四条的规定，职工有下列情形之一的，应当认定为工伤：①在工作时间和工作场所内，因工作原因受到事故伤害的。②工作时间前后在工作场所内，从事与工作有关的预备性或者收尾性工作受到事故伤害的。③在工作时间和工作场所内，因履行工作职责受到暴力等意外伤害的。④患职业病的。⑤因工外出期间，由于工作原因受到伤害或者发生事故下落不明的。⑥在上下班途中，受到非本人主要责任的交通事故或者城市轨道交通、客运轮渡、火车事故伤害的。⑦法律、行政法规规定应当认定为工伤的其他情形。

根据《工伤保险条例》规定，职工有下列情形之一的，视同工伤：①在工作时间和工作岗位，突发疾病死亡或者在48小时之内经抢救无效死亡的。②在抢险救灾等维护国家利益、公共利益活动中受到伤害的。③职工原在军队服役，因战、因公负伤致残，已取得革命伤残军人证，到用人单位后旧伤复发的。

根据《工伤保险条例》，有下列情形之一的，不得认定为工伤或视同工伤：①故意犯罪的。②醉酒或者吸毒的。③自残或自杀的。

2. 劳动能力鉴定

劳动能力鉴定是指劳动者因工负伤或非因工负伤以及患病等，由劳动能力鉴定机构根据相关人员的申请，组织劳动能力鉴定医学专家，运用医学科学技术的方法和手段，确定劳动者劳动功能障碍程度和生活自理障碍程度的一种综合评定的制度。根据《工伤保险条例》的规定，职工发生工伤，经治疗伤情相对稳定后存在残疾、影响劳动能力的，应当进行劳动能力鉴定。劳动能力鉴定由用人单位、工伤职工或者其近亲属向设区的市级劳动能力鉴定委员会提出申请，并提供工伤认定决定和职工工伤医疗的有关资料。此外，根据《工伤保险条例》的有关规定，劳动能力鉴定标准由国务院社会保险行政部门会同国务院卫生行政部门等部门制定。

3. 工伤保险的实施范围

中华人民共和国境内的各类企业，无论何种所有制性质、无论规模大小，凡是已经工商登记注册的企业，都应参加工伤保险。鉴于各地经济发展不平衡，有雇工的个体工商户参加工伤保险的具体步骤和实施办法由各省、自治区、直辖市人民政府规定。事业单位、社会团体和组织、非企业单位等参加工伤保险的办法另行制订。

4. 工伤保险待遇

根据《工伤保险条例》规定，职工的工伤保险待遇主要包括工伤医疗待遇、伤残待遇和因工死亡待遇。当员工发生工伤，经劳动保障行政部门认定工伤或做出劳动能力鉴定，以下项目符合规定的从工伤保险基金中支付：①工伤医疗费，即治疗工伤、职业病所发生的符合国家规定的相关目录或标准的全部费用。②辅助器具配置费。③一次性伤残补助金。④伤残津贴。⑤评残后的生活护理费，生活护理费按照生活完全不能自理、生活大部分不能自理或者生活部分不能自理3个不同等级支付，其标准分别为统筹地区上年度职工月平均工资的50%、40%或者30%。⑥丧葬补助金，为6个月的统筹地区上年度职工月平均工资。⑦供养亲属抚恤金，按照职工本人工资的一定比例发给由因工死亡职工生前提供主要生活来源、无劳动能力的亲属，抚恤金标准为：配偶每月40%，其他亲属每人每月30%，孤寡老人或者孤儿每人每月在上述标准的基础上增加10%，核定的各供养亲属的抚恤金之和不应高于因工死亡职工生前的工资，供养亲属的具体范围由国务院社会保险行政部门规定。⑧一次性工亡补助金，标准为上一年度全国城镇居民人均可支配收入的20倍。⑨康复性治疗费用。⑩职工住院治疗工伤的伙食补助费，以及经医疗机构出具证明，报经办机构同意，工伤职工到统筹地区以外就医所需的交通、食宿费用从工伤保险基金支付，基金支付的具体标准由统筹地区人民政府规定。⑪伤残等级为5～10级且与用人单位解除了劳动关系的工伤职工，由工伤保险基金以解除劳动关系时统筹地上年度职工月平均工资为基数，支付一次性工伤医疗补助金，具体标准由省、自治区、直辖市人民政府规定。⑫劳动能力鉴定费。

5. 工伤保险基金

工伤保险基金是工伤保险制度的财政基础，它由用人单位缴纳的工伤保险费、工伤保险基金的利息和依法纳入工伤保险基金的其他资金构成。工伤保险费根据以支定收、收支平衡的原则，确定费率。用人单位应当按时缴纳工伤保险费。职工个人不缴纳工伤保险费。用人单位缴纳工伤保险费的数额为本单位职工工资总额乘以单位缴费费率之积。我国工伤保险费率实行行业差别费率和用人单位浮动费率相结合的办法，即国家根据不同行业的工伤风险程度确定行业的差别费率，并根据工伤保险费使用、工伤发生率等情况在每个行业内确定若干费率档次。根据国务院办公厅关于印发《降低社会保险费率综合方案》的通知（国办发〔2019〕13号）规定：自2019年5月1日起，延长阶段性降低工伤保险费率的期限至2020年4月30日，工伤保险基金累计结余可支付月数在18至23个月的统筹地区可以现行费率为基础下调20%，累计结余可支付月数在24个月以上的统筹地区可以现行费率为基础下调50%。而现行费率应追溯到人社部发〔2015〕71号文规定：从2015年10月1日起，将工伤保险费率从三档调整为八档（详见附录A中表A-4），平均费率由1%降至0.75%。

由于我国不同地区发展水平差异较大，《工伤保险条例》（国令第375号）在修订前规定：工伤保险基金在直辖市和设区的市实行全市统筹，其他地区的统筹层次由省、自治区人民政府确定，跨地区、生产流动性较大的行业，可以采取相对集中的方式异地参加统筹地区的工伤保险。2011年新修订的《工伤保险条例》（国令第586号）规定：工伤保险基金逐步实行省级统筹。人社部发〔2015〕72号文进一步提出：提高工伤保险统筹层次是提高工伤保险基金抵御风险能力的重要措施，也是适当降低费率政策的有力保障。尚未实行地市级统筹的地区，要在2015年年底实现地市级基金统筹；已初步实行地市级统筹的地区，要加快实现基金的统收统支管理；有条件的地区，要积极推进省级统筹。

工伤保险基金存入社会保障基金财政专户，用于本条例规定的工伤保险待遇，劳动能力鉴定，工伤预防的宣传、培训等费用，以及法律、法规规定的用于工伤保险的其他费用的支付。工伤预防费用的提取比例、使用和管理的具体办法，由国务院社会保险行政部门会同国务院财政、卫生行政、安全生产监督管理等部门规定。任何单位或者个人不得将工伤保险基金用于投资运营、兴建或者改建办公场所、发放奖金，或者挪作其他用途。工伤保险基金应当留有一定比例的储备金，用于统筹地区重大事故的工伤保险待遇支付；储备金不足支付的，由统筹地区的人民政府垫付。储备金占基金总额的具体比例和储备金的使用办法，由省、自治区、直辖市人民政府规定。

三、我国工伤保险制度建设的主要成就

我国不仅在立法层次上不断提高工伤保险制度，而且出台了一系列相应配套措施和法规，工伤保险体系框架较为完整。在推进制度改革逐步合理化、规范化过程中，以保障劳动者权益和分散企业风险为双重目标的政策趋向，不仅符合中国经济现阶段的要求，同时也是国际工伤保险制度的发展趋势。工伤保险制度的完善对于保障职工合法权益，维护社会稳定，促进安全生产，都有着重要深远的现实意义。

经过多年的发展，我国工伤保险制度主要取得了以下成就。

（一）工伤保险覆盖面不断扩大

工伤保险覆盖面不断扩大主要体现在以下两方面：①工伤保险的适用范围扩大到生产工作时间和区域内生产、工作紧张疲劳导致雇员猝死或全残，以及上下班途中发生的交通事故。②参保人员范围扩大。现行工伤保险制度覆盖范围扩大到境内的企业及其职工，此外还包括有雇工的个体工商户。此外，农民工参保人数逐年递增。截至2018年年末，全国参加工伤保险人数为23 868万人，比上年末增加1 144万人。2017年年末参加工伤保险的农民工人数为7 807万人，比上年末增加297万人（见表10-1与图10-1）。

表10-1　我国工伤保险发展状况一览表

（2008—2018年，人数单位：万人；基金单位：亿元）

年　度	2008	2009	2010	2011	2012	2013	2014	2015	2016	2017	2018
参加保险人	13 787	14 896	16 161	17 696	19 010	19 917	20 639	21 432	21 889	22 724	23 868
参保农民工	4 942	5 587	6 300	6 828	7 179	7 263	7 362	7 489	7 510	7 807	—
享受待遇人	118	130	147	163	191	195	198	202	196	193	—
基金收入	217	240	285	466	527	615	695	754	737	854	903
基金支出	127	156	192	286	406	482	560	599	610	662	738
基金结余	335	404	479	642	737	996	1 129	1 285	1 411	1 607	—

资料来源：根据人社部公布的年度《人力资源和社会保障事业发展统计公报》数据和《2018年人力资源和社会保障统计快报数据》，"—"表示尚未公布的单项明细数据汇总。

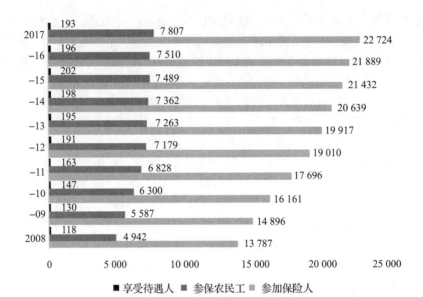

图 10-1　全国工伤保险参保人数和农民工参保人数（2008—2017 年）

资料来源：根据人社部公布的相应年度人力资源和社会保障事业发展统计公报数据绘制。

（二）工伤待遇逐步提高

1996 年的《企业职工工伤保险试行办法》中对伤残和护理进行了详细划分，同时增设了一些新的工伤保险待遇项目，如一次性伤残补助金，提高了待遇支付标准；工伤伤残抚恤金和供养亲属抚恤金随职工平均工资增长机制要求每年调整一次。2003 年的改革将调整范围扩大到生活护理费，工伤保险待遇与国际标准基本一致；在 2006 年后，全国各地陆续提高了工伤保险待遇标准，尤其是 2010 年修订《工伤保险条例》后，各地的增幅逐年上升，如本章案例所述上海市已经形成了工伤保险待遇标准的联动调整机制。

（三）工伤保险基金规模扩大

工伤保险基金的建立对支付职工和遗属费用、调剂使用基金发挥了重要作用。我国工伤保险基金"收支两条线"管理方式，保证了工伤保险基金来源的稳定性和管理科学性。2004 年《工伤保险条例》颁布实施后，工伤保险基金管理大大强化，基金规模逐渐扩大；2007 年开始，为了应对突发的重大工伤事故，保证工伤待遇的支付，分散企业风险，我国又设立了储备金结存。2017 年工伤保险基金收入 854 亿元，比上年增长 15.9%，支出 662 亿元，比上年增长 8.5%，年末工伤保险基金累计结存 1 607 亿元（含储备金 270 亿元）。2008—2017 年我国工伤保险基金收支情况和结存情况如图 10-2 所示。

（四）加强工伤预防和康复工作

近几年工伤保险制度改革的一个重要趋势就是越来越重视工伤预防和康复工作。我国通过缴费手段和费率机制引导用人单位重视安全防范工作，并将一部分工伤保险基金用于工伤预防研究；利用现代康复的手段和技术，为工伤残疾人员提供医疗康复和职业康复服务，尽可能恢复和提高其身体功能和劳动能力，让其重返工作岗位。近年来，各地都把工伤康复纳入了工伤保险制度，如 2009 年北京市人社局发布了《北京市工伤康复工作管理办法（试行）》和《北京市工伤职工康复费用结算管理办法（试行）》，工伤保险工作逐步从重工伤补偿转向建立工伤预付、工伤补偿、工伤康复三位一体的工伤保险制度体系。同时，各地成立工伤康复中心，如广东省成立的工伤康复中心被人社部确定为全国工伤康复综合基地。

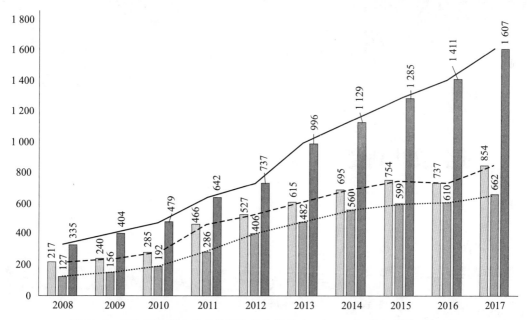

图 10-2　工伤保险基金收支状况和结余状况（2008—2017 年，单位：亿元）

资料来源：人社部年度人力资源和社会保障事业发展统计公报数据（尚未剔除价格变动因素）。

本章小结

1. 工伤保险的原则

各国工伤保险制度都是根据国情来建立的，各国的工伤保险原则不尽相同，但大致都遵循以下七项原则：无过失补偿原则，个人不缴费原则，补偿直接经济损失的原则，因工伤残与非因工伤残区别对待原则，补偿与预防、康复相结合的原则，风险分担、互助互济原则，集中管理原则。

2. 工伤保险的作用

工伤保险是维护劳动者基本权益的重要手段；工伤保险是分散职业伤害风险，减轻行业或企业负担的重要措施；工伤保险是建立工伤事故和职业危害防范机制的重要条件。

3. 我国工伤保险制度的主要内容

我国工伤保险制度发展至今法律体系较为完善，主要包括如下内容：工伤范围；劳动能力鉴定；工伤保险的实施范围；工伤保险待遇；工伤保险基金。

课后练习与思考

1. 工伤保险制度应遵循的原则有哪些？
2. 如何进行工伤认定？工伤保险有哪些待遇？
3. 怎样进行工伤预防和职业康复？
4. 请比较美国、日本、中国工伤保险制度的基本内容。
5. 我国工伤保险基本内容有哪些？

注：本章"动手练"内容请查阅第九章"动手练"。

第十一章
CHAPTER 11

社会救助制度

§ 知识结构与学习目标

章节知识结构		学习目标
社会救助制度概述	社会救助的含义和作用 社会救助的特征 社会救助资金的来源	○ 理解社会救助的概念和作用
发达国家的社会救助制度	英国的社会救助制度 美国的社会救助制度 德国的社会救助制度 日本的社会救助制度	○ 了解发达国家的社会救助制度 ○ 掌握我国《社会救助暂行办法》的基本内容
我国基本社会救助制度	最低生活保障　特困人员供养 受灾人员救助　医疗救助　教育救助 住房救助　　就业救助　临时救助	○ 理解我国最低生活保障制度的主要内容、申请与管理
中国特色扶贫道路与小康社会建设	建立社会主义制度与奠定减贫基础阶段 改革农村体制并实施开发扶贫阶段 精准脱贫攻坚战与全面小康百年梦	○ 理解中国特色扶贫开发理论与各阶段实践

§ 导入案例

江苏宿迁宿城区推行保险扶贫

（宿迁 2017 年 1 月 25 日电，王伟健、杜凤坤）江苏宿迁市宿城区扶贫办负责人近日将 3 万元保险补偿款发放到洋北镇一个农户家中，这是宿城区推行"保险扶贫"而发放的首笔保险补偿款。对因意外伤害造成的贫困人口给予专项救助，填补了社会保障的短板。

作为江苏省"三农"比例最高的主城区，宿城区在区乡村三级干部中广泛开展以"走进乡村，了解资源状况，帮助镇村理清发展思路；走进农户，了解收入状况，帮助农民就业创业增收；走进田头，了解生产状况，帮助农民发展高效农业"为内容的"三进三帮"

活动,"保险扶贫"就是其中一个缩影。据介绍,宿城区与中国人寿保险宿迁分公司建立合作关系,由区财政出资近百万元为全区 2.48 万户低收入家庭购买小额人身及财产保险,解决了低收入群众因意外伤害造成的返贫现象。

为了彻底解决低收入群众的脱贫问题,宿城全区 2 800 余名机关企事业单位干部职工联系 9 300 余户农户,结合特色镇村建设,大力推进电商扶贫,为低收入群众找到一条成本小见效快的脱贫门路。去年宿城区电子商务年交易额达 30 多亿元,有 1.7 万低收入人口实现了脱贫。

案例思考

与失业人员限定期限领取失业保险金相比,保险扶贫、电商扶贫等精准扶贫政策的创新在社会救助中是否有利于从政府"助你脱贫"向贫困户"我要脱贫"思想的转变。

资料来源:人民日报. 2017-1-26(11).

第一节 社会救助制度概述

一、社会救助的含义和作用

社会救助是指国家和其他社会主体依法对遭受自然灾害、失去劳动能力或者其他低收入公民给予物质帮助或精神救助,以维持其基本生活需求,保障其最低生活水平的各种措施。

社会救助的含义包括:①对每一个公民来说,社会救助是他们应享受的权利,对于国家和社会来说,社会救助是他们应负的社会义务,这种权利和义务是通过立法确定的。②社会救助只有在公民因自然灾害或社会经济等原因造成生活困难,不能维持最低的生活水平时才发生作用。③社会救助项目的受益者通常是无权享受社会保险的穷人,通常包括城乡居民中的灾民和生计发生严重困难的人以及那些在享受了社会保险以后仍然生活在贫困线以下的个人和家庭。④社会救助资金主要来源于财政预算拨款、税收减免或社会捐赠。总之,社会救助具有在权利和义务方面的单向性、资金来源的单一性和享受对象的特殊性等特点。

社会救助是社会保障制度中一个重要的组成部分,其最根本的目的是扶贫济困,保障困难群体的最低生活需求。社会救助制度提供的仅仅是满足公民最低生活需求的资金或实物,目的是在公平与效率之间寻求适度的平衡。它不问致贫原因,只看受助者是否真正贫困,是社会保障制度中的最后一道安全网。它不仅有利于保护社会成员的基本生活,促进社会经济的发展和繁荣,更重要的是有效地弥补了社会保险制度的不足,增强了弱势群体的竞争力,促进了社会公平,稳定了社会秩序。

二、社会救助的特征

与社会保险和社会福利相比,社会救助具有以下特征:

(一)救助目的的基本性

社会救助不是为了提高全体社会成员的生活质量,也不是为了防范社会危险事件的发生而导致的社会成员失去生活保障,而是对已经遭受社会危险并处于生活困境的社会成员给予帮助和支持，使他们摆脱已经陷入的困境。社会救助提供的是最低生活保障，即维持最低生活标准所需的基本生活费用，给付标准一般低于社会保险。

（二）救助对象的特定性

社会救助的实施对象是已经处于生活困境中的社会成员，不像社会保险和社会福利那样具有广泛性。社会保险几乎覆盖了全部的劳动者，社会福利更是惠及全体社会成员，而社会救助一般帮助那些生活贫困者和惨遭不幸的人。而且，随着国家与社会经济水平的日益提高，其对象也日益减少。与此相联系，社会救助的规模应与经济发展的水平成反比。

（三）救助方式的单向性

在实施方式上，社会救助通过单向单纯的利益付与形式，对处于生活困境的社会成员提供物质帮助。在社会保险机制中，通过部分社会成员的共同捐献形成保险基金，保障受保人的生活安全，其所体现的是一种互联关系，而在社会救助领域，利益直接从国家或社会转向受救助的对象，体现的是一种直接的单向的利益赋予关系。

（四）救助的无条件性

申请社会救助是公民的一项基本权利，它不要求权利义务的对等。国家和社会通过社会救助的方式赋予特定的社会成员一定利益，帮助其克服生活困难，摆脱生活困境，这是没有条件的。凡是属于救助范围内的社会成员，国家和社会都应该对其实施帮助，并不以接受救助的对象支付一定的金钱或履行一定的义务为前提。这是由社会救助在整个社会保障体系中的最低保障地位决定的。

三、社会救助资金的来源

如图 11-1 所示，社会救助资金主要源于以下 6 种渠道，并应用于本章第三节将要介绍的 8 项社会救助活动中。

（一）国家财政拨款

国家财政拨款包括中央财政拨款和地方财政拨款，是社会救助资金最主要的来源。每年中央和地方的年度财政预算中都会列出专项资金作为社会救助资金。如表 11-1 所示，2017 年我国全国一般公共预算支出决算数为 203 085.49 亿元，其中社会保障与就业支出为 24 611.68 亿元（占比 12.1%，在 24 类决算支出中排名位居第 2，仅比位居第 1 的教育支出少 5 541.5 亿元，两类支出比为 1∶0.82），社会救助支出决算约为 3 540.51

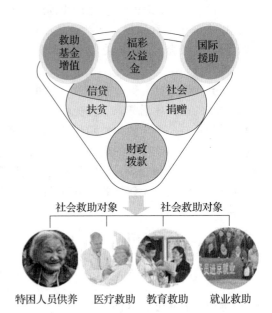

图 11-1 社会救助资金来源及去向

亿元，分别为一般公共支出与社会保障与就业支出的 1.74%、14.4%，即 100 元的一般公共预算支出（或 100 元社保就业支出）中即有约 2 元（或 14 元）的社会救助支出。

表 11-1　2017 年我国一般公共预算中社会保障与就业支出类社会救助决算简表

项　目	金额（亿元）	占比一（%SSEE，%）	占比二（%GPBE，%）
一般公共决算支出（GPBE）①	203 085.49	—	100
其中：社会保障与就业支出（SSEE）②	24 611.68	100	12.1
其中：社会救助支出小计	3 540.51	14.4	1.74
其中：就业补助	817.37	3.3	0.4
残疾人事业	538.01	2.2	0.26
自然灾害生活救助	192.38	0.8	0.09
最低生活保障	1 475.83	6	0.73
临时救助	142.27	0.6	0.07
特困人员供养	259.30	1.1	0.13
补充道路交通事故社会救助基金	1.46	0.01	0.001
其他生活救助	113.89	0.5	0.06

资料来源：财政部. 2017 年全国财政决算［DB/OL］. 2018-07-12. http://yss.mof.gov.cn/qgczjs/index.html.

（二）信贷扶贫

信贷扶贫是指通过金融部门发放低息或无息贷款，支持贫困地区经济开发，扶持贫困户发展生产，自力更生。

（三）社会捐赠

国家鼓励单位和个人等社会力量通过捐赠、设立帮扶项目、创办服务机构、提供志愿服务等方式，参与社会救助。实践证明，利用非政府组织等民间力量，发动民众自愿捐款，是多主体的复合多元救助体系的重要组成部分。

（四）国际援助

国际援助是指在发生大的自然灾害、工业灾难和社会动荡时，由联合国或其他国家给予一定的援助。在大的灾害面前，仅靠一国政府的力量是不够的，在需要救助时，政府应积极争取国际援助。

（五）社会救助基金的增值

社会救助基金由地方政府列入财政预算，专款专用，因基金的管理和运营产生的增值，加入社会救助基金。

---

① 一般公共决算支出（General Public Budget Expenditure，GPBE）。

② 社会保障与就业支出（Social security and employment expenditure，SSEE）。

(六) 福利彩票公益金

正如本书第五章第二节所阐述，社保基金来源中有福利彩票筹资方式及基金来源，社会救助基金也可有来源于依据福利彩票销售收入筹集的福利彩票公益金，如 2016 年社会救助支出中有 30 亿元来源于福利彩票公益金。

第二节　发达国家的社会救助制度

由于政治制度以及经济发展水平等诸多因素的影响，社会救助制度在国际上被引进社会生活的时间以及在社会救助的立法、救助标准、社会救助实施等方面也多有不同。在长期的历史发展中，世界上的许多国家都陆续建立了社会救助制度，并且在反贫困的过程中形成了各具特色的社会救助模式和实践经验。从各国的社会救助实践看，发达国家的社会救助项目齐全、保障全面、水平相对较高，已经超过了早期社会救助提供最低食物保障的阶段。而发展中国家则大多停留在食物保障阶段，但也在不断扩展。此外，一些国家的社会救助制度不仅包括了生活补助、医疗补助、灾害救济，还包括对伤残军人的补助。

一、英国的社会救助制度

英国是世界上最早建立社会救助制度并第一个宣称建成国家福利制度的国家。社会救助、社会保险与社会津贴三大部分组成了英国的社会保障体系。中世纪的英国主要通过基督教会的慈善活动与行会内部互助互济来解决城市贫民的基本生存问题。1531 年亨利八世颁布《救济物品法令》，规定征收救济物品并由地方当局进行分发，标志着英国政府对贫民救济活动的介入。英国于 1601 年颁布《济贫法》(史称"旧济贫法")，在 20 世纪四五十年代确立新型的国民救助制度，又在 1986 年对贫困救助做了较大改革。经过历年的补充完善，英国形成了健全的社会救助体系，其内容主要包括低收入家庭救助、老龄救助、儿童救助、失业救助及疾病救助等。为了规范申请和防止欺骗、冒领等行径，生活补贴委员会每年都印制一本申请须知式的手册，申请人可以按照相关规定申报。

英国实行的社会救助制度是生活补贴形式的补充救助制度，即以生活补贴的形式按照社会救助的给付标准，定期发给申请救助的贫穷者，维持其最低生活、生活补贴一律按绝对金额支付。相关法律规定：对 16 岁以上的公民，其收入不能满足最低生活需要的；对已充分就业的低收入者，如需镶牙、配眼镜、进行外科手术以及无力支付处方费的；对领取社会保险津贴期满，又未重新工作的；对处于社会保险以外的贫困者以及一些流浪人员等提供社会救助。20 世纪 80 年代的资料显示，凡符合社会救助条件的单身人士，每周可领到 21.3 英镑，若其享受长期救助，则每周的生活补贴为 27.15 英镑。所以，救助对象不同以及享受标准不同（含房租和不含房租），生活补贴标准均有差别。享受长期标准的社会救助，一对夫妇获得的生活补贴相当于纳税后工资的 51.4%。一对夫妇和两个未成年子女，享受到的长期标准的生活补贴约相当于一个普通男工纳税后工资的 60%。

为了妥善实施社会救助，不浪费国家资金，也不漏掉救助对象，英国实行了社会救助申请制，即需要救助的家庭或个人必须向社会保障机构递交申请书，提出正式申请，社会保障机构接到申请后，派出专业人员对其家庭经济状况进行调查、核实，在此基础上由生活补贴委员会审查批准，一经批准，则依法按期给付社会救助金。

二、美国的社会救助制度

社会救助在美国称作公共救助或福利补助,是帮助贫困阶层维持最低生活水平和享有某些权益(主要指接受高等教育)的社会保障项目,是社会保障体系的重要组成部分。美国社会救助制度形成于 20 世纪 30 年代。1935 年,在罗斯福总统领导下,美国通过了历史上第一部社会保障法典——《社会保障法》。社会救助作为社会保障的三大项目之一,经过长期的修改补充,制度日趋完善。目前,美国的福利性社会救助项目覆盖面广,已达到应享受人群的 95% 以上,政府提供的社会救助或福利补助有 70 多项,其中主要项目包括抚养未成年子女家庭补助、补充保障收入、医疗补助、食品券和儿童营养项目、一般援助、社会服务和儿童福利服务、住房补助、教育补助等八个方面。

(一)美国社会救助的演变与管理

美国社会救助制度经历了漫长而艰难的演变过程。在 20 世纪 30 年代之前,美国政府所担负的救贫责任极少,发挥的作用也是微乎其微,多数的贫困者、不幸家庭与孤儿仍要依靠民间的慈善组织和教会等社会服务机构进行救助。1929—1933 年大危机期间,确切地说是在 1931 年 9 月 23 日,纽约州率先通过了纽约州失业救助法案,并成立临时紧急救助署,为失业和贫困家庭提供救济,从此将救助的主要责任由慈善机构和民间组织转移到政府。之后的罗斯福新政,强调国家干预社会经济生活。认为每个人的安全只有通过政府调动社会各种力量才能得以保障。罗斯福签署了《联邦紧急救助法》,建立起第一个全国性救助机构——联邦紧急救助署,进一步将救助公民的主要责任从州、市等地方政府转向联邦政府,开辟了社会救助的新纪元。社会救助项目主要是老年人救助、残疾儿童救助和盲人救助。在随后的立法中,又增加了新的社会救助项目,如对抚养儿童的单亲母亲的救助、永久性和完全残疾人员的救助。经过 20 世纪 90 年代克林顿时期的改革,美国社会救助制度日益完备。

美国的社会救助制度规定,公民是否可以享受社会救助是根据每年颁布一次的依据恩格尔系数确定的贫困线来确定的,凡家庭支出中有 1/3 及以上用于购买食物的,便被列为应给予救助的贫困家庭和贫民。因此,美国的贫困线便是以饮食支出的绝对额乘以 3 确定出一个家庭应当具有的最低收入,进而确定贫困线,家庭收入若小于或等于最低收入即贫困线的就可以获得社会救助。凡需领取社会救助的,事先均要进行经济调查。经济调查分为资产调查和劳动收入调查。申请者被调查的收入包括现金、支票、养老金和一些非现金收入,如食品、住所等。食品券的分发是依据家庭的收入水平和家庭人口按月进行的。

美国历史上第一个贫困线是 1963 年由经济学家奥桑斯基计算出来的,一个普通四口之家当年需要花费 1 033 美元购买食物,占家庭收入的 1/3。因此,她将收入 3 100 美元(1 033 美元的 3 倍)作为当年一个四口之家的贫困线。这个数字根据家庭人数而变动,也根据年份而变动。目前,美国的贫困线按不同标准划分为家庭人口数 1 人(区分 65 岁以下和以上)、2 人(区分户主 65 岁以下和以上)、3 人、4 人、5 人、6 人、7 人、8 人、9 人及以上 9 个档次,标准制定后统一向全体国民公布。

美国实行中央、地方政府分别负责的社会救助管理制度,方式有中央政府管理、中央政府定标、中央财政负担的制度(如食品券);也有中央政府定标、地方政府管理、共同出资的制度;还有地方政府定标、地方政府管理并负责全部资金的制度。社会救助资金由联邦政府和州政府共同供给,州政府有较大的自主权,可以决定补助金额的多少。

（二）美国社会救助主要内容

1. 抚养未成年儿童家庭救助

抚养未成年儿童家庭救助是指由政府以现金形式资助单亲有子女家庭，或父母失业家庭和丧失劳动能力的家庭。对于受供养的子女，通常救助到18岁。第二次世界大战后，接受救助家庭的人数增长迅速。1988年，全美国310万家庭中的1 090万人，包括730万儿童享受此项待遇，救助金额达170亿美元。在上述费用中，联邦政府平均支付55%，州政府支付40%，其余部分由地方政府支付，财政困难的州能够获得联邦政府高达80%的资助。尽管联邦政府支付此项救助资金一半以上费用，但该项目的行政管理权却委托给了州政府。由州政府决定项目受益资格标准和受益水平。因此，不同州制定的标准差异较大，资助的标准也不相同。给付标准由各州根据受益人的家庭收入和救助标准决定。例如，1993年在亚拉巴马州有三个子女的家庭最高月资助额为164美元，而在康涅狄格州，同样家庭的月赞助额则高达680美元。申请补助者必须接受对其资产、劳动收入和其他收入来源的调查。

2. 补充保障收入

补充保障收入又称特困人员收入补贴，是旨在救助贫困的65岁以上的老年人或盲人、伤残者而设立的社会保障项目。1993年，联邦政府每月给无收入的伤残者个人补贴434美元，夫妇补贴652美元。为单身老年人提供的资助达到贫困线收入的74%，为老年夫妻提供的资助达到贫困线水平的88%。接受此项资助的个人，除了住房外需满足如下条件：汽车的现行市场价格必须低于4 500美元，人寿保险单的总面值低于1 500美元，单个人自助性财产价值不得超过2 000美元，夫妇不得超过3 000美元。对于部分尚有劳动收入者，每月20美元的社会保障支付、劳动收入的65美元均不计算在收入内，而后每收入1美元，减少50美分补贴。

3. 医疗照顾与医疗救助

美国在1965年开始为公共救助的对象提供医疗照顾，主要为65岁以上老年人和伤残保障受益人支付大部分住院和医疗费用。来自联邦政府的补助经费占50%～80%，并规定了服务的范围和资格要求，而州政府可以有自己的补助标准和资格限定。美国的医疗救助主要面向穷困的老年人、智力有严重缺陷者、盲人和残疾人以及由单身父亲或母亲抚养的未成年子女，这些人几乎占接受医疗援助人员的2/3。

4. 住房救助

住房救助主要是提供低租金的公共住房，房租补贴，住房贷款利息补贴，妇女、婴儿和儿童住房补贴。公共住房是为贫困者提供的免费住房，或低房租的住房。房租补贴是指根据1974年通过的《住房与社区发展法》的规定，间接支付贫困者的房租，贫困者的收入低于该地区平均收入的80%，或低于贫困线的两倍都可以获得房租补助。这个救助项目需要的资金量较大，给联邦政府带来了较大的财政负担。

5. 食品补助

美国的食品补助项目主要由食品券、儿童与老年人营养和剩余食品分配三大项目构成。联邦政府向贫困者提供食品始于20世纪30年代的大萧条时期，最初的资助形式是食品券和学校午餐。20世纪60年代，政府在大力发展这些项目的同时，开始设立其他的儿童营养资助项目。政府用于此方面的开支迅速增长，1970年、1971年联邦在食品券上的支出分别为8.77亿美元和16亿美元，1975年为50亿美元，1981年为118.3亿美元，1989年达到204亿美元。受惠者每年达2 000多万人，到1992年，该项支出达218亿美元，受惠者上升到2 540万人。据估计，食品券领取者中93%的人收入低于贫困线，2/3的人同时也接受公共救助。

6. 低收入家庭能源补助

这是美国政府为了应对能源价格上涨而采取的临时应急措施。美国于1979年首次为该项补助，由各州负责能源补助方案的实施与管理。根据规定，所有收入在贫困线1.5倍以下，或在州中值收入的60%以下的家庭，都有资格领取能源补助金。

7. 强制性儿童补助

美国于1957年对强制性儿童补助进行立法，目的是为了提高儿童补助待遇，鼓励建立父子关系。强制性儿童补助计划负责全国大约50%的儿童补助，其余部分由私人机构、捐款单位和父母共同协议负责。联邦政府负责承担各州强制性儿童补助方案66%的管理费用、各州为建立父子关系支出的费用，以及开发全国范围内的综合性自动化系统所耗成本的90%的费用。

8. 一般社会救助

一般社会救助方案的对象是那些不符合联邦补助方案的贫困者，由各州另行提供一般救助以维持贫困者的生活。有些州直接提供现金支持，有些州则包括医疗给付、住院、丧葬以及其他物质救助。此方案是各州社会福利方案的重点项目。

三、德国的社会救助制度

德国的资本主义经济发展虽然比英国晚，但它却是历史上最早建立社会保障制度的国家。1881年威廉一世在皇帝诏书中颁布了《社会保障法》，其中规定工人因患病、事故、伤残和年老而生活困难时有权得到救助，使基本生活得到保障。1961年德国又颁布了覆盖范围更为广泛的《联邦社会救助法》，规定凡是生活在德国的居民（无论是德国人还是外国人），只要遇到救助法所列的各种困难时，都可以要求得到社会救助。政府设有专门社会救济机构，社会救济的接受者不必提出申请。各级社会救济机构在了解被救济者的处境后，一般都会主动采取相应的救助措施。

德国的社会救助制度大致经历了5个发展阶段：①社会保障与社会救助的萌芽时期（1839—1881年）。这一时期的社会保障和社会救助事业主要是由宗教界和社会团体兴办的慈善事业，它是从自由资产阶级的人道主义出发兴办的。②社会保障与社会救助的形成与缓慢发展时期（1881—1957年）。由于历经两次世界大战，社会经济遭到严重破坏，社会救助的待遇水平一直比较低，这是德国将社会救助制度纳入立法轨道的时期。③社会保障与社会救助的大发展时期（1957—1976年）。经过1957年和1969年对社会救助制度的重大改革，这一时期社会救助的内容更加丰富，使德国进入了"福利国家"的行列。④社会保障与社会救助的调整时期（1976—1989年）。由于20世纪70年代经济衰退，用于社会救助方面的支出超过了国民经济的承受能力，政府不得不从政策上加以调整。⑤社会保障与社会救助的统一政策与发展时期（1989年至今）。"两德"统一后，原东德经济体制与西德接轨，政府采取某些过渡性措施，逐渐统一全国的社会救助制度。

德国的社会救助主要分为两大类，并以家庭为单位进行救助：一类是对特殊困难群体的救助，尤其是对特殊困难家庭的救助，包括残疾人救助、老人救助、病人救助、孕妇救助和产妇救助、在国外的德国人的救助等；另一类是对一般低收入家庭的救助，即低于政府规定最低生活费标准的家庭都可得到社会救助，救助的方式包括给付食品费、生活费、燃料费及杂费等日常生活费用。此外，还有家属津贴，只要有子女的家庭都可以申请，子女越多，得到的家庭津贴也越多。值得一提的是在德国社会救助对象中，对高龄、残疾、妊娠、妇女生育等特殊需求者的救助标准比一般标准高30%。可见政府注意到了弱势群体内部仍然存在着资源禀赋的差异，并针对不同群体的特殊需求"量身定做"了相应的保障内容。

德国是世界上首创社会保险制度的国家，以"自保公助"社会保障模式闻名，旨在以事前预防手段来控制可能产生的社会风险。其社会救助仅仅是社会保险的一个补充，而且也沿袭着社会保险的色彩。德国的社会救助资金只有1/3来自政府和慈善机构补贴，其余2/3的开支由具有法人地位的各种社会保险管理机构承担，是一种社会自治形式。德国还从法制上保障了社会团体和民间组织的合法性和独立性，强调社会力量的重要作用，积极发挥政府和民间组织的互动作用。

四、日本的社会救助制度

日本把社会救助制度通称为生活保障制度，即对贫困者进行最低生活水平保障的制度。由于社会救助是由国家出资进行救助的政府行为，所以该制度又称为国家救济制度。

日本在圣德太子时期（547—622年）开始关注社会救济，但社会救助制度是明治维新（1868年）之后才逐渐建立起来的。明治维新之后的日本，开始以强权政治推动社会从封建制度向资本主义制度过渡。和其他国家一样，日本当时产生了大量失去土地的农民，流离失所的农民涌入城市，造成了失业人口的剧增，城市贫困问题凸显。为解决进入城市的失地农民的保障问题，明治政府于1874年颁布了《恤救规则》，由国家实施最低限度的贫困救助，日本社会性保障由此萌芽，并于1875年开始给退役军人提供年金。这一时期的社会救助规则虽然存在对救济对象有较多限定、救济面狭窄、救济水准低等局限性，但它作为近代日本首次颁布的救济政策，设定了界定社会贫困阶层的界线，对于社会保障制度的形成起到了一定的作用。

明治维新之后，工业化推动日本经济的高速发展，第一次世界大战引发经济危机的叠加，使日本国内贫富差距愈加尖锐。20世纪20年代，垄断资本主义的出现导致日本的社会经济结构发生新的变化，而《恤救规则》所能发挥的救助功能已难以解决日本社会存在的大量贫困人口问题，为维护社会生活秩序，只能动用国家力量对生存困难群体施以社会救助。日本政府于1932年颁布实施了《救护法》，首次明确政府在社会救助中的义务与责任，明确规定救助费用应该由基层行政机构（即市町村）来负担，国家及县级以上政府进行补助，救护范围主要涉及生活扶助、医疗、分娩和就业扶助等四个方面，这标志着日本现代社会救助制度的初步确立。但《救护法》仍然坚持救助范围最小化原则，并剥夺了被救助者的选举权和被选举权，并列示了违反法律法令者不予救济等限制性规定。以此为契机，日本又于1933年、1937年、1938年制定了《防止虐待儿童保险法》《母子保护法》《社会事业法》，推动了20世纪30年代日本社会福利制度的快速发展。在第二次世界大战期间，这些法规扩大了救助对象范围，提高了救助水平，赋予被救助者选举权利，逐步取代了《救护法》而发挥作用，客观上为日本向现代意义上的社会救济乃至社会保障过渡奠定了重要的基础。

第二次世界大战使日本本土受到重创，战后海外士兵及其家属回国，生活贫困与失业人口剧增，扩大和完善扶贫救助为稳定社会秩序的首选措施。1945 年 12 月，日本政府制定了《生活困难者紧急生活援助纲要》，开始实行一系列的扶贫救助措施，对当时的穷困状况起到了一定的缓解作用。1946 年 2 月，以美国为首的盟军最高司令部向日本政府发出公共扶助备忘录，提出了日本战后推行社会救助政策的四点要求：①国家应平等和无差别地救济穷人。②国家应设置全国及地方政府机构，承担起保护劳动人民的责任。③国家不得委托或委任私人团体以转嫁救助责任。④国家应提供充足的实施救济所需财政资金，救助总额不得设置上限。日本政府在《生活困难者紧急生活援助纲要》的基础上，1946 年 10 月制定并实施了《生活保护法》，该法在日本社会保障史上具有划时代的意义，改变了战前日本生活救助对象仅限于极其贫困者的限定原则，第一次采用了无差别保护每一个国民的普惠原则。1950 年，随着日本宪法明确提出了生存权，日本修改《生活保护法》并公布了实施至今的《生活保护法》（新生活保护法⊖），在扩充扶助内容、明确制度实施的行政体制及行政诉讼申请手续等方面使日本《生活保护法》发生了质的变化。之后日本相继颁布了《儿童福利法》《残疾人福利法》《精神病患者福利法》《老年福利法》《母子福利法》，它们与《生活保护法》共同构筑了现今日本公共扶助的"福利六法"体系。

日本现行的社会救助共包括 8 个方面：①生活救助，先由政府确定不同地区的最低生活费用标准，生活有困难的家庭可以根据实际情况与最低标准的差额，向政府申请补助。除这种差额补助外，还对孕产妇、高龄者、单亲母子家庭、残疾人等给予年终一次性发放的额外补贴（如营养费补助、入院患者用品补助等）。②教育救助，由政府根据中、小学校的收费标准，对支付子女教育费存在困难的家庭给予教材费、学校伙食费、上学交通费等方面的补助。③住宅救助，政府给予低收入家庭在支付房费、房租或修理费等方面出现困难时的补助。④医疗救助，当接受生活救助的人生病或受伤时，由政府指定医疗机构就医；或是因支付医疗费使收入低于最低生活标准时，支付现金给予帮助。⑤分娩救助，参照一般费用标准对低收入家庭的分娩妇女给予差额补贴。⑥就业救助，对接受生活救助的人在开业或就职时给予费用补助或参加技能学习时予以补贴。⑦照护救助，对生活不能自理的贫困者提供居家护理、护理用具、住宅改造等相关救助。⑧丧葬救助，对生活困难的家庭在办理丧事时进行补助。

当今世界，无论是发达国家还是发展中国家都普遍建立了社会救助制度，社会救助项目也不断增加。这使每一个社会成员在因为各种原因而陷入困境时能够维持生存，因而构筑起社会保障安全网中的最后一道防线。

第三节　我国的基本社会救助制度

一直以来，我国有关社会救助的法律制度按社会救助项目分散立法，并没有统一的社会救助立法。例如，我国的《防震减灾法》中有关于对地震灾区和灾民救助的规定，《农

⊖ 日本内阁于 2013 年 5 月 17 日通过了《生活保护法》修正案（2014 年 4 月实施），国家赋予地方政府调查权限，对不正当领取生活保护费的行为明确了具体罚则，从而挽回国民对政府履行社会救助责任的信任。

村五保供养工作条例》对农村五保供养制度相关问题做了明确规定,《城市居民最低生活保障条例》对城市居民最低生活保障制度做了具体的规定。为了加强社会救助,保障公民的基本生活,促进社会公平,维护社会和谐稳定,2014年国务院令第649号公布《社会救助暂行办法》(简称《办法》),并于2014年5月1日施行。但该《办法》内容较少,只规定了相对原则,具体的实施仍然依赖我国曾经颁布的社会救助法规或办法。

一、最低生活保障制度

(一) 最低生活保障的含义

最低生活保障是指国家对家庭人均收入低于当地政府公告的最低生活标准,且符合当地最低生活保障家庭财产状况规定的家庭,给予一定的现金资助,以保证该家庭成员基本生活所需的社会保障制度。

(二) 享受最低生活保障的条件及其调整

根据《社会救助暂行办法》第9条和第10条的规定,国家对共同生活的家庭成员人均收入低于当地最低生活保障标准,且符合当地最低生活保障家庭财产状况规定的家庭,给予最低生活保障。最低生活保障标准,由省、自治区、直辖市或者设区的市级人民政府按照当地居民生活必需的费用确定、公布,并根据当地经济社会发展水平和物价变动情况适时调整。最低生活保障家庭收入状况、财产状况的认定办法,由省、自治区、直辖市或者设区的市级人民政府按照国家有关规定制定。

(三) 最低生活保障家庭的申请和管理

首先,由共同生活的家庭成员向户籍所在地的乡镇人民政府、街道办事处提出书面申请;家庭成员申请有困难的,可以委托村民委员会、居民委员会代为提出申请。然后,乡镇人民政府、街道办事处通过入户调查、邻里访问、信函索证、群众评议、信息核查等方式,对申请人的家庭收入状况、财产状况等进行调查核实,提出初审意见,在申请人所在村、社区公示后报县级人民政府民政部门审批。最后,县级人民政府民政部门经审查,对符合条件的申请予以批准,并在申请人所在村、社区公布;对不符合条件的申请不予批准,并书面向申请人说明理由。

(四) 最低生活保障待遇及其变动的管理

对批准获得最低生活保障的家庭,县级人民政府民政部门按照共同生活的家庭成员人均收入低于当地最低生活保障标准的差额,按月发给最低生活保障金;对获得最低生活保障后生活仍有困难的老年人、未成年人、重度残疾人和重病患者,县级以上地方人民政府应当采取必要措施给予生活保障。

最低生活保障家庭的人口状况、收入状况、财产状况发生变化的,应当及时告知乡镇人民政府、街道办事处。县级人民政府民政部门以及乡镇人民政府、街道办事处对获得最低生活保障家庭的人口状况、收入状况、财产状况等也要定期核查,家庭状况发生变化的,县级人民政府民政部门应当及时决定增发、减发或者停发最低生活保障金;决定停发最低生活保障金的,应当书面说明理由。

(五) 我国最低生活保障现状

据《民政统计季报（2018年1～4季度）》(本章涉及的2018年数据均来源于此) 显示：截至2018年年底，民政事业费社会救助累计支出为2 534.2亿元。其中，全国城市低保对象及低保平均标准分别为605.6万户、1 008万人、579.7元／人·月，而农村低保对象及低保平均标准分别为1 902.5万户、3 519.7万人、4 833.4元／人·年。而2017年全年各级财政共支出城市低保资金640.5亿元，比上年增长9.3%，支出农村低保资金1 051.8亿元，比上年增长14.9%。[一]

二、特困人员供养

(一) 特困人员的范围

特困人员包括无劳动能力、无生活来源且无法定赡养、抚养、扶养义务人，或者其法定赡养、抚养、扶养义务人无赡养、抚养、扶养能力的老年人、残疾人以及未满16周岁的未成年人。

(二) 特困人员供养的内容

国家民政部门应该为特困人员提供基本生活条件和疾病治疗，对生活不能自理的特困人员给予照料。当特困人员死亡时，民政部门应当为其办理丧葬事宜。另外，特困供养人员可以在当地的供养服务机构集中供养，也可以在家分散供养，特困供养人员可以自行选择供养形式。

(三) 特困人员供养的申请和管理

申请特困人员供养，由本人向户籍所在地的乡镇人民政府、街道办事处提出书面申请；本人申请有困难的，可以委托村民委员会、居民委员会代为提出申请。特困人员供养的审批程序和最低生活保障待遇的审批程序一样。

特困人员供养标准，由省、自治区、直辖市或者设区的市级人民政府确定、公布。特困人员供养应当与城乡居民基本养老保险、基本医疗保障、最低生活保障、孤儿基本生活保障等制度相衔接。乡镇人民政府、街道办事处及时了解、掌握居民的生活情况，一旦发现符合特困供养条件的人员，应当主动为其依法办理供养。

(四) 特困人员供养的现状

1. 农村特困人员救助情况

截至2018年年底，全国共有农村特困人员454.7万人，比上年减少2.6%。2017年全年各级财政共支出农村特困人员救助供养资金269.4亿元，比上年增长17.7%。2017年全国共有城市特困人员25.4万人。全年各级财政共支出城市特困人员救助供养资金21.2亿元。

如图11-2所示的10年中，农村特困人员下降趋势较缓，城市低保人数下降逾千万且趋势明显，而农村低保人数则呈抛物线状，自2008年开始上升至2013年最高峰，在此后的4年中急剧下降了1 343万人（年均下降336万人）。这充分说明中共十八大后，全国各

[一] 本节数据（除特别说明外）均来自2017年社会服务或人力资源和社会保障事业发展统计公报。

地切实将农村贫困人口的脱贫作为是否全面建成小康社会的标志之一,精准扶贫工作成效显著。

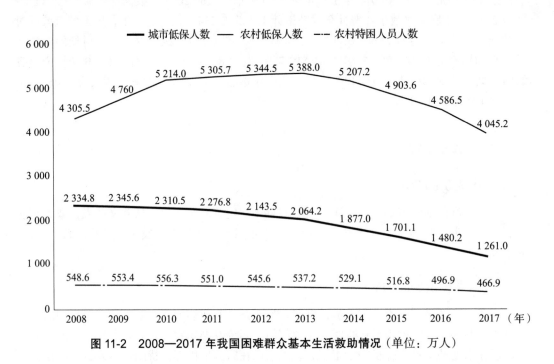

图 11-2　2008—2017 年我国困难群众基本生活救助情况(单位:万人)

2. 孤儿收养登记情况

截至 2018 年年底,全国共有孤儿 32.2 万人,其中集中供养孤儿 7.7 万人、社会散居孤儿 24.5 万人。2018 年全国办理收养登记 15 143 件,其中,涉外收养 1 773 件。

三、受灾人员救助

(一)自然灾害救助对象

根据《社会救助暂行办法》的规定,国家建立健全自然灾害救助制度,对基本生活受到自然灾害严重影响的人员,提供生活救助。自然灾害救助实行属地管理,分级负责。设区的市级以上人民政府和自然灾害多发、易发地区的县级人民政府应当根据自然灾害特点、居民人口数量和分布等情况,设立自然灾害救助物资储备库,保障自然灾害发生后救助物资的紧急供应。

(二)自然灾害救助的应急响应机制与救助方式

当自然灾害发生后,县级以上人民政府或者人民政府的自然灾害救助应急综合协调机构应当根据情况紧急疏散、转移、安置受灾人员,及时为受灾人员提供必要的食品、饮用水、衣被、取暖、临时住所、医疗防疫等应急救助,受灾地区人民政府应当为因当年冬寒或者次年春荒遇到生活困难的受灾人员提供基本生活救助。灾情稳定后,受灾地区县级以上人民政府应当评估、核定并发布自然灾害损失情况。同时,受灾地区人民政府应当在确保安全的前提下,对住房损毁严重的受灾人员进行过渡性安置。当自然灾害危险消除后,受灾地区人民政府民政等部门应当及时核实本行政区域内居民住房恢复重建补助对象,并给予资金、物资等救助。

(三)自然灾害救助的现状

2017年全国各类自然灾害共造成1.4亿人次不同程度受灾,因灾死亡失踪979人,紧急转移安置525.3万人次;农作物受灾面积18 478.1千公顷,其中绝收面积1 826.7千公顷;倒塌房屋15.3万间,损坏房屋157.9万间;因灾直接经济损失3 018.7亿元。国家减灾委、民政部共启动国家救灾应急响应17次,向各受灾省份累计下拨中央财政自然灾害生活补助资金80.7亿元(含中央冬春救灾资金57.3亿元),紧急调拨近3万顶救灾帐篷、11.6万床(件)衣被、3.1万条睡袋、6.9万张折叠床等中央储备生活类救灾物资。

我国对全国灾情做到定期及时发布,民政部、国家减灾委办公室会定期向社会发布全国自然灾害基本情况。例如,2017年8月15日就发布了《2017年7月全国自然灾害基本情况》。⊖ 当灾情发生后,救灾应急响应与救灾工作及财政救灾款项的拨付尤其考验一个国家的灾情应急响应与治理能力。例如,国家减灾委、民政部针对2017年"8·8"四川九寨沟7.0级地震紧急启动国家Ⅲ级救灾应急响应,国家减灾委、国务院抗震救灾指挥部组成联合工作组赶赴灾区,指导和帮助做好抢险救援、受灾群众紧急转移安置、伤病员救治和灾区交通通信抢通保通等各项救灾工作。财政部、民政部于2017年8月9日向四川省安排中央财政自然灾害生活补助资金1亿元,主要用于四川阿坝藏族羌族自治州九寨沟县7.0级地震和凉山彝族自治州普格县泥石流灾区受灾群众紧急转移安置、过渡期生活救助、倒损民房恢复重建和向因灾遇难人员家属发放抚慰金,支持做好受灾群众基本生活救助工作。

四、医疗救助

(一)医疗救助的对象

根据法律规定,可以申请医疗救助的人员包括:最低生活保障家庭成员、特困供养人员、县级以上人民政府规定的其他特殊困难人员。

(二)医疗救助的申请、管理与救助方式

医疗救助的基本方式:对救助对象参加城乡居民基本医疗保险的个人缴费部分给予补贴;对救助对象经基本医疗保险、大病保险和其他补充医疗保险支付后,个人及其家庭难以承担的且符合规定的基本医疗自负费用,给予补助;国家建立疾病应急救助制度,对需要急救但身份不明或者无力支付急救费用的急重危伤病患者给予救助,符合规定的急救费用由疾病应急救助基金支付。

医疗救助标准,由县级以上人民政府按照经济社会发展水平和医疗救助资金情况确定、公布。申请医疗救助的,应当向乡镇人民政府、街道办事处提出,经审核、公示后,由县级人民政府民政部门审批。最低生活保障家庭成员和特困供养人员的医疗救助,由县级人民政府民政部门直接办理。县级以上人民政府应当建立健全医疗救助与基本医疗保险、大病保险相衔接的医疗费用结算机制,为医疗救助对象提供便捷服务。

⊖ 民政部. 2017年7月全国自然灾害基本情况[DB/OL]. 2017-08-15. http://www.mca.gov.cn/article/zwgk/mzyw/201708/20170800005469.shtml.

(三) 医疗救助的现状

《2018 年医疗保障事业发展统计快报》显示：2018 年，资助参加基本医疗保险人数 4 971.59 万人（其中，重点救助对象 1 848.14 万人）。实施门诊和住院救助 3 824.59 万人次（其中，重点救助对象 1 856.98 万人次），支出 281.65 亿元，住院和门诊每人次平均救助水平分别为 1 255.03 元和 154.19 元。而 2017 年资助参加基本医疗保险 5 621 万人，支出 74 亿元，人均补助水平 131.6 元。实施住院和门诊医疗救助 3 517.1 万人次，支出 266.1 亿元，住院和门诊每人次平均救助水平分别为 1 498.4 元和 153.2 元。全年累计资助优抚对象 367.1 万人次，支出优抚医疗补助资金 36.1 亿元，人均补助水平 982.3 元。

五、教育救助

(一) 教育救助的对象

根据法律规定，国家对在义务教育阶段就学的最低生活保障家庭成员、特困供养人员，给予教育救助。另外，对在高中教育（含中等职业教育）、普通高等教育阶段就学的最低生活保障家庭成员、特困供养人员，以及不能入学接受义务教育的残疾儿童，可以根据实际情况给予适当教育救助。

(二) 教育救助的方式、申请与管理

教育救助根据不同教育阶段需求，采取减免相关费用、发放助学金、给予生活补助、安排勤工助学等方式实施，保障教育救助对象基本学习、生活需求。救助标准由省、自治区、直辖市人民政府根据经济社会发展水平和教育救助对象的基本学习、生活需求确定、公布。

申请教育救助，应当按照国家有关规定向就读学校提出，按规定程序审核、确认后，由学校按照国家有关规定实施。例如，海南省民政厅 2012 年 8 月首次向考入全日制大专以上院校的城乡低保家庭子女和孤儿及在校就读的困难学生实施一次性 3 000～5 000 元的教育救助，救助金额最高达 5 000 元。

六、住房救助

(一) 住房救助的对象

《社会救助暂行办法》规定：国家对符合规定标准的住房困难的最低生活保障家庭、分散供养的特困人员，给予住房救助。这里的规定标准由各地根据本地的实际情况执行。

(二) 住房救助的申请、管理与救助方式

城镇家庭申请住房救助的，经由乡镇人民政府、街道办事处或者直接向县级人民政府住房保障部门提出，经县级人民政府民政部门审核家庭收入、财产状况和县级人民政府住房保障部门审核家庭住房状况并公示后，对符合申请条件的申请人，由县级人民政府住房保障部门通过配租公共租赁住房、发放住房租赁补贴等方式优先给予保障。农村家庭申请住房救助的，按照县级以上人民政府有关规定通过农村危房改造等方式进行救助。住房困难标准和救助标准，由县级以上地方人民政府根据本行政区域经济社会发展水平、住房价

格水平等因素确定、公布。

为进一步完善公租房运营管理机制，更好地吸引企业和其他机构参与公租房运营管理，住房城乡建设部、财政部 2018 年 9 月根据地方自愿原则以及公租房发展情况，确定在浙江、安徽、山东、湖北、广西、四川、云南、陕西等 8 个省（区）开展政府购买公租房运营管理服务试点工作，并印发了《推行政府购买公租房运营管理服务的试点方案》以指导督促试点省（区）确定的试点市、县执行。

七、就业救助

（一）就业救助的对象和救助方式

《社会救助暂行办法》规定：国家对最低生活保障家庭中有劳动能力并处于失业状态的成员，通过贷款贴息、社会保险补贴、岗位补贴、培训补贴、费用减免、公益性岗位安置等办法，给予就业救助。最低生活保障家庭有劳动能力的成员均处于失业状态的，县级以上地方人民政府应当采取有针对性的措施，确保该家庭至少有一人就业。

（二）就业救助对象的义务

最低生活保障家庭中有劳动能力但未就业的成员，应当接受人力资源社会保障等有关部门介绍的工作；无正当理由，连续 3 次拒绝接受介绍的与其健康状况、劳动能力等相适应的工作的，县级人民政府民政部门应当决定减发或者停发其本人的最低生活保障金。

（三）就业救助的申请、管理与救助方式

申请就业救助的，向住所地街道、社区公共就业服务机构提出，公共就业服务机构核实后予以登记，并免费提供就业岗位信息、职业介绍、职业指导等就业服务。吸纳就业救助对象的用人单位，按照国家有关规定享受社会保险补贴、税收优惠、小额担保贷款等就业扶持政策。

（四）我国就业及保障现状

我国 2017 年共为 66 万名劳动合同期满未续订或者提前解除劳动合同的农民合同制工人支付了一次性生活补助，全年共向 45 万户参保企业发放稳岗补贴 198 亿元，惠及职工 5 192 万人，共向 11 万失业保险参保职工发放技能提升补贴 3 亿元，共有 16 个省份和新疆兵团发放价格临时补贴 7 282 万元。

八、临时救助

（一）临时救助的对象

《社会救助暂行办法》规定，国家对因火灾、交通事故等意外事件，家庭成员突发重大疾病等原因，导致基本生活暂时出现严重困难的家庭，或者因生活必需支出突然增加超出家庭承受能力，导致基本生活暂时出现严重困难的最低生活保障家庭，以及遭遇其他特殊困难的家庭，给予临时救助。另外，国家对生活无着落的流浪、乞讨人员提供临时食宿、急病救治、协助返回等救助。

（二）临时救助的申请、管理与协调

申请临时救助的，向乡镇人民政府、街道办事处提出，经审核、公示后，由县级人民政府民政部门审批；救助金额较小的，县级人民政府民政部门可以委托乡镇人民政府、街道办事处审批。情况紧急的，可以按照规定简化审批手续。

公安机关和其他有关行政机关的工作人员在执行公务时发现流浪、乞讨人员的，应当告知其向救助管理机构求助。对其中的残疾人、未成年人、老年人和行动不便的其他人员，应当引导、护送到救助管理机构；对突发急病人员，应当立即通知急救机构进行救治。

（三）临时救助的救助现状

2017 年临时救助累计救助 970.3 万人次，其中救助非本地户籍对象 11.9 万人次。全国各级财政共支出临时救助资金 107.7 亿元，平均救助水平为 1 109.9 元／人·次。

全国各地在积极贯彻实施国务院《社会救助暂行办法》的社会救助实践中，结合自身实际形成了许多有益的创新。例如，上海市人大常委会 2018 年 11 月 22 日表决通过的《上海市社会救助条例》（2019 年 5 月起实施）就形成了"9+1"社会救助制度体系，即"以最低生活保障、特困人员供养为基础，支出型贫困家庭生活救助、受灾人员救助和临时救助为补充，医疗救助、教育救助、住房救助、就业救助等专项救助相配套，社会力量充分参与"的社会救助制度体系，基本实现了救助范围覆盖城乡、操作程序明确规范、困难群众应保尽保、救助水平逐步提高的制度目标。

第四节　中国特色扶贫道路与小康社会建设

贫困是人类长期面临的社会现象。贫困问题至今依旧困扰着世界各国，是社会发展的首要挑战。社会主义的目的就是要全国人民共同富裕，不是两极分化[一]。消除贫困、改善民生、逐步实现共同富裕，是社会主义的本质要求，是中国共产党的重要使命。[二]

中华人民共和国成立以来，特别是改革开放以来，中国扶贫开发工作不断推进，使 7 亿多人摆脱了贫困，在世界上得到广泛赞誉[三]。党的十八大以来，以习近平同志为核心的党中央把脱贫攻坚作为全面建成小康社会的突出短板和底线目标。2013 年以来，中国逐步实施精准扶贫精准脱贫方略，取得显著成绩：2013—2016 年，中国农村贫困人口年均减少 1 391 万，累计脱贫 5 564 万人，贫困发生率从 2012 年年底的 10.2% 下降至 2016 年年底的 4.5%。到 2020 年，中国现行标准[四]下的农村贫困人口将全部脱贫，这意味着中国绝对贫困问题得到历史性解决，提前 10 年实现联合国 2030 年可持续发展议程确定的减贫目标，继续走在全球减贫事业的前列。从全球看，中国精准扶贫精准脱贫方略将为更有效地进行贫困治理提供中国方案。具体而言，中国特色扶贫道路至今经历了以下三个历史阶段。

[一] 邓小平. 邓小平文选（第 3 卷）[M]. 北京：人民出版社，2000：110-111.
[二] 《国务院关于印发"十三五"脱贫攻坚规划的通知》（国发〔2016〕64 号），发布日期为 2016 年 12 月 4 日。
[三] 联合国《2015 年千年发展目标报告》中称中国对全球减贫的贡献率为 70%。
[四] 2011 年我国制定了农民人均年纯收入 2 300 元（2010 年不变价）的农村扶贫标准，该标准每年根据物价指数等动态调整（如 2016 年国家扶贫标准调整为 2 952 元／人／年）。世界银行为发展中国家制定的绝对贫困标准是 1.25 美元／人／天（2015 年 10 月已调整为 1.9 美元／人／天）。

一、建立社会主义制度与奠定减贫基础（1949—1977 年）

1949 年，中华人民共和国成立，实现了民族独立、人民解放。但是，封建土地制度造成中国农业生产力落后，农民普遍贫困。有外国人预言，中国政府解决不了人民的吃饭问题。在一穷二白基础上，中国共产党领导人民实行土地改革，建立社会主义制度，解放和发展生产力，在较短时间内解决了全国人民的吃饭问题。

（一）土地改革

中华人民共和国成立时，占全国农户总数不到 7% 的地主占据着 50% 以上的耕地，大多数农民靠租地为生，生活在贫困中。1950 年 6 月，《中华人民共和国土地改革法》颁布，党领导人民有步骤地开展了废除封建土地制度的土地改革运动。到 1952 年年底，全国基本完成土地改革，废除了封建土地制度。实现耕者有其田，极大地解放农村生产力，为缓解农村大面积贫困奠定了重要基础。

（二）把农户"组织起来"

为了克服小农经济的脆弱性，防止农村出现新的两极分化，1951 年 9 月中共中央召开全国第一次互助合作会议，制定《中共中央关于农业生产互助合作的决议（草案）》。为了发展生产，兴修水利，抵御自然灾害，采用农业机械和其他先进技术，需要把农户"组织起来"，发挥农民劳动互助的积极性。到 1952 年年底，组织起来的农户达 1 144.8 万户，占全国总农户的 40%。1953 年年底，中共中央制定《关于发展农业生产合作社的决议》。1955 年，全国掀起社会主义改造高潮。到 1956 年年底，全国 96% 的农民参加合作社，实现了土地公有化，在广大农村建立起社会主义集体所有制经济。1958 年 8 月，中共中央通过了《关于在农村建立人民公社问题的决议》，当年全国 99% 以上的农户加入人民公社。

（三）支持发展生产的政策

1950 年，中华全国供销合作联合总社成立，负责解决农业生产的购销困难。1951 年 2 月，政务院发布《关于 1951 年农林生产的决定》，制定鼓励农民安心生产、发家致富的 10 项政策。1957 年，《1956 年到 1957 年全国农业发展纲要（草案）》颁布实施，这是中国历史上第一个农业农村发展的中长期规划，按照不同地区的自然条件和经济状况，规定粮食亩产目标。全国掀起农田水利基本建设高潮。

1949—1952 年，国家用于农业的投入和银行贷款逐年增加。直接参加水利工程建设的劳动力超过 2 000 万人，千百年来威胁人民生命财产的水患开始得到防治。农业综合生产能力提高，粮食产量从 2 263.6 亿斤⊖增加到 3 278.4 亿斤，增长 44.8%。棉花、烤烟、黄麻、甘蔗等农产品也超过新中国成立前的最高年产量。1953 年，为了满足工业化带来的城镇人口增加对粮食等农产品的需求，农业增产增收支持工业化，国家实行了粮食和油料统购统销政策。

（四）探索建立农村社会保障制度

1954 年颁布的《中华人民共和国宪法》规定："中华人民共和国公民在年老、疾病或者丧失劳动能力的情况下，有从国家和社会获得物质帮助的权利。"随着农村集体所有制

⊖ 1 斤 =0.5 千克。

经济的建立,中国开始探索建立农村社会保障制度。在基本医疗保障政策方面,合作医疗、"赤脚医生"构成了农村基本的医疗服务体系;在救济救灾方面,农村居民因自然灾害等原因造成的吃穿住医等方面的困难,由国家提供急需的物资和资金;在五保供养政策方面,农村集体对于无依无靠的鳏寡孤独实行"五保"制度,即保吃、保穿、保烧、保教、保葬;在优抚安置方面,国家对现役军人、伤残军人、复员退伍军人、革命烈士家属、因公牺牲军人家属、病故军人家属、现役军人家属提供不同形式的帮助;在义务教育政策方面,建立由县、乡(公社)和农民集体共同承办农村小学教育的体制。

二、改革农村体制并实施开发扶贫(1978—2011年)

1978年12月18～22日,中国共产党十一届三中全会在北京召开,会议作出把党和国家的工作中心转移到经济建设上来、实行改革开放的历史性重大决策,实现了中华人民共和国成立以来我们党历史上具有深远意义的伟大转折,开启了中国改革开放历史新时期。

改革开放以来,中国政府实施以解决农村贫困人口温饱问题为主要目标的有计划、有组织、大规模的扶贫开发,贫困人口大幅减少,群众生活水平显著提高,贫困地区面貌发生了翻天覆地的变化。建立健全与经济发展水平相适应的社会保障体系,是经济社会协调发展的必然要求,是社会稳定和国家长治久安的重要保证。中国建立完善农村最低生活保障制度、五保供养制度、新型农村合作医疗制度、农村医疗救助制度、灾害救助、新型农村社会养老保险,为人民群众过上好日子提供有力保障。

(一)体制改革推动扶贫阶段

农村经济体制改革成为中国农村经济发展的巨大动力,促进了国民经济快速发展,极大激发了农民的劳动热情,使大批贫困农民脱贫致富,农村贫困现象大幅度减少。

1. 家庭联产承包责任制的建立

从中共十一届四中全会通过《中共中央关于加快农业发展若干问题的决定》到1983年,农村普遍建立了家庭联产承包责任制,极大地解放并发展了农村生产力;调动了农民的积极性,粮食和其他农产品都大幅度增加,农民收入大幅提高,使长期困扰中国经济发展的农产品短缺问题得到了基本缓解。

2. 农村金融支农惠农

恢复中国农业银行,明确提出大力支持农村商品经济,提高资金使用效益,开办专项贷款业务,支持了家庭承包经营、乡镇企业和国有农业企业的发展。

3. 农村劳动力转移

制定一系列政策和措施,扶持乡镇企业发展,准许农民自筹资金、自理口粮,进入城镇务工经商,允许鼓励农村劳动力进入非农产业、跨区域、城乡流动务工。农村劳动力的转移流动成为脱贫致富的重要途径。

4. 实施专项扶贫工作

1982年12月10日,中国政府决定对以甘肃省定西市为代表的中部干旱地区、河西地区和宁夏回族自治区西海固地区实施"三西"农业建设计划。"三西"建设开创了中国区域性扶贫先河,并为全国性扶贫开发积累了丰富经验,在中国乃至世界减贫史上都具有重要意义。

5. 以工代赈

1984年，为改善贫困地区基础设施，国家实施以工代赈计划，通过实物或现金的投入，为贫困地区经济发展创造良好的基础条件，提高贫困地区自我发展的能力。

（二）有组织、有计划、大规模的农村扶贫开发

1986年，中国启动有组织、有计划、大规模的农村扶贫开发。中国先后制定实施《国家八七扶贫攻坚计划（1994—2000年）》和《中国农村扶贫开发纲要（2001—2010年）》，不断加大扶贫投入和工作力度，不断完善解决温饱的制度保障，不断激发贫困地区发展的内在活力，不断凝聚社会各界参与减贫事业的强大合力。到2010年年底，农村居民生存和温饱问题基本解决，贫困地区面貌发生深刻变化。新世纪头十年扶贫开发的巨大成就，不仅为中国经济发展、政治稳定、民族团结、边疆巩固和社会和谐发挥了重要作用，而且为全球减贫事业做出了重大贡献。

1996年9月23日，时任中共中央总书记江泽民在中央扶贫开发工作会议上发表重要讲话："到本世纪末基本解决我国农村贫困人口温饱问题，这是党中央、国务院既定的战略目标。由救济式扶贫转向开发式扶贫，是扶贫工作的重大改革，也是扶贫工作的一项基本方针。"⊖

2011年11月29日，中央扶贫开发工作会议在北京召开。时任中共中央总书记、国家主席、中央军委主席胡锦涛在会议上发表重要讲话："深入推进扶贫开发，扎实做好新阶段扶贫开发工作，对维护人民根本利益、巩固党的执政基础、确保国家长治久安、实现全面建设小康社会和社会主义现代化宏伟目标具有极为重大的意义。"

1. 国家专项扶贫工作

国家财政安排专项资金支持地方各级政府和相关部门，主要是扶贫部门组织实施扶贫活动。按照"省负总责、县抓落实、工作到村、扶贫到户"的要求，组织实施整村推进、以工代赈、产业扶贫、易地扶贫搬迁、就业促进、扶贫试点、革命老区建设等专项工程。

2. 农村的水、电、路、气、房、通信设施得到极大改善

通过农村饮水安全工程、道路及通信基础设施建设等使贫困农村群众喝上安全的饮用水、用上环保的沼气，居住、道路、通信等设施得到极大改善，过上安居乐业的幸福生活。例如，甘肃省东乡县农村饮水安全工程顺利供水；广西壮族自治区东兰、巴马与凤山3个县开展以基础设施建设为主要内容的"东巴凤大会战"，实现东兰县武篆镇至弄竹村通村四级砂石路的建成；四川省凉山州彝族群众脱贫后住上新房、过上幸福生活。

3. 产业扶贫

通过大力发展地方优势特色产业等措施带动贫困人口就业、增加农牧民收入。例如，内蒙古自治区巴彦淖尔市乌拉特中旗产业化养殖巴美肉羊，江西省宁都县连片开发黄鸡、茶叶产业基地，湖北省通山县大力发展香菇种植产业，安徽省宿州市埇桥区大力发展现代农业等。

4. 易地扶贫搬迁

甘肃省南部贫困山区移民纪实：甘肃省总面积39万多平方公里，有2/3的地区水土资源贫乏、自然条件恶劣、人口超载。从20世纪80年代起，国家投入大量人力、物力和

⊖ 江泽民. 江泽民文选（第1卷）[M]. 北京：人民出版社，2006：547-552.

财力，兴建水电设施，使部分农民摆脱了贫困。1983年，国家实施移民计划，向中部的沿黄河提水灌溉区和河西走廊的酒泉、张掖、武威等地分批移民。

5. 就业促进

通过职业教育、就业促进计划等，使贫困地区人口就业时拥有一技之长，如河南省驻马店市"雨露计划"培训就业学员外出实习，甘肃省渭源县大力发展职业教育，青海省通过"雨露计划"对贫困人口进行培训等。

6. 扶贫试点

在导致贫困的原因及脱贫途径具有一定代表性的地区，通过边境扶贫、健康扶贫、革命老区扶贫等进行有针对性的扶贫试点，经综合施策后消除贫困的成功经验，可以复制到类似贫困地区，此乃因地制宜脱贫的上策。

（1）新疆阿合奇边境扶贫。新疆维吾尔自治区阿合奇县与吉尔吉斯斯坦相邻。2007年，阿合奇县被列为边境扶贫试点。通过扶贫开发，教育、医疗、生产生活基础设施得到改善，农牧民收入增加，生活条件明显好转。

（2）实施健康扶贫工程——防治大骨节病试点。四川阿坝是中国唯一的藏族羌族自治州，神奇美丽的阿坝高原是藏、羌、回、汉各族同胞世代生活居住的人间仙境。但是，阿坝也是世界罕见的大骨节病高发区，这种病的流行时间长、分布广、病人多、病情重。近年来，国家先后实施了一系列支持藏区加快发展、改善民生、富民安康的重大举措，取得显著成效。

（3）广西百色扶贫，十年会战斗贫穷。广西壮族自治区百色市是著名的革命老区。在这片喀斯特地貌的土地上，缺水、缺土、缺粮、缺电，行路难、上学难、看病难、发展难长期困扰着山区群众。1997年，轰轰烈烈的百色扶贫攻坚"十大会战"正式打响，人畜饮水工程建设、乡村公路建设、村村通电、村村通广播电视、茅草房改造、改善办学条件、地头水柜建设、异地安置移民开发、沼气池建设和边境基础设施建设取得重大进展。

7. 行业扶贫

教育、医疗、广电、科技等部门分别制定了本部门、本系统的扶贫开发具体实施方案，提出了一系列有利于贫困地区发展和贫困群众脱贫的优惠政策，在资金、物资、技术上向贫困地区倾斜，积极为贫困地区做出贡献。

8. 社会扶贫

脱贫攻坚是中国全社会共同的责任。实践中，中国探索了东西部扶贫协作、定点扶贫、军队和武警参与扶贫等多种方式，同时动员民营企业、社会组织、公民个人根据自身特点和优势积极参与扶贫开发，加强减贫领域的国际交流与合作。例如，上海市帮扶的云南省红河州石屏县牛街镇老旭甸村羊乃菜村民组、援建的云南省红河州异龙镇麻栗树村以及福建省长乐市援建的宁夏回族自治区隆德县长乐幼儿园。在定点扶贫方面，如军队和武警部队官兵资助部分家庭贫困失学儿童；在社会动员方面，贵州省贵阳市16个民营企业组团以投资建厂或培训技术人员等方式，帮助当地贫困群众脱贫。

9. 参与式扶贫

发挥群众的主体作用，作为国际社会公认的模式，参与式扶贫在中国许多农村地区日益活跃。以工代赈、小额信贷、整村推进、"政府＋公司＋农户"、劳务输出、自愿搬迁移民等发挥群众主体作用的模式使越来越多的贫困群众受益。特殊贫困群体的扶贫，扶持少数民族群众发展，扶持农村贫困妇女发展，扶持农村贫困残疾人发展。

三、精准脱贫攻坚战与全面小康百年梦（2012年至今）

中共十八大以来，以习近平同志为核心的党中央把脱贫攻坚摆到治国理政的重要位置，提升到事关全面建成小康社会、实现第一个百年奋斗目标的新高度，纳入"五位一体"总体布局和"四个全面"战略布局。

（一）小康不小康，关键看老乡

中国共产党第十八次全国代表大会于2012年11月8日至14日在北京举行。习近平总书记指出："小康不小康，关键看老乡，关键在贫困的老乡能不能脱贫。"让农村贫困人口如期脱贫是最终判断中国是否全面建成小康社会的重要标志。

（二）实施精准扶贫、精准脱贫方略，全面打赢脱贫攻坚战

中共十八届五中全会将农村贫困人口脱贫作为全面建成小康社会的底线目标进行安排部署。中央扶贫开发工作会议和《中共中央国务院关于打赢脱贫攻坚战的决定》对"十三五"脱贫攻坚做出全面部署。

1. 奋斗目标

到2020年，稳定实现农村贫困人口不愁吃、不愁穿，义务教育、基本医疗和住房安全有保障。确保我国现行标准下农村贫困人口实现脱贫，贫困县全部摘帽，解决区域性整体贫困。

2. 基本方略

实行精准扶贫、精准脱贫，贵州省威宁县在精准识别中探索了"四看"法：一看房，二看粮，三看劳动力强不强，四看家中有没有读书郎。通过对贫困对象进行精确识别，采取有针对性的扶贫措施，最终实现精准脱贫。

3. 主要途径

分类施策、对症下药。第一，发展特色产业脱贫，制定贫困地区特色产业发展规划，出台专项政策，统筹使用涉农资金，重点支持贫困村、贫困户因地制宜发展种养业和传统手工业。第二，引导劳务输出脱贫，加大劳务输出培训投入，统筹使用各类培训资源，以就业为导向，提高培训的针对性和有效性。第三，对居住在生存条件恶劣、生态环境脆弱、自然灾害频发等地区的贫困人口，实施易地扶贫搬迁。例如，宁夏回族自治区易地扶贫搬迁起步早、效果好，为全国探索了路子、积累了经验。第四，结合生态保护脱贫，国家实施一系列重大生态工程，在项目和资金安排上向贫困地区倾斜，提高贫困人口的参与程度和受益程度。第五，着力加强教育脱贫，加快实施教育扶贫工程，国家教育经费向贫困地区、基础教育倾斜，让贫困家庭子女都能接受公平、有质量的教育，阻断贫困代际传递。例如，中国国际扶贫中心和湖北省扶贫办在国外民间组织支持下，在湖北80个贫困村开展了儿童综合减贫发展项目。开展医疗保险和医疗救助脱贫，实施健康扶贫工程，保障贫困人口享有基本医疗卫生服务，努力防止因病致贫、因病返贫。第六，实行农村最低

生活保障制度兜底脱贫，完善农村最低生活保障制度，对无法依靠产业扶持和就业帮助脱贫的家庭实行政策性保障兜底。第七，探索资产收益扶贫，在不改变用途的情况下，财政专项扶贫资金和其他涉农资金投入有关项目形成的资产，折股量化给贫困村和贫困户，尤其是丧失劳动能力的贫困户。[一]

（三）加强贫困地区基础设施建设，加快破除发展瓶颈制约

第一，加快交通、水利、电力建设。第二，加大"互联网+"扶贫力度。第三，加快农村危房改造和人居环境整治。第四，对革命老区、民族地区、连片特困地区脱贫攻坚的重点支持。例如，援藏惠民"新生村"——西藏自治区林芝地区工布江达县金达镇新生村环绕寺庙依山而建，房屋是村民用石片和泥土自建的简易房，同时，当地的水质问题也造成了大多数村民患有大骨节病。2004年，福建援藏干部通过近一年时间给群众做工作，使该村村民全体一致同意搬迁到毗邻318国道的新生村现址，通过发展运输业、家庭旅馆业、奶牛养殖业，该村现已成为当地的小康示范村。

（四）强化政策保障，健全脱贫攻坚支撑体

加大中央财政扶贫投入力度，发挥政府投入在扶贫开发中的主体和主导作用。积极开辟扶贫开发新的资金渠道：第一，加大金融扶贫力度，鼓励和引导各类金融机构加大对扶贫开发的支持。第二，运用多种货币政策工具，向金融机构提供长期、低成本的资金，用于支持扶贫开发。第三，完善扶贫开发用地政策，利用土地收益支持易地扶贫搬迁，帮助贫困地区，根据第二次全国土地调查及最新年度变更调查结果，调整、完善土地利用总体规划。第四，发挥科技、人才支撑作用，加大科技扶贫力度，解决贫困地区特色产业发展和生态建设中的关键技术问题。

（五）广泛动员全社会力量，合力推进脱贫攻坚

健全东西部扶贫协作机制，加大东西部扶贫协作力度，建立精准对接机制，使帮扶资金主要用于贫困村、贫困户；健全定点扶贫机制，进一步加强和改进定点扶贫工作，建立考核评价机制，确保各单位落实扶贫责任；健全社会力量参与机制，鼓励支持民营企业、社会组织、个人参与扶贫开发，实现社会帮扶资源和精准扶贫有效对接。

（六）大力营造良好氛围，为脱贫攻坚提供强大精神动力

创新中国特色扶贫开发理论，深刻领会习近平总书记扶贫开发战略思想，系统总结中国党和政府领导亿万人民摆脱贫困的历史经验，不断丰富、完善中国特色扶贫开发理论，为脱贫攻坚注入强大思想动力。

改革开放以来，中国走出了一条中国特色减贫道路。坚持改革开放，保持经济快速增长，不断出台有利于贫困地区和贫困人口发展的政策，为大规模减贫奠定了基础、提供了条件。坚持政府主导，把扶贫开发纳入国家总体发展战略，开展大规模专项扶贫行动，针对特定人群组织实施妇女儿童、残疾人、少数民族发展规划。坚持开发式扶贫方针，把发展作为解决贫困的根本途径，既扶贫又扶志，调动扶贫对象的积极性，提高其发展能力，发挥其主体作用。坚持动员全社会参与，发挥中国制度优势，构建了政府、社会、市

[一] 郭正礼，李文庆，张廉. 2016宁夏生态文明蓝皮书［M］. 青海：宁夏人民出版社，2015：96-97.

场协同推进的大扶贫格局,形成了跨地区、跨部门、跨单位、全社会共同参与的多元主体的社会扶贫体系。坚持普惠政策和特惠政策相结合,先后实施《国家八七扶贫攻坚计划(1994—2000年)》《中国农村扶贫开发纲要(2001—2010年)》《中国农村扶贫开发纲要(2011—2020年)》,在加大对农村、农业、农民普惠政策支持的基础上,对贫困人口实施特惠政策,做到应扶尽扶、应保尽保。

加强贫困地区乡风文明建设,培育和践行社会主义核心价值观,大力弘扬中华民族自强不息、扶贫济困传统美德,振奋贫困地区广大干部群众精神,坚定改变贫困落后面貌的信心和决心,凝聚全党全社会扶贫开发强大合力。

扎实做好脱贫攻坚宣传工作,做好国内宣传,让人们了解政策、树立信心。加强对外宣传,讲好中国减贫故事,共享中国减贫经验,阐释中国减贫理念。加强国际减贫领域交流合作,如2015年4月25日尼泊尔发生8.1级地震,中国扶贫基金会在第一时间到达现场开展救援,推进灾后重建项目。

(七)切实加强党的领导,为脱贫攻坚提供坚强政治保障

坚持中央统筹、省负总责、市县抓落实的工作体制。22个省区市向中央签订责任书。充分发挥各级党委总揽全局、协调各方的领导核心作用,严格执行脱贫攻坚一把手负责制,省市县乡村五级书记一起抓。加强贫困乡镇和村级领导班子建设,发挥基层党组织战斗堡垒作用。

(八)农村低保指导标准与国家扶贫标准"两线合一"

我国在实现"应保尽保、应扶尽扶"的社会救助实践中,部分省份将农村低保指导标准与国家扶贫标准"两线合一"。例如,湖南省从2017年1月开始,全省农村低保指导标准按3 026元/年提高后的标准执行,并将符合扶贫条件的农村低保户纳入建档立卡扶贫户,将符合低保条件的建档立卡贫困户纳入农村低保,实现"两线合一"的无缝对接。民政部和国务院扶贫办2017年发布了《关于进一步加强农村最低生活保障制度与扶贫开发政策有效衔接的通知》,要求各地要充分考虑农村低保和扶贫开发在资格条件、认定标准、收入计算等方面存在的差异,坚持实事求是,不能片面要求提高或降低两类对象重合比例。

◆ 本章小结

1. 社会救助的内涵

社会救助是指国家和其他社会主体依法对遭受自然灾害、失去劳动能力或者其他低收入公民给予物质帮助或精神救助,以维持其基本生活需求,保障其最低生活水平的各种措施。社会救助是社会保障制度中最后一道安全网,根本目的是扶贫济困,保障困难群体的最低生活需求;能够有效弥补社会保险制度的不足,增强弱势群体竞争力,促进社会公平与稳定社会秩序。

2. 社会救助的特征

救助目的的救治性、救助对象的特定性、救助方式的单向性、救助的无条件性。

3. 社会救助资金的主要来源

国家财政拨款、信贷扶贫、社会捐赠、国际援助、社会救助基金的增值。

4. 发达国家的社会救助制度

世界上的许多国家都陆续建立了社会

救助制度,并在反贫困的过程中形成了各具特色的社会救助模式和实践经验。发达国家的社会救助项目齐全、保障全面、水平相对较高,已经超过了早期社会救助提供最低食物保障的阶段。

5. 我国的基本社会救助制度

我国2014年5月1日施行《社会救助暂行办法》,包括的救助项目及其基本内容如下。

(1)最低生活保障:对家庭人均收入低于当地政府公告的最低生活标准且符合当地最低生活保障家庭财产状况规定的家庭,给予一定现金资助,以保证该家庭成员基本生活所需的社会保障制度。

(2)特困人员供养:政府为特困人员提供基本生活条件、疾病治疗、生活照料、丧葬等保障。

(3)受灾人员救助:向基本生活受到自然灾害严重影响的人员提供的生活救助。

(4)医疗救助:向最低生活保障家庭成员、特困供养人员提供的医疗费用补贴。

(5)教育救助:对在义务教育阶段、高中教育(含中等职业教育)、普通高等教育阶段就学的最低生活保障家庭成员、特困供养人员及不能入学接受义务教育的残疾儿童给予减免相关费用、发放助学金、给予生活补助、安排勤工助学等形式的救助。

(6)住房救助:对符合规定标准的住房困难的最低生活保障家庭、分散供养的特困人员给予的住房救助。

(7)就业救助:对最低生活保障家庭中有劳动能力并处于失业状态的成员给予培训补贴等就业救助。

(8)临时救助:对基本生活暂时出现严重困难的最低生活保障家庭,以及遭遇其他特殊困难的家庭,给予临时救助,对生活无着落的流浪、乞讨人员提供临时食宿、急病救治、协助返回等救助也在此列。

6. 中国特色扶贫道路与小康社会建设

中共十八大以来,以习近平同志为核心的党中央高度重视扶贫工作,把扶贫开发摆到更加突出的位置,大力推进精准扶贫、精准脱贫,扶贫开发事业取得新的显著进展。中国从实际国情出发,积极借鉴其他国家有益经验,成功走出一条中国特色扶贫开发道路,得到了人民群众衷心拥护,为全球减贫和发展事业做出了重大贡献。

◆ 课后练习与思考

1. 什么是社会救助?社会救助制度与其他社会保障制度之间是什么关系?
2. 如何理解中国特色扶贫开发理论?
3. 简述我国最低生活保障的含义及其申请与管理。
4. 简述社会救助的作用及其在社会保障体系中的地位。

 动手练

通过访问由国务院新闻办、扶贫开发领导小组办公室、新华通讯社联合举办的"中国的脱贫攻坚"主题图片展,对比我国不同时期扶贫政策及其效应,重点把握十三五时期(2016—2020年)全面决胜小康社会阶段中精准扶贫政策的效应,并分析由政府"扶贫"转变为贫困群众"我要脱贫"思想观念转变的动因。

第十二章
CHAPTER12

社会福利制度

§ 知识结构与学习目标

章节知识结构		学习目标
社会福利制度概述	社会福利的概念与特征 社会福利的功能与作用 社会福利的分类	○ 理解社会福利的概念和特征 ○ 了解发达国家社会福利的演进与典型模式 ○ 了解我国社会福利制度的改革实践 ○ 理解我国现行社会福利的主要内容
发达国家社会福利的实践与经验	发达国家社会福利的发展演进 西方社会福利的典型模式	
我国社会福利制度的改革实践	社会福利制度的建立 社会福利制度的改革和调整 我国现行社会福利的主要内容	

§ 导入案例

昆明公交爱心卡日均刷卡量约占 IC 卡总刷卡量的一半

昆明信息港讯（《都市时报》综合）昆明市 2007 年 6 月 8 日推出了公交爱心卡政策，对 60 岁以上老人和所有残疾人士实行免费乘车政策，持爱心卡的人可以无限制地免费乘坐公交车。公交爱心卡的推出，体现了中华民族尊老扶弱的优良传统和社会文明进步的风尚，一定程度上完善了昆明的社会保障体系。因而受到许多老年人的支持，市民李先生表示，"这个是政府对我们的关心……"

从全国范围来看，重庆、河北省邢台市办理爱心卡的年龄要求为 70 岁以上，长沙、廊坊等城市则是 65 岁以上，而昆明 60 岁就可以免费乘坐公交，这样的规定在全国并不多见。目前，昆明 70 岁以上的老人乘坐地铁也采取了免费政策。假设市民 A 每周需要乘坐 8 次公交，若单程票价按 2 元计算，即每周公交车费为 16 元，一年就可省去大约 768 元的公交花费。对于持有爱心卡的市民来说，在经济上确实享受到了不同程度的优惠。

据一卡通公司统计，截至 2017 年 5 月 31 日，爱心卡累计办卡数已达 90 万张。老年爱心卡日均刷卡次数已经占 IC 卡总刷卡总次数近一半。越来越多的老人享受到了昆明公交爱心卡这一优惠政策。昆明城市公共交通一卡通有限责任公司负责人表示，未来将把这个数据加入云南省的大数据平台，实名登记的老年爱心卡不再局限于乘车，还能对城市交通系统的分析、规划和优化等做出参考。

案例思考

公交爱心卡承载着社会对老年人曾经付出的肯定与共享社会发展成果的关爱，结合本章第三节理解这种切实的老年人社会福利。

资料来源：昆明信息港．2017-11-06．（选用时对原文有编辑和删减）。

第一节　社会福利制度概述

通常情况下，社会成员除了获得社会保险、社会救助等基本经济保障外，还需要国家和社会为其提供设施、服务和补贴等社会福利服务保障，以改善其物质文化生活的质量。因此，社会福利是社会保障体系中不可或缺的重要组成部分。

一、社会福利的概念与特征

（一）社会福利的概念

社会福利的字面含义为改善全体社会成员物质、文化生活，提高其生活质量的方法和政策。社会福利可以从广义和狭义两方面进行定义。广义的社会福利是指国家和社会在相应的福利思想指导下，为实现社会福利状态而实施的各种政策和制度安排的总称。具体而言，广义的社会福利是指国家和社会为改善国民的物质文化生活条件，提高生活质量，依法向全体国民提供物质与精神生活方面的各种津贴、补助、公共设施和社会服务。狭义的社会福利是指为帮助特殊的社会群体（如生活能力较弱的儿童、老年人、单亲家庭、残疾人、慢性精神病人等），医治社会病态而设立的福利性收入与服务保障（如社会照顾和社会服务）。

学术领域对社会福利广义与狭义概念的争议尚存，不同福利类型国家的"社会保障内涵"尚且不一，但社会保障本源于社会福利思想，所以广义的社会福利几乎包含了所有社会保障问题，社会保障仅仅是社会福利体系的一部分。而狭义的社会福利仅针对特殊社会群体的社会福利津贴和相关社会服务，是社会保障中的一部分。

不同国家和地区的社会福利实践也存在很大差异。西方发达国家较多使用广义的社会福利概念，把社会福利当作社会保障的同义词。《简明不列颠百科全书》将社会保障定义为"一种公共福利计划"，赋予社会福利以广义的解释。在美国、日本等国，社会福利仅指社会保障制度中的一个特定范围和领域，即狭义的社会福利，通常是指专为弱者所提供的带有福利性的社会服务与保障，如美国社会工作者协会在 1999 年出版的《社会工作百科全书》中对社会福利的定义是："社会福利最好被理解为一种公正社会的理念，这个社会为工作和人类的价值提供机会，为其成员提供合理程度的安全，使他们免受匮乏和暴力，促进公正和基于个人价值的评价系统，使社会在经济上富于生产性和稳定性。"我国特定社会群体的社会福利被归口到主要负责社会救助、社会优抚等社会服务①的民政部门②，各种社会津贴、价格补贴、集体福利等则通过企事业单位职工和行政单位公务员的福利性收入纳入工资明细项目③。

综上所述，人们对社会福利广义或狭义的理解与实践将伴随社会经济的发展和社会进步不断地丰富和发展。显然，本书从符合我国社会经济发展现状的社会福利实践的视角去定义社会福利更切合实际，即社会福利是指国家、社区组织和企事业单位为保障特定社会群体与聘用职员而提供和组织实施的具有福利性质的收入与社会服务，它是社会保障体系的一个重要组成部分。

（二）社会福利的特征

社会福利作为社会保障制度的重要组成部分，与社会保险、社会救助等保障项目比较，具有自身显著的五项特征。④

1. 实施对象的双重性

社会福利既有为社会成员提供旨在保障基本生活、改善生活质量的物质帮助和服务项目，又要满足特殊群体的特殊需要，帮助他们解决生活中的实际困难。前者是满足广大国民的广泛生活需求，提高国民的生活质量，而后者提到的特殊群体则包括老人、儿童、妇女、残疾人、精神病人等。社会保险的实施范围主要是面向全社会劳动者群体，社会救助制度的对象仅限于困难群体，因此，社会福利实施对象具有双重性，既有普惠型又针对特殊群体，这是社会福利区别于其他社会保障制度的显著特征。

2. 实施主体的社会化

社会福利实施主体的社会化是由社会福利的性质决定的，人们对社会福利服务需求的多样性就决定了社会福利管理的复杂性和多样性，虽然社会福利是由政府或者社会举办和实施的，但社会福利服务不可能全部由政府来提供，而具体的社会服务是由政府举办的福利机构或非政府的社会福利团体来提供，即提供和实施社会福利服务的主体是社会化的。而社会保险和社会救助所提供的待遇，相对而言比较固定和单一，由政府承担相对容易。这也是社会福利与其他社会保障制度的不同之处。

3. 保障方式的多重性

社会福利是以提高社会成员生活质量为目标的高层次社会保障项目，只有通过多种保障方式才能实现该目标。因为人们的生活需求是多方面的，不仅需要经济收入保障，而且需要各种社会服务，特别是老弱病残等社会弱势群体，因此社会福利不仅要注重资金保障，还要特别注重发展各种形式的服务保障，并通过动员社会成员的广泛参与，使自助与互助相结合模式的社会福利服务成为提高社会生活质量的有效手段。

4. 管理形式的专业化

社会福利管理的专业化体现在以下四个方面：第一，有专门的社会工作团体或专门从事社会福利服务的机构，这些机构必须通过政府的认证，符合一定条件的机构才可以从事

---

① 在民政部发布的年度《社会服务发展统计公报》中分为提供住宿与不提供住宿的社会工作。
② 由民政部门代表国家提供了狭义范围的社会福利，有学者将这部分社会福利定义为民政福利。
③ 属于部分意义上的广义社会福利范畴，有学者将这部分社会福利定义为职工福利和各项社会补贴。
④ 杨翠迎. 社会保障学 [M]. 上海：复旦大学出版社，2015：371.

社会福利服务的管理和提供。第二，有法定的职业准则和保障准则，有执行的审核和证照制度，因为无论对从事这项工作的机构本身还是具体的工作人员都要求专业化，这就需要由政府制定一整套的职业准则和保障准则。第三，有专门从事社会福利工作教育的大学和系列训练课程，这是保证社会福利工作人员专业化的必备条件。第四，有规范的工作程序和必要的职业权利保障，这是保证社会福利事业公平和效率的基本前提。

5. 运作的非营利性

非营利性并不等同于无偿服务或非经营性。在许多国家，政府举办社会福利时常引入市场机制，即作为一种经营性活动开展社会福利事业。在社会福利的资金来源中，财政资金占重要的地位，财政投入不在于盈利，而在于通过无偿、低偿等方式，提供福利设施和服务等，达到改善和提高社会成员生活质量的目的。正因为社会福利服务具有较大的外部性及无收费或者收费低廉的特点，政府通常为举办社会福利事业的组织和机构提供一定的优惠政策，以促进社会福利事业的正常发展。

二、社会福利的功能与作用

世界各国的政治经济纲领中都有造福于民的诺言，社会福利作为国家的一项福利政策，具有普遍性。社会福利的目的在于提高社会成员的生活水平。部分普惠型社会福利是劳动者在工资之外的一项重要收入，劳动者不仅期望工资不断增长，也期望社会福利不断扩大，所以它是社会保障体系中高层次的社会政策措施，有助于社会经济发展战略目标的实现，有利于社会经济的稳定和发展。归纳起来，社会福利的作用主要有以下三项。

1. 提高国民生活质量与劳动者素质

社会福利是面向全体社会成员的，其在社会保险等其他具有特定保障对象和条件的社会保障制度之外，为广大社会成员提供基本的公共服务和津贴，可以进一步改善和提高社会成员的生活质量和水平，具有提升整体国民生活质量的作用。由于每个人都有享受福利的权利，国家和社会通过提供各种形式的福利，使劳动者的劳动技能、文化素质、身体素质得到全面发展，保障劳动者素质的不断提高，有利于提高社会劳动生产率水平。

2. 促进社会和谐与稳定

社会福利能够改善和满足人们日益增长的物质文化需要，提高生活质量。尤其是对一部分需要特殊照顾的社会成员，通过提供物质帮助和服务，能够提高他们的生活质量，增强他们的社会认同度与满意感，从而有利于社会的和谐与稳定。

3. 调节社会总供求与经济发展

社会福利制度不仅可以促进社会稳定，而且能够调控经济发展。社会福利基金来源主要有国家财政拨款和享受者个人所缴的费用，扩大和发展社会福利事业，有利于增加市场上的货币供应量，促进消费进而刺激投资；反之，可以抑制消费水平与经济过热。当经济萧条时，国家可以通过大力发展社会福利事业，增加财政转移，扩大整个社会需求，保证国民经济平稳发展，而当经济过热时，可以缩减社会福利事业与财政支出规模，从而抑制过剩的消费和投资。

三、社会福利的分类

社会福利广泛多样、内容庞杂，可以按照不同的标准对其进行分类，如表 12-1 所示。其中，最常见的分类标准是福利享受对象，按该标准可以将社会福利分为老年人福利、残疾人福利、妇女和儿童福利、青少年福利等。不同国家不同发展阶段对社会福利内涵的理解与需求不同，甚至会大相径庭，为免赘述，对于社会福利分类，我们将结合其具体内容在本章第三节中详述。

表 12-1 社会福利常见分类标准及其分类结果一览表

分类标准	分类结果
福利享受对象	老年人福利、残疾人福利、妇女儿童福利、青少年福利等
福利内容	生活福利、教育福利、医疗卫生福利、住房福利等
给付形式	货币福利、实物福利、劳务福利等
福利提供主体	国家福利、单位福利、社区福利、家庭福利、个人福利等
举办主体的性质	国家财政福利、社会公益性福利和市场化福利等
福利待遇的享受是否需要资格审查	普惠型福利和选择型福利
举办社会福利的理念	补缺型社会福利和机制型社会福利

资料来源：杨翠迎. 社会保障学［M］. 上海：复旦大学出版社，2015：374.

第二节 发达国家社会福利的实践与经验

西方发达国家的社会福利作为一项社会制度，整体上经历了起步、发展、调整与完善三个阶段的历史演进。由于工业化导致了家庭和市场的利益再分配机制，社会福利的对象从弱势群体逐步扩展到社会全体公民，从而实现了选择型社会福利到普惠型社会福利的转变，社会福利被视为公民的一项正当社会权利，形成了制度型社会福利。

一、发达国家社会福利的发展演进

发达国家社会福利制度涵盖的内容非常广泛，可以概括为正式的社会福利制度和非正式的社会福利制度两个方面。其中，正式的社会福利制度是指国家社会福利制度，即由国家或政府提供的能增进社会福利的制度安排，主要包括收入保障服务、医疗服务、教育、住房、社会工作服务和对个人的社会服务以及就业服务等。非正式的社会福利制度包括个人、家庭、邻里和社区为增进社会福利、履行文化和道德责任所承担的各种活动，如个人帮助和照料家庭成员的活动、帮助周围需要帮助的人的活动、宗教的慈善活动等。

（一）发达国家社会福利的起步阶段（第二次世界大战前）

16 世纪下半叶至第二次世界大战前，西方国家为了维护社会的稳定、公平和公正，纷纷实施了一些保障性政策，给人们提供最基本的物质帮助，从最低层面保障其生活，社会福利主要起到维持正常生活需要的作用。以英国为例，虽然颁布并实施了以社会救济为特征的《救济物品法令》《济贫法》，但在应对由于工业革命促使社会结构变迁中产生的大量贫困和失业问题时，在救助对象的范围及程度上已显捉襟见肘。此时，适应社会成员所需的具有不同目标的慈善组织应运而生，通过募集捐款救济贫民，诸如友谊会的互助组织，甚至实现了长期独立于政府的有效运行、互助互济○。但这些慈善组织之间也因缺乏联系、协调而形成混乱现象。在一位英国牧师的倡导下，1869年伦敦成立了世界上第一个旨在协调政府与民间慈善组织活动、有效救济贫民的慈善组织协会。1877年，向英国学习的一位美国牧师也在纽约成立了美国第一个慈善组织协会。在随后很长一段时期内，富人通过慈善协会向穷人提供有限的慈善性质的物质援助，而这些援助通常被视为富人对穷人的恩赐，一般只有在社会机制出现问题的情况下，才会提供该种应急措施，这就是西方国家最初的剩余型或济贫社会福利形态。

一般情况下，市场及家庭才是满足个人需求的自然渠道，但是当发生诸如较大范围内的经济萧条或个人因年老、疾病或家庭解体等特殊情况，市场和家庭就不能满足个人的正常需求，需要能够满足个人需求的第三种社会机制（社会福利制度）的介入。剩余型福利通常只是针对经济困难人群提供的有限慈善性物质援助，当经济复苏或个人及家庭面临的困境消失并进入正常运行轨道后，社会福利制度就会撤回。所以这种剩余型福利机制常被看作家庭和市场的支持系统，能起到支持和防止意外的积极作用。

（二）发达国家社会福利的快速发展阶段（1945年至20世纪70年代）

西方资本主义国家的社会福利制度产生与形成后，社会福利实施的主要对象是面向老人、残疾人、妇女儿童等特殊人群。各国经历1929—1933年的经济大危机和第二次世界大战的洗礼后，国家社会福利制度快速发展，取得了众所周知的社会效果。首先，它缩小了社会贫富的差距，维护了社会的稳定。西欧各国的福利是通过高税收来实现的，各国政府通过对不同收入阶层实行有差别的税收政策，特别是累进税，减少了由于所有权而产生的分配不合理，缩小了贫富差距，在一定程度上缓和了不同利益集团之间的矛盾，增强了凝聚力；其次，它在一定程度上扩大了公民的个人自由。由于社会福利制度的普惠型特点，享有福利的机会惠及几乎所有的公民。从生到死的保障增强了社会中下阶层对失业、疾病等风险的抵御能力，有助于将个人从僵化的制度中解放出来，从而扩大了公民的个人自我设计和自我选择的自由。可以说，福利国家是一个长期的公民权演进过程所达到的最高峰。○

1. 国家社会福利快速发展的显著特征

（1）实施对象多元化。社会福利制度实施的重点对象不再只是特殊人群，而是越来越重视一般社会成员的卫生、教育、住房等公共福利。

（2）福利项目体系化。社会福利项目除老年社会福利、残疾人社会福利、妇女儿童社会福利项目外，根据第二次世界大战后的国情，适时增添了家属补贴、公共卫生福利、公共教育福利、公共住房福利、公共娱乐设施福利等项目，社会福利制度因而形成了一个比较完整的体系。

○ 闵凡祥. 互助的政治意义：英国现代社会福利制度建构过程中的友谊会［J］. 求是学刊，2016（1）：152-163.
○ 刘波，孟辉. 社会保障学［M］. 北京：北京理工大学出版社，2011：232.

2. 国家社会福利快速发展的原因

（1）解决战争遗留的社会问题。由于战争造成的平民与士兵伤亡，丧偶妇女、孤儿及单亲家庭儿童、残疾人、高龄老人等新的特殊群体显现且日益增多，产生了将这些新生特殊群体纳入传统社会福利体系的迫切需要。

（2）政府工作重心的转向。第二次世界大战后，各国政府将工作重心转向集中精力恢复与促进经济发展上，并进入发展的黄金时期，国民经济飞速发展的同时，国家财力也得到显著增强，为相应国民生活水平的提高与社会福利的改善奠定了坚实的物质基础。

（3）全民福利思想与凯恩斯主义经济理论的形成及实践。1929—1933年的世界经济大危机促使学者们思考解决危机的办法、政策，凯恩斯提出的政府通过适度财政赤字干预经济的思想主张中，就包含了通过社会保障制度刺激内需的政策措施，对各国社会福利制度的发展和完善都产生了重大影响。在第二次世界战中，战事的发展促使西方国家需要进一步激励士气和增强社会团结，这也推动了西方社会福利制度的确立。1941年，英国政府成立了社会保险和相关服务部际协调委员会，着手制订战后的社会保障计划。经济学家贝弗里奇爵士受英国政府委托，出任社会保险和相关服务部际协调委员会主席，负责对现行的国家社会保险方案及相关服务进行调查，并就战后重建社会保障计划进行构思设计，提出具体方案和建议。《社会保险和相关服务》（即《贝弗里奇报告》）中提出了许多社会福利制度建设的思路和具体措施。

（4）社会主义阵营的冲击及影响。第二次世界大战后出现了一批以保障全体国民生活利益为宗旨的社会主义国家。资本主义国家出于防范"阴谋颠覆"和以健全的社会保障体系应对经济危机的需要，促使其重新思考并健全本国的社会福利制度。

（三）发达国家社会福利的持续改革发展阶段（20世纪70年代至今）

20世纪70年代，随着石油危机的爆发，福利国家经历了前所未有的经济危机。大面积的经济危机结束了西方国家长达20多年的经济发展的黄金时代，出现了经济发展缓慢、通货膨胀加剧的局面，国家社会福利陷入困境。很多人对福利国家产生了质疑，认为社会福利扩张导致了政府的过分扩张，带来了高额的社会支出，引致了国家庞大的财政赤字，这是造成经济衰退和通胀持续高涨的主要原因，社会福利被认为是国家经济发展的毒药。

人们开始对福利国家制度进行反思，随着时间的推移，学者们对福利国家危机及其发展的分析也更趋于全面和深入，认为过分依赖政府承担和提供高福利的社会福利制度不具有可持续性。这一方面，容易造成政府机构臃肿，财政压力过大；另一方面，导致社会福利供给的高度垄断、定位模糊、供给不均衡等现象发生。

西方福利国家率先开启的是福利私有化和国家福利紧缩的改革。以哈耶克和弗里德曼为代表的崇尚市场机制的新自由主义是这场改革的理论基础。他们反对政府承担过多的社会福利责任，反对国家普遍干预，认为市场能有效克服政府提供福利过程中存在的浪费、低效、腐败和福利依赖等问题。英国撒切尔政府和美国里根政府是福利私有化的积极支持者和实践者，它们提高对弱势人群的救助审查标准，鼓励个人自我依赖和购买，强调工作的重要性，目的在于通过市场化和私有化减少国家的福利支出、紧缩政府福利规模。但是，这种改革摒弃了政府作为社会福利的主体地位，过度强调了社会成员的福利责任，把社会成员重新抛回到充满不确定性和竞争性的自由市场中，使得成员的社会权利被消解成市场运作的商品。事实上，撒切尔政府推行的福利改革对社会福利项目的紧缩效用有限，福利开支并没有得到有效削减，相反，失业率一直居高不下，贫富差距和收入不平等进一步拉大。要在社会福利领域确立纯粹市场机制是不可能的，新自由主义的药方并不能解决福利危机。

在这种背景下，"越来越多的人热衷于以治理机制对付市场和政府协调的失败"①，企图重新界定政府与市场、社会和家庭的关系，希望通过福利供给方式和责任的调整，来寻求解决矛盾和危机的出路。福利治理主张的政府职责的重新定位，打破了传统福利以政府作为唯一治理主体的狭隘思维，是对传统福利国家理念的冲击。雷雨若和王浦劬（2016）认为福利治理在注重政府角色的前提下，吸收了保守社群主义、左派第三条道路和福利多元主义的思想，强调福利不仅是政府的责任，市场社会和家庭都需要承担相应的责任，但是，政府仍然是社会福利供给的主要机构，是社会福利责任的第一责任人。在责任承担机制方面，福利治理超越了单一的政府机制、市场机制和社会机制的理论，主张政府、市场、社会非营利组织和家庭之间展开合作，以网络化的合作作为主要机制，实现共同治理。总之，福利国家危机根源明显且多元化，既有经济根源，也有社会根源，还有区域化、全球化不均衡等原因。

积极社会福利是在全球化的挑战下，西方福利国家对社会政策调整后的结果。积极社会福利政策取向不仅聚焦于社会发展的问题，更重要的是发挥它对经济发展的积极作用，把经济发展和社会发展联系起来，强调积极社会福利与国民经济发展互为因果的关系，在各国的实践运用中更加明显和突出。一方面，通过积极社会福利政策，促进人力资本投资，发挥帮助人们实现潜能的作用；另一方面，通过积极社会福利政策，促进积极的劳动力市场和就业政策，进行社会保障制度改革，严格设置失业保障资格申请条件，降低失业保障水平，促进保护性劳动就业政策与积极就业政策相结合，以工作代替福利。积极社会福利着眼于促进经济与社会综合发展，力求在更广阔的领域实现社会公正。

二、西方社会福利的典型模式

前已述及，在西方发达国家，政府以普惠型福利制度为原则，向其公民提供统一、均等、"从摇篮到坟墓"的高水平社会福利，但由于各国建立国家福利制度的出发点、经济、社会、政治状况不同以及文化、发展阶段的差异，各国福利制度的构建都注重与本国国情相适应，形成了不同的模式。丹麦学者安德森认为福利制度大致可分为盎格鲁—撒克逊、欧洲大陆传统、社会民主三种模式。而比利时经济学家萨佩尔认为，在操作方法上至少有四种不同的社会福利模式。

（一）北欧模式

北欧模式形成于第二次世界大战后欧洲复兴时期，以丹麦、芬兰、瑞典、荷兰为代表，大多属于"小国寡民"，资源相对丰富，强调公众参与和平。北欧模式的基本理念是"公民有权分享平等的公共服务"，认为社会福利体制应该建立在"社会利益属于社会所有人"的理念基础上。

北欧模式的突出特征是国家通过各种法定的福利保障计划形成一种体制，建立社会保

---

① 俞可平. 治理与善治 [C]. 北京：社会科学文献出版社，2000.

障网，实行从"摇篮到坟墓"的高度社会福利，涵盖社会保障、社会福利、社会服务和社会补助等方面，使个人不因生、老、病、残等原因而影响正常的生活。因此，北欧国家社会保障费用占国内生产总值的比重一般都比较高，瑞典为35%左右，在芬兰达到38%。

北欧国家的高福利制度的运转是以高税收和高就业为基础的。高福利要通过高税收来实现，高税收目的在于通过税收杠杆调节社会分配，保障国民福利的资金来源。"羊毛出在羊身上"，芬兰、瑞典等国家均实行高额税收和大幅度的累进税制，以保证社会福利的开支。高税收、高福利使得居民收入差距较小、社会平等感强。高就业也是北欧模式的重要特点，北欧福利国家鼓励公民积极就业并认真工作，否则社会将不会为懒惰者提供福利。另外，北欧福利国家工会的力量非常强大，不但有全国总工会，而且还有林林总总的行业工会。工会的宗旨是通过谈判和罢工等手段维护劳动者的权益。

北欧国家过高的福利和保障体系，也带来了很多问题。高福利造成部分人劳动积极性不高，劳动效率低下，很多人陷入了对福利制度的依赖，瑞典的失业率在欧盟国家中经常处于高位，大量失业人口加重了国家的开支，而老龄化不仅使社会福利需求增大，而且使创造财富的人口比例减少，不利于社会再生产。高税收加重了企业负担，降低了企业在国际市场上的竞争力，导致一些大企业迁至国外、资本向国外转移、人才流失等现象，直接影响了经济发展的速度。经济增长持续减速，国家不堪重负，有的已陷入窘境。20世纪80年代以来，北欧国家逐步调整其社会福利政策，如减少向失业人员发放福利金，下调所得税税率等，渐渐远离以高税收、高福利为特征的社会福利制度。

（二）盎格鲁—撒克逊模式

盎格鲁—撒克逊模式除了涉及欧洲的爱尔兰、英国之外，还有美国、加拿大等英语国家。该模式主张以市场经济为导向，以个人主义和自由主义为基本理论依托，尤其突出自由竞争；强调劳动力市场的流动性，劳动者享受有限的法定劳动所得和社会福利；主张削减赋税、放松管制、私有化，鼓励个人财富的累积。

在社会福利方面，强调个人自我责任，政府提供的基本保险水平不是很高，但是除了国家提供的基本社会保障之外，还有一部分保障是靠工会跟雇主谈判，由雇主为雇员在市场上购买补充保险，因此实际福利水平并不低，而政府的福利费用开支并没有出现激烈膨胀。国家对于弱势群体的救助力度比较大，主要解决老人、儿童和经济收入处于贫困线下的人等弱势群体的救助，社会救助支出在财政支出中的比例较大，受益人口的比例也比较高。

（三）莱茵河地区模式

莱茵河地区模式以莱茵河畔的德国、法国、奥地利、比利时等为代表。该模式更注重公平与秩序，以德国的社会市场经济理念和模式最为典型，主张在国家所制定的秩序框架下实现竞争，强调社会公平性与集体的利益，制定了一整套严格的劳工权利和福利制度保护劳动者的权益，既提供了稳定的劳动力来源，又保证了经济中消费群体的稳定性。工会拥有直接参与劳资谈判、企业决策的能力和地位，雇主与雇员之间是社会伙伴的关系，工人享有更多的权益。因此，该模式下的经济平衡其实是通过政府、资方、劳方三方动态博弈而形成的，任何一方力量的相对增强或衰弱都会削弱平衡的稳定性。

囿于福利国家的理念和制度，采取莱茵河地区模式的国家普遍具有高福利的特征且福利支出中有很大一部分是用于养老、医疗保险等社会保险。随着人口老龄化加剧，福利支出也不得不随之提高,导致高税收、高社保缴费、高成本、高国债、高破产率、低竞争力、低盈利、低消费、低国内投资等情况发生,使国家陷入恶性经济社会循环,原有的社会保障体系受到冲击,遏制福利增长。

(四) 地中海模式

地中海模式的代表国家为希腊、意大利、葡萄牙、西班牙。该模式国家的社会福利制度主要体现在高水平的就业保护以及较高的提前退休待遇以减少求职者等方面,政府的福利支出以老年人养老金的公共支出为主。

萨佩尔认为,欧洲社会福利的两大目标为:高就业和消除贫困。对于高就业目标,北欧模式和盎格鲁—撒克逊模式解决得比较好,莱茵河地区模式和地中海模式较差;对于消除贫困目标,莱茵河地区模式和北欧模式较好,地中海模式和盎格鲁—撒克逊模式稍差。总体而言,北欧模式在就业和脱贫两方面都做得比较好,而地中海模式在两方面做得都不够好。

第三节 我国社会福利制度的改革实践

社会福利制度是随着经济和社会的发展而发展的,中华人民共和国成立以后,很长一段时间我国社会福利事业的主管部门主要是民政部门,社会福利的范围比较狭窄。改革开放以后,社会福利事业开始从单一的、封闭的、由国家包办的体制向国家、社会、个人共同举办的体制转变,逐步形成了多渠道、多层次、多种形式的社会福利事业。

一、社会福利制度的建立

中国的社会福利制度是在 20 世纪 50 年代建立起来的,包括民政福利、职工福利和各项社会补贴。民政福利是在政府接收、改造原中华民国国民政府官办的救济院、劳动习艺所以及地方民办和外国教会举办的慈善机构的基础上,又在城镇新设立了残老教养院、儿童教养院、精神病人疗养院等福利设施,而逐步建立起来的。从 20 世纪 50 年代至 20 世纪 80 年代,我国民政福利经历了从畸形发展到大规模削减,再到逐步恢复和发展的特殊进程。

1950 年 6 月颁布的《中华人民共和国工会法》(简称《工会法》)第二章规定,工会有改善工人、职员群众的物质生活,建立文化生活的各种设施的责任。1951 年 5 月,中华人民共和国内务部(简称内务部)在北京召开全国城市救济福利工作会议,会议的主要文件《关于城市救济福利工作报告》经政务院政治法律委员会批准,于 8 月 15 日发布。这份文件对改造旧有的福利设施、发展社会福利事业、健全对私立救济福利机构的管理等做了明确规定,面向城市居民的民政福利事业由此起步。报告由政府民政部门负责组织实施,保障对象主要是无依无靠的城镇孤寡老人、孤儿或弃婴、残疾人等。民政部门通过设立福利机构为这些孤老残幼人员提供保障。于 1951 年颁布,经 1953 年、1956 年两次修订的《中华人民共和国劳动保险条例》(简称《劳动保险条例》)规定,凡实行劳动保险的企业工会须与企业行政或资方共同举办疗养所、业余疗养所、营养食堂、托儿所等集体劳动保险事业;中华全国总工会可举办或委托各地方或各产业工会组织举办疗养所、休养所、养老院、孤儿养育院及其他集体劳动保险事业。1953 年 5 月,中华人民共和国财政部、人事部发布了《关于统一掌管多子女补助与家属福利等问题的联合通知》;1954 年 3 月,当时的中央人民政府政务院发布了《关于各级人民政府工作人员福利费掌管使用办法的通知》;1956

年，中华人民共和国国务院（简称国务院）发布了《关于国家机关和事业、企业单位1956年职工冬季宿舍取暖补贴的通知》；1956年，中华全国总工会颁发了《职工社会困难补助办法》，规定了困难补助的原则、对象、办法以及经费来源等；1957年国务院发出《关于职工生活方面若干问题的指示》，对职工上下班、职工住宅、生活必需品供应、困难补助等问题都做出了明确的规定。同时，规定发展职工福利的经费主要有以下来源：第一，在国家拨付各单位的基本建设投资中包括与职工生活福利有关的非生产性投资。第二，建立职工福利费提取制度。第三，工会会费收入的20%可用作职工困难补助，按职工工资总额2%可以用于职工文娱体育经费和业余文化补习学校经费等。第四，职工福利费可以在单位行政管理费中开支。五，文化设施收入可以用作职工福利开支。

1960年4月，第二届全国人大二次会议通过的《1956—1976年全国农业发展纲要》，第三十条确立了对农村中的孤老残幼实行"五保"的制度，农村的福利制度开始确立。

1979年，国家对国有企业实行利润留成制度，规定职工福利基金从利润留成中提取，1983年"利改税"时，又改为按工资一定比例在成本中提取，不足部分再由税后利润留成中列支的办法。

此外，我国城镇居民还有各项社会补贴，如粮食、食油及副食品价格补贴等，这种福利是由财政部门负责组织实施的，一般称为财政补贴。

我国的教育在计划经济时期也是一种福利，中小学教育基本上是免费教育，高等教育更是一种高水平的福利。改革开放后，中小学教育作为义务教育仍具有福利性质，而高等教育的福利色彩正在淡化。

总体而言，在计划经济时代，我国建立了适合计划经济体制的福利制度，形成了以职工福利为核心、其他福利为补充的国家负责、城乡分割、板块式结构的社会福利制度，几乎涉及城镇居民生活的各个方面。职工福利不仅有了经费保障，而且随着经济增长不断改善，但职工福利也造成了不同单位之间待遇差距较大，给经济效益差的企业带来了沉重的负担。

二、社会福利制度的改革和调整

中国从20世纪50年代中期建立起来的社会福利制度，中间曾经进行过细微的调整，主要是在20世纪70年代后期修改和增设了取暖补贴、职工上下班交通费补贴、职工探亲假等职工福利补贴制度，并相应提高了职工福利补助费起点标准，增加了福利基金的来源。20世纪80年代后，为适应建立市场经济体制和深化国有企业改革的客观需要，民政福利事业走向了以福利社会化为基本取向的改革阶段，改变社会福利由国家统包统揽的办法，动员社会各方力量兴办社会福利。

20世纪80年代开始的经济体制改革带来了社会结构的巨大变化。国有企业改革使企业成为自主经营的经济实体，参与市场竞争。而过去的福利待遇由于是平均分配，不但没有发挥它激励劳动者积极性的功能，反而助长了人们的懒惰和依赖心理，影响企业的效率和发展。因此，在市场经济下，改革传统的福利制度势在必行。

1985年5月，在中华人民共和国民政部（简称民政部）召开的全国社会福利事业单位深化改革工作座谈会上，提出了我国社会福利事业要实现五个转化：第一，由国家包办型向社会合办型转化。第二，由单纯救济型向社会福利型转化。第三，由社会效益型向社会效益与经济效益相结合，自我积累、自我发展型转化。第四，由收养型向供养与康复相结合型转化。第五，由封闭式办福利院向开展社会化服务活动转化。我国逐步增强福利单位自我发展的能力,扩大社会福利的资金来源,以适当的方式动员社会力量来共同发展社会福利事业。

2000年2月,国务院办公厅转发《关于加快实现社会福利社会化的意见》,进一步明确社会福利社会化的改革方向。我国已经进入老龄化社会,老年人口基数大、增长快,特别是随着家庭小型化的发展,社会化养老的需求迅速增长。同时,残疾人和孤儿的养护、康复条件也亟待改善。但是长期以来,我国社会福利由国家和集体包办,存在资金不足、福利机构少、服务水平较低等问题,难以满足人民群众对福利服务需求日益增长的需要。社会福利事业的改革与发展,已经引起党和政府及全社会的广泛关注。为此,必须从长远和全局出发,广泛动员和依靠社会力量,大力推进社会福利社会化,加快社会福利事业的发展,这对于进一步建立健全社会保障制度,促进社会稳定和社会文明进步具有重要意义。同时,推进社会福利社会化,对于扩大内需、拉动经济增长、增加就业也有积极的现实意义。推进社会福利社会化不仅是必要的,也是切实可行的,全社会对社会福利需求的急剧增长,使社会福利社会化具有广阔的发展前景;我国综合国力的增强,人民群众生活水平和道德水准的提高,为推进社会福利社会化奠定了良好的基础;企业办社会职能分离后的资源与社会上闲置资源的综合开发利用和置换,国内外一些社会团体、慈善组织和个人的积极参与(捐助或投资),社区服务中养老、托幼和助残等系列化服务的蓬勃发展,为实现社会福利社会化创造了有利条件。明确推进社会福利社会化的目标是在我国基本建成以国家兴办的社会福利机构为示范、其他多种所有制形式的社会福利机构为骨干、社区福利服务为依托、居家供养为基础的社会福利服务网络。各类社会福利机构的数量和集中收养人员的数量每年以10%左右的速度增长,尤其是老年人社会福利服务机构的数量有较大增长;城市中各种所有制形式的养老服务机构床位数达到每千名老人10张左右,普遍建立起社区福利服务设施并开展家庭护理等系列服务项目;农村90%以上的乡镇建立起以"五保"老人为主要对象,同时面向所有老年人、残疾人和孤儿的社会福利机构。

三、我国现行社会福利的主要内容

社会福利作为社会保障制度安排,有着自身的客观规律,包括法制规范、公平普惠、社会化、多层次等。改革开放后,我国一直在积极探寻适合我国国情的各种社会福利制度,逐步完善社会福利制度的基本框架,增加对社会福利项目的财政投入,力求使社会福利项目管理、资金来源和运用、福利标准的测定和衡量、福利规划及其实施都有法律和制度的规范与保证,使社会福利事业在法律制度的规范下健康发展。

随着社会的发展,人们对生活质量的要求越来越高,社会福利的内容也在不断地充实和丰富。当前社会福利制度的主要内容包括老年人福利、残疾人福利、妇女儿童福利、青少年福利以及职工集体福利等一般社会成员的公共社会福利及住房福利、教育福利、社会津贴以及社区公共服务等诸多方面,如图12-1所示。据《民政统计季报(2018年1～4季)》显示:2018年民政事业费社会福利累计支出为621.5亿元。

(一)老年人福利

老年人福利是指国家和社会为提高老年人的生活质量而提供的各种物质支持或服务。它是社会福利制度的重要组成部分,也是社会福利制度产生和发展过程中较早出现的社会福利形式之一。

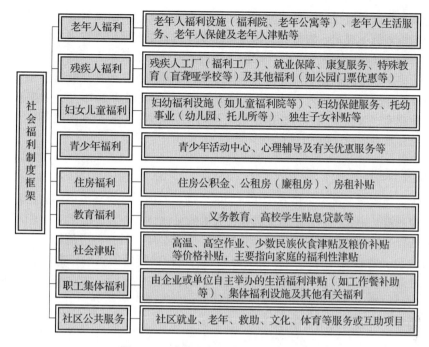

图 12-1　我国现行社会福利制度框架

资料来源：杨翠迎. 社会保障学 [M]. 上海：复旦大学出版社，2015：375.

从广义的角度来看，老年人社会福利是国家和社会通过提供有关福利津贴和社会化的福利设施，以满足老年人的基本生活需要并促使其生活质量不断得到改善的一种社会保障政策，包括养老保险、老年人社会救助和老年人福利。从狭义的角度来看，老年人社会福利是指根据老年人的特殊需求和自身特点，由社会提供给老年人的特殊的、照顾性的物质帮助和社会服务，包括现金资助和福利服务两个方面。常见的老年人社会福利包括老年人福利设施（福利院、老年公寓等）、老年人生活服务、老年人保健及老年人津贴等。

（二）残疾人福利

残疾人福利是指国家和社会对残疾公民在丧失劳动能力的情况下提供基本的物质帮助，同时根据社会发展的水平给予相应的医疗保健、卫生、教育等方面的权益保障。一直以来，残疾人被视为弱势群体，残疾人福利也是社会福利产生和发展过程中出现较早的一种社会福利形式。残疾人福利的目的是帮助残疾人独立生活，为他们能像其他社会成员一样正常参加社会各领域的活动创造条件。常见的残疾人社会福利包括残疾人工厂（福利工厂）、就业保障、康复服务、特殊教育（盲聋哑学校等）、残疾人设施（盲道、专设卫生设施等）及其他福利。

（三）妇女儿童福利

妇女儿童福利是指国家和社会通过提供社会化的福利设施和有关福利津贴，以满足妇女儿童的生活服务需要并改善其生活质量的一种社会政策。妇女儿童社会福利的提供方式既包括社会救济意义上的物质保障，也包括社会福利意义上的社会服务。其中，妇女福利主要包括孕产福利、劳动保护、保健计划、独生子女补贴等，儿童福利主要包括托幼事业、孤儿收养等。对于儿童基本生活、健康、教育、医疗等方面，与之对应的有儿童基本生活、健康、教育与医疗等保障制度。例如，在儿童基本生活保障制度方面有：①《农村五保供养工作条例》规定，农村孤儿和残疾儿童应当享受五保供养待遇。②《社会救助暂行办法》特别强调对获得最低生活保障后生活仍有困难的未成年人、重度残疾儿童和重病儿童患者还应采取必要措施予以保障。③孤儿福利金制度确立了社会散居孤儿和福利机构儿童最低养育标准分别为每人每月600元和1 000元。④我国从2013年开始探索建立普惠型儿童福利制度，参照孤儿，为身患重残或有父母但缺失家庭监护的困境儿童，发放基本生活费，建立基本生活保障㊀。

（四）青少年福利

青少年福利实际上是对公民青少年时期的生理、心理、社会环境提供满足需要、促进发展的社会政策、专业科学知识以及具体行为等的总称。㊁

广义的青少年福利指的是面向社会中的每一个青少年，旨在促进他们全面健康发展的福利服务。狭义的青少年福利是指由特定形态的机构向特殊的青少年群体提供的特定服务。随着社会的发展，青少年福利服务的进步，由狭义的青少年福利向广义的青少年福利转换是必然的趋势。青少年福利是社会福利体系中的重要组成部分，主要包括青少年活动中心、心理辅导及有关优惠服务等。

（五）住房福利

住房福利主要面向城市中低收入群体，是帮助他们解决住房问题、提高生活质量的福利。常见的住房福利包括公积金补贴、房租补贴、政府公共房屋补贴及公租房（廉租房）等。

（六）教育福利

教育福利是与国家的教育政策紧密关联的一种福利制度，指的是国家和社会通过社会化的教育投资和福利性的设施，以满足全社会成员的受教育愿望和需求，从而促使其素质不断提高的一种社会福利制度。就一个国家或地区的发展而言，劳动者素质越高社会经济越发达，而劳动者较高的素质是通过教育来实现的。所以，教育福利的发展程度关系到一个国家的经济发展和社会进步。常见的教育福利包括义务教育、助学金、高校学生贴息贷款等。

（七）社会津贴

社会津贴制度是一种普及性的现金给付，资金来源于公共财政，事先不需要缴费，也不需要进行财产收入调查，而是以身份或者发生某种程度的社会风险为领取要件。我国的社会津贴主要包括以下六项㊂。

1. 补偿职工特殊或额外劳动消耗的津贴

补偿职工特殊或额外劳动消耗的津贴具体有高空津贴、井下津贴、流动施工津贴、野外工作津贴、高温作业津贴、冷库低温津贴、海岛津贴、高原地区临时津贴、夜班津贴、中班津贴等。

㊀ 吴鹏飞. 中国儿童福利权研究［M］. 北京：中国政法大学出版社，2015：44-45.
㊁ 陆士桢，王玥. 青少年社会工作［M］. 2版. 北京：社会科学文献出版社，2010：151.
㊂ 1989年9月30日国务院批准《关于工资总额组成的规定》、1990年1月1日国家统计局令第一号发布《〈关于工资总额组成的规定〉若干具体范围的解释》对社会津贴做出了大致规定。

2. 保健性津贴

保健性津贴具体有卫生防疫津贴、医疗卫生津贴、各种社会福利院职工特殊保健津贴等。

3. 技术性津贴

技术性津贴具体有特殊教师补贴、科研津贴、工人技师津贴、中药老药工技术津贴、特殊教育津贴等。

4. 年功性津贴

年功性津贴具体有工龄津贴、教龄津贴、护士工龄津贴等。

5. 其他津贴

其他津贴有直接支付给个人的伙食津贴，包括火车司机和乘务员的乘务津贴、航行和空勤人员伙食津贴、体育运动员和教练员伙食补助费、少数民族伙食津贴等，还有书报费等。

6. 补贴

补贴主要包括肉类等价格补贴、副食品价格补贴、粮价补贴、煤价补贴、住房补贴、水电补贴等。

（八）职工集体福利

职工集体福利是指用人单位举办或者通过社会服务机构举办的供职工集体享用的福利性设施和服务。福利内容包括物质生活福利和精神生活福利。中国的社会福利主要表现为普遍实行的职工集体福利，这是由我国长期实行的计划经济体制决定的。由于在计划经济体制下，实行广泛就业的劳动用工制度，劳动者通过其所在单位得到社会的福利待遇，即社会福利待遇是国家通过企业向劳动者提供的。经济体制改革之后，尽管企业作为社会经济主体的地位已经基本确立，但单位福利与社会福利的分离工作并没有取得实质性的进展，一些社会福利项目，特别是社会津贴的发放和社会福利设施等仍然是通过企业和单位来完成和提供的。根据财政部《关于企业加强职工福利费财务管理的通知》（财企〔2009〕242）的规定[一]，职工集体福利项目主要包括以下两方面。

1. 企业职工福利费

企业职工福利费指的是企业为职工提供的除职工工资、奖金、津贴、纳入工资总额管理的补贴、职工教育经费、社会保险费和补充养老保险费（年金）、补充医疗保险费及住房公积金以外的福利待遇支出，包括发放给职工或为职工支付的以下各项现金补贴和非货币性集体福利：①为职工卫生保健、生活等发放或支付的各项现金补贴和非货币性福利，如职工因公外地就医费用、暂未实行医疗统筹企业职工医疗费用、职工供养直系亲属医疗补贴、职工疗养费用、自办职工食堂经费补贴或未办职工食堂统一供应午餐支出、符合国家有关财务规定的供暖费补贴、防暑降温费等。②企业尚未分离的内设集体福利部门所发生的设备、设施和人员费用，如职工食堂、职工浴室、理发室、医务所、托儿所、疗养院、集体宿舍等集体福利部门设备、设施的折旧、维修保养费用以及集体福利部门工作人员的工资薪金、社会保险费、住房公积金、劳务费等人工费用。③职工困难补助，或者

[一] 我国机关事业单位的职工福利政策大多也根据此通知来制定。

企业统筹建立和管理的专门用于帮助、救济困难职工的基金支出。④离退休人员统筹外费用，包括离休人员的医疗费及离退休人员其他统筹外费用，以及企业重组涉及的离退休人员统筹外费用，按照财政部《关于企业重组有关职工安置费用财务管理问题的通知》（财企〔2009〕117号）执行，国家另有规定的，从其规定。⑤按规定发生的其他职工福利费，包括丧葬补助费、抚恤费、职工异地安家费、独生子女费、探亲假路费，以及符合企业职工福利费定义但没有包括在本通知各条款项目中的其他支出。

2. 企业为职工提供的交通、住房、通信待遇

已经实行货币化改革的，按月按标准发放或支付的住房补贴、交通补贴（或车改补贴）、通信补贴，应当纳入职工工资总额，不再纳入职工福利费管理；尚未实行货币化改革的，企业发生的相关支出作为职工福利费管理，但根据国家有关企业住房制度改革政策的统一规定，不得再为职工购建住房。企业给职工发放的节日补助、未统一供餐而按月发放的午餐费补贴，应当纳入工资总额管理。

（九）社区公共服务

社区公共服务是指以中央和地方政府为投资主体，以社区公共服务人员为操作依托，以社区公共服务设施为运作载体，以社区居民和驻区单位为服务对象，以满足社区居民多样性公共服务需求为主要内容，政府采用多种方式引导社会各界共同参与的公共服务网络及运行机制。

近年来，我国的社区公共服务快速发展，但各地发展不平衡。社区公共服务的项目主要有以下几项：①社区就业服务，主要是通过街道、社区工作平台，进行就业和再就业咨询服务、再就业培训服务、就业信息服务、社区公益性岗位开发、创业服务。②社区老年服务，包括为企业离退休人员的社会化管理和服务、社区老年公共服务设施和网络建设、老年护理服务。③社区救助服务，包括加强对失业人员和城市居民最低生活保障对象的动态管理，及时掌握他们的就业及收入状况，切实做到应保尽保，发展社区居家养老服务业。④社区文化、教育、体育服务，包括逐步建设方便社区居民读书、阅报、健身、开展文艺活动的场所，调动社会资源和力量支持与保障社区内中小学校开展素质教育和社会实践活动，培育群众性体育组织，配置相应的健身器材等。

◆ 本章小结

1. 社会福利

社会福利是指国家、社区组织和企事业单位为保障特定社会群体与聘用职员而提供和组织实施的具有福利性质的收入与社会服务，它是社会保障体系的重要组成部分。社会福利的基本特征：实施对象的双重性；实施主体的社会化；保障方式的多重性；管理形式的专业化；运作的非营利性。

2. 社会福利的主要作用

提高国民生活质量与劳动者素质；促进社会和谐与稳定；调节社会总供求与经济发展。

3. 社会福利的分类

社会福利广泛多样、内容庞杂，可以按照不同的标准对其进行分类。其中，最常见的分类标准是福利享受对象，按该标准可以将社会福利分为儿童福利、青少年福利、老年人福利、残疾人福利、妇女福利等。

4. 西方发达国家社会福利的历史演进

西方发达国家的社会福利作为一项社

会制度,整体上经历了起步、发展、调整与完善三个阶段的历史演进。由于工业化导致了家庭和市场的利益再分配机制,社会福利的对象从弱势群体逐步扩展到社会全体公民,从而实现了选择型社会福利到普惠型社会福利的转变,社会福利被视为公民的一项正当社会权利,形成了制度型社会福利。积极社会福利是在全球化的挑战下,西方福利国家对社会政策调整后的结果。积极社会福利政策取向不仅聚焦于社会发展的问题,更重要的是发挥它对经济发展的积极作用,把经济发展和社会发展联系起来,强调积极社会福利与国民经济发展互为因果的关系,在各国的实践运用中更加明显和突出。

5. 西方社会福利的典型模式

由于各国建立国家福利制度的出发点、经济、社会、政治状况不同以及文化、发展阶段的差异,各国福利制度的构建都注重与本国国情相适应,形成了不同的模式。丹麦学者安德森认为福利制度大致可分为盎格鲁—撒克逊、欧洲大陆传统、社会民主三种模式。而比利时经济学家萨佩尔认为,在操作方法上至少有四种不同的社会福利模式:北欧模式、盎格鲁—撒克逊模式、莱茵河地区模式和地中海模式,总体而言,北欧模式在就业和脱贫两方面都做得比较好,而地中海模式在两方面做得都不够好。

6. 中国的社会福利制度发展

中国的社会福利制度是在20世纪50年代建立起来的,包括民政福利、职工福利和各项社会补贴。在计划经济时代,我国建立了适合计划经济体制的福利制度,形成了以职工福利为核心、其他福利为补充的国家负责、城乡分割、板块式结构的社会福利制度,几乎涉及城镇居民生活的各个方面。20世纪80年代后,为适应建立市场经济体制和深化国有企业改革的客观需要,民政福利事业走向了以福利社会化为基本取向的改革阶段。

7. 中国现行社会福利的主要内容

随着社会的发展,人们对生活质量的要求越来越高,社会福利的内容也在不断地充实和丰富。当前社会福利制度的主要内容包括老年人福利、残疾人福利、妇女儿童福利、青少年福利以及职工集体福利等一般社会成员的公共社会福利及住房福利、教育福利、社会津贴以及社区公共服务等方面。

课后练习与思考

1. 简述社会福利的基本特征、功能和作用。
2. 试述西方发达国家社会福利制度的发展历程及主要影响因素。
3. 论述西方社会福利的典型模式及其特点。
4. 我国现行社会福利制度的主要内容有哪些?试述如何改革完善现行社会福利制度?

   动手练

针对本章介绍的发达国家的四种社会福利模式,通过国际劳工组织(ILO)、经济合作与发展组织(OECD)、欧盟统计局(Eurostat)等国际组织网站,特定国家统计信息发布平台(如日本统计署 http://www.stat.go.jp/english/index.html)或相关年鉴与报告(如 Society at a Glance 2016: OECD Social Indicators,《日本统计手册2018》)等文献,收集两种以上模式中代表性国家近5年社会福利现状信息并进行对比分析,运用 MS Office 办公软件制作对比分析报告,借此加深对国外社会福利模式及典型国家的社会福利现状与发展趋势的了解。

第十三章 CHAPTER 13

社会优抚和社会安置

§ 知识结构与学习目标

章节知识结构		学习目标
社会优抚和社会安置制度概述	社会优抚和社会安置的含义 社会优抚和社会安置的意义与作用 社会优抚和社会安置的基本原则 社会优抚和社会安置的特点	○ 掌握社会优抚和社会安置的含义、原则、特点、作用与意义 ○ 了解我国社会优抚和社会安置的基本内容及实施 ○ 理解我国优待、抚恤制度,了解我国的优抚事业 ○ 了解我国社会优抚和社会安置的产生和发展 ○ 理解我国社会优抚和社会安置的现状、改革重点
社会优抚和社会安置的内容及实施	社会优抚和社会安置的产生与发展 社会优抚的内容及实施 社会安置的内容及实施	
我国社会优抚和社会安置的改革	我国社会优抚和社会安置的现状 我国社会优抚和社会安置制度改革的重点	

§ 导入案例

云南各地扎实做好拥军优属、拥政爱民工作

在中国人民解放军建军91周年即将来临之际,退役军人事务部、中央军委政治工作部日前联合发出通知,要求各地各部队扎实做好节日期间拥军优属、拥政爱民工作,不断巩固军政军民关系,为推进军地建设改革凝聚强大力量。

2018年7月27日,云南省庆祝中国人民解放军建军91周年座谈会暨军事日活动在空军驻滇某基地举行,向驻滇解放军、武警部队官兵、预备役军人和广大民兵,以及全省烈军属,荣誉、复员、退伍、转业军人和军队离退休干部,致以节日的祝贺和崇高的敬意。连日来,全省各地各部队积极围绕纪念建军主题,因地制宜开展形式多样的国防教育和双拥宣传活动;利用召开"八一"军政座谈会、双拥联席会等形式,通过走访慰问,主动了解部队建设改革中需要地方支持的事项,了解退役军人相关服务保障工作。军地各级把解决部队官兵和优抚对象普遍关注的重难点问题,作为"八一"期间双拥工作的重要内容,持续推进助力退役军人安置、助力随军家属就业"双助力"工程。

省民政厅、省财政厅近日联合下发通知,要求各地深入贯彻落实党的十九大精神和全国退役军人工作经验交流会精神,做好经费等保障工作,切实做好建军节期间走访慰问退役军人工作,通过召开退役军人座谈会、入户走访、解决实际困难等多种方式开展慰问活动,走访慰问辖区残疾军人、"三属"、在乡老复员军人、带病回乡退伍军人、红军失散人员、60周岁农村籍退役士兵、老烈士子女等重点优抚对象和辖区内所有建档立卡贫困户、低保户中的军队退役人员,切实摸清辖区内退役军人底数,摸清退役军人相关诉求和困难问题,增强做好退役军人服务保障工作的针对性和实效性,让退役军人感受到党和政府的关注关怀,在全社会营造尊崇军人的浓厚氛围。(记者　左超)

案例思考

国防与公共安全是典型的纯公共品,结合本章的学习,深刻理解为身处"养兵千日,用兵一时"环境的现役和退役军人及其家属提供闭环的生活保障的必要性和重要意义。

资料来源:云南日报. 2018-07-31.

第一节　社会优抚和社会安置制度概述

优抚安置制度包括社会优抚制度和社会安置制度,是国家针对社会特定对象设定的具有褒扬、优抚、抚恤和安置性质的社会保障制度,这两方面相辅相成,保障现役军人、退伍军人以及为国家的安全和人民群众的生命财产做出贡献者的基本生活需要和权益,构成了对军人及其家属的社会保障体系。一方面,优抚安置制度解决了军人及其家属的后顾之忧,保障他们的基本生活,弘扬了保家卫国、牺牲奉献的精神。另一方面,这一制度的建立和完善对于维持社会稳定、保卫国家安全、促进国防和军队现代化建设、推动经济发展具有重要意义。

一、社会优抚和社会安置的含义

社会优抚是国家和社会对维护国家安全或社会秩序做出贡献或牺牲的人员及其家属给予物质上的优抚和精神上的慰藉的一项特殊的社会保障制度。按照《中华人民共和国宪法》《中华人民共和国兵役法》和《军人优待抚恤条例》等法律法规,社会优抚的对象主要包括:中国人民解放军现役军人和武警官兵;革命伤残军人;复员退伍军人;革命烈士家属;因公牺牲军人家属;病故军人家属;现役军人家属等。

社会安置是国家制定法律法规为退役军人提供就业保障和生活保障的一项社会保障制度。社会安置的对象主要是退役军人,按安置对象的不同来区分,主要包括复员退伍军人安置、军人离退休人员安置、军队离退休干部安置、军地两用人才培养等。在我国,不同的安置对象有不同的制度规定,实施这些规定的工作被统称为安置工作。

二、社会优抚和社会安置的意义与作用

(一)社会优抚安置是军队稳定与国家安定的保证

社会优抚安置制度不同于其他社会保障制度,是关于军人的社会保障制度,它关系到军

队的稳定与国家的安定。军队是国家政权的重要组成部分，只要有国家存在，就必然有军队存在。通过实施优抚安置制度，使军人在遭受疾病、伤残、失业等风险时，有助于他们及其亲属得到及时的物质帮助和精神慰藉，消除其后顾之忧，使军队稳固并正常发挥作用。

（二）社会优抚安置是社会经济繁荣发展的重要措施

优抚安置保障是社会的"稳定器"和"减震器"，为社会经济的发展建设创造和谐、安定的环境。同时，国家通过军人社会保障工作，组织群众开展拥军优属活动，使军政军民关系融洽，结下了鱼水之情，使军队在和平时期直接参与地方建设，为社会经济发展做出贡献。

（三）社会优抚安置是鼓舞士气与焕发民族精神的重要手段

国家通过社会优抚安置工作，保障军人的权益和生活，一方面旨在激励军人安心服役、献身于国家安全和社会稳定事业。另一方面，褒扬军人的英雄行为、弘扬军人的无私奉献精神，有利于激发民众和各界人士的爱国热情，积极为正义事业做贡献，从而进一步提高国民的精神文明素质和国家的凝聚力。

三、社会优抚和社会安置的基本原则

我国社会优抚工作坚持"思想教育、扶持生产、群众优待、国家抚恤"和"国家、社会、群众"三结合的工作方针。社会安置工作的基本方针是"从哪里来，回哪里去"和"妥善安置、各得其所"。优抚安置工作的基本原则，概括来说有以下五个方面。

（一）思想教育先行

社会优抚和社会安置制度的制定受到多种因素的影响，它的建立不可能一蹴而就，尽善尽美，需要在经济发展水平和综合国力逐步提高的过程中逐渐完善。因此，首先要做好优抚安置对象的思想教育工作，让他们感受到国家对优抚安置工作的重视，感受到国家、社会成员对他们的敬重，同时也理解国家根据国情国力所做的努力。对于社会成员，同样要做好思想教育工作，要积极开展形式多样的拥军优属、拥政爱民和爱国主义、革命英雄主义教育活动，做好烈士陵园的爱国主义教育和接待工作等，让全社会形成缅怀先烈、拥军优属、爱国奉献的良好风气。

（二）国家抚恤和社会、群众优待并举

社会全体成员都享受了或正在享受着退役军人和现役军人提供的安定生活，因此，社会优抚和社会安置是全社会的责任，要动员全社会的力量共同做好这项工作，应以国家优抚为主，社会、群众优抚为辅，发动群众积极参与，鼓励社会组织积极开展社会优抚工作，为优抚和安置对象提供良好的服务。

（三）根据对国家的贡献大小和困难情况，确定保障水平

我国优抚安置制度实行对优抚安置对象的优待原则，其保障标准较一般社会保障标准高，但在给予优抚待遇时遵循着根据贡献大小、困难大小的实际情况，确定保障水平的原则。这一原则也体现了优抚安置制度的公平性。

(四) 从国情国力出发,因地制宜确立优抚对象生活保障标准

国家根据优抚和安置对象对国家和社会贡献的大小和困难情况制定了不同的待遇标准,但由于我国幅员辽阔,加之各地区经济社会发展不平衡,因此,各地要从本地区实际情况出发,因地制宜制定本地区的保障标准,力所能及地为优抚和安置对象提供帮助和保障。

(五) 循序渐进,保障水平随经济发展和国民收入提高同步增长

社会优抚安置工作遵循循序渐进的程序,即先重点照顾有特殊贡献和困难重大的优抚对象,其次照顾一般优抚对象;先解决基本生活问题,随着经济发展水平的提高,国民收入的提高,逐步提高优抚安置待遇,在保障基本生活基础上,改善和提高生活水平,逐步提高优抚标准。

四、社会优抚和社会安置的特点

优抚安置工作是社会保障体系的组成部分,但不同于其他社会保障制度,其工作总体构成复杂,有鲜明的特点,主要表现在以下六个方面。

(一) 政治性

政治性是优抚安置工作的首要特征。现役军人和退役军人在民主革命时期和社会主义建设时期为国家与人民做出了巨大的贡献,现在仍担负着保卫国家和维护社会秩序的重任,这一群体的特殊性直接决定了优抚安置工作的政治性,因此,优抚安置保障工作也是国家政治行为的一部分。做好优抚安置工作,可以解除军人的后顾之忧,保障其基本生活,稳定军心,保持军队旺盛的战斗力,关系到社会的稳定、国家机器自身的良好运转。同时,做好优抚安置工作,褒扬为国家和社会做出贡献的军人,也是进行爱国主义、革命传统教育的体现。

(二) 经济性

由于优抚安置具有补偿和褒扬性质,因此,优抚待遇高于一般的社会保障标准,优抚对象能够优先优惠地享受国家和社会提供的各种优待、抚恤、服务和政策扶持。优抚工作是政府的一项重要行为,优抚优待的资金主要由国家财政投入,还有一部分由社会承担,只有在医疗保险和合作医疗等方面由个人缴纳一部分费用,因此具有经济性特征。

(三) 社会性

优抚安置工作的社会性表现在两方面:一方面,由全体社会成员共同承担军人的优抚安置工作,军人承担着保家卫国和建设社会的重任,社会全体成员都是受益者,因此,国家、社会和个人都对军人的优抚安置负有责任。另一方面,安置工作要尽力使退役军人与社会职位之间形成最佳的组合搭配,这势必会引起结构性社会流动,其影响是社会性的。

(四) 关联性

优抚安置工作受制于社会发展的诸多因素,涉及社会多个部门,横跨党、政、军三大系统,既需要与地方组织、编制、教育、公安、财政、人力资源和社会保障、卫生、建设、工商、税务等30多个部门联系,又需要与军队军务、动员、干部、组织、宣传、财

务、营房、卫生、人事劳动等10多个部门相互配合，协调难度很大，如果协调不力，将会给优抚安置工作带来阻力。

(五) 特殊性

优抚安置工作的特殊性，一方面体现在服务对象是为革命事业和保卫国家安全做出牺牲和贡献的特殊社会群体，由国家对他们的牺牲和贡献给予补偿与褒扬。由于服务对象身份的特殊性，其需要也是多样的，不同对象需求不一。我国对革命烈士家属、因公牺牲/病故军人家属、革命伤残军人、退役军人等都制定了相应的优抚安置政策。另一方面，其特殊性还体现在军人的待遇方面，一般来说，优抚安置的待遇要比一般社会保障的标准高。除了物质优待以外，优抚制度还要确保优抚对象在社会生活的其他方面得到关怀和帮助，如革命烈士子女考入公立学校予以免交学杂费，二等乙级以上（含二等乙级）革命伤残军人享受公费医疗待遇等。

(六) 综合性

社会优抚安置与社会保险、社会救助和社会福利不同，它是特别针对某一特殊身份的人所设立的，内容涉及社会保险、社会救助和社会福利等，包括抚恤、优待、养老、就业安置等多方面的内容，是一种综合性的保障项目。

第二节 社会优抚和社会安置的内容及实施

一、我国社会优抚和社会安置的产生和发展

优抚是优待和抚恤的简称，社会优抚和社会安置制度是随着战争的出现与国家、军队的产生而产生，随着经济和社会的发展而发展的。我国是优抚历史悠久的国家之一，对军人的抚恤优待源于原始社会末期，诞生于奴隶制社会时期，发展于封建社会阶段，成熟于民主主义革命和社会主义建设时期，改革开放以来开辟了优抚工作的新纪元。

(一) 我国古代的优抚安置制度

原始社会中后期，部落之间常常产生争斗，那时就会为伤残者及其亲属提供一些生活必需品。到了阶级社会，国家产生后，为了确保国家安全、开拓疆土，战争的出现产生了古代军队和军事制度，统治阶级为鼓舞士气，获取战争的胜利，会制定一系列优惠的政策鼓励老百姓应征入伍，同时也会给予参战士兵及其亲属一定的待遇。最早的社会安置是为了安置"流民"，随着军队的扩大，也逐步转变为安置退役官兵。西周时期，太公吕尚辅佐周武王治军，提出"凡行军吏士有伤亡者，给其丧具，使归而葬，此坚军全国之道也。军人被创即给医药，使谨视之"。春秋战国时期，齐国设立了常备军，规定"优待甲士，有田不自耕，专练武艺"。秦国在商鞅变法期间，将"军功授爵"原则列入了变法的主要内容。这些重要的优抚思想，奠定了优抚工作的发展基础。

封建社会，历代统治者都将优抚工作视为激励军功的一项国策。西汉，军功爵制得到进一步发展，刘邦称帝后，采纳了谋士陆贾的建议，实行"无为而治"与"与民休息"，有一条政策便是"奖军吏军卒"，同时汉承秦制，规定"军吏卒令赦，其亡罪而亡爵及不满大夫者赐为大夫。故大夫以上赐爵各一级，其七大夫以上者，皆令食邑，非七大夫以下皆复

其身及户，勿事"，军功阶层不但可以获得高官厚禄，良田美宅，还可以荫及子孙。我们从中可以看出，汉初政权建立后统治者对军功阶层的重视。宋朝规定"军士经战至废折者，给衣粮之半，终其身；诸阵亡军士父母无妻、子、孙依倚者，人日给米二升，终其身"。这一政策增加了抚恤、供养的内容，大大扩展了优抚工作内容。封建社会的优抚制度是基于统治者为维护封建统治或开疆拓土而实行的激励军士奋勇作战的一系列政策措施。

（二）我国现行的优抚安置制度

我国现行的社会优抚和社会安置是从人民军队建立之后逐步建立和发展起来的。1931年中华苏维埃第一次代表大会通过了《红军优待条例》《红军优抚条例》《优待红军家属条例》和《优待红军家属礼拜六条例》；1933年《中华苏维埃共和国地方苏维埃暂行组织法》规定，各级苏维埃政府成立优抚组织机构，设立专门的抚恤委员会，成立优待红军家属委员会，对因战斗致残、致病的退伍红军战士给予优抚，同时对红军家属的耕种、免税、补助粮、抚恤金做了规定。抗日战争期间，许多抗日根据地制定了优抚工作条例。解放战争时期，政府设立了专门机构优抚和安置伤残军人，一些地方还成立了"帮工队""服务组"或"代耕组"，帮助革命烈士和军人家属耕种土地。中华人民共和国成立后，党和政府高度重视优抚和安置工作。1950年，第一次全国民政工作会议制定了《革命军人牺牲病故褒恤暂行条例》《革命烈士家属、革命军人家属优待暂行条例》等5个条例，为在战争中因工伤残或牺牲的革命军人、工作人员和民兵民工及其家属给予了优抚待遇。同年，我国成立了专门机构"中央复员委员会"进行人民解放军的整编复原工作，次年，更名为"专业建设委员会"。1954年，国务院发布了《复员建设军人安置暂行办法》，1955年发布了《关于安置复员建设军人的决议》，遵循"妥善安置，各得其所"的原则对退伍回城、回农村的复员军人给予照顾，到1958年，共安置了退伍军人达480万人。1958年开始的"大跃进"和连续三年的自然灾害，以及1966年开始的"文化大革命"，社会安抚的社会安置制度没有得到切实实施，甚至一度遭到破坏。

改革开放以来，我国的优抚和安置工作进入了新的发展阶段，制定了一系列方针、政策和法规。1978年9月全国第七次民政工作会议制定了"政治挂帅、安排生产、群众优待、国家抚恤"的优抚工作方针，1983年修改为"思想教育、扶持生产、群众优待、国家抚恤"。1979年，民政部颁发了《关于退休红军老战士称号和待遇方面存在的问题与解决意见的通知》。1980年，国务院颁发了《革命烈士褒扬条例》。1984年5月31日，第六届全国人民代表大会第二次会议通过了《中华人民共和国兵役法》。1988年，国务院颁布《军人抚恤优待条例》，具体规定了对优抚对象的各方面优待措施，逐步形成了与社会主义市场经济体制相适应的优抚基本法律体系。2011年，国务院、中央军事委员会对《军人抚恤优待条例》进行修改，从2011年8月1日实行，同年修正了《中华人民共和国兵役法》。2013年公布了《烈士安葬办法》《伤残抚恤管理办法》，随后多次调整部分优抚对象等人员抚恤和生活补助标准，使优抚安置工作更加科学化、制度化。

经过多年的发展，我国社会优抚安置制度不断完善，逐渐形成了较完善的法律法规体系，社会优抚和安置工作也实现了新的发展。截至2017年年底，国家抚恤、补助各类重点优抚对象857.7万人，新增184人享受烈士待遇，全国共有注册登记的烈士纪念设施管理保护单位957个，占地面积4128.1公顷，机构内烈士纪念设施0.8万处。⊖ 我国近十年优

⊖ 数据来源于民政部2018年8月2日公布的《2017年社会服务发展统计公报》。

抚安置工作开展情况如表 13-1 所示。

表 13-1　我国国家抚恤、补助优抚对象及抚恤事业费（2008—2017 年）

年度	2008	2009	2010	2011	2012	2013	2014	2015	2016	2017
国家抚恤、补助各类重点优抚对象（万人）	633.2	630.7	625	852.5	944.4	950.5	917.3	897	874.8	857.7
抚恤事业费（亿元）	253.6	310.3	362.7	428.3	517	618.4	636.6	686.8	769.8	827.3
抚恤事业费年增长率（%）	20.3	22.4	16.9	18.1	20.7	19.6	2.9	7.9	12.1	7.5

资料来源：民政部公布的相应年度社会服务发展统计公报。

二、社会优抚的内容及实施

社会优抚制度包括优待制度和抚恤制度，这两项制度确保优抚对象可以维持一定的物质生活水平，而且使他们在社会生活中受到关怀和尊重。具体项目包括：国家抚恤、国家补助、群众优待、拥军优属、褒扬革命烈士。此外，社会优抚还有一项重要内容是政府出面举办的各种优抚事业，开展各种优抚活动。

（一）优待制度

优待制度是指国家、社会及群众依照法规政策的有关规定，对烈属、因工牺牲及病故军人家属、伤残军人、现役军人家属、带病回乡复退军人等优抚对象在政治上、经济上给予优厚待遇的制度。优待制度主要包括物质优待和其他方面的优待。

1. 物质优待

物质优待经历了代耕土地、优待劳动日和发放优待金等形式的变迁[一]：

（1）代耕土地。代耕土地即帮助烈军属代耕土地。这种形式在第二次国内革命战争时期就开始实行了，以后逐渐推广，一般以村为单位，由从事农业生产的劳力和畜力负担，主要有临时派工和固定代耕两种形式。

（2）优待劳动日。这种形式是 1956 年随着农村集体经济体制的建立而发展起来的，主要内容是参加农业生产合作社的烈军属，在其实际收入不能达到全社人均收入水平时，由生产大队或农业合作社优待一定数量的劳动日。

（3）发放优待金。这种形式是从 1978 年农村实行家庭联产承包责任制以后实行的。1984 年我国颁布的《中华人民共和国兵役法》规定"现役军人，残疾军人，退出现役军人，烈士、因公牺牲、病故军人遗属，现役军人家属，应当受到社会的尊重，受到国家和社会的优待。军官、士官的家属随军、就业、工作调动以及子女教育，享受国家和社会的优待。义务兵服现役期间，其家庭由当地人民政府给予优待，优待标准不低于当地平均生活水平，具体办法由省、自治区、直辖市人民政府规定"。优待金的来源有财政拨款、军属所在单位或军人参军前所在单位承担、社会统筹等多种方式，在实际中，多数地区规定优待金标准相当于当地人均收入水平，或不低于当地一个劳动力收入的 1/2 或 1/3。

[一] 周士禹，李本公. 优抚保障［M］. 北京：中国社会出版社. 1996：89.

2. 其他方面的优待

根据《军人抚恤优待条例》的规定，优待制度还规定优抚对象在其他方面应得到的关怀和照顾。

（1）烈士遗属依照《烈士褒扬条例》的规定享受优待。

（2）义务兵和初级士官入伍前是国家机关、社会团体、企业事业单位职工（含合同制人员）的，退出现役后，允许复工复职，并享受不低于本单位同岗位（工种）、同工龄职工的各项待遇；服现役期间，其家属继续享受该单位职工家属的有关福利待遇。义务兵和初级士官入伍前的承包地（山、林）等，应当保留；服现役期间，除依照国家有关规定和承包合同的约定缴纳有关税费外，免除其他负担；义务兵从部队发出的平信，免费邮递。

（3）国家对一级至六级残疾军人的医疗费用按照规定予以保障，由所在医疗保险统筹地区社会保险经办机构单独列账管理。七级至十级残疾军人旧伤复发的医疗费用，已经参加工伤保险的，由工伤保险基金支付，未参加工伤保险，有工作的由工作单位解决，没有工作的由当地县级以上地方人民政府负责解决；七级至十级残疾军人旧伤复发以外的医疗费用，未参加医疗保险且本人支付有困难的，由当地县级以上地方人民政府酌情给予补助。残疾军人、复员军人、带病回乡退伍军人以及因公牺牲军人遗属、病故军人遗属享受医疗优惠待遇。

（4）在国家机关、社会团体、企业事业单位工作的残疾军人，享受与所在单位工伤人员同等的生活福利和医疗待遇。所在单位不得因其残疾将其辞退、解聘或者解除劳动关系。

（5）现役军人凭有效证件、残疾军人凭《中华人民共和国残疾军人证》优先购票乘坐境内运行的火车、轮船、长途公共汽车以及民航班机；残疾军人享受减收正常票价50%的优待。现役军人凭有效证件乘坐市内公共汽车、电车和轨道交通工具享受优待。残疾军人凭《中华人民共和国残疾军人证》免费乘坐市内公共汽车、电车和轨道交通工具。现役军人、残疾军人凭有效证件参观游览公园、博物馆、名胜古迹享受优待。

（6）因公牺牲军人、病故军人的子女、兄弟姐妹，本人自愿应征并且符合征兵条件的，优先批准服现役。

（7）义务兵和初级士官退出现役后，报考国家公务员、高等学校和中等职业学校，在与其他考生同等条件下优先录取。

（8）残疾军人、因公牺牲军人子女、一级至四级残疾军人的子女，驻边疆国境的县（市）、沙漠区、国家确定的边远地区中的三类地区和军队确定的特、一、二类岛屿部队现役军人的子女报考普通高中、中等职业学校、高等学校，在录取时按照国家有关规定给予优待；接受学历教育的，在同等条件下优先享受国家规定的各项助学政策。现役军人子女的入学、入托，在同等条件下优先接收。

（9）残疾军人、复员军人、带病回乡退伍军人、因公牺牲军人遗属、病故军人遗属承租、购买住房依照有关规定享受优先、优惠待遇。居住农村的抚恤优待对象住房有困难的，由地方人民政府帮助解决。

（10）复员军人生活困难的，按照规定的条件，由当地人民政府民政部门给予定期定量补助，逐步改善其生活条件。

（11）国家兴办优抚医院、光荣院，治疗或者集中供养孤老和生活不能自理的抚恤优待对象。各类社会福利机构应当优先接收抚恤优待对象。

（二）抚恤制度

抚恤制度是国家对伤残人员和牺牲、病故人员家属采取物质抚慰的一种社会保障制度。我国的抚恤制度主要包括伤残抚恤和死亡抚恤两类。

1. 伤残抚恤

伤残抚恤是被认定为因战致残、因公致残或者因病致残的现役军人，按照法律法规享受的抚恤。按照《军人抚恤优待条例》规定，"残疾的等级，根据劳动功能障碍程度和生活自理障碍程度确定，由重到轻分为一级至十级；现役军人因战、因公致残，医疗终结后符合评定残疾等级条件的，应当评定残疾等级。义务兵和初级士官因病致残符合评定残疾等级条件，本人（精神病患者由其利害关系人）提出申请的，也应当评定残疾等级。因战、因公致残，残疾等级被评定为一级至十级的，享受抚恤；因病致残，残疾等级被评定为一级至六级的，享受抚恤。退出现役的残疾军人，按照残疾等级享受残疾抚恤金，残疾抚恤金由县级人民政府民政部门发给。因工作需要继续服现役的残疾军人，经军队军级以上单位批准，由所在部队按照规定发给残疾抚恤金。残疾军人的抚恤金标准应当参照全国职工平均工资水平确定。残疾抚恤金的标准以及一级至十级残疾军人享受残疾抚恤金的具体办法，由国务院民政部门会同国务院财政部门规定。退出现役的因战、因公致残的残疾军人因旧伤复发死亡的，由县级人民政府民政部门按照因公牺牲军人的抚恤金标准发给其遗属一次性抚恤金，其遗属享受因公牺牲军人遗属抚恤待遇。退出现役的因战、因公、因病致残的残疾军人因病死亡的，对其遗属增发12个月的残疾抚恤金，作为丧葬补助费；其中，因战、因公致残的一级至四级残疾军人因病死亡的，其遗属享受病故军人遗属抚恤待遇。退出现役的一级至四级残疾军人，由国家供养终身。其中，对需要长年医疗或者独身一人不便分散安置的，经省级人民政府民政部门批准，可以集中供养。对分散安置的一级至四级残疾军人发给护理费。"

2. 死亡抚恤

死亡抚恤是对批准为烈士、被确认为因公牺牲或者病故的现役军人按照法律法规提供的抚恤。死亡抚恤包括一次性抚恤、特别抚恤和定期抚恤三种。

（1）一次性抚恤。现役军人死亡，根据其死亡性质和死亡时的月工资标准，由县级人民政府民政部门发给其遗属一次性抚恤金。抚恤金标准是：烈士和因公牺牲的，为上一年度全国城镇居民人均可支配收入的20倍加本人40个月的工资；病故的，为上一年度全国城镇居民人均可支配收入的2倍加本人40个月的工资。月工资或者津贴低于排职少尉军官工资标准的，按照排职少尉军官工资标准计算。获得荣誉称号或者立功的烈士、因公牺牲军人、病故军人，其遗属在应当享受的一次性抚恤金的基础上，由县级人民政府民政部门按照下列比例增发一次性抚恤金：①获得中央军事委员会授予荣誉称号的，增发35%。②获得军队军区级单位授予荣誉称号的，增发30%。③立一等功的，增发25%。④立二等功的，增发15%。⑤立三等功的，增发5%。多次获得荣誉称号或者立功的烈士、因公牺牲军人、病故军人，其遗属由县级人民政府按照其中最高等级奖励的增发比例，增发一次性抚恤金，民政部门将一次性抚恤金发给烈士、因公牺牲军人、病故军人的父母（抚养人）、配偶、子女；没有父母（抚养人）、配偶、子女的，发给未满18周岁的兄弟姐妹和已满18周岁但无生活费来源且由该军人生前供养的兄弟姐妹。部门按照其中最高等级奖励的增发比例，增发一次性抚恤金。

（2）特别抚恤。对生前做出特殊贡献的烈士、因公牺牲军人、病故军人，除按照规定发给其遗属一次性抚恤金外，军队可以按照有关规定发给其遗属一次性特别抚恤金。

（3）定期抚恤。对符合下列条件之一的烈士遗属、因公牺牲军人遗属、病故军人遗属，发给定期抚恤金：①父母（抚养人）、配偶无劳动能力、无生活费来源，或者收入水平低于当地居民平均生活水平的。②子女未满18周岁或者已满18周岁但因上学或者残疾无生活费来源的。③兄弟姐妹未满18周岁或者已满18周岁但因上学无生活费来源且由该军人生前供养的。

定期抚恤金的标准及其调整办法，由国务院民政部门会同国务院财政部门规定。县级以上地方人民政府对依靠定期抚恤金生活仍有困难的烈士遗属、因公牺牲军人遗属、病故军人遗属，可以增发抚恤金或者采取其他方式予以补助，保障其生活不低于当地的平均生活水平。享受定期抚恤金的烈士遗属、因公牺牲军人遗属、病故军人遗属死亡的，增发6个月其原享受的定期抚恤金，作为丧葬补助费，同时注销其领取定期抚恤金的证件。

（三）优抚事业

政府举办的各种优抚事业、开展的抚恤优待活动也属于社会优抚制度的内容。优抚医院和光荣院等优抚事业单位，是党和国家为孤老、伤病残退役军人等优抚对象提供医疗和供养服务的重要载体，是服务国防和军队现代化建设的重要力量，是国家基本公共服务体系的重要组成部分。

1. 设立优抚医院

优抚医院是国家为残疾军人和在服役期间患严重慢性病、精神疾病的复员退伍军人等优抚对象提供医疗和供养服务的优抚事业单位。2011年6月2日民政部部务会议通过《优抚医院管理办法》(简称《办法》)，自2011年8月1日施行。《办法》规定，优抚医院包括荣誉军人康复医院、复员退伍军人慢性病医院、复员退伍军人精神病医院和综合性优抚医院。

优抚医院根据主管部门下达的任务，收治下列优抚对象：①需要常年医疗或者独身一人不便分散安置的一级至四级残疾军人。②在服役期间患严重慢性病的残疾军人和带病回乡的复员退伍军人。③在服役期间患精神疾病，需要住院治疗的复员退伍军人。④短期疗养的优抚对象。⑤主管部门安排收治的其他人员。

优抚医院应当为在院优抚对象提供良好的医疗服务和生活保障，主要包括：健康检查，疾病诊断、治疗和护理，康复训练，健康指导，精神慰藉，生活必需品供给，生活照料，文体活动。优抚医院应对在院残疾军人的残情特点，实施科学有效的医学治疗，促进生理机能恢复，对慢性病患者要采取积极措施，降低疾病对患者造成的痛苦，对在院精神病患者要进行综合治理，促进患者精神康复。

2. 建立光荣院

光荣院是国家集中供养孤老和生活不能自理的抚恤优待对象（以下简称集中供养对象），并对其实行特殊保障的优抚事业单位。2010年12月20日民政部部务会议通过《光荣院管理办法》(简称《办法》)，自2011年3月1日开始施行。《办法》规定老年、残疾或者未满16周岁的烈士遗属、因公牺牲军人遗属、病故军人遗属和进入老年的残疾军人、复员军人、退伍军人，无法定赡养人、扶养人、抚养人或者法定赡养人、扶养人、抚养人无赡养、扶养、抚养能力且享受国家定期抚恤补助待遇的，可以申请享受光荣院集中供养待遇。

光荣院应当为集中供养对象提供下列供养服务：提供饮食，提供生活必需品，提供住房,提供医疗、康复、护理、保健服务,提供学习娱乐、精神关怀服务,提供清洁卫生、安全保卫服务,其他供养服务。集中供养对象未满16周岁或者已满16周岁仍在接受义务教育的,光荣院应当保障其接受义务教育所需费用。此外,还规定了光荣院要为集中供养对象提供良好的生活环境,组织学习教育,开展有助于身心健康的文体休闲活动,组织心理咨询和社会交往活动,使集中供养对象得到精神慰藉。

3. 保护烈士纪念设施

烈士纪念设施是指在中华人民共和国境内为纪念烈士专门修建的烈士陵园、纪念堂馆、纪念碑亭、纪念塔祠、纪念塑像、烈士骨灰堂、烈士墓等设施。2013年6月27日民政部部务会议通过《烈士纪念设施保护管理办法》(简称《办法》),自2013年6月28日起施行(1995年发布的《革命烈士纪念建筑物管理保护办法》同时废止)。《办法》规定:①烈士纪念设施实行分级保护管理,纳入城乡建设规划,绿化美化环境,实现园林化,使烈士纪念设施形成庄严、肃穆、优美的环境和气氛,为社会提供良好的瞻仰和教育场所。②任何单位或者个人不得侵占烈士纪念设施保护范围内的土地和设施。③禁止在烈士纪念设施保护范围内进行其他工程建设。④任何单位或者个人不得在烈士纪念设施保护范围内为烈士以外的其他人修建纪念设施或者安放骨灰、埋葬遗体。⑤在烈士纪念设施保护范围内不得从事与纪念烈士无关的活动。我国十分重视保护烈士纪念设施,积极组织开展祭扫、纪念烈士活动,充分发挥烈士纪念设施在传承红色基因、缅怀革命先烈、开展爱国主义教育等方面的引领示范作用。

三、社会安置的内容及实施

社会安置是国家和社会为退役军人提供资金和服务而制定的社会保障制度,主要目的是妥善安排和保障退伍军人的生活与工作,帮助他们实现重新就业。退役安置主要从资金和服务两方面对退役军人提供保障,资金保障方面包括提供安置费、各级临时性生活津贴和生产性贷款;服务保障包括就业安置、就学安置、落户安置、职业培训、技术培训等。

(一)移交和接收

退役士兵安置地为退役士兵入伍时的户口所在地。但是,入伍时是普通高等学校在校学生的退役士兵,退出现役后不复学的,其安置地为入学前的户口所在地。退役士兵有下列情形之一的,可以易地安置:①服现役期间父母户口所在地变更的,可以在父母现户口所在地安置。②符合军队有关现役士兵结婚规定且结婚满2年的,可以在配偶或者配偶父母户口所在地安置。③因其他特殊情况,由部队师(旅)级单位出具证明,经省级以上人民政府退役士兵安置工作主管部门批准易地安置的。易地安置的退役士兵享受与安置地退役士兵同等安置待遇。退役士兵有下列情形之一的,根据本人申请,可以由省级以上人民政府退役士兵安置工作主管部门按有利于退役士兵生活的原则确定其安置地:①因战致残的。②服现役期间平时荣获二等功以上奖励或者战时荣获三等功以上奖励的。③是烈士子女的。④父母双亡的。

自主就业的退役士兵应当自被批准退出现役之日起30日内,持退出现役证件、介绍信到安置地县级人民政府退役士兵安置工作主管部门报到。安排工作的退役士兵应当在规定的时间内,持接收安置通知书、退出现役证件和介绍信到规定的安置地人民政府退役士兵安置工作主管部门报到。退休、供养的退役士兵应当到规定的安置地人民政府退役士兵安置工作主管部门报到。

(二) 安置

1. 自主就业

义务兵和服现役不满 12 年的士官退出现役的，由人民政府扶持自主就业。对自主就业的退役士兵，由部队发给一次性退役金，一次性退役金由中央财政专项安排；地方人民政府可以根据当地实际情况给予经济补助，经济补助标准及发放办法由省、自治区、直辖市人民政府规定。各级人民政府应当加强对退役士兵自主就业的指导和服务。县级以上地方人民政府应当采取组织职业介绍、就业推荐、专场招聘会等方式，扶持退役士兵自主就业。国家根据国民经济发展水平、全国职工年平均工资收入和军人职业特殊性等因素确定退役金标准，并适时调整。国务院退役士兵安置工作主管部门、军队有关部门会同国务院财政部门负责确定和调整退役金标准的具体工作。

自主就业的退役士兵根据服现役年限领取一次性退役金。服现役年限不满 6 个月的按照 6 个月计算，超过 6 个月不满 1 年的按照 1 年计算。获得荣誉称号或者立功的退役士兵，由部队按照下列比例增发一次性退役金：①获得中央军事委员会、军队军区级单位授予荣誉称号，或者荣获一等功的，增发 15%。②荣获二等功的，增发 10%。③荣获三等功的，增发 5%。多次获得荣誉称号或者立功的退役士兵，由部队按照其中最高等级奖励的增发比例，增发一次性退役金。

2. 安排工作

退役士兵符合下列条件之一的，由人民政府安排工作：①士官服现役满 12 年的。②服现役期间平时荣获二等功以上奖励或者战时荣获三等功以上奖励的。③因战致残被评定为 5 级至 8 级残疾等级的。④是烈士子女的。符合前款规定条件的退役士兵在艰苦地区和特殊岗位服现役的，优先安排工作；因精神障碍基本丧失工作能力的，予以妥善安置。

3. 退休与供养

中级以上士官符合下列条件之一的，做退休安置：①年满 55 周岁的。②服现役满 30 年的。③因战、因公致残被评定为 1 级至 6 级残疾等级的。④经军队医院证明和军级以上单位卫生部门审核确认因病基本丧失工作能力。退休的退役士官，其生活、住房、医疗等保障，按照国家有关规定执行。

中级以上士官因战致残被评定为 5 级至 6 级残疾等级，本人自愿放弃退休安置选择由人民政府安排工作的，可以依照安排工作的规定办理。被评定为 1 级至 4 级残疾等级的义务兵和初级士官退出现役的，由国家供养终身。因战、因公致残被评定为 1 级至 4 级残疾等级的中级以上士官，本人自愿放弃退休安置的，可以选择由国家供养。

国家供养分为集中供养和分散供养。分散供养的残疾退役士兵购（建）房所需经费的标准，按照安置地县（市）经济适用住房平均价格和 60 平方米的建筑面积确定；没有经济适用住房的地区按照普通商品住房价格确定。购（建）房所需经费由中央财政专项安排，不足部分由地方财政解决。购（建）房屋产权归分散供养的残疾退役士兵所有。分散供养的残疾退役士兵自行解决住房的，按照上述标准将购（建）房费用发给本人。

第三节 我国社会优抚和社会安置的改革

一、我国社会优抚和社会安置工作存在的突出问题

改革开放以来，我国社会优抚和社会安置制度经过多年的发展和多次调整改革，取得了极大的成就，并逐渐建立起与社会主义市场经济体制相适应的军人保障制度。首先，我国社会优抚和社会安置的法律法规得到进一步完善，使优抚和安置对象的基本生活和权益从立法的角度上得到了保障，优待抚恤工作的管理得到了极大加强。其次，我国建立起了优抚安置组织保障网络，各优抚事业单位和优抚安置组织管理机构各司其职，共同构建起了全面的军人保障系统。最后，我国优抚安置资金来源渠道增加，为优抚和安置对象待遇的不断提高提供了资金保障，国家连年加大对优抚对象的抚恤、补助资金的投入力度。此外，社会组织、社会团体和群众开展的拥军优属活动、军民共建活动等，不仅给优抚安置对象带来了党和政府的关怀，同时使军民关系更加密切，弘扬了军人保家卫国、无私奉献的精神。但是，现行的社会优抚和社会安置制度仍存在着许多问题。由于优抚和安置工作自身固有的政治性、关联性、特殊性较强，导致其固有的矛盾难以解决。

（一）政治化与市场化的矛盾

由于优抚安置工作的政治性和政策性很强，完成政治任务的一个主要方法是依靠行政手段，而我国现行的社会主义市场经济体制要求强化市场机制对资源配置的调剂作用，弱化政府的管制。这就使优抚和安置工作出现了政治化和市场化的矛盾，而且随着市场机制的发展完善，这一矛盾愈加突出。

（二）改革中的主体化与边缘化矛盾

优抚安置制度的改革有破有立，我国采取渐进式的改革方式，考虑到改革成本的问题，往往是先避开矛盾焦点问题，随着时机逐步成熟再进行完善。由于优抚安置工作的特殊性，其援助对象分散在社会各个阶层、各行各业，当改革涉及人员变动等问题时，会给部分人员带来影响，优抚安置对象在"破"中是主体，但在"立"中往往被边缘化。

（三）市场经济体制与供给制的矛盾

军队是高度集中、以供给制为特征的特殊群体，优抚安置是对这一特殊群体的社会保障，是军队工作的延续，许多工作要按军队的要求实施。而在市场经济体制下，各项优抚安置工作要深入进行就必须与市场经济的发展要求相适应，各项改革要全面深化就必须按照市场规律运作。市场经济体制与供给制的矛盾使得优抚安置工作的开展、协调、落实的难度较大。

二、我国社会优抚和社会安置制度改革的重点

（一）设立专项管理优抚安置的政府机构，统领和加速落实各项优抚改革

为规避"政出多门、多头管理"的行政弊端，提高政府服务效能，更好地在新时代维护军人军属的合法权益，让军人成为全社会尊崇的职业，按照国务院2018年机构改革方

案,将民政部的退役军人优抚安置职责,人社部的军官转业安置职责,以及中央军委政治工作部、后勤保障部有关职责整合,组建退役军人事务部,作为国务院组成部门。

新组建的退役军人事务部于 2018 年 4 月 17 日正式挂牌成立[一],第一,加强涉及退役军人的所有政策法规的顶层设计,如起草《退役军人保障法》和《关于加强新时代退役军人工作的意见》,并于当年 10 月 16 日形成了《中华人民共和国退役军人保障法(草案)》征求意见稿[二],报送中央和国家机关,各省、自治区、直辖市人民政府以及军队有关部门征求意见。第二,会同军地相关部门出台提高退役军人安置质量、扶持就业创业、悬挂光荣牌、提高抚恤补助标准等政策,全力推动优抚安置问题的解决。例如,退役军人事务部等军地 12 个部门联合印发《关于促进新时代退役军人就业创业工作的意见》,旨在促进退役军人就业创业,对于更好地实现退役军人自身价值、助推经济社会发展、服务国防和军队建设都具有重要意义。第三,扎实推进年度业务工作,下达了军转干部、安排工作退役士兵、复员干部、军休干部和退休士官、伤病残军人的年度安置计划,将 120 多家中央企业全部纳入安置计划下达范围,将重点优抚对象抚恤补助标准平均提高 10%。第四,加强典型宣传,如集中宣传带领群众脱贫致富的独腿英雄王明礼、一心为民的患癌老兵村支书张东堂等一批优秀退役军人典型事迹,在全社会营造关心、尊重退役军人的良好氛围。第五,着力推动权益维护,在不完全具备接待条件的情况下,挂牌第二天就开始接访,成立工作专班,系统梳理各类上访对象的诉求,逐类研究提出措施办法,督促地方落实政策。

(二)以优待军人的理念,重新定位军人抚恤安置制度

提高优抚安置保障的公平性和有效性是新的时代条件下改革的重点,不同于 20 世纪 90 年代之前的救助性优抚保障制度,首先应注重以"优待军人"的理念取代"为军人解困"的理念。在制度定位上,优抚安置制度是针对特定对象、发挥特殊功能的不同于一般社会保障制度的特殊保障制度。在对象指向上,优抚安置制度应体现政策的公平性,坚持根据军功和贡献大小来确定保障水平。

(三)以增强协同性为目标,优化优抚安置保障体系

坚持中央政府承担基本责任,发挥地方政府积极性作用,强化政策、项目开展的协调性。同时,优抚保障水平应随着经济增长和人民生活水平的提高而不断调整,需要建立一套监督调节机制,如理顺国民经济发展与优抚安置保障经费增长的关系,实行按比例拨款等,使优抚对象都能享受到应享受的各项待遇和保障水平,增强项目的协同性,优化优抚安置保障体系。

(四)以社会保障为平台,完善优抚安置保障机制

优抚安置制度以国家社会保障体系的整体框架为背景,其完善也应与社会保障体系的发展保持一致,积极找准接入社会保险、社会救助和特殊人群福利服务等制度的结合点,以社会保障为平台,使优抚保障对象获得更好的社会保障服务。首先,优抚安置对象在待遇水平、保障标准方面,应体现优待原则,其参加社会保障项目应给予合理的政策倾斜。

[一] 该部门户网站(www.mva.gov.cn)于 2018 年 7 月 31 日上线运行。

[二] 意见稿对退役军人移交接收、退役安置、教育培训、就业创业、服务保障、优待抚恤等做了整体设计和系统规范,建立了参战退役军人特别优待、为退役军人建档立卡、发放退役军人证、实行退役军人安置责任制和考核评价等一系列创新制度。

其次，应实现优抚安置制度与整个社会保障事业的衔接，只有这样，才能实现社会优抚安置改革与社会保障改革步调的一致性与协调性。

（五）以优化服务为增长点，推动优抚安置保障升级

发展优抚安置保障服务要兼顾需求和当前服务供给方式的多样性，优化服务要优先考虑基础性服务，然后发展享受型服务，分阶段渐进式推进。首先，应进一步完善优抚安置制度，明确国家、社会和优抚对象三方的责任。在做好基础的优抚安置工作上，通过纳入社会福利、社会救助的方式，大力发展针对老年、病残优抚对象的相关服务等。其次，要改进优抚服务的方式，开辟多种安置渠道。加大对光荣院、优抚医院等事业单位的改革，优化经营管理体制，发展依托社区和社会组织的多种服务方式，引导社会组织、社会团体等开展优抚对象的关爱活动。

在退役军人的安置上，应制定优惠政策，开辟多种安置渠道，逐步建立安置就业、扶持就业和自主择业相结合的安置保障体系；还可以通过制定优惠政策扶持文化素质好的退役军人考入高等职业学校继续学习，接受正规培训或继续深造等，提高其自主就业的能力。

本章小结

1. 社会优抚和社会安置应遵循的原则

思想教育先行；国家抚恤和社会、群众优待并举；根据对国家贡献大小和困难情况，确定保障水平；从国情国力出发，因地制宜确立优抚对象生活保障标准；循序渐进，保障水平随经济发展和国民收入提高同步增长。

2. 社会优抚和社会安置的特点

（1）政治性，政治性是首要特征，优抚安置保障工作也是国家政治行为的一部分。

（2）经济性，优抚待遇高于一般的社会保障标准。

（3）社会性，军人的优抚安置工作由全体社会成员共同承担，安置工作要尽力使退役军人与社会职位之间形成最佳的组合搭配。

（4）关联性，优抚安置工作受制于社会发展的诸多因素，涉及社会多个部门，横跨党、政、军三大系统，需要多部门相互配合。

（5）特殊性，特殊性一方面体现在服务对象是为革命事业和保卫国家安全做出牺牲和贡献的特殊社会群体，由国家对他们的牺牲和贡献给予补偿与褒扬；另一方面，体现在军人的待遇方面，一般来说，优抚安置的待遇要比一般社会保障的标准高。

（6）综合性，与社会保险、社会救助和社会福利不同，社会优抚安置是特别针对某一特殊身份的人所设立的，内容涉及社会保险、社会救助和社会福利等，包括抚恤、优待、养老、就业安置等多方面的内容，是一种综合性的项目。

3. 我国社会优抚的主要内容

优待制度、抚恤制度和优抚事业。其中抚恤制度主要有伤残抚恤和死亡抚恤两部分，优抚事业包括设立优抚医院、建立光荣院、保护烈士纪念设施等。

4. 我国社会安置的主要内容

移交和接收、安置等内容。其中，安置又分为自主就业、安排工作、退休与供养，每项内容都有具体而详尽的制度规定。

课后练习与思考

1. 社会优抚和社会安置与一般社会保障的区别有哪些?
2. 社会优抚和社会安置包括哪些内容?
3. 简述社会优抚与社会安置应遵循的原则。
4. 我国社会优抚与社会安置现存问题有哪些?改革重点是什么?

|动手练|

通过我国退役军人事务部、民政部等政府部门网站定期公布的相关数据,对表13-1中我国国家抚恤、补助优抚对象及抚恤事业费等数据进行实时更新和补充,并运用MS Excel电子表格软件绘制表示各项指标发展趋势的折线图,借此增进对我国社会优抚及其改革现状的了解。

第十四章 CHAPTER 14

补充保障制度

§ 知识结构与学习目标

章节知识结构		学习目标
补充保障制度概述	补充保障的含义 补充保障的基本特征 补充保障的分类 补充保障的社会功能	○ 掌握补充保障的含义、基本特征和分类 ○ 理解补充保障的社会功能 ○ 了解德国的补充养老保险内容 ○ 了解英国的补充养老保险内容
发达国家的补充保险制度	德国的补充养老保险制度 英国的补充养老保险制度	○ 掌握我国补充保险制度的基本内容 ○ 掌握企业年金与基本养老保险的区别及其运作模式、员工福利的分类及功能
我国的补充保障制度	企业年金 员工福利 社会慈善事业 商业保险	○ 理解员工福利中的员工住房福利及补充健康保险 ○ 了解社会慈善事业的内容及商业保险和其他保障方式的区别

§ 导入案例

企业年金让职工养老更安心

江苏南京金陵饭店职工孙先生 2017 年退休,领取了税后 3.6 万元的企业年金。如今,越来越多的职工在基本养老保险的基础上增加了一份养老积累,这就是企业年金。

建立多层次养老保险制度体系,是应对人口老龄化、促进养老保险制度可持续发展的需要,是我国社会保障制度改革的重要任务和目标。企业(职业)年金是我国多层次养老保险制度的第二大支柱。我国 2004 年开始实施《企业年金试行办法》,截至 2017 年年末,全国有 8.04 万户企业建立了企业年金,比上年增长 5.4%。参加职工人数为 2 331 万人,比上年增长 0.3%。年末企业年金基金累计结存 12 880 亿元。2018 年 1 月,人社部、财政部正式印发《企业年金办法》,并于 2 月 1 日起施行。

针对百姓关心的系列现实问题,如企业年金怎么缴纳?什么情况下能领取?对于退休后的收入水平有多少提升？交给基金公司运营能保本吗？《人民日报》记者在江苏进行了调研。

首先，国企、民企都可建立企业年金。建立企业年金的单位，既包括国有大型企业，也有改制后的民营企业，还有民办高校等民办非企业单位等。其次，根据相关规定，企业年金基金采用信托模式管理，企业自主选择具备企业年金管理资格的金融机构受托管理，市场化投资运营，即金融机构受托运营，个人可随时查询自己账户情况。最后，根据不同公司的具体年金方案，参加员工可在退休后按月提取，余额继续参与投资分享收益。参加员工与公司解除劳动合同关系时，企业年金个人账户可以转移至其新就业单位年金计划中进行管理。

记者还从江苏省人社厅相关负责人处了解到：江苏在不断完善作为"第一支柱"的基本养老保险制度的同时，也在稳扎稳打地推进作为"第二支柱"的企业年金制度发展，特别是积极探索实施企业人才集合年金计划，鼓励企业先行为各类急需紧缺人才建立年金。截至2017年年末，全省建立企业年金的企业账户数2 516个，惠及职工49.75万人（不含在苏中央企业），基金规模达354亿元，位居全国前列。但是目前企业年金总体覆盖率还不高，企业年金制度尚未能成为基本养老保险制度的有力补充，主要原因是企业用工成本压力总体较大、相关政策支持和引导不够、用人单位与职工对政策了解不足等。

案例思考
结合基本养老保险制度，剖析我国三支柱养老保障体系的建立历程与发展趋势。

资料来源：节选自《人民日报》2018年6月17日第2版题为《企业年金让职工养老更安心——江苏坚持强化基本保障和发展补充保障并举》的报道，具体案例略。

第一节 补充保障制度概述

在以国家和政府为主导的基本社会保障制度之外，还存在着多种形式的保障制度，如企业年金、员工福利等。这些保障制度以企业、社会团体或个人为主导，不在法定或强制推行的范围之内，但在保障尚未被基本社会保障覆盖人群的权益或满足不同层次保障需求等方面发挥着重要的作用，这些保障制度统称为补充保障制度，与基本社会保障制度共同构成了一个完善的社会保障体系。因此，在学习社会保障理论与政策实践时，有必要学习基本社会保障制度之外的各种补充保障。

一、补充保障的含义

补充保障是基本社会保障制度安排之外的，对社会成员起补充保障作用的各种社会化保障机制的统称。补充保障是相对于基本社会保障制度而言的。首先，每个国家社会保障制度的建制理念、制度模式以及法定社会保障项目不同，补充保障的内涵和外延也有所不同。其次，在一定条件下补充保障和基本社会保障可以相互转换，其内涵并不是一成不变的。

补充保障是现代社会保障体系的一个有机组成部分，相对于被称为正式制度安排的基本社会保障，补充保障也被称为非正式制度安排，由社会团体、企业雇主等举办，采取社会化方式运作和管理，个人自愿参加。1994年世界银行在《防止老龄危机——保护老年人及促进增长的政策》中提出了养老保障的"三支柱"理论：第一支柱是基本养老保险，由政府通过征税或缴费方式强制执行，覆盖全社会，其目标是保障退休者的基本生活；第二支柱是企业年金，由企业自主制订计划并实施，通过这一补充养老保险方式来提供补充保障，其目标是提高退休者的生活质量；第三支柱是商业保险，个人通过与商业保险公司签订商业合同来提供保障，一般为个人自愿储蓄。"三支柱"理论强调了政府、企业、个人共同承担养老责任，减轻了国家的负担，企业年金作为三大支柱的内容之一，成为基本养老保险制度的重要补充。

二、补充保障的基本特征

（一）补充保障具有非强制性

补充保障是由社会团体或者企业雇主举办的，其资金主要来自单位和个人，国家和政府在强制推行基本保障的同时，鼓励和引导具有条件的企业实行补充保险，不具有强制性。正是这种自愿性和选择性，才使补充保障能够满足不同人群对社会保障多样化的需求。

（二）补充保障强调效率优先

补充保障资金主要来自企业或个人，根本上说仍属于企业行为或个人行为，具备良好的经济能力是实行补充保障的首要条件。只有企业具备稳定的生产经营状况和利润来源或者个人具有稳定的工资收入或其他经济收入，才能保证补充保障有充足的资金。因此，经济效益好的企业可以实行补充保障，经济效益差的企业可以暂时不实行补充保障。收入稳定的个人可以通过购买商业保险等实现必要层次的保障需求，收入不稳定的个人可以不考虑补充保障。

（三）补充保障形式多样、内容丰富

正因为补充保障的资金是企业、个人或者社会筹措的，各企业情况各异，个人的保障需求又千差万别，所以，补充保障呈现出多元化、多层次、多形式的格局。补充保障主要有公助、他助、互助、自助四种形式，供企业和个人自行选择。补充保障的系统内容有企业年金、员工福利、社会慈善事业、商业保险等，而且随着经济和收入水平的提高，新的需求正在形成，补充保障的内容也在不断扩展丰富。

三、补充保障的分类

补充保障形式多样，内容丰富，是一个复杂的系统，但从世界各国的实践来看，补充保障可以按如下标准进行分类㊀。

（1）按补偿方式划分，补充保障可以分为经济保障、服务保障和精神保障。经济保障主要指通过现金资助或物质援助方式来提供保障；服务保障则是指提供各种生活服务；精神保障即精神慰藉，也是人的正常、健康生活的必要组成部分，是从文化、伦理、心理慰藉等方面来满足需要者的精神保障需求。

㊀ 郑功成. 社会保障学［M］. 北京：中国劳动社会保障出版社，2005.

（2）从实施主体看，补充保障分为社会补充保障、企业补充保障和个人自我保障。社会补充保障是由各类社会团体主导实施的，如慈善事业、互助保险等；企业补充保障是指国家给予政策鼓励，由企业自主举办或参加的保障方式，如企业年金、补充医疗保险等；个人自我保障包括家庭成员之间的相互保障以及个人行为保障，如个人参加商业保险和个人储蓄等。

（3）按补充保障与基本社会保障的相关性划分，可以分为基本保障附加型补充保障和独立补充保障。基本保障附加型补充保障是指在基本保障之外实行的各种补充保险，如商业保险；独立补充保障则独立于基本保障之外，如慈善事业等。

此外，还有多种划分方式，如按保障水平划分，可分为社会救助型保障、查漏补缺型保险和增进福利型保险；按保障内容划分，可分为补充医疗保障、补充养老保障、补充住房福利保障。

四、补充保障的社会功能

（一）为基本社会保障制度"查漏补缺"

基本社会保障往往只覆盖了法定范围内的人群，还有一部分社会成员因为种种原因尚未被纳入基本社会保障的"安全网"之内，因此多种形式的补充保障可以为这部分人提供保障，化解风险。

（二）满足多层次的保障需求

不同的人群对社会保障的需求是不同的，由国家和政府强制推行的基本社会保障一般只能保障劳动者最基本的生活需要，多层次的保障体系才能改善劳动者的生活质量，补充保障可以对基本社会保障制度之外的保障项目进行补充。世界上大多数国家、政府的基本社会保障内容仅限于老年、残疾、遗属或贫困家庭的基本生活保障，对在职人员及其家属的保障问题重视不够，通过形式多样的补充保障，如员工福利、企业年金、互助保障、个人购买商业保险等方式，可以很好地解决这些问题，更好地满足不同人群对社会保障的需求。

（三）增进社会成员的福利水平

大多数国家，由政府提供的基本社会保障水平一般偏低，只能保障基本生活需求，而通过补充保障，可以提高国民的社会保障水准，增进特定成员的福利水平，如参加了企业提供的补充保障的劳动者，在有劳动能力时，可以从工作单位得到一笔可观的补充保障金，其晚年的退休生活会更加幸福和无忧。因此，建立补充保障制度，是保证劳动者退休后享受较高生活水平和质量的必要选择。

（四）增强用人单位的竞争力

人们在进行职业选择时，在同等条件下，总是会优先选择能够提供较好福利和保障的企业。因此，有经济能力的企业会建立补充保障制度，并以此作为吸引人才、留住人才的手段。补充保障已经成为组织人力资源管理的手段之一，为实现组织目标服务，如以员工福利、企业年金为表现形式的企业补充保障。在市场经济条件下，企业竞争的实质就是对人才的竞争，建立补充保障，增强用人单位的竞争力和吸引力，显得尤为重要。

（五）减轻政府无限责任

实行补充保障有助于建立对社会保障的社会多元责任，减轻国家和政府承担的无限责任。随着人口的快速增加和老龄化的不断推进，如果仅仅实行单一的国家强制的、由政府全权包揽全体劳动者的社会保障，财力上将无法承担，且责任最终仍然要转嫁到劳动者身上，会造成不良循环，不利于社会保障事业的发展。实行补充保障，将大大减轻政府的无限责任，如建立企业年金，作为养老保险体系的"第二支柱"，形成国家、社会、个人三方共同承担的局面，逐步使养老责任从政府承担的无限责任向有限责和社会多元责任进行转移。

第二节　发达国家的补充保障制度

西方发达国家的补充保障制度历史悠久，经过长期发展，形成了现在体系较为完善、覆盖面广泛、运作成熟的补充保障体系，尤其是发达国家的补充养老保险制度，对我国养老保险体系的完善可以形成有益的借鉴，本节将介绍德国和英国的补充养老保险制度。

一、德国的补充养老保险制度

德国养老保险体系逐渐形成了三种制度安排（见表14-1）：一是作为核心体系的法定养老保险；二是作为补充保障的企业补充养老保险，即企业年金保险；三是同样具有补充保障功能的私人养老保险[一]。这三大支柱在德国整个养老保障体系中相互补充，共同形成了一个坚实的保障网络。

表 14-1　德国养老保险三大支柱体系构成（2014年）

法定养老保险	企业年金保险	私人养老保险
（1）法定养老保险 （2）农场主养老保险 （3）公务员和军人养老保险 （4）独立从业者养老保险	（1）直接承诺 （2）间接承诺，退休储蓄，退休基金，互助基金，直接承诺	（1）保险产品 （2）银行产品 （3）不动产
主要保障	补充保障	补充保障

（一）德国补充养老保险的历史沿革

德国补充养老保险具有悠久的历史，补充保障甚至早于基本保障的产生。在19世纪中叶的工业革命时期，企业雇主就设立救济基金和援助基金为工人提供养老保障。为了规范企业补充养老保险的运行，1974年，德国通过了《企业补充养老保险法》，用法律的形式对企业年金做了规范和调整，并于1997年和2001年进行了修改。2001年通过的《老年财产法》允许建立年金基金，并实行税收优惠，表明德国政府对企业建立企业补充保险

[一] 杨复卫，张新民. 企业补充养老保险制度的德国经验与中国启示[J]. 甘肃政法学院学报，2016（5）：118-127.

（企业年金）的支持与鼓励。2004 年通过的《年金保险永续法》进一步完善了企业年金制度，并给予特定群体政府补助和免税优待。2009 年通过的《个人所得税法》，明确规定了对购买企业年金的个人予以的税收优惠额度，并于 2014 年进行了修改，加大优惠力度，鼓励购买企业年金。德国企业补充养老保险法律制度沿革及主要内容如表 14-2 所示。

表 14-2　德国企业补充养老保险法律制度沿革

颁布时间	名　　称	主要内容
1974	企业补充养老保险法	允许有四种不同的实施企业补充养老保险计划的方法
1992	保险监督法	管制保险公司、退休储蓄的建立和运行
1997	企业补充养老保险法（修改）	补充养老金期待利益的一次付清，并简化企业清算补充养老金期待利益的转让性和增加雇主适时调整补充养老给付，修改支付不能保障规定
2001	保险监管法	将多个领域的金融监管整合到一个机构，管理该机构的运行、责任和权利
2001	老年财产法	修改企业补充养老保险法的有关规定，允许雇员以工资转换方式参与年金缴费，建立年金基金，对补充年金计划实施税收优惠
2001	企业补充养老保险法（修改）	雇员可将部分工资或奖金转化为企业补充养老保险缴费，雇主为员工咨询义务，雇员可自由选择投保方式和保险途径，缴费阶段可以享受免工资税和保险费用
2002	养老保险法	引入退休基金作为第五种企业补充养老保险形式
2004	年金保险永续法	扩大补助企业年金的范围，简化企业年金课税的原则，除了雇员以外，自由职业者可以在加入企业年金保险项目时申请政府的补助，并享有投保保费免税的优待
2009	个人所得税法	法定养老保险最高缴费计算上限的 4% 用于购买企业补充养老保险时，全部免税和免社会保险优惠被永久性地固定
2014	个人所得税法（修改）	凡是缴纳企业补充养老金的雇员可以在第 2 年有最多 2 856 欧元的养老保险税前抵扣

资料来源：(1) 国际社会保障协会. 全球企业补充养老金（2003）［M］. 张树新，等译. 北京：中国社会保障出版社，2006.

(2) 杨复卫，张新民. 企业补充养老保险制度的德国经验与中国启示［J］. 甘肃政法学院学报，2016（5）：118-127.

（二）德国补充养老保险的主要内容

德国企业年金采取直接支付原则，个人缴纳的年金存于个人账户，退休时，可以选择一次性领取或者按月领取。此外，为了防止因按月领取所带来的意外事件损失其利益继承，还可以设置最低取款年限，保护其企业年金保险利益。

1. 实施方式

德国企业养老保障有多种实施方式，归纳起来有两类不同的实施方式。第一类为内部运作，由企业自主实施或设立援助基金，主要有直接承诺和援助基金两种方式。第二类为外部运作，即通过保障经办机构对员工的退休金进行支付，主要有直接保险、退休保险和退休基金三种方式。这两类实施方式的主要区别在于企业主是否完全承担年金不能给付的风险，选取何种方式由企业雇主决定。

（1）内部运作。

1）直接承诺。直接承诺是指当劳动者符合退休条件时，由雇主直接向其提供退休金的方式。在这种方式下，企业要承担提供、发放年金的责任，同时当发生不能给付的风险时，也由企业雇主自主承担，因此直接承诺不受政府监管或者投资调控。一般情况下，直接承诺下的企业年金支付形式都是货币，特殊情况下，也有实物形式的支付。劳动者退休时可以要求退休金定期给付或者一次性给付，退休金的缴费比例和支付标准由地区或行业的企业联合会统一规定和调整。当企业发生无法支付的风险时，由退休金保障协会支付企业直接承诺的退休待遇，以此保障劳动者的权益。

2）援助基金。援助基金也称为互助基金，是一个负责实施企业补充养老保障金的独立的保障机构，该机构不受政府的监督，其资金在投资运营工程中没有条件限制。同时劳动者无权向援助基金申请退休待遇的给付，只能通过企业来主张权利。当企业无力支付退休金时，由退休保障协会向劳动者支付相关待遇。

（2）外部运作。

1）直接保险。直接保险是一种特殊的人寿保险，由企业为劳动者购买人寿保险、订立保险合同，为其提供企业补充养老金，受益人为劳动者及其家属。保险费一般由企业支付，劳动者个人也可以缴纳，保险人的资质及组成受国家法律限制，并受到国家保险监督机构的监管。当企业破产无力支付时，只有在企业对直接保险进行了抵押、转入、典当或设立可撤销的年金享受权等情况下，退休金保障协会才会替企业支付退休金待遇。

2）退休保险。退休保险也称为退休储蓄，是由一个或多个企业发起设立，企业或劳动者缴纳保费，劳动者及其家属为受益人的具有独立权利能力的企业年金给付机构。退休保险与商业保险不同，劳动者或其遗属享有对退休金的请求权。退休保险需得到金融服务监督局的许可才可成立，且其运行受到保险监督机构的监督，因此在资金的投资运营方面受限。当企业遭受破产时，没有退休保障机构为其提供待遇保障。

3）退休基金。退休基金用于法律上具有独立地位的机构为雇主提供向其雇员支付企业补充养老金的服务。退休基金的设立需要经过金融服务监督局的许可，其日常运营管理需要接受保险监督机构的监管。虽然退休基金可以对各类资产自由投资且没有数量限制，但把握各种投资机会的同时也积聚了大量风险，因而需要向养老金保险协会进行再保险。所以退休基金兼具储蓄的安全性优势与投资基金的收益性，当雇主因破产无力支付雇员企业补充养老金时，由养老金保险协会负责支付。

2. 资金来源

是否建立企业年金由企业根据自身经济状况决定，建立了企业年金的企业由劳动者自主决定是否参加，不强制缴费。企业年金所需资金既可以由企业缴纳也可以由劳动者缴纳，企业从资产中提取一定比例的资金建立企业年金，或设立准备金，而劳动者可以选择通过工资转换形式或直接缴费形式支付企业年金。采取何种方式建立企业年金则由企业自主决定。

工资转换也称为递延薪酬，是指劳动者通过放弃部分劳动报酬如工资收入、补贴、加班费等，来取得企业养老保障的资格。2001年德国修正的《企业补充养老保险法》，要求企业可扣除参与强制性公共保障计划的劳动者薪水的4%，用于参加企业年金计划，即劳动者可以通过工资转换方式直接缴费㊀。2002年的养老金改革中也允许劳动者通过工资转换

㊀ 工资转换是一种企业年金给付财务准备范式，由劳动者要求企业将自己税前工资的一部分作为企业年金保险缴纳到相应的保险公司账户。参见德国《企业补充养老保险法》。

的方式获得企业年金，企业需要将劳动者放弃的工资收入转到企业补充养老保障中。

3. 政策扶持

由于德国人口老龄化问题非常严重，对现收现付的法定养老金造成的压力越来越大，通过企业补充养老保险可以大大缓解这种压力，同时减轻政府的责任。此外，企业补充养老保险还可以为劳动者提供更高质量的养老保障，提高退休者的福利。因此，德国政府积极引导企业建立企业年金，鼓励劳动者参与企业补充养老保障，同时给予了企业和劳动者一系列优惠政策。

（1）对企业实行税收优惠。德国政府为了鼓励有条件的企业建立补充保障，实行了许多税收优惠政策。例如，通过退休保险或退休基金方式建立企业年金的企业，在不超过法定养老保险缴费基数4%的部分予以免税优惠。此外，德国政府还规定采用直接保险方式的企业由此产生的各种费用也给予免税的优惠。

采取内部运作企业补充保障费用方式的企业，当由此发生的费用是由于企业投入而非劳动者工资转换产生的时，列入准备金和投入援助基金的费用不属于工资，在减免税费时没有额度的限制。

（2）对劳动者的补贴优惠。为了提高企业补充养老保险对劳动者的吸引力，2001年，当时的劳动和社会保障部部长李斯特出台了对于参与企业补充养老保障或积极建立个人补充养老保障的劳动者个人的一些补贴优惠政策，也被称为"李斯特补贴"。其中，在企业补充保障方面，规定如果劳动者提取保险费转入企业年金账户，且其养老保障是采用直接保险、退休保险或退休基金的外部运作方式的，可以享受李斯特补贴或通过特殊支出扣除法享受税收优惠⊖，这一政策大大提高了劳动者对企业补充保障的参与度。从2002年到2008年德国又实行了不同的优惠政策。

德国企业年金制度的建立不仅为国家养老保障提供了新思路，缓解了基本养老保险的压力，同时成为企业人力资源管理的工具，增强了企业对劳动者的吸引力，有利于招募人才和留住员工。德国的企业年金制度起步早、发展快，到2012年其对劳动力的覆盖率已经达到65%，其发挥的养老保障作用之大不言而喻。

二、英国的补充养老保险

（一）英国补充养老保险概述

英国是世界上最早建立补充养老保险制度的国家之一，在16世纪《济贫法》中已经有了对老年贫困人群的老年保障制度的雏形。英国现行老年保障制度的主要依据是1975年实施的《社会保障养老金法》。英国养老保险体系包括三个层次：第一层次是由国家建立的基本养老保险。第二层次主要有企业或社会团体建立的职业年金及个人建立的养老金等。第三层次是完全由个人做主建立的各种缴费养老金等。第二层次和第三层次的养老保险统称为补充养老保险。

经过多年调整，国家承担的老年保障责任一分为二：一是现行的国家基本养老金（State Basic Pension，BSP），主要是定额缴费的基本养老金（约占国民平均收入的20%）；二是国家收入关联养老金（State Earnings-related Pension Scheme，SERPS）（约占缴费人收

⊖ 蔡和平. 比较研究：德国的企业补充养老保障制度［J］. 中国劳动，2006（2）：31-33.

入的 25%～20%）。从 2002 年 4 月起，国家收入关联养老金改称国家第二养老金（State Second Pension，S2P）。

（二）英国补充养老保险的基本内容

1. 职业年金

第二层次中的养老保险是企业补充养老保险计划，即职业年金，起初只是作为养老保险的补充形式，但发展到目前为止，已经成为国民养老保险的主要手段之一。英国企业可以自主决定是否为员工提供职业年金，其形式灵活，可建立一个计划或多个计划，员工可自由选择。职业年金有缴费基准制和受益基准制两种，职业年金计划种类划分及其待遇内容如表 14-3 所示。

英国的职业年金计划，一般由企业承担缴费责任，缴费率因企业经济效益的不同而有所不同；企业劳动者也可以缴费，相关法规规定缴费最多不得超过其年收入的 15%。退休年龄与领取国家养老金的规定一致，对于提前退休者，会酌情扣减一部分职业年金。参与职业年金的劳动者缴费满 2 年后可以领取职业年金，退休者的待遇水平与补充养老金计划的类型有很大关系，一般来说，不同类型的补充养老金计划的待遇差异较大，但是，有关法规规定最多不能超过退休前收入的 2/3。

表 14-3　英国职业年金计划分类及待遇内容

职业年金计划类型	待遇内容
为未退出 SERPS 者建立、实行受益基准制	直接与参保者退休前工作挂钩
为未退出 SERPS 者建立、实行缴费基准制	直接取决于缴费及投资受益的多少
为退出 SERPS 者建立、实行受益基准制	直接与退休前工资挂钩，但不得低于 SERPS 提供的待遇
为退出 SERPS 者建立、实行缴费基准制	直接与缴费及其投资受益的多少挂钩，缴费不得低于退出 SERPS 后政府抵扣的国民保险缴费
为退出 SERPS 者建立的混合补充养老金计划	有最低待遇要求和最低缴费要求；待遇的确定既与缴费及投资受益挂钩，又与退休前工资挂钩

2. 个人年金

英国养老保险体系第二层次还有自愿建立的个人年金，员工可以将个人年金计划作为企业提供的职业年金计划或 SERPS 的替代计划。英国的老年保障制度设计十分灵活，个人可协议进入或协议退出，如劳动者可以协议退出国家收入关联养老金计划，参加企业提供的职业年金计划，或者选择建立个人账户，成立个人年金。个人年金的待遇水平完全由个人缴费的多少及投资受益决定，在缴费方面实行按年龄累进缴费制，并根据国民收入变化和通货膨胀情况进行调整。例如，雇员在 35 岁时，缴费率为其缴费收入的 17.5%；在 61～74 岁时，缴费率为 40%。

（三）英国补充养老保险基金的管理

英国补充养老保险基金的管理可以分为两种：一种是信托制，其法律基础是信托法，由信托人进行补充养老保险基金的管理，信托制是使用范围最广泛的年金基金管理方式；另一种是契约制，其法律基础是合同法，委托第三者进行管理，这种方式主要在一些小企业中实行。

信托最早出现在英国，养老保险基金信托是基金管理机构将缴款人所缴纳的资金集中起来，选择专业的投资机构来负责投资业务，基金管理人与专业投资机构之间签订契约来保障双方的权利与义务，待缴款人退休后再将养老金支付给缴款人㊀。企业实行职业年金计划，首先要建立相对独立的信托机构，同时成立由4～5人组成的信托人理事会，主要负责职业年金基金投资运营的决策和管理工作。职业年金信托机构有严格的内部治理结构，按照规定，信托人理事会由企业领导层、员工及咨询公司、投资公司等代表组成。信托人理事会为受益人服务，要定期向受益人汇报基金的收支和投资运营情况，不得用基金为自身寻求利益。在管理结构方面，英国职业年金分工细致，相互制约，信托人理事会主要管理基金的投资和管理决策，理事会下设具体办事机构负责日常事务。作为信托人理事会成员的咨询公司提供相关精算和投资事宜的建议和评估等，并收取一定的咨询服务费用。独立的投资机构则受信托机构的委托提供相关投资管理服务，信托机构需向其支付一定的投资管理服务费。此外，还有独立的银行或其他储蓄机构为信托机构资金的托管提供服务，并获得相应的托管服务费。

契约制主要应用于个人年金计划和规模较小的职业年金计划。通过签订合同，全权委托投资公司、保险公司等为养老基金的运行和投资提供全方位的服务和管理，如日常管理、投资管理和精算等。

（四）政府的扶持和监管

英国补充养老保险的飞速发展，除了得益于企业和个人的积极尝试和信托机构相对完善、相互制约的运行机制，还和政府政策的扶持与有效的监督管理密切相关。

英国政府对补充养老保险的扶持体现在税收优惠方面。政策规定参加职业年金和个人年金计划的企业和个人，在缴纳国家基本养老金时，可享受相关税收优惠，并将优惠的金额直接投入本人的职业年金或个人年金计划中。对于职业年金，英国实行EET模式，即在职业年金的缴费和投资环节予以免税待遇，在退休金领取阶段缴税，这种方式很好地避免了重复征税问题。为了鼓励劳动者积极参加个人年金计划，规定将国家基本养老金个人缴费率的2%、企业缴费率的3.8%退回到个人养老金账户中。此外，还给予退出SERPS加入个人年金计划的劳动者2%的特别奖励金。

英国政府为了对补充养老保险进行有效管理，不断完善其补充养老保险法律法规体系，已形成了包含养老保险法、信托法、合同法、金融服务法多方面、深层次的较为完备的法律体系。这些法律分别从不同的角度对补充养老保险计划的运作及其基金的投资管理做了明确规定。1995年的社保法对职业年金计划的养老金基金管理进行全方位的规范，使养老基金的运行和管理有法可依。1999年推出的"存托养老金计划"要求建立低管理成本的个人养老金计划。养老保险法对保险计划的设立及基金筹集、待遇发放等做了规定，信托法对信托机构的治理机构和管理结构做了规定等。

为了维护参加养老金计划的成员利益，保证养老基金资产的安全，英国于1907年4月6日建立了职业养老金监管局（Occupational Pensions Regulatory Authority，OPRA），主要负责当享受职业养老金方案的成员合法权利无法满足时，保护其成员的利益并保证其资

㊀ 李小年，朱亮，颜晨广. 国外养老保险基金信托经验及其启示［J］. 上海金融学院学报，2013（6）：88-94.

产安全。职业养老金计划的审计员及精算师有职责将违法事件通知OPRA，OPRA的调查员应对养老金计划进行经常性或定期检查。当有充分理由和证据表明职业养老金机构发生违规行为时，OPRA有权禁止或者取消受托人的资格，对过错者处以罚款，对情节严重的违法行为应采取法律行为解决。2004年，英国政府规定由养老金监管局、养老金保护基金委员会、养老金调查专员对养老基金进行共同管理，养老金监管局负责收集信息、发布通知等，养老金保护基金委员会则在企业发生破产或其他情形以致无力支付养老金时，在符合规定的情况下，对参与补充养老保险的成员提供待遇支付。养老金调查专员承担监察的职能，主要负责调查书面投诉，判定事实或法律争议。各相关部门各司其职，涵盖了补充养老保险监管的各个方面，形成了一个可靠的监管体系。

第三节　我国的补充保障制度

我国的补充保障制度，主要由企业年金、员工福利、社会慈善事业和商业保险等构成。

一、企业年金

企业年金又称为职业年金，是指企业及其职工在依法参加基本养老保险的基础上，依据国家政策和企业自身经济实力，由企业自主决定建立的旨在为企业员工提供一定水平的退休收入并享受国家税优支持的养老保障计划。在实行现代社会保险制度的国家中，企业年金是对国家基本养老保险的重要补充，也是建立多层次养老保险体系的重要组成部分。随着老龄化进程的加快，我国面临着巨大的养老金缺口，养老保险的市场化改革越来越强调企业和个人的责任，我国养老金逐步向国家、市场、社会三方主体演进，企业年金作为养老保险的重要补充，正发挥着越来越重要的作用，是城镇职工基本养老保险体系的"第二支柱"。

(一) 企业年金与基本养老保险的区别

企业年金是在基本养老保险制度发展过程中，由企业主导的养老保险的有益探索和积极尝试，其不同于基本养老保险，有以下五个特点。

1. 管理方式不同

基本养老保险制度一般来说是由国家和政府强制参与的，按统一政策实施的养老金计划。企业和劳动者必须依法缴纳养老保险费，由政府机构进行管理，管理机构的经费纳入财政预算由政府安排。而企业年金计划是由企业根据自身经济状况和相关政策安排自愿决定是否建立，其管理和运作主要依靠市场机制，与基本养老保险相比，弹性较大，灵活性较强。

2. 政府承担的责任不同

基本养老保险的养老金是公共产品，而企业年金是由企业自主建立、自行管理的，属于私人产品，具有自愿性和选择性的特点。在企业年金中没有公权的直接介入，因此，政府对企业年金一般不直接承担责任，但并非表示政府对企业年金听之任之，政府仍要发挥政策指导、推动立法、监督管理等作用。

3. 筹资模式不同

在筹资方式上，基本养老保险有三种筹资模式，即现收现付制、完全积累制和部分积累制。国际上很多国家企业年金均采用完全积累制,通过建立个人账户,作为长期储存及保值增值积累的基金,记载每个职工企业年金的企业缴费、个人缴费以及投资收益、利息等全部资产。企业年金个人账户所有权归职工个人所有,达到领取条件时一次性或按月领取,不能调剂使用,不具有互济性。

4. 运营机构不同

2015年国务院发布的《基本养老保险基金投资管理办法》明确规定"养老基金实行中央集中运营、市场化投资运作,由省级政府将各地可投资的养老基金归集到省级社会保障专户,统一委托给国务院授权的养老基金管理机构进行投资运营",同时规定"投资股票、股票基金、混合基金、股票型养老金产品的比例,合计不得高于养老基金资产净值的30%;参与股指期货、国债期货交易,只能以套期保值为目的"。由此可见,基本养老保险基金的安全性是第一原则。而企业年金主要是通过资本市场中的各种金融机构来运作的。2011年人社部通过的《企业年金基金管理办法》规定"企业年金基金财产限于境内投资,投资范围包括银行存款、国债、中央银行票据、债券回购、万能保险产品、投资连结保险产品、证券投资基金、股票,以及信用等级在投资级以上的金融债、企业(公司)债、可转换债(含分离交易可转换债)、短期融资券和中期票据等金融产品",可见,企业年金的投资手段更加多样化,而且更加注重基金的投资收益率。

5. 遵循的基本原则不同

基本养老保险是一种按照政府统一政策实行的养老金计划,强调社会公平原则,而企业年金强调效率优先原则。同时,通过发挥企业年金的激励作用,它也成为企业进行人力资源管理的有力手段。

(二)建立企业年金的条件

企业建立企业年金需要具备一定的条件,只有达到了条件才有资格和能力建立。如具有一百多年社会保险史的英国,实行企业年金的企业也只占企业总数的一半左右,德国为60%左右。在实践中,企业年金计划的发展至少需要的外部条件有:一,良好的宏观经济环境,包括经济繁荣、税收优惠政策、完善的资本市场。二,明确规范的运行规则。三,较好的民主管理基础。四,专业的经办机构。五,风险预防和担保机制。

(三)企业年金的运作模式

按照不同的分类标准,企业年金可分为多种不同的类型,如按照举办主体可分为单一年金计划、集合年金计划和行业年金计划;按照融资机制可划分为现收现付制企业年金计划、基金积累制企业年金计划和簿记准备金制企业年金计划;按照积累基金的管理体制可分为内部自我管理型企业年金计划、外部委托管理型企业年金计划和团体保险型企业年金计划。最常见的是按照缴费和收益关系不同,将企业年金分为缴费确定型(Defined Contribution,DC)、待遇确定型(Defined Benefit,DB)和混合型(Hybrid Plan,HP)三种年金计划,从世界各国的实践来看,大部分国家采用的是缴费确定型,少数国家会选择待遇确定型或混合型。

1. 缴费确定型

DC计划是指企业为员工建立个人账户、按个人账户积累额支付退休金的一种退休金计划。这种计划需事先确定缴费比例，由企业和员工分担或者只由企业缴纳，当员工退休时，根据个人账户中的积累额可选择一次性领取或分期领取。员工对个人账户享有投资决策权，并承担相应的投资风险。基金通常由寿险公司或其他投资机构运营，投资回报全部计入个人账户，因此员工的退休金不确定。DC 计划的基本特征有如下四方面：①简便易行，透明度高。②缴费水平可以根据企业经济状况进行调整。③对企业与职工缴纳的保险费给予免税优惠，投资收入有减免税待遇。④由参加 DB 计划的个人承担投资风险，企业原则上不负担超过定期缴费以外的保险金给付义务。

DC 计划的优点：①易于测算，简便灵活，企业承担的养老金义务是不确定的，只需按预先确定的养老金缴费率缴费，待员工退休时根据个人账户的积累额支付退休金，企业也不承担精算的责任，这项工作可以由人寿保险公司承担。②养老金计入个人账户，员工对个人账户享有投资决策权，对职员有很强的吸引力，且当职工流动时，个人账户便于转移，当参加者在退休前终止养老金计划时，拥有对其账户余额的处置权。③如果员工遭受经济困难，可以随时终止养老金计划，并不承担任何责任。

DC 计划也有其自身的缺陷：①职工退休时领取的养老金水平完全取决于个人账户中的养老金积累额，职工退休后的待遇不够稳定，导致参加养老金计划的不同年龄的职工的养老金水平相差较大。②个人账户和基金的投资风险均由职工承担，且个人账户的运行受投资环境和通货膨胀的影响比较大，在持续通货膨胀、投资收益不佳的情况下，难以保值增值。③职工在退休时选择一次性领取养老金，由于数额比较大，往往需承担较高的所得税负担。④DC 计划的养老金与社会保障计划的养老金完全脱钩，容易出现不同人员的养老金替代率偏高或偏低。

2. 待遇确定型

DB 计划也称养老金确定计划，是指由企业出资建立养老基金，定期向退休员工支付固定金额的一种退休金计划。在这种方式下，需事先确定员工的退休金待遇水平，当员工退休时，综合考虑基金的运营情况、员工工作年限、工资收入水平、年龄等因素，逐年计算缴费额，按照员工在业期间工资收入的一定比例发放退休金。DB 计划下缴费金额不确定，退休金的投资决策权由企业享有，风险由企业承担，但无论缴费多少，雇员退休时的待遇是确定的。雇员退休时，从经办机构领取养老金的具体计算公式是：

$$雇员养老金 = 若干年的平均工资 \times 系数 \times 工作年限$$

DB 计划的基本特征：① DB 计划事先明确或基本明确职工未来的待遇水平，保障职工获得稳定的企业年金。②基金的积累规模与工资水平、职务高低、贡献大小和工龄长短等有关，并随工资增长幅度进行调整。③ DB 计划下，账户和基金的投资风险、企业年金收入波动风险均由企业承担，个人不承担风险。④ DB 计划一般有相对严格的限制和条件，大部分企业规定职工工作必须满 10 年才能享受 DB 计划，同时达到条件的职工每年享受到的养老金额有最低限额和最高限额的规定。⑤ DB 计划中的养老金在职工退休前不能支取，职工流动后也不能转移，退休前或退休后死亡的，给付家属一次性抚恤金，不再向家属提供退休金。

DB 计划的优点：①企业对 DB 计划实行统一账户管理，管理成本和运营成本较低。②职工在退休时得到的待遇水平是明确且稳定的。③ DB 计划下资金的筹措更加灵活，企业在确保足额发放员工退休金的前提下，当资金短缺时，可以少筹一部分资金，当资金宽裕时补上即可。④直接根据工作年限来计算养老金支付额，较好地体现了公平性。

DB 计划的缺点：①DB 计划下，职工个人缴费一般较少，企业缴费负担较重，且由企业承担基金风险。②精算管理比较复杂，难以操作，由于企业为了对养老金的支付进行提前承诺，需要对基金的负债和所需的筹资水平进行精算评估，对企业的精算水平要求较高。③员工的流动受账户的影响，DB 计划是统一账户管理，员工对其个人缴费的部分没有所有权，无法进行支配，员工离职时不能进行转移。

3. 混合型

DC 计划和 DB 计划各有优缺点，其主要区别在于风险的承担者不同，前者由员工个人承担，后者则由企业承担。许多国家正在实行将两种类型的企业年金计划综合起来的混合型养老保险计划，如现金余额制、养老金余额制和最低养老金制等。

（四）我国企业年金的发展

我国企业年金制度始于 20 世纪 90 年代初，最初企业年金的提法为企业补充养老保险。1991 年《关于企业职工养老保险制度改革的决定》（国发〔1991〕33 号）提出，国家提倡、鼓励企业实行补充养老保险，并在政策上给予指导；企业补充养老保险由企业根据自身经济能力，为本企业职工建立，所需费用从企业自有资金中的奖励、福利基金内提取。1993 年《中共中央关于建立社会主义市场经济体制若干问题的决定》提出，我国要建立多层次的社会保障体系，包括社会保险、社会救济、社会福利、优抚安置和社会救助、个人储蓄积累保障；发展商业性保险，作为社会保险的补充；重点完善企业养老和事业保险制度，城镇职工养老和医疗保险金由单位和个人共同负担，实行社会统筹和个人账户相结合。1994 年，全国人民代表大会常务委员会颁布《中华人民共和国劳动法》，以法律的形式明确了补充养老保险这一概念。1995 年，国务院发布的《关于深化企业职工养老保险制度改革的通知》（国发〔1995〕6 号）提出，国家在建立基本养老保险、保障离退休人员基本生活的同时，鼓励建立企业补充养老保险和个人储蓄性养老保险；企业按规定缴纳基本养老保险费后，可以在国家政策指导下，根据本单位经济效益情况，为职工建立补充养老保险；企业补充养老保险和个人储蓄性养老保险，由企业和个人自主选择经办机构。

国务院 2000 年颁布《关于完善城镇社会保障体系试点方案》（国发〔2000〕42 号），正式确立了企业年金这一说法，并确定辽宁为试点省份，提出有条件的企业可为职工建立企业年金，并实行市场化运营和管理，企业年金实行基金完全积累，采用个人账户方式进行管理，费用由企业和职工共同缴纳，企业缴费在工资总额 4% 以内的部分可从成本中列支。原劳动和社会保障部 2004 年颁布《企业年金试行办法》《企业年金基金管理试行办法》和《企业年金基金管理机构资格认定暂行办法》。原劳动和社会保障部 2005 年相继出台了《企业年金管理运营机构资格认定暂行办法》《企业年金账户管理信息系统试行标准》等文件，从而形成以开户流程、运作流程、受托人规定等细则为补充的企业年金整体运作框架。

人社部 2011 年联合银监会、证监会及保监会修订的《企业年金基金管理办法》正式施行，并于 2015 年再次进行修订。此后，一系列政策相继出台或修订，如《关于企业年金集合计划试点有关问题的通知》《关于鼓励社会团体、基金会和民办非企业单位建立企业年金有关问题的通知》《关于企业年金、职业年金个人所得税有关问题的通知》等，进一步完善了企业年金制度。人社部于 2017 年 12 月 18 日修订公布了《企业年金办法》，自 2018

年 2 月 1 日起施行。原劳动和社会保障部 2004 年发布的《企业年金试行办法》同时废止。该办法施行之日已经生效的企业年金方案，与该办法规定不一致的，应当在该办法施行之日起 1 年内变更。

我国企业年金虽起步较晚但发展较快，2000 年我国仅有 1.6 万户企业为其 560 万职工建立了企业年金并积累基金 192 亿元，截至 2018 年，约 8.74 万户企业为其 2 388 万职工建立的积累基金达 14 770 亿元（按 2008 年可比价格计算为 11 854 亿元）。如图 14-1 和表 14-4 所示，虽然全国企业年金的建立企业、参加职工、积累基金在近 10 年里分别增长了 2.65 倍、2.3 倍和 7.73 倍（剔除价格因素后为 6.2 倍），且企业年金已具一定规模并成为多层次养老保险制度中的第二大支柱，但与截至 2017 年同期规模以上的工业企业、全国城镇职工基本养老保险参保职工及其基金结余的比值区间分别为［7.7%，20.9%］、［6.3%，9%］和［18.3%，29.3%］，三项比率的均值分别为 15.1%、7.8% 和 22.7%；只有部分具有较高经济负担能力的垄断或高效益企业才有能力建立企业年金计划，已建立企业年金的企业大多为国有企业，尤其是垄断行业，如石油、电力、石化等，而在中小企业中发展十分缓慢。

此外，企业年金在沿海省份的发展明显快于内地省份，北京、上海、广东等省份的覆盖率较高，即我国企业年金存在较明显的区域和央地企业间差异（见表 14-5）。这与世界上实行养老保险制度的国家中有 1/3 以上的企业年金制度覆盖约 1/3 的劳动人口相比存在较大差距。《中国养老金发展报告 2017》指出，继续扩大覆盖面并缓解覆盖范围日渐固化、提高基金投资收益率、缩小区域差异是我国企业年金发展过程中亟待解决的问题。

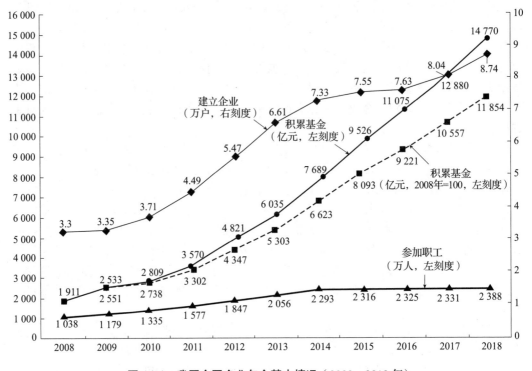

图 14-1 我国全国企业年金基本情况（2008—2018 年）

资料来源：根据人社部、国家统计局公布的年度全国企业年金基金业务数据和 CPI 指数绘制。

表 14-4　我国企业年金规模及其发展状况（2008—2018 年）

年度 项目	2008	2009	2010	2011	2012	2013	2014	2015	2016	2017	2018
建立企业 （万户）	3.3	3.35	3.71	4.49	5.47	6.61	7.33	7.55	7.63	8.04	8.74
比值 1 （%）	7.7	7.7	8.2	13.8	15.9	17.9	19.4	19.7	20.1	20.9	—
缴费职工 （万人）	1 038	1 179	1 335	1 577	1 847	2 056	2 293	2 316	2 325	2 331	2 388
比值 2 （%）	6.3	6.6	6.9	7.3	8	8.5	9	8.8	8.4	8	—
基金结余 （亿元）	1 911	2 533	2 809	3 570	4 821	6 035	7 689	9 526	11 075	12 880	14 770
比值 3 （%）	19.2	20.2	18.3	18.3	20.1	21.3	24.2	27	28.7	29.3	—
待遇领取 （万人）	—	—	—	—	50.55	57.83	47.6	89.7	105.48	127.51	156.35
待遇领取 （亿元）	—	—	—	—	148.49	196.05	141.27	260.57	295.95	345.4	438.9

资料来源：相关年度《人力资源和社会保障事业发展统计公报》，其中比值 1、2、3 分别是企业年金上行指标与规模以上工业企业、城镇职工基本养老保险参保职工及其基金结余的比值，"—"表示数据缺失或尚未公布。

表 14-5　我国 2018 年分地区企业年金情况表

序号	备案地	企业账户（万户）	职工账户（万人）	资产金额（亿元）
1	北京市	0.35	71.78	545.25
2	天津市	0.15	23.14	104.43
3	河北省	0.09	38.64	148.21
4	山西省	0.09	57	301.76
5	内蒙古自治区	0.06	23.21	119.85
6	辽宁省	0.1	31.87	148.36
7	吉林省	0.05	12.92	79.45
8	黑龙江省	0.11	18.4	87.42
9	上海市	0.94	137.39	730.79
10	江苏省	0.28	53.27	398.79
11	浙江省	0.31	47.56	315.35

（续）

序号	备案地	企业账户（万户）	职工账户（万人）	资产金额（亿元）
12	安徽省	0.15	53.67	283.35
13	福建省	0.15	30.43	245.13
14	江西省	0.09	22.26	109.6
15	山东省	0.18	50.15	316.57
16	河南省	0.12	58.79	195.96
17	湖北省	0.1	29.13	216.91
18	湖南省	0.07	25.47	138.57
19	广东省	0.29	62.86	372.6
20	广西壮族自治区	0.29	18.23	84.88
21	海南省	0.02	3.67	8.39
22	四川省	0.12	41.42	192.4
23	重庆市	0.07	15.78	74.59
24	贵州省	0.04	18.68	105.51
25	云南省	0.13	33.57	192.65
26	西藏自治区	0	1.01	5.03
27	陕西省	0.1	43.45	238.31
28	甘肃省	0.05	20.56	105.6
29	青海省	0.02	7.18	30.63
30	宁夏回族自治区	0.03	5.18	31.24
31	新疆维吾尔自治区	0.08	12	73.69
32	新疆生产建设兵团	0.01	1.13	13.43
33	大连市	0.14	9.1	31.06
34	青岛市	0.18	8.27	28.14
35	宁波市	0.04	4.43	19.62
36	厦门市	1.2	18.83	51.3
37	深圳市	0.19	62.54	236.36
38	人力资源社会保障部	2.35	1 215.21	8 389.2
39	合计	8.74	2 388.17	14 770.38

资料来源：人社部按分级管理和属地原则发布的《2018年度企业年金基金业务数据摘要》。

二、员工福利

(一) 员工福利及其分类

员工福利（亦称职业福利、机构福利），是企业基于雇佣关系，依据国家的相关法律法规，以企业或社会团体为责任主体，专门面向内部员工建立的，用以改善其本人和家庭生活的一种福利待遇。员工福利是实施人力资源管理战略的重要手段，同时也是广义上社会保障体系的重要组成部分。作为补充保障的重要表现形式之一，按照不同的分类标准，员工福利有不同的分类。

1. 按照是否具有法律强制性分类

按照是否具有法律强制性，可分为法定福利和非法定福利。

（1）法定福利是国家通过立法强制实施的福利政策，如社会保险、住房保障和各类休假制度等。

（2）非法定福利是企业自主建立的，向职工及其家属提供的一系列福利项目，如货币津贴、实物和服务等。

2. 按照员工福利的功能分类

按照员工福利的功能，可分为企业安全和健康福利、企业设施性福利、企业文娱性福利、企业培训性福利和企业服务性福利。

（1）企业安全和健康福利主要有企业年金、人寿保险、健康保险计划和住房援助计划等。

（2）企业设施性福利是为了满足职工的日常需要所提供的，如餐厅、浴室、交通车等。

（3）企业文娱性福利有健身房、旅游、文艺演出、各类运动场所等，其目的是丰富员工的精神文化生活。

（4）企业培训性福利是企业采取教育和培训方式促进员工技能、素质的提高，主要形式有内部培训和外部培训。

（5）企业服务性福利主要是为了帮助生活困难的员工而设立的，有雇员援助计划、雇员咨询计划、家庭援助计划、家庭生活安排计划等。

3. 从狭义角度分类

狭义的员工福利通常分为收入保障计划、健康保障计划和员工服务计划，是企业自主建立的、非法定的、为员工及其家属提供的福利项目。

（1）收入保障计划是企业为提高员工的现期收入或未来收入水平的一种福利计划，如利润分享、员工持股计划、企业年金、团体人寿险以及住房援助计划等。

（2）健康保健计划是企业为员工提供的弥补社会医疗保险不足的一种补充医疗保障，主要形式有：选择参加商业保险；选择参加健康保险组织的健康保险；选择参加某个特定项目保险，如牙科保险和视力保险。

（3）员工服务计划是企业为员工及其家属提供相关服务的一种福利计划，目的在于帮助员工克服生活困难和支持员工事业的发展。常见的员工服务计划如雇员援助计划、雇员咨询计划、教育援助计划、家庭援助计划、家庭生活安排计划和其他福利计划（如为员工提供交通服务、健康服务、旅游服务和餐饮服务等福利项目）等。

此外，企业通常还有特种福利计划和特困福利计划。特种福利计划针对企业高级人才设计并面向高层经营管理人员或具有专门技能的高级专业人员等，是对高级人才特殊贡献的一种回报，常见的特种福利有高档轿车服务、出差时飞机及星级宾馆待遇以及股票优惠购买权、高级住宅津贴等。特困福利计划则是为特别困难的员工及其家庭提供的一种福利，如工伤残疾补助、重病员工生活补助等。

（二）员工福利的功能及作用

作为企业薪酬管理的重要内容，员工福利计划发挥着重要的作用。对企业来说，员工福利可以改善企业形象，获得政府的信任及社会的良好声望，使员工得到更多实惠，提高企业的经济效益，传递企业文化价值理念，帮助企业吸引优秀员工、降低员工流动率，起到激励员工、凝聚员工、提高劳动生产效率的作用。对员工来说，部分以福利形式获得的收入无须缴纳个人所得税，首先可以得到税收优惠；其次，通过企业提供的集团购买方式能得到更大的优惠，体现了规模经济效益；同时，多种多样的福利计划可以满足员工的多样化需要，成为补充保障的重要组成部分。

据统计，1929年美国企业中福利支出占劳动成本的3%，1990年增加到38%，福利项目也大幅度增加，现在美国企业为员工提供的福利与员工所获得的直接薪酬之间的比例在30%～40%。日本的员工福利更为广泛，从终身雇员到各种福利待遇。在中国，计划经济体制下的员工福利主要是建立社会保险制度、兴建集体福利设施、建立职工福利补贴，基本上是社会保障的代名词。随着市场经济的建立和完善，我国的员工福利也显现出新的特征：改革了社会保险制度，建立企业年金和企业补充医疗保险制度等，尝试建立了利润分享、带薪假期、职业培训等福利计划，为员工提供相应的福利成为企业人性化管理与承担社会责任的一个重要方面，员工薪酬体系占有不可替代的重要地位。

（三）补充健康保险

补充健康保险是企业员工福利计划中的重要组成部分，是比较常见的员工福利。补充健康保险是指在参加法定基本医疗保险制度以外，企业通过保险的方式为员工提供的医疗保险保障，主要是为遭受疾病或意外伤害事故的被保险人所发生的医疗费用或收入损失提供额外的经济补偿。补充健康保险由多种形式构成，如商业健康保险、健康维持组织、优先服务提供组织、定点服务计划等。

商业健康保险是社会医疗保险的有益补充，有着保障水平高、承保条件宽松、保险种类多、满足不同层次保险需求的特点。保险公司根据合同约定，当被保险人死亡、伤残、疾病或达到约定的年龄、期限时承担给付保险金的责任。企业为投保人，企业员工为被保险人，保险费由企业承担或由企业和员工按一定比例分担，企业与保险公司签订保险合同，建立团体健康保险关系。

（四）员工住房福利

人的居住权利的实现方式有两种：一种是居住自由，一种是住房福利。住房福利有法定住房福利和补充性住房福利，补充性住房福利（即员工住房福利）是企业自愿建立、自主管理的住房福利计划。目前企业为员工提供的住房福利计划基本有两部分：一部分是国家强制性的住房公积金计划，另一部分就是企业根据自身经济承受能力和经营战略需要自主决定建立的内部补充性住房福利计划。住房福利不等于福利分房。1998年住房制度改革之后，我国停止了住房实物分配，现行员工住房福利计划的形式有补充住房公积金、现金津贴、房屋贷款、个人储蓄计划、利息补助计划、集团购房及企业提供公寓、宿舍等。员工住房福利归纳起来，主要有以下三类。

1. 现金补助类

现金补助类指的是企业用现金形式为员工提供的住房福利计划，包括补充性住房公积金和现金住房补贴。住房公积金是按照国家政策建立的，单位和个人共同承担缴费责任的强制性长期住房储金。住房公积金只针对城镇在职职工建立，按规定储存起来用于住房消费支出的个人住房储金，其账户专款专用，具有保值性、互助性、长期性、积累性和专用性的特点。住房补贴是企业以现金形式发放给职工的、用于住房消费的福利工资。

2. 实物资助类

实物资助类指的是企业直接或间接为职工提供住房的方式，主要有为员工提供集体宿舍或为员工购房或建房等。

3. 购房贷款类

购房贷款类指的是企业为员工提供的可选择购房贷款的住房福利形式。企业通过建立员工福利基金或专门的住房基金为员工提供低息或无息贷款，用于购买住房。实践中，通常作为对优秀员工的一种奖励发放，同时具有激励功能，这种住房福利形式具有复杂性和多样性的特点。

三、社会慈善事业

（一）慈善事业概述

在中国传统文化典籍中，慈是爱的意思，尤指长辈对晚辈的爱，即"上爱下曰慈"。《左传》有云："慈者爱，出于心，恩被于业"，又曰"慈为爱之深也"。善的本意是指"美好、吉祥"，后引申为和善、亲善、友好，现指人与人之间的友爱和互助。慈善，在现代汉语中指对人关怀，富有同情心，也指人与人之间的互助行为。慈善是一种美德、善行和爱心，是一种高尚的道德境界。慈善事业是人们自愿奉献爱心与援助的行为，是建立在捐献基础上的民营社会性救助事业。《中国慈善事业发展指导纲要（2006—2010）》提出，"慈善事业，通常是指众多的社会成员建立在自愿基础上所从事的一种无偿的、对不幸无助的人群的救助行为。它通过合法的社会组织，以社会募捐的方式，按照特定的需要，把可汇聚的财富集中起来，再通过合法的途径，用于无力自行摆脱危难的受助者。"慈善事业不同于慈善行为，慈善事业是以民间公益组织或慈善组织为实施主体，按照特定的操作规范、制度或者原则实行的以救助特定群体为目标的社会化行为，慈善行为则较为分散。随着慈善事业的发展，其涵盖的范围逐渐增大，已远远超出传统的扶弱济贫，扩展到教育、医疗、环境保护、动物保护等多个领域。

（二）慈善事业与社会保障

中国的社会保障制度改革，一个重要的趋向就是个人责任的回归和多层次社会保障体系的构建，这不仅意味着社会成员很难从法定社会保障制度中获得所有的保障，而且法定的社会保障亦无法全部满足不同阶层的社会成员的社会化保障需求，其所得到的保障很难完全解决其生活保障的后顾之忧。因此，有必要发展中国的慈善事业。现代慈善事业是社会保障体系的一个有机组成部分，它既与法定的基本社会保障制度有联系，存在一定的替代和互补关系，是对基本社会保障制度的补充，又与基本社会保障制度有很大区别。

与政府举办的基本社会保障制度相比，慈善属于道德范畴，慈善事业既是社会救助机制也是道德工程。两者之间的区别在于：法定的社会保障是以稳定社会为政治基础，以财政拨款或强制性筹款为经济基础，以官营或公营机构为组织基础，以法律制度为实施基础，它与道德并无直接关系，只是法制规范的政府、社会、企业与个人之间的一种强制性利益调节机制，主体各方的权利与义务都是由法律明确规范的。而慈善事业虽然客观上具有社会保障的某些功能，事实上作为一种特殊的社会保障形式存在，但它在目标上较法定社会保障制度多了一层弘扬助他与互助美德的宗旨，在资金来源上以捐献为主，在组织机制上是民办或私营性质，建立在自愿的基础之上。由于慈善事业的道德性、自愿性和民营性，它在现代社会只能构成社会体系不可或缺的补充保障机制。一般而言，如果法定的社会保障制度完备、功能健全，慈善事业就相对萎缩；反之，慈善事业的功能是其他保障制度所无法替代或者完全替代的，它对基本社会保障制度的补充是不可缺少的。

正是由于慈善事业与社会保障的密切关系，各国政府对慈善事业均采取支持的态度，财政税收政策和直接拨款援助是国家通常采取的扶持慈善事业发展的政策措施。如几乎在所有国家，慈善捐献均能够享受到税收优惠，在中国的香港地区，政府财政拨款甚至构成了慈善团体经费的主要来源。在税收优惠方面，主要有：一是对社会各界的慈善性捐赠给予免税待遇，即税前列支；二是对慈善团体所进行经营活动的利润用于慈善事业的部分免税；三是鼓励遗产继承人将遗产中的一部分捐赠给慈善事业；四是积极促使高收入阶层积极参与慈善事业等。《中华人民共和国公益事业捐赠法》第四章在优惠措施中规定："公司和其他企业依照本法的规定捐赠财产用于公益事业，依照法律、行政法规的规定享受企业所得税方面的优惠。"

在中国，慈善事业可以说是一项古老而全新的事业，慈善观念在我国古已有之，但历史上慈善事业并不发达，新时期中国慈善事业始于20世纪90年代，起步较晚，但发展较为迅速。经过多年的开拓，目前中国慈善事业取得了一些阶段性成果，慈善组织发展迅速，呈现出多元化的特点，慈善援助面不断扩大，慈善资源得到进一步挖掘，但也存在着公众主动参与度低，慈善组织公信力差，组织能力有待提高等问题。

四、商业保险

商业保险通过订立保险合同运营，以营利为目的，由专门的保险机构经营。商业保险也是社会保障制度的补充，是人们提高和改善生活的需要。

（一）商业保险的分类

商业保险主要分为财产保险、人寿保险和健康保险。

1. 财产保险

财产保险包含机动车保险、企业财产保险、家庭财产保险、船舶保险、责任保险、保证保险、货物运输保险、意外伤害险、农业保险、工程保险、信用保险等。

2. 人寿保险和健康保险

根据不同的分类标准，人寿保险和健康保险可分为不同的类型。根据投保人的数量分类，可分为个人健康险和团体健康险；根据投保时间的长短，可以分为短期健康险和长期健康险；按照保险责任分类，可分为疾病保险、医疗保险和失能保险；根据损失种类分类，可分为医疗费用保险、失能收入损失保险和长期护理保险；根据给付方式不同分类，分为费用型、津贴型和提供服务型保险。

（二）商业保险与其他保障方式的比较

在功能上，商业保险和其他保障方式都是社会风险化解机制。社会保险是多层次社会保障体系的主体，商业保险、政策性保险、公共救助可以作为社会保险的补充，是多层次社会保障体系的重要组成部分。各种保障方式的运作方式和特点如表14-6所示。

表14-6 社会保险、政策性保险、公共救助与商业保险的区别

项目\险种	社会保险	政策性保险	公共救助	商业保险
目的	分摊大多数人的风险	分摊特定族群的风险	扶持未达最低水平者	分摊风险，共担团体的风险
着眼点	社会适当性	个人公平性	社会适当性	个人公平性
政府作用	强制投保	不一定强制，但保险人不得拒保	受益仍有侵害第三人的可能	任意投保
主体	政府	公办民管	政府	多元主体 自由竞争
财源	缴纳保费，大多依据风险高低决定保费	缴纳保费，依据风险高低决定个别保费	由国家税收支付	缴纳保费 依据风险高低决定个别保费

本章小结

1. 补充保障的基本特征

具有非强制性；强调效率优先；保障形式多样、内容丰富等。

2. 补充保障的分类

（1）按补偿方式划分，可分为经济保障、服务保障和精神保障。

（2）按实施主体划分，可分为社会补充保障、企业补充保障和个人自我保障。

（3）按照与基本社会保障的相关性划分，可分为基本保障附加型补充保障和独立补充保障。

3. 企业年金的运作模式

（1）缴费确定型（DC计划），这种计划需事先确定缴费比例，由企业和员工分担或者只由企业缴纳，当员工退休时，根据个人账户中的积累额可选择一次性领取或分期领取。

（2）待遇确定型（DB计划），这种计划由企业出资建立养老基金，定期向退休员工支付固定金额的退休金。

（3）混合型（HP计划），许多国家正在实行将两种类型的企业年金计划综合起来的混合型养老保险计划，比如现金余额制、养老金余额制和最低养老金制等。

4. 员工福利分类

（1）按照是否具有法律强制性，可分为法定福利和非法定福利。

（2）按照员工福利的功能，分为企业安全和健康福利、企业设施性福利、企业文娱性福利、企业培训性福利、企业服务

性福利。

5. 狭义的员工福利

狭义的员工福利是指企业自主建立的、非法定的、为员工及其家属提供的福利项目。狭义的员工福利通常分为收入保障计划、健康保障计划和员工服务计划。

课后练习与思考

1. 简述补充保障的基本特征及功能。
2. 试比较德国和英国的补充养老保障制度。
3. 简述企业年金与基本养老保险的区别。
4. 企业年金的运作模式有哪些？试述每种方式是如何运作的。
5. 试比较缴费确定型和待遇确定型企业年金运作模式。
6. 员工福利的内容有哪些？
7. 简述社会慈善事业与社会保障的关系。

| 动手练 |

通过我国人社部、国家统计局网站定期公布的相关数据，对表14-4中企业年金数据进行实时更新，掌握相关指标跨期（如年度）比较时剔除价格变动影响的方法，并运用 MS Excel 电子表格软件绘制如图14-1所示的折线趋势图，借此增进对我国企业年金规模及收益现状的了解，并将其与第五章案例中述及的全国社会保障基金同期收益状况进行对比。

附录 A
APPENDIX A

表 A-1 中华人民共和国成立前国民政府与共产党领导地区的社会保障立法一览表
（1922 年至 1949 年）

时间	社会保障相关立法	
	国民政府	共产党领导的地区
1922	—	《劳动立法原则》
1926	《工人运动议案》 《劳工仲裁条例》 《国民政府解决雇主、雇工争执仲裁条例》	《失业问题决议案》 《劳动法大纲决议案》
1927	《官吏恤金条例》	《产业工人经济斗争决议案》 《救济失业工人决议案》
1928	《劳动争议处理法》	—
1929	《工会法》 《工厂法》 《劳动保险草案》 《保险法》(公布而未施行)	《中华全国工人斗争纲领》
1930	《团体协约法》	《劳动保护法》
1931	—	《中华苏维埃共和国宪法大纲》 《中华苏维埃共和国劳动法》
1932	《修正工厂法》	《中国工农红军优待条例》 《红军抚恤条例》 《优待红军家属条例》
1933		《中华苏维埃共和国劳动法》(修改)
1934	《公务员恤金条例》及其施行细则	—
1935	《简易人寿保险法》 中央信托局 1935 年 10 月在上海成立 立法院另行起草《保险法》	—
1936	《最低工资法》	—

时间	社会保障相关立法	
	国民政府	共产党领导的地区
1937	《保险法》(公布而未施行)	—
1939	《中央机关公务员雇员公役遭受空袭损害暂行救济办法》	—
1940	—	《陕甘宁边区劳动保护条例》 《晋察冀边区政府工伤人员伤亡抚恤条例》 《晋绥边区关于改善工作人员生活办法草案》
1941	—	《晋冀鲁豫边区劳工保护暂行条例》
1943	《战时保险业管理办法》 《公务员退休法》 《职工福利金条例》 《职工福利金条例施行细则》 《职工福利委员会组织规程》 《职工福利社设立法》	—
1944	《社会保险方案草案》 《中央党务机关办理员工投保寿险原则》	—
1946	《公务员保险法草案》	
1948	《公务员保险收支估计》 《公务员保险法草案修正草案》	《关于中国职工运动当前任务的决议》 《东北公营企业战时暂行劳动保险条例》
1949	—	《东北公营企业战时暂行劳动保险条例实施细则》 《劳动保险基金试行细则》 《劳动保险会计办理试行细则》

表 A-2　中华人民共和国社会保障制度创建与调整时期颁布的主要法律、法规一览表

(1949 年 12 月至 1966 年 4 月)

时间	社会保障法律、法规	立法/颁布机关
1949	《全国年节及纪念日放假办法》	政务院
1950	《救济失业工人暂行办法》	内务部
	《革命工作人员伤亡褒恤暂行条例》 《革命烈士优待暂行条例》 《革命残疾军人优待抚恤暂行条例》 《革命军人牺牲、病故褒恤暂行条例》 《民兵民工伤亡抚恤暂行条例》	内务部
	《关于各地厂矿对于法定假日工资发放办法的决定》	政务院
	《关于劳动争议解决程序的规定》	劳动部
1951	《中华人民共和国劳动保险条例》及其实施细则草案	政务院

(续)

时间	社会保障法律、法规	立法/颁布机关
1952	《关于各级人民政府、党派、团体及所属事业单位的国家工作人员实行公费医疗预防的指示》 《关于各级人民政府工作人员在患病期间待遇暂行办法的规定》	政务院
1953	《农村灾荒救济粮款发放使用办法》	内务部
	《劳动保险条例》及其实施细则（修正）	政务院
1954	《关于加强沿海盐民生产救济工作的通知》	内务部和轻工业部
	《关于加强渔民救济工作的通知》	内务部和农业部
	《关于国家机关工作人员福利费掌管使用办法的通知》	政务院
1955	《关于女工作人员生育假期的通知》	政务院
	《关于国家工作人员子女医疗问题规定》	财政部、卫生局和人事局
	《国家机关工作人员退休处理暂行办法》 《国家机关工作人员退职处理暂行办法》	国务院
	《中华人民共和国兵役法》	第一届全国人大第二次会议
	《关于安置复员建设军人工作的决议》	国务院
1956	《高级农业生产合作社示范章程》	第一届全国人大第三次会议
	《职工生活困难补助方法》	全国总工会
	《劳动保险条例》及其实施细则（修正）	国务院
	《关于国家机关和事业、企业单位一九五六年职工冬季宿舍取暖补贴的通知》	国务院
1957	《关于国家机关工作人员福利费掌管使用的暂行规定》	国务院
	《关心职工生活方面若干问题的指示》	国务院
	《职业病范围和职业病患者处理办法的规定》	卫生部
	《批准工人、职员病、伤、生育假期的试行办法》 《医务劳动鉴定委员会组织通则》（2月）	卫生部和全国总工会
	《关于整顿现行附加工资提取办法的报告》	财政部、劳动部和全国总工会
1958	《关于工人、职员退休处理的暂行规定》（2月）及其实施细则（4月）	国务院
	《关于国营企业、公私合营、合作社营、个体经营的企业和事业单位的学徒的学习期限和生活补贴的暂行规定》（2月）	国务院
	《关于处理义务兵退伍的暂行规定》（3月）	国务院
1962	《关于精简职工安置办法的若干规定》	国务院
1964	《关于国营企业提取工资附加费的补充规定》（1月）	财政部、劳动部和全国总工会
	《关于企业职工半日工作、半日休养工资待遇如何处理问题的补充通知》（2月）	劳动部和全国总工会

(续)

时间	社会保障法律、法规	立法/颁布机关
1965	《关于精简退职的老职工生活困难救济问题的通知》(6月)	国务院
	《关于改进公费医疗管理问题的通知》(9月)	卫生部和财政部
1966	《关于改进企业职工医疗制度几个问题的通知》(4月)	全国总工会 财政部

表 A-3　我国社会保障制度恢复、改革探索、深化改革与完善时期颁布的主要法律、法规一览表（1977年10月至2019年4月）

时间	社会保障法律、法规	立法机关或政府机构
1977	《关于享受公费医疗、劳保医疗人员自费药品范围的规定》(10月)	卫生部、财政部和国家劳动总局
1978	《关于安置老弱病残干部的暂行办法》(6月)	国务院
	《关于工人退休、退职的暂行办法》(6月)	
	《关于计提职工福利基金等依据的工资总额的范围问题的通知》(12月)	财政部
1979	《关于提高主要副食品销价后发给职工副食品价格补贴的几项具体规定》(10月)	国务院
	《关于工人升级的几项具体规定》	
1980	《关于城镇集体所有制企业的工资福利标准和列支问题的通知》(2月)	财政部和国家劳动总局
	《关于整顿和加强劳动保险工作的通知》(3月)	国家劳动总局和全国总工会
	《关于老干部离职休养的暂行规定》	国务院
	《革命烈士褒扬条例》	国务院
1983	《中国人民解放军志愿兵退出现役安置暂行办法》	国务院，中央军委
1984	修订《中华人民共和国兵役法》	第六届全国人大二次会议
1986	《国营企业实行劳动合同暂行规定》	国务院
	《国营企业职工待业保险暂行规定》	
1987	《退伍义务兵安置条例》	国务院
1988	《军人抚恤优待条例》	国务院
	《女职工劳动保护条例》	
1989	《关于公费医疗管理办法的通知》	卫生部、财政部
1990	《中华人民共和国残疾人保障法》	第七届全国人大

(续)

时间	社会保障法律、法规	立法机关或政府机构
1991	《关于企业职工养老保险制度改革的决定》	国务院
	《中华人民共和国未成年人保护法》	第七届全国人大
	《中华人民共和国收养法》	第七届全国人大
1992	《工伤与职业病致残程度鉴定标准》	劳动部、卫生部、全国总工会
	《关于机关、事业单位养老保险制度改革的有关问题的通知》	人事部
	《中华人民共和国妇女权益保障法》	第七届全国人大
1993	《关于职工医疗制度改革的试点意见》	国家发改委、财政部、劳动部、卫生部
1994	《农村五保户供养工作条例》	国务院
	《中华人民共和国劳动法》	第八届全国人大
	《中华人民共和国母婴保健法》	第八届全国人大
	《企业职工生育保险试行办法》	劳动部
1995	《关于深化企业职工养老保险制度改革的通知》	国务院
1996	《中华人民共和国老年人权益保障法》	第八届全国人大
1997	《关于在全国建立城市居民最低生活保障制度的通知》	国务院
	《关于建立统一的企业职工基本养老保险制度的决定》	
1998	《中华人民共和国兵役法修正案》	第九届全国人大常委会第六次会议
	《关于建立城镇职工基本医疗保险制度的决定》	国务院
1999	《中华人民共和国公益事业捐赠法》	第九届全国人大常委会第十次会议
	《失业保险条例》	国务院
	《城市最低生活保障条例》《社会保障费征缴暂行条例》	国务院
	《社会保险基金财务制度》《社会保险基金会计制度》	财政部、劳动保障部
2001	《社会保险基金监督举报工作管理办法》《社会保险基金行政监督办法》	劳动保障部
	老年人社会福利机构基本规范、残疾人社会福利机构基本规范、儿童社会福利机构基本规范	民政部
	中华人民共和国职业病防治法	第九届全国人大常委会第二十四次会议通过，第十三届全国人大常委会第七次会议第四次修正（2018年12月29日）

(续)

时间	社会保障法律、法规	立法机关或政府机构
2003	《工伤保险条例》	国务院
	《社会保险稽核办法》《社会保障基金现场监督规则》	劳动和社会保障部
	《关于实施农村医疗救助的意见》	民政部
	《城镇最低收入家庭廉租住房管理办法》	建设部
	《城市生活无着的流浪乞讨人员救助管理办法》	国务院
2004	《军人抚恤优待条例》（修改）	国务院、中央军委
	《企业年金试行办法》	劳动和社会保障部
2005	《关于完善企业职工基本养老保险制度的决定》	国务院
2006	《农村五保户供养工作条例》（修订）	国务院
	《关于解决农民工问题的若干意见》	
2007	《残疾人就业条例》	国务院
	《关于在全国建立农村最低生活保障制度通知》	
	《中华人民共和国劳动合同法》	第十届全国人大常委会第二十八、第二十九次会议
	《就业促进法》	
2009	《关于深化医药卫生体制改革的意见》	国务院各部委
	《2009—2011年深化医药卫生体制改革实施方案》	
	《关于开展新型农村社会养老保险试点的指导意见》	
	《城镇企业职工基本养老保险关系转移接续暂行办法》	
	《2009—2011年廉租住房保障规划》	
	《关于试行社会保险基金预算的意见》	
	《中国减灾行动》白皮书	
	《关于开展工伤预防试点工作有关问题的通知》	
2010	《中华人民共和国社会保险法》（1993年由原劳动部牵头组织起草至2010年10月通过，2011年7月1日施行，社会保障专项立法）	第十一届全国人大常委会第十七次会议 第十三届全国人大常委会第七次会议修订（2018年12月29日）
	《自然灾害救助条例》	国务院各部委
	《关于试行社会保险基金预算的意见》	
	《关于加强廉租住房管理有关问题的通知》	
	《关于加强经济适用住房管理有关问题的通知》	
	《关于加快发展公共租赁住房的指导意见》	
	《关于修改〈工伤保险条例〉的决定》	
	《关于加快推进残疾人社会保障体系和服务体系指导意见的通知》	

(续)

时间	社会保障法律、法规	立法机关或政府机构
2011	《全国人民代表大会常务委员会关于修改〈中华人民共和国兵役法〉的决定》	第十一届全国人大常委会第二十三次会议
	《社会养老服务体系建设规划（2011—2015 年）》	国务院各部委、中央军委
	《关于修改〈工伤保险条例〉的决定》开始施行	
	《关于建立社会救助和保障标准与物价上涨挂钩的联动机制的通知》	
	《关于进一步规范城乡居民最低生活保障标准制定和调整工作的指导意见》	
	《军人抚恤优待条例》	
	《中国慈善事业发展指导纲要（2011—2015 年）》	
	《在中国境内就业的外国人参加社会保险暂行办法》	
	《实施〈中华人民共和国社会保险法〉若干规定》《社会保险个人权益记录管理办法》《社会保险基金先行支付暂行办法》《在中国境内就业的外国人参加社会保险暂行办法》	
2012	《中华人民共和国军人保险法》	第十一届全国人大常委会第二十六次、第三十次会议
	《中华人民共和国老年人权益保障法》修订颁布	
	《社会保障"十二五"规划纲要》	国务院各部委
	《"十二五"期间深化医药卫生体制改革规划暨实施方案》	
	《关于进一步加强和改进最低生活保障工作的意见》	
	《关于开展城乡居民大病保险工作的指导意见》	
	《中华人民共和国政府和大韩民国政府社会保险协定》	
	《关于开展社会保险基金社会监督试点的意见》	
2013	《关于全面深化改革若干重大问题的决定》	中共十八届三中全会
	《关于加快发展养老服务业的若干意见》	国务院各部委
	《老年人权益保障法》正式实施，两部配套性规章《养老机构设立许可办法》和《养老机构管理办法》同步施行	
	《社会救助暂行办法（草案）》公开征求意见	
	《关于进一步做好弃婴相关工作的通知》《关于实施 2013 年孤儿助学工程的通知》和《关于开展适度普惠型儿童福利制度建设试点工作的通知》	
	《关于鼓励社会团体、基金会和民办非企业单位建立企业年金有关问题的通知》《关于企业年金、职业年金个人所得税有关问题的通知》	
	《调整完善生育政策的决议》	第十二届全国人大常委会第六次会议

（续）

时间	社会保障法律、法规	立法机关或政府机构
2014	发布《关于〈中华人民共和国刑法〉第二百六十六条解释》的公告	第十二届全国人大常委会第八次会议
	《社会救助暂行办法》《国务院关于全面建立临时救助制度的通知》《关于做好住房救助有关工作的通知》	国务院各部委
	《关于建立统一的城乡居民基本养老保险制度的意见》	
	《关于促进慈善事业发展的指导意见》	
	《城乡养老保险制度衔接暂行办法》	
	《关于进一步做好基本医疗保险异地就医医疗费用结算工作的指导意见》	
	《关于进一步开展适度普惠型儿童福利制度建设试点工作的通知》	
	《关于做好政府购买残疾人服务试点工作的意见》	
	《关于加快发展现代保险服务业的若干意见》	
	《关于机关事业单位工作人员养老保险制度改革的决定》《机关事业单位职业年金办法》	
2015	《关于全面实施城乡居民大病保险的意见》	国务院各部委
	《基本养老保险基金投资管理办法》	
	《就业补助资金管理暂行办法》	
	《关于进一步加强农村最低生活保障申请家庭经济状况核查工作的意见》《关于进一步完善医疗救助制度全面开展重特大疾病医疗救助工作的意见》	
	《关于全面建立困难残疾人生活补贴和重度残疾人护理补贴制度的意见》	
	《关于机关事业单位工作人员养老保险制度改革的决定》	
	《机关事业单位职业年金办法》	
2016	《中华人民共和国慈善法》	第十二届全国人大第四次会议
	《关于授权国务院在河北邯郸市等12个生育保险和基本医疗保险合并实施试点城市行政区域暂时调整实施〈中华人民共和国社会保险法〉有关规定的决定》	第十二届全国人大常委会第二十五次会议
	《"健康中国2030"规划纲要》	中共中央、国务院各部委
	《关于整合城乡居民基本医疗保险制度的意见》	
	《全国社会保障基金条例》	
	《"十三五"加快残疾人小康进程规划纲要》	
	《关于进一步健全特困人员救助供养制度的意见》《特困人员认定办法》	
	《关于加强农村留守儿童关爱保护工作的意见》和《关于加强困境儿童保障工作的意见》	
	《关于开展长期护理保险制度试点的指导意见》	
	《关于阶段性降低社会保险费率有关事项的通知》	
	《关于全面放开养老服务市场提升养老服务质量的若干意见》	

(续)

时间	社会保障法律、法规	立法机关或政府机构
2017	第十八届中央委员会向十九次全国代表大会的报告	中国共产党第十九次全国代表大会
	《"十三五"国家老龄事业发展和养老体系建设规划》	国务院各部委
	《"十三五"健康老龄化规划》	
	《划转部分国有资本充实社保基金实施方案》	
	《关于进一步加强医疗救助与城乡居民大病保险有效衔接的通知》	
	《关于机关事业单位基本养老保险关系和职业年金转移接续有关问题的通知》	
	《企业年金办法》	
	《关于进一步深化基本医疗保险支付方式改革的指导意见》	
	颁布修订后的《残疾人教育条例》和《残疾预防和残疾人康复条例》	
	《志愿服务条例》	
	《关于加快发展商业养老保险的若干意见》	
	《关于印发〈社会保险基金财务制度〉的通知》	
	《关于机关事业单位基本养老保险关系和职业年金转移接续有关问题的通知》	
2018	《中华人民共和国英烈保护法》	第十三届全国人大常委会第二次会议
	财政部部长作关于提请审议《中华人民共和国个人所得税法修正案(草案)》议案的说明(第七次个税法修改,一个重大的制度创新是增加了包括子女教育、继续教育、大病医疗、住房贷款利息和住房租金等专项附加扣除	第十三届全国人大常委会第三次会议
	表决通过经二次审议后的《关于修改个人所得税法的决定》(第9号主席令予以公布,决定自2019年1月1日起施行,但"起征点"提高至每月5 000元等部分减税政策,将从2018年10月1日起先行实施,以尽早释放改革红利)	第十三届全国人大常委会第五次会议
	修正《中华人民共和国残疾人保障法》《中华人民共和国妇女权益保障法》	第十三届全国人大常委会第六次会议
	《国务院关于建立残疾儿童康复救助制度的意见》	国务院各部委
	《为烈属、军属和退役军人等家庭悬挂光荣牌工作实施办法》	
2019	《降低社会保险费率综合方案》	国务院办公厅

资料来源：以上三张附表示了我国不同时期与社会保障相关的法律法规名目及其讨论并颁布的立法机关或政府机构，是本书作者对郑功成（2018）、杨思斌（2018）、许琳等（2018）、房民曙（2016）、周静等（2016）、张京萍（2015）、杨翠迎（2015）、齐海鹏（2014）、章铮等（2010）、中共中央党史研究室（2009）、王允武等（2008）、岳宗福（2006）、方乐华（1999）、"中国社会保障30人论坛"与2015年成立的中国社会保障学会组织的"中国年度社会保障十大事件"（2009—2017年）评选结果等文献资料中述及的社会保障法律法规按年度进行梳理，并通过国家立法或行政机关及相关部委官网（如全国人大网、中国政府网、人社部、财政部）查阅核实。

用途与负责声明：以上三张附表是为学习本书第三章服务的（即说明我国各项法律法规在社会保障立法进程中首次颁布的情况），其中列示的法律法规仅可作为读者研习我国社会保障立法历程的线索，并没有完全对表格中列示法律法规的修订或废止情况进行进一步的追踪与核实。相关法律法规的修订、有效或废止时间等具体情况，请读者另行核查，并以立法机关或颁布机构公开或回复的最新信息为准。

表 A-4　我国工伤保险行业风险分类、基本及浮动费率表

行业类别	行业名称	基准费率	浮动费率档次（基准费率=100%）
一	软件和信息技术服务业，货币金融服务，资本市场服务，保险业，其他金融业，科技推广和应用服务业，社会工作，广播、电视、电影和影视录音制作业，中国共产党机关，国家机构，人民政协、民主党派，社会保障，群众团体、社会团体和其他成员组织，基层群众自治组织，国际组织	0.2%	100% 120% 150%
二	批发业，零售业，仓储业，邮政业，住宿业，餐饮业，电信、广播电视和卫星传输服务，互联网和相关服务，房地产业，租赁业，商务服务业，研究和试验发展，专业技术服务业，居民服务业，其他服务业，教育，卫生，新闻和出版业，文化艺术业	0.4%	50% 80% 100% 120% 150%
三	农副食品加工业，食品制造业，酒、饮料和精制茶制造业，烟草制品业，纺织业，木材加工和木、竹、藤、棕、草制品业，文教、工美、体育和娱乐用品制造业，计算机、通信和其他电子设备制造业，仪器仪表制造业，其他制造业，水的生产和供应业，机动车、电子产品和日用产品修理业，水利管理业，生态保护和环境治理业，公共设施管理业，娱乐业	0.7%	五档同上
四	农业，畜牧业，农、林、牧、渔服务业，纺织服装、服饰业，皮革、毛皮、羽毛及其制品和制鞋业，印刷和记录媒介复制业，医药制造业，化学纤维制造业，橡胶和塑料制品业，金属制品业，通用设备制造业，专用设备制造业，汽车制造业，铁路、船舶、航空航天和其他运输设备制造业，电气机械和器材制造业，废弃资源综合利用业，金属制品、机械和设备修理业，电力、热力生产和供应业，燃气生产和供应业，铁路运输业，航空运输业，管道运输业，体育	0.9%	五档同上
五	林业，开采辅助活动，家具制造业，造纸、纸制品业，建筑安装业，建筑装饰和其他建筑业，道路运输业，水上运输业，装卸搬运和运输代理业	1.1%	五档同上
六	渔业，化学原料和化学制品制造业，非金属矿物制品业，黑色金属冶炼和压延加工业，有色金属冶炼、压延加工业，房屋建筑业，土木工程建筑业	1.3%	五档同上
七	石油和天然气开采业，其他采矿业，石油加工、炼焦和核燃料加工业	1.6%	五档同上
八	煤炭开采、洗选业，黑色金属矿采选业，有色金属矿采选业，非金属矿采选业	1.9%	五档同上

资料来源：《关于调整工伤保险费率政策的通知》(人社部发〔2015〕71号)、《关于调整工伤保险费率政策的通知》(人社部发〔2015〕71号)。

参考文献
REFERENCES

［1］西蒙·朱．兴邦之路［M］．北京：中国水利水电出版社，2015．
［2］陈共．财政学［M］．9版．北京：中国人民大学出版，2017．
［3］陈淑君，李秉坤，陈建梅．社会保障理论与政策研究［M］．北京：中国财富出版社，2016．
［4］仇雨临．基本医疗保险关系转移接续路径研究基于典型地区试点运行的实证调查［M］．北京：中国经济出版社,2017．
［5］丛春霞，刘晓梅．社会保障概论［M］．3版．大连：东北财经大学出版社，2015．
［6］邓大松．社会保险［M］．3版．北京：中国劳动社会保障出版社，2015．
［7］丁建定．社会保障概论新编［M］．北京：中国人民大学出版社，2016．
［8］方鹏骞，张霄艳．中国基本医疗保险制度评价与展望［M］．武汉：华中科技大学出版社，2015．
［9］房列曙．中国近现代文官制度（下）［M］．北京：商务印书馆，2016．
［10］管彦庆，杨喜梅，博斌．我国企业财务报告的可视化研究——基于上市公司合并资产负债表的Treemaps图形化视角［J］．中国注册会计师，2014（9）：74-79．
［11］国务院法制办公室．中华人民共和国社会保险法典［M］．北京：中国法制出版社，2016．
［12］国务院法制办公室．中华人民共和国新法规汇编2016第2辑［M］．北京：中国法制出版社，2016．
［13］国务院扶贫开发领导小组办公室．国务院关于印发"十三五"脱贫攻坚规划的通知（国发〔2016〕64号）［DB/OL］．（2016-12-04）．http://www.cpad.gov.cn/art/2016/12/4/art_343_261.html.
［14］国务院新闻办，国务院扶贫开发领导小组办公室．中国的扶贫攻坚（网络图片展览）［DB/OL］．新华通讯社，2016-12-4，http://www.xinhuanet.com/photo/zhuanti/fpgj/index.htm.
［15］哈维·S.罗森，特德·盖亚．财政学［M］．郭庆旺，赵志耘，译．8版．北京：中国人民大学出版社，2009．
［16］韩克庆．养老保险中的市场力量：中国企业年金的发展［J］．中国人民大学学报，2016（1）：12-19．
［17］侯文若．社会保障实务大全［M］．北京：新华出版社，1994．
［18］胡宏伟．城镇居民基本医疗保险与国民健康政策评估与机制分析［M］．北京：人民出版社，2016．
［19］江治强．优抚制度改革顶层设计的若干思考［J］．行政管理改革，2017（1）：52-56．
［20］雷雨若，王浦劬．西方国家福利治理与政府社会福利责任定位［J］．国家行政学院学报，2016（2）：133-138．
［21］李珍．社会保障理论［M］．4版．北京：中国劳动社会保障出版社，2018．

[22] 刘建，高金鑫. 劳动权益与工伤保险知识［M］. 北京：中国劳动社会保障出版社，2017.
[23] 刘晓梅，邵文娟. 社会保障学［M］. 北京：清华大学出版社，2014.
[24] 刘璇. 英国养老保险制度浅析［J］. 黑龙江对外经贸，2008（2）：115-116.
[25] 吕学静. 日本社会救助制度的最新改革及对中国的启示［J］. 苏州大学学报（哲学社会科学版），2016（3）：45-50.
[26] 闵凡祥. 互助的政治意义：英国现代社会福利制度建构过程中的友谊会［J］. 求是学刊，2016（1）：152-163.
[27] 潘锦棠. 社会保障学［M］. 2版. 沈阳：东北财经大学出版社，2015.
[28] 七五普法图书中心. 劳动法案例读本［M］. 北京：中国法制出版社，2016.
[29] 齐海鹏. 社会保障教程［M］. 3版. 大连：东北财经大学出版社，2014.
[30] 曲大维，罗晶，储丽琴. 社会保障基金管理［M］. 北京：清华大学出版社，2014.
[31] 中华人民共和国国务院. 全国社会保障基金条例（国令第667号）［DB/OL］.（2016-03-28）. http://www.gov.cn/zhengce/content/2016-03/28/content_5059035.htm.
[32] 史柏年. 社会保障概论［M］. 2版. 北京：高等教育出版社，2012.
[33] 孙光德，董克用. 社会保障制概论［M］. 5版. 北京：中国人民大学出版社，2016.
[34] 孙强. 中美失业治理比较研究［M］. 武汉：武汉理工大学出版社，2015.
[35] 吴敬琏. 当代中国经济改革教程［M］. 上海：上海远东出版社，2016.
[36] 王天鑫，韩俊江. 构建医养融合养老新模式［N］. 人民日报，2017-02-08（07）.
[37] 王允武，罗澍，廖娟. 劳动与社会保障法［M］. 成都：电子科技大学出版社，2008.
[38] 许琳等. 社会保障学［M］. 3版. 北京：清华大学出版社，2018.
[39] 薛燕，胡娜. "五险一金"一本通［M］. 杭州：浙江工商大学出版社，2015.
[40] 杨翠迎. 社会保障学［M］. 上海：复旦大学出版社，2015.
[41] 杨德敏. 劳动法和社会保障法［M］. 上海：复旦大学出版社，2015.
[42] 杨复卫，张新民. 企业补充养老保险制度的德国经验与中国启示［J］. 甘肃政法学院学报，2016（5）：118-127.
[43] 杨思斌. 我国社会保障法治建设四十年：回顾、评估与前瞻［J］. 北京行政学院学报，2018（3）：38-45.
[44] 余飞跃. 美国工伤保险制度概述［J］. 中国医疗保险，2016（1）：67-70.
[45] 岳公正. 英国养老保险基金投资运营模式与政府监管［J］. 社会科学家，2016（1）：73-78.
[46] 岳宗福. 近代中国社会保障立法研究（1912～1949）［M］. 济南：齐鲁书社，2006.
[47] 张京萍. 社会保障法教程［M］. 4版. 北京：首都经济贸易大学出版社，2015.
[48] 张开云，张兴杰. 社会保障学导论［M］. 北京：科学出版社，2015.
[49] 张民省. 新编社会保障学［M］. 太原：山西人民出版社，2015.
[50] 张勇. 我国社会保障支出的经济效应分析：1999～2013年［J］. 社会保障研究，2015（5）：90-96.
[51] 章铮，张大生，王小宽. 中华人民共和国经济发展全记录（第五卷）［M］. 北京：中国社会出版社，2010.
[52] 赵映诚，王春霞，杨平. 社会福利与社会救助［M］. 2版. 沈阳：东北财经大学出版社，2015.
[53] 郑功成. 中国社会保障发展报告（2017版）［M］. 北京：中国劳动社会保障出版社，2018.
[54] 郑功成. "民生四度"是硬约束指标［N］. 北京日报，2008-04-21（07）.
[55] 郑功成. 社会保障［M］. 北京：高等教育出版社，2007.
[56] 郑功成. 社会保障概论［M］. 北京：中国劳动社会保障出版社，2005.

[57] 郑功成等. 中国社会保障制度变迁与评估 [M]. 北京：中国人民大学出版社，2002.
[58] 中共中央党史研究室. 共和国的足迹 [M]. 北京：新华出版社，2009.
[59] 中国法制出版社. 中华人民共和国社会保险法：工伤保险条例/失业保险条例 [M]. 北京：中国法制出版社，2015.
[60] 中国就业促进会组织. 失业保险文集 [M]. 北京：中国劳动社会保障出版社，2015.
[61] 钟宁桦. 公司治理与员工福利：来自中国非上市企业的数据 [J]. 经济研究，2012（12）：137-151.
[62] 周静，王威宇，张书梅. 法学概论 [M]. 北京：中国政法大学出版社，2016.

主要涉及和推荐的社会保障数据源
PRIMARY DATA SOURCE

[1] 财政部. 2016年全国财政决算. 2017-07-14. http://yss.mof.gov.cn/2016js/index.html.

[2] 财政部. 2017年全国财政决算. 2018-07-12. http://yss.mof.gov.cn/qgczjs/index.html.

[3] 财政部社会保障司. 关于2016年全国社会保险基金决算的说明. 2017-11-27. http://sbs.mof.gov.cn/zhengwuxinxi/shujudongtai/201711/t20171127_2757285.html.

[4] 财政部社会保障司. 关于2017年全国社会保险基金决算的说明. 2018-10-31. http://sbs.mof.gov.cn/zhengwuxinxi/shujudongtai/201810/t20181030_3057886.html.

[5] 人力资源和社会保障部. 2017年度人力资源和社会保障事业发展统计公报. 2018-05-21. http://www.mohrss.gov.cn/SYrlzyhshbzb/zwgk/szrs/tjgb/201805/t20180521_294287.html.

[6] 民政部. 2017年社会服务发展统计公报. 2018-08-02. http://www.mca.gov.cn/article/sj/tjgb/201808/20180800010446.shtml.

[7] 民政部. 2017年7月全国自然灾害基本情况. 2017-08-15. http://www.mca.gov.cn/article/zwgk/mzyw/201708/20170800005469.shtml.

[8] 全国社会保障基金理事会. 全国社保基金年度报告（2016年度）. 2017-06-12. http://www.ssf.gov.cn/cwsj/ndbg/201706/t20170612_7277.html.

[9] 全国社会保障基金理事会. 全国社保基金年度报告（2017年度）[R]. 2018-07-31. http://www.ssf.gov.cn/cwsj/ndbg/201807/t20180731_7417.html.

[10] 人力资源和社会保障部. 全国企业年金基金业务数据摘要（2018二季度）. 2018-09-17. http://www.mohrss.gov.cn/shbxjjds/SHBXJDSgongzuodongtai/201809/t20180917_301423.html.

[11] 财政部社会保障司. 数据动态专栏. http://sbs.mof.gov.cn.

[12] 人力资源与社会保障部. 数字人社专栏. http://www.mohrss.gov.cn/SYrlzyhshbzb/zwgk/szrs.

[13] 民政部. 民政数据专栏. http://www.mca.gov.cn/article/sj.

[14] 全国社会保障基金理事会. 基金财务专栏. http://www.ssf.gov.cn/cwsj/ndbg.

[15] 司法部法律法规数据库. http://search.chinalaw.gov.cn/search2.html.

[16] 退役军人事务部网站. http://www.mva.gov.cn.

[17] 国际社会保障协会（ISSA）. https://www.issa.int/en.

[18] 国际劳工组织（ILO）. 社会保障报告2017-19数据库：https://www.social-protection.org/gimi/gess/Wspr.action.

[19] 世界银行（The World Bank）. 开放数据库. https://data.worldbank.org.

[20] 经合组织（OECD）. 社会支出数据库. https://data.oecd.org/socialexp/social-spending.html.

[21] 欧盟统计局（Eurostat）. 社会保障支出数据库. https://ec.europa.eu/eurostat/web/social-protection/data/database.

[22] International Labour Office. World Social Protection Report（2017-19）：Universal social protection to achieve the Sustainable Development Goals, the Document and Publications Production. Geneva：Printing and Distribution Branch（PRODOC）of the ILO, 2017.

[23] OECD. Society at a Glance 2016：OECD Social Indicators. Paris：OECD Publishing, 2016.

[24] Shneiderman, B.. Tree visualization with Tree-maps：A 2-d space-filling approach, ACM Transactions on Graphics, 1991（11）：92-99.

[25] World Bank Group. The State of Social Safety Nets 2018. Washington：World Bank Publications, 2018.

[26] Federal Ministry of Labour and Social Affairs Germany. Social Security at a Glance 2018. Bonn, 2018.

[27] Global Commission on the Future of Work International Labour Office. Work for a brighter future. Geneva：PRODOC of the ILO, 2019.

[28] Statistics Bureau Ministry of Internal Affairs and Communications Japan. Statistical Handbook of Japan 2018. Tokyo, 2018.

作者简介
About the Author

李妍 云南财经大学财政与公共管理学院教授、博士生导师。曾担任政协云南省委员会第九、十、十一届政协委员和全国高校财政学教学研究会理事、中国社会保障学会理事、云南省财政学会理事、昆明市税务学会理事。从事"财政学""社会保障学"等课程教研与教学33年,主要研究方向为财政、社会保障理论与政策。主持并完成省级"财政学"与校级"社会保障学"精品课程。教研成果"边疆地方财税人才培养改革与实践"获云南省第八届高等教育教学成果二等奖。在《财政研究》《税务研究》《保险研究》等刊物上发表代表性学术论文40余篇,编著出版专著与教材6部;主持完成云南省财政厅等政府部门委托课题多项,主持完成省部级重点课题3项,参与国家社科基金、教育部人文社科基金项目3项。

管彦庆 经济学博士,云南财经大学应用经济学流动站博士后、财政与公共管理学院副教授、MPA硕士生导师。云南省高等学校青年骨干教师,校级课堂教学优秀教师。从事"财政学""税法""政府经济管理""财务管理""会计信息系统"等财政税收、财务管理专业核心课程教学近20年,主要研究方向为公共支出效率评价、信息可视化。主持教育部人文社科规划基金项目(15XJA790001)并参与其他省市级课题十余项;已公开发表论文十余篇,主编及参编教材6部,其主编教材被评为2014年云南省级精品教材(云教高〔2014〕96号)。

普通高等教育"十三五"应用型教改系列规划教材
财会系列

即将出版			
会计学基础：基于企业全局视角（李爱红）	财务会计	高级财务会计	成本核算与管理
管理会计基础与实务	税法基础	纳税实务：计算、申报、筹划	财务管理基础
中级财务管理	会计信息系统	生产运作管理	审计基础与实务
行业会计比较	VBSE跨专业综合实训教程	财务报告分析	Excel会计数据处理

推荐阅读

序号	书号	定价	书名
1	47474	35.00	客户关系管理：销售的视角
2	47911	39.00	个人理财
3	47354	30.00	管理沟通
4	48211	35.00	品牌管理(第2版)
5	48247	35.00	服务营销：理论、方法与案例
6	48630	35.00	统计学（第2版）
7	48770	30.00	财务管理学
8	49158	35.00	企业会计综合实训
9	48755	35.00	市场营销学
10	49351	35.00	国际贸易理论与实务(第2版)
11	49566	35.00	金融学（第2版）
12	49492	35.00	网络营销实务（第2版）
13	49871	35.00	商务礼仪实务教程
14	50456	35.00	企业资源计划（ERP）原理与实践(第2版)
15	50483	30.00	商务谈判与沟通
16	50601	25.00	应用统计学习题与参考答案
17	50645	35.00	组织行为学
18	51020	45.00	工程造价与控制
19	51344	35.00	策划原理与实践 第2版
20	51818	30.00	网络营销实务
21	52425	35.00	供应链管理（第2版）
22	52423	35.00	企业资源计划（ERP）原理与沙盘模拟：基于中小企业与ITMC软件
23	52483	35.00	广告理论与实务
24	53013	35.00	营销渠道管理（第2版）
25	53174	35.00	现代实用市场营销
26	53799	40.00	管理学
27	54022	35.00	公共关系学
28	54494	25.00	计量经济学基础
29	54631	29.00	科学技术概论
30	54639	35.00	物流管理概论
31	54660	35.00	物流系统规划与设计
32	54839	30.00	实用运筹学